江苏师范大学博士人才支持项目"基层数字治理中全过程人民民主嵌合机制研究"(项目编号：22XFRS003)。

# 公共政策的冲突与消解
## 以科技政策与就业政策关系为例

金华 著

中国社会科学出版社

图书在版编目（CIP）数据

公共政策的冲突与消解：以科技政策与就业政策关系为例/金华著.
--北京：中国社会科学出版社，2024.9
ISBN 978-7-5227-3579-5

Ⅰ.①公… Ⅱ.①金… Ⅲ.①公共政策—研究—中国
Ⅳ.①D601

中国国家版本馆 CIP 数据核字（2024）第 101965 号

| | |
|---|---|
| 出 版 人 | 赵剑英 |
| 责任编辑 | 许 琳 姜雅雯 |
| 责任校对 | 苏 颖 |
| 责任印制 | 郝美娜 |

| | |
|---|---|
| 出　　版 | 中国社会科学出版社 |
| 社　　址 | 北京鼓楼西大街甲 158 号 |
| 邮　　编 | 100720 |
| 网　　址 | http://www.csspw.cn |
| 发 行 部 | 010-84083685 |
| 门 市 部 | 010-84029450 |
| 经　　销 | 新华书店及其他书店 |

| | |
|---|---|
| 印　　刷 | 北京君升印刷有限公司 |
| 装　　订 | 廊坊市广阳区广增装订厂 |
| 版　　次 | 2024 年 9 月第 1 版 |
| 印　　次 | 2024 年 9 月第 1 次印刷 |

| | |
|---|---|
| 开　　本 | 710×1000　1/16 |
| 印　　张 | 20.25 |
| 字　　数 | 343 千字 |
| 定　　价 | 118.00 元 |

凡购买中国社会科学出版社图书，如有质量问题请与本社营销中心联系调换
电话：010-84083683
版权所有　侵权必究

# 目 录

导 论 ………………………………………………………… (1)
　一　研究背景与意义 ………………………………………… (1)
　二　国内外研究综述 ………………………………………… (10)
　三　研究内容与问题 ………………………………………… (37)
　四　研究方法与设计 ………………………………………… (42)
　五　研究创新与不足之处 …………………………………… (45)

**第一章　核心概念、理论基础与分析框架** ……………………… (48)
　第一节　核心概念的界定 …………………………………… (48)
　　一　政策冲突 ………………………………………………… (48)
　　二　科技政策 ………………………………………………… (49)
　　三　就业政策 ………………………………………………… (51)
　　四　分布式政策协同 ………………………………………… (52)
　第二节　政策冲突的理论基础 ……………………………… (53)
　　一　科层制及科层制的中国化释义 ………………………… (54)
　　二　公共选择理论中的主体自利性 ………………………… (56)
　　三　政策网络理论的"核心—边缘"分析 ………………… (59)
　　四　政策冲突的功能认知 …………………………………… (63)
　第三节　政策冲突的整体分析框架 ………………………… (65)
　　一　结构—功能主义的限度与修正 ………………………… (66)
　　二　政策冲突的结构之维 …………………………………… (68)
　　三　政策冲突的过程之维 …………………………………… (74)

四　政策冲突的效应之维 …………………………………… (76)
　本章小结 ………………………………………………………… (77)

## 第二章　政策冲突的结构探究：主体、目标、工具与价值 ……… (78)
　第一节　政策主体冲突：基于政策主体网络分析 ……………… (78)
　　一　主体网络分析：政策关系研究新范式 ………………… (79)
　　二　主体网络分析维度：整体网络与个体网络 …………… (81)
　　三　政策主体网络关系的实证分析 ………………………… (87)
　　四　政策主体网络关系张力失衡分析 ……………………… (104)
　第二节　政策的"目标—工具—价值"冲突：基于
　　　　　NVivo 12 的质性分析 ………………………………… (109)
　　一　内容分析法：政策关系研究新范式 …………………… (109)
　　二　政策冲突的文本内容分析框架 ………………………… (110)
　　三　政策冲突的三维实证分析 ……………………………… (115)
　　四　政策"目标—工具—价值"冲突的理论总结 ………… (136)
　本章小结 ………………………………………………………… (140)

## 第三章　政策冲突的过程探究：以"机器换人"政策
　　　　　执行为例 ………………………………………………… (142)
　第一节　政策执行研究路径演进及其限度分析 ………………… (143)
　　一　西方国家政策执行研究路径的演进 …………………… (143)
　　二　中国政策执行路径的研究范式 ………………………… (149)
　　三　"模糊—冲突"框架下政策执行：理路、限度与
　　　　修正 …………………………………………………… (153)
　第二节　地方政府政策执行过程中的冲突 ……………………… (160)
　　一　"机器换人"科技政策的背景与概况 ………………… (160)
　　二　地方政府对高层模糊性科技政策的执行策略 ………… (165)
　　三　模糊性科技政策执行与就业政策的冲突呈现 ………… (170)
　　四　科技政策与就业政策执行过程冲突的实践总结 ……… (176)
　本章小结 ………………………………………………………… (179)

## 第四章 政策冲突的社会效应探究：基于政策对象视角 …………（181）

### 第一节 政策冲突对劳动者的影响 ……………………………（181）
一 政策驱动下的智能技术对劳动者就业的影响特征 ……（183）
二 劳动者的技术性失业：就业排斥与权利排斥 …………（184）
三 劳动者的技术化生存：主体性式微与算法促逼 ………（191）

### 第二节 政策冲突对经济社会的影响 …………………………（198）
一 政策支持与新业态问题凸显 ……………………………（198）
二 数字化劳动、全景监控与平台规训 ……………………（200）
三 对技能结构的降维效应 …………………………………（206）
四 对产业结构的虹吸效应 …………………………………（209）
五 对法律与公共政策的挑战 ………………………………（212）

本章小结 …………………………………………………………（213）

## 第五章 政策冲突的原因探究：政策属性、科层制度与利益博弈 ……………………………………………（215）

### 第一节 政策冲突的政策属性与政策采纳偏好 ………………（215）
一 政策冲突的原因及政策属性研究 ………………………（216）
二 科技政策属性与政府的政策采纳偏好 …………………（218）
三 就业政策属性与政府的政策采纳偏好 …………………（223）

### 第二节 政策冲突的科层体制因素 ……………………………（228）
一 科层刚性结构设置：条块分割与部门本位 ……………（229）
二 科层考核机制：压力传导与策略回应 …………………（235）
三 科层激励机制：强激励、弱激励与目标替代 …………（241）

### 第三节 政策冲突的利益博弈与责任排斥 ……………………（245）
一 政策过程中政府双重角色与行为逻辑 …………………（246）
二 利益驱动下的利益博弈与资源竞争 ……………………（247）
三 压力体制下的责任排斥与策略性规避 …………………（249）

本章小结 …………………………………………………………（253）

## 第六章　政策冲突的消解：技术赋能、机制优化与伦理重塑 ……（255）

### 第一节　技术赋能：区块链驱动政策分布式协同 ……（255）
一　区块链的作用机制与应用现状 ……（256）
二　区块链技术优势与政策过程适用性分析 ……（259）
三　分布式协同：基于信息链+信任链的协同 ……（261）

### 第二节　机制优化：构建政策精准联动机制 ……（269）
一　构建多部门分布式协同组织架构 ……（270）
二　优化政策冲突的多部门利益协调机制 ……（273）
三　建立科技政策与就业政策冲突的过程控制机制 ……（275）
四　优化科技进步的就业预警与监测机制 ……（278）

### 第三节　伦理重塑：政策协同的扩展性思考 ……（281）
一　人机协同：基于善治与善智融合的政策协同 ……（282）
二　人本向度：体面劳动与劳动者的主体性回归 ……（286）
三　伦理重塑：建立与科技正义关联的社会制度 ……（291）

本章小结 ……（294）

## 结　论 ……（295）

## 参考文献 ……（299）

## 后　记 ……（317）

# 导　论

## 一　研究背景与意义

（一）研究背景

1. 国家战略导向：智能化是未来主导的产业模式

世界正面临新一轮科技革命，大数据、人工智能、区块链等新兴技术赋能百业、催生新兴产业的同时，也重塑了人类的就业形态、就业结构与就业模式。近年来，世界各国为了给本国经济注入新的发展动力，围绕科技发展制订了系列战略计划。各国战略计划的核心要义是抓住新一轮科技革命的机遇并以此作为本国经济增长的新动力。如德国制订工业4.0计划，目标是以传统制造业智能化升级为核心，探索出德国新型可持续的工业发展路径。再如，美国的"再工业化"战略旨在通过大力发展信息技术、生物医药、航天航空等高端制造业来保障其国际竞争优势。在新的历史机遇下，中国也采取了积极行动。国务院在2015年印发《中国制造2025》，提出"智能制造、机器人替代"等战略计划。在此基础上，国务院在2017年颁布《新一代人工智能发展规划》，旨在发展人工智能产业，推动传统产业智能化升级。可以预见，智能化将是我国未来产业发展的主导模式。

在国家战略驱动及政策支持下，人工智能等新兴科技与各行各业深度融合。各类产业也不同程度地实现了智能化升级，如智能制造、智慧农业、智慧物流、智慧教育、智慧金融等。然而，智能技术赋能产业转型升级的同时，对各地劳动力就业产生了不同程度的排斥效应。2017年，习近平主席在二十国集团领导人汉堡峰会上关于世界经济形势的讲话中指出："当前世界经济发展仍不平衡，技术进步对就业的挑战日益突出。我们应当处理好公平和效率、资本和劳动、技术和就业的矛盾。要继续把经济政策和社会政策有机结合起来，解决产业升级、知识和技能错配带来的挑战，使收入分配更加公平合理。"[①] 从国家战略层面来讲，科技进步与就业的矛盾确实在凸显，而这一矛盾的化解需要多元政策形成合力。

2. 现实问题导向：科技进步的就业排斥效应凸显

人工智能等新兴技术的广泛运用在实践中的就业排斥效应已经显露。互联网金融动摇传统金融地位，电子商务使得实体店经营惨淡，网约车大大削减出租车司机数量，机械臂取代制造业大量员工。随着人工智能技术更加完善及配套法律措施的出台，无人驾驶、无人工厂、无人商店等智能化产业，经过试点，未来将在全国甚至全球铺开。麦肯锡咨询公司曾经预测，到2030年，全球将有4亿—8亿个劳动力岗位消失。[②] 牛津大学研究机构预计，未来20年，仅就美国而言，将有6770万个岗位消失。虽然各个机构的预测数据有些出入，但是预测的趋势非常显然。由此，我们不得不忧虑：未来人类是否会出现大面积技术性失业？如在2016年，富士康采用智能工厂与机器人后，仅昆山工厂员工就从11万缩减到5万。这些被动失业人员将依靠什么渠道谋生？短期内是否有替代性的解决方案来缓解技术性失业带来的社会压力与恐慌？在智能革命如火如荼进行时，技术对就业的冲击是否会引发新一轮"新勒德分子"[③]？根据莫荣教授团队对珠三角地区的实证研究可以判定："机器换人"目前不会引发"卢德运动"。[④]

---

[①] 《习近平在二十国集团领导人汉堡峰会上关于世界经济形势的讲话》，新华网，http://fms.news.cn/swf/2017qmtt/7_8_2017_jxp/，2023年7月16日。

[②] James Manyika, Susan Lund, Michael Chui, et al., "Jobs Lost, Jobs Gained: What the Future of Work Will Mean for Jobs, Skills, and Wages", *McKinsey Global Institute* (Nov. 28, 2017), https://www.mckinsey.com/featured-insights/future-of-work/jobs-lost-jobs-gained-what-the-future-of-work-will-mean-for-jobs-skills-and-wages.

[③] 1811年，由于机器对人类工作的挤占，内德·勒德（Ned Ludd）领导失业的纺织工人砸烂了抢夺他们工作的纺织机。那些反抗机械化和自动化、担忧科技进步的人因此被称为"勒德分子"（Luddite）。参见姚建华、徐偲骕《新"卢德运动"会出现吗？——人工智能与工作/后工作世界的未来》，《现代传播》（中国传媒大学学报）2020年第5期。

[④] 莫荣、李宗泽、崔艳：《人工智能与中国就业》，中国劳动社会保障出版社2020年版，第197—200页。

然而，从目前的就业格局来看，新一轮的"机器换人"，已经从蓝领发展到白领，中等收入阶层将面临巨大的就业危机。达龙·阿西莫格鲁和大卫·奥特（Daron Acemoglu & David Autor）等认为，技术的运用可能引发就业极化现象，甚至会导致就业失衡现象。很多从事事务性劳动的中等收入阶层，因为人工智能的取代，出现技术性失业。① 大多数失业人员可能转向低技能的体力劳动，少部分人可能经过培训再学习，内部消化到管理类或更具创造性的岗位（如图0-1所示）。就目前来看，人工智能对就业结构与就业总量已经产生重大影响。电影《终结者》里的大规模机器叛乱虽是科幻情节，但人工智能导致人类技术性失业并非危言耸听。当下警惕人工智能发展的呼声越来越高，尤其是"技术叛乱""技术性失业"等问题成为热议焦点。科学家霍金担忧人类将失去对机器的控制，警告人类警惕人工智能的威胁。② 虽然"技术叛乱"存在于科幻作品中，但是科技进步及人工智能的运用对劳动力的替代效应日渐凸显。

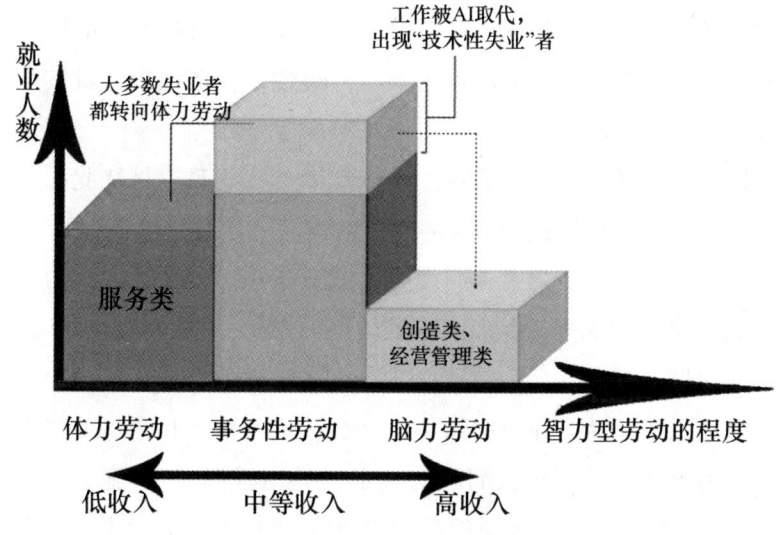

图 0-1　中等收入阶层的就业危机

图片来源：依据《经济学人》周刊2015年6月内容绘制而成。

---

① Daron Acemoglu and David Autor, "Skills, Tasks and Technologies: Implications for Employment and Earnings", *Handbook of Labor Economics*, Vol. 4, No. 1, 2011, pp. 1043–1171.
② 李晓华：《哪些工作岗位会被人工智能替代》，《人民论坛》2018年第2期。

由此，霍金关于终结者来临的忧虑，不像是危言耸听，更像是提前在警示我们：为智能革命的冲击做好充分的准备，要积极回应技术进步的就业替代效应。而科技进步与发展、就业问题的解决都属于公共问题。责任政府应该对这一矛盾议题做出积极回应。政府回应的最直接方式就是制定公共政策。实践中，政府部门常用公共政策来引导、规范和协调科技与就业的矛盾。然而，当科技政策与就业政策相互矛盾与冲突时，又该如何调节科技与就业的矛盾？

3. 科技政策执行给就业政策带来外溢性

公共政策作为执政党、国家或政府公共管理的工具或手段，应该合理调节各种社会利益关系并服务于社会经济的发展与文化进步。[1] 质言之，公共政策应该发挥其导向、调控与分配功能。[2] 然而，政策执行本身却伴随着一系列负面效应。如科技政策制定与执行给就业及其主管部门带来不同程度的负外部性。科技发展作为社会的动力机制，科技政策变迁的速度远快于就业政策。这就导致就业政策对科技政策的回应具有一定的滞后性，进而产生了政策之间的外溢性。在实践中，科技政策与就业政策关系较为复杂。

首先，从国家战略层面来看，科技政策与就业政策是彼此独立的两个政策子系统，各自都有着重要的战略地位。一方面，就业是民生之本。以习近平同志为核心的党中央高度重视就业工作。各地政府大力践行就业优先战略和就业优先政策，不断健全就业制度，完善就业保障政策。党的十九大报告强调，"就业是最大的民生"；党的十九届四中全会通过的《中共中央于坚持和完善中国特色社会主义制度　推进国家治理体系和治理能力现代化若干重大问题的决定》突出强调，"实施就业优先政策"。在新冠疫情之下，我国的就业制度与就业政策显示出稳就业、保就业、促发展的巨大优势。另一方面，科技是第一生产力。习近平总书记强调，必须坚定不移贯彻科教兴国战略和创新驱动发展战略，坚定不

---

[1] 陈振明编著：《公共政策分析》，中国人民大学出版社2002年版，第20页。
[2] 陈庆云主编：《公共政策分析》，北京大学出版社2006年版，第13—21页。

移走科技强国之路。① 从两者关系来看，科技进步能够创造更多的就业岗位，是劳动力就业的关键动力。

其次，从政策实践的效果来看，科技政策的实施确实给就业政策带来了影响。埃弗特·梅杰斯（Evert Meijers）和多米尼克·斯特德（Dominic Stead）将"外部性"概念运用到政策关系理论中阐述政策之间的关系。② 梅杰斯等认为，政策之间的外部性主要表现为某个部门政策在实施后呈现非预期效果，对其他部门产生负面影响却不承担由此带来的成本，而这些负面影响在决策过程中并未加以考虑。③ 科技政策与就业政策分别属于不同的政策部门，两个政策系统所对应的公共问题日益复杂并呈现跨界性、边界模糊性及战略重要性。跨界性，是指科技与就业等公共问题超越了既定政策领域的界限，而这些领域的政策与其他领域的政策及部门职责边界并不对应。边界模糊性，是指科技与就业等公共问题突破界限清晰的物理边界、时间边界及组织边界，其性质、指向及专业复杂性涉及不同的部门、层级与区域。战略重要性，是指科技与就业等公共问题解决与否涉及国家与社会战略层面的发展状况。

科技与就业问题的跨界性与边界模糊性，在政策实践中演变成科技政策与就业政策之间的外部效应，且很多时候体现为负外部效应。例如，科技部门人工智能政策的实施在就业领域产生了非预期性后果。"机器换人"政策不仅给劳动者造成不同程度的技术性失业，而且给就业部门的工作造成较大负担。这些负担几乎都由就业部门来承担，科技部门并不承担由此带来的成本。政策之间的负外部性并非中国的独特现象。前三次工业革命时期，科学技术的快速发展，伴随着技术性失业、结构性失业及摩擦性失业等社会问题，西方国家不得不制定各种就业政策来应对长期且严重的失业问题。就业政策的实施虽然缓解了就业压力，但是

---

① 《建设科技强国，习近平总书记这样部署》，求是网，http://www.qstheory.cn/zhuanqu/2021-03/19/c_1127231465.htm，2023年7月14日。
② 高培勇编著：《公共经济学》，中国人民大学出版社2004年版，第21页。
③ Evert Meijers and Dominic Stead, "Policy Integration: What Does it Mean and How Can it be Achieved? A Multi-disciplinary Review", *Paper Presented at the 2004 Berlin Conference on the Human Dimensions of Global Environmental Change: Greening of Policies Interlinkages and Policy Integration*, Berlin, 2004, pp. 1–15.

无法根除失业问题。由此，失业保障制度成为就业政策的补充，在西方国家不断发展完善起来。

再次，面对政策之间的外部效应，如何减少政策之间的负外部性、强化政策之间的正外部性是我们必须回答的命题。经济学领域解决外部性问题主要是通过外部性内部化，即通过惩罚性措施来矫正经济主体行为，使其收益与成本相符。例如，在应对环境污染带来的负外部性时，相关部门通过罚款或征税来增加企业边际成本。然而，针对政策之间的外部性问题，征税与罚款等惩罚性措施并不适用。我们可以借鉴内部化的思路来缓和政策之间的矛盾与张力。梅杰斯与斯特德认为，可以通过政策一体化或政策整合的办法来解决政策之间的外部性。整合性视角为本书研究政策冲突与协同提供了重要参考。

在我国的实践中，面对社会公共问题，政府职能部门根据各自的职责制定政策，会产生政策关联度低、多头领导、政策资源浪费等问题。为了避免上述问题，政府之间、职能部门之间经常就某一公共议题，共同制定政策，联合发文，进而加强府际合作，提升政策协同度。由此，部门协作及政策协同成为政策管理的重要任务及政府治理的重要模式。在政策实践当中，经常出现不同领域的政策过程协同，如财政政策与金融政策的协同[1]、科技政策与产业政策的协同[2]、产业政策与贸易政策的协同[3]。这些政策协同基本发生在横向部门之间。事实上，政策协同已经成为政府治理跨领域公共问题的必然趋势与重要手段。

就科技政策与就业政策协同的必要性而言，单一政策部门治理公共问题往往捉襟见肘。高质量充分就业在实际中面临很多难题。一方面，劳动力供求错配的结构性矛盾没有根本扭转；另一方面，劳动力市场招工难与求职难并存，职业技能培训供给严重滞后于市场用人需求。[4] 这

---

[1] 王延杰：《京津冀治理大气污染的财政金融政策协同配合》，《经济与管理》2015 年第 1 期。

[2] 沈旺、张旭、李贺：《科技政策与产业政策比较分析及配套对策研究》，《工业技术经济》2013 年第 1 期。

[3] 李敏、刘阳：《我国产业政策、贸易政策协同发展的实施路径文献述评》，《商业经济研究》2020 年第 9 期。

[4] 莫荣、陈云：《高质量发展阶段就业形势、挑战与展望》，《中国劳动》2019 年第 1 期。

些问题仅仅依靠就业政策难免捉襟见肘，还需要依赖于科技政策引领，通过科技创新创造更多新需求、新行业、新产业，进而创造更多岗位。同样，科技发展与创新也面临很多难题，如尖端科技人才稀缺、科技创新意识不强、科技创新体系落后等。这些现实问题也突破了政府部门的职能边界，非科技这一单一部门所能解决，需要其他领域政策的配套供给。换言之，有效化解科技政策的外溢性，需要多个政策系统的高度协同与配合，需要树立系统性的思维，将科技政策过程与就业政策过程看作一个不可分割的整体性系统，继而达到政策效能的最大化。政策系统的功能逻辑恰恰是通过跨领域的一体化政策框架或政策最优组合来降低政策间运行成本，提高资源利用率。

最后，从政策科学的研究现状来看，对常规的政策协同的研究相对较多，对科技政策与就业政策的冲突及冲突的社会效应的研究着墨不多。目前，政策协同大都聚焦于政策之间如何协同与配合，如经济政策与社会保障政策协同①、环保政策与知识产权政策协同②。就政策之间的外溢性而言，学者研究并不多。但是，人工智能的广泛运用对劳动力的排挤效应确实在各行各业凸显。这些问题已经被广泛认知，成为社会公共议题。政府部门回应公共议题最直接的方式是制定与执行相应的公共政策。然而，政策的制定与执行过程并非坦途。当今，公共政策普遍存在制定与执行的无能、两难选择和悲剧性选择等诸多困境。③ 我们应该如何突围政策制定与执行的冲突困境？这将是本书重点回应的命题。

基于以上分析，本书主要以科技政策与就业政策为研究对象，首先，重点解构政策的文本结构冲突、政策过程冲突及政策冲突的负面社会效应。其次，从政策属性、科层制度及利益博弈三个维度深入探究政策冲突的触发机制。最后，基于人本向度，从技术赋能、协同机制优化、科技伦理观重塑三个维度，提出消解政策冲突的可行路径。本书以期通过

---

① 席恒：《经济政策与社会保障政策协同机理研究》，《社会保障评论》2018年第1期。
② 刘华、黄金池：《环保政策与知识产权政策协同运行研究》，《湖南社会科学》2017年第5期。
③ ［以］叶海卡·德罗尔：《逆境中的政策制定》，王满传、尹宝虎、张萍译，国家行政学院出版社2009年版，第242页。

科技政策与就业政策的协同，弱化科技进步的就业替代效应，强化科技进步的就业创造效应。简言之，通过政策协同驱动科技与就业的良性循环，最终实现劳动者体面及高质量充分就业。

（二）研究意义

科技进步伴随着就业创造与就业替代双重效应，引起国内外诸多学者关注。然而已有研究大都从经济学、社会学、技术哲学等角度去探究科技进步对就业的影响机制与后果，缺乏从公共政策的维度去关注两者的内在逻辑。作为引领、协调和规范科技与就业的权威性工具，科学的政策制定、有效的政策执行、严谨的政策评估，每一个环节都会影响政策的效能。然而，政策过程的复杂性、利益主体多元化、科层组织结构困境等多因素综合，经常导致科技政策与就业政策的矛盾与冲突。要实现科技进步与就业工作的良性循环，首先要消解科技政策与就业政策间内在的张力与矛盾。因此，本书着眼于科技政策与就业政策在"结构—过程—效应"三个维度的分析框架，从政策属性、科层结构与利益博弈等维度探究政策冲突的原因。同时基于人本向度，从底层技术赋能、体制机制优化及伦理重塑等多维度构建政策分布式协同之途。这一研究不仅丰富了科技与就业关系的理论谱系，也丰富了政策研究的理论谱系，对政策冲突的消解具有重要的理论意义与实践价值。

1. 理论价值

首先，本书致力于构建科技政策与就业政策冲突的理论分析框架，进而拓宽政策关系的研究谱系。公共政策冲突积弊已久，不仅影响政策效能，而且减损政府治理效能。从已有文献来看，国外关于政策科学尤其是政策冲突的研究数量及成果远远超越国内，国内对公共政策的关注与研究并未与时俱进地满足现实发展需求。在科技进步的就业替代效应日益显著的背景下，科技政策与就业政策关系的研究仍然是空白，出现了理论与实践的脱节。本书不仅从顶层设计与制度优化维度构建高度协同的政策系统，同时引入技术赋能维度，以区块链多中心、防篡改、智能合作、共识算法等技术优势，构建政策协同的智能图景，从而填补公共政策协同的技术研究空白。同时，本书将结合本土化的政策冲突经验，缕析科技政策与就业政策冲突的内在原因，不仅可以拓宽政策关系研究的视角，更有利于对多元政策冲突的消解做出积极回应。

其次，本书有利于公共部门政策制定技术的优化与提升。社会问题具有较强的整体性、系统性，不同领域的社会问题相互关联、相互影响、相互制约，从社会整体性宏观层面展现出来。如以人工智能为代表的科技进步带来的就业替代效应与社会焦虑情绪，引发社会各界关注。科技政策与就业政策作为政策子系统，在制定与执行过程中需要遵循整体性、系统性原则。单一领域的政策在努力解决该领域社会问题的同时，须兼顾其他领域的社会问题，以产生解决问题的政策合力，即通过政策协同实现政策效能的最大化。由此，以科技政策与就业政策关系为例，解构多元政策内在的冲突逻辑及化解对策，将进一步优化政策系统的预见性、系统性及整体性。

最后，本书旨在优化政策资源配置，减少因政策冲突造成的资源浪费。任何政策的制定与执行都需要配备一定的人力、物力、财力等资源，而政策资源是非常有限的。如果政策冲突长期存在，不仅可能造成单一政策失效而达不到政策预期目标，还会造成政策系统资源的巨大浪费。随着政策冲突负面效应的凸显，公共政策很可能面临中途被修订或废止，这意味着前期投入成本的淹没。因此，加强对公共政策冲突的理论与实践研究，特别是关注科技政策与就业政策冲突的机理及消解对策，将有利于公共政策资源的最优化配置。

2. 实践意义

首先，本书为解决科技进步引发的就业排斥提供了全新的研究视角与应对之策。面对科技进步的就业排斥效应，诸多学者从社会学、哲学、经济学等学科角度做出理论思考，却鲜有从公共政策视角给出应对之策。本书从政策冲突视角切入，以科技政策与就业政策关系为例，一方面，解构政策冲突的具体表现、深层原因及社会效应；另一方面，提出科技政策与就业政策的化解之道，为消解科技与就业矛盾提供全新的应对之策。

其次，本书为促进部门政策协同提供镜鉴。公共政策效能的实现依赖于高效、精准的政策执行，即将静态的政策文本转变成动态的公共政策运行过程，从应然状态转化为实然状态。政策冲突可能贯穿整个政策周期，从政策文本的结构性要素冲突到政策执行冲突。持续的政策冲突不仅损耗政策资源，还可能加剧部门之间的矛盾。因此，本书以科技政策与就业政策关系为例，解构不同部门政策之间矛盾与冲突的具体表现，探究不同部门政策冲突的负面社会效应与深刻原因。在此基础上，从体制机制、技术赋能、伦理重塑等维度提出优化多部门政策冲突的破解方案。因此，本书旨在推动实践中的政策顺利执行并为其他领域政策冲突化解提供有益方案。

最后，本书为打破部门政策壁垒、实现政策精准联动提供有益启发。现实中，科技政策制定主体在决策的时候，不会考虑其政策效果对就业及就业政策产生的负面影响。同样，就业政策主体在制定政策时，也不会考虑就业政策对科技及科技政策的影响。本书从政策属性、科层组织结构及利益博弈等维度，深入剖析政策冲突内在机理与深刻原因，进而通过区块链技术重构部门间的政策过程，促进政策之间由分割化、碎片化、滞后化走向整体性、系统性与同步性。概言之，让科技政策与就业政策回归分布式协同状态，打破部门之间政策壁垒，实现政策精准联动。

## 二 国内外研究综述

本书以科技政策与就业政策关系为例，探究政府部门之间政策冲突的具体表现、社会效应及冲突成因，进而构建分布式协同以消解政策冲突。首先，本书从结构维度与过程维度呈现政策冲突的具体表现。其次，从政策作用的对象，即劳动者与经济社会两个维度探究政策冲突的社会效应。再次，基于政策属性、科层体制因素、利益博弈与责任排斥等维度，探究政策冲突的内在机理与深层原因。最后，立足于人本向度，从技术赋能、体制优化、伦理观重塑等维度构建分布式政策协同。分布式政策协同，是将科技政策与就业政策两个政策子系统甚至更多的政策子群置于政策大系统之中，建立高度协同的政策系统。因此，本书将政策冲突、政策协同、科技政策与就业政策关系等文献进行逐一综述。

（一）公共政策冲突研究

政策冲突研究起源于西方的政府实践经验。在近代资本主义国家中，英国率先发动并完成宪政革命，建立首个宪政国家。宪政的核心要义是最大限度限制约束国家和政府的权力、确立并保障公民权利与自由。① 这一时期，政府成为"守夜人"式的"消极政府"。政府的职能与权限局限于维护社会基本秩序、保护公民私人财产及保卫国家安全。由此，政府制定的政策数量较少，政策冲突的数量与范围也非常有限。

随着契约精神、意思自治、财产神圣不可侵犯等理念盛行，某些本应该由政府管制的领域与事务却被放任自流，导致社会秩序混乱、危机高发频发。1929—1933年期间，资本主义世界爆发了非常严重的经济危机。此次经济危机不仅冲击资本主义经济体系和社会秩序，而且撼动了自由资本主义的根基。由此，奉行全面主动干预经济的凯恩斯主义在资本主义国家备受重视。在凯恩斯理论的指导下，1933年，罗斯福全面推行新政，不断扩大政府职能与权限，强化政府对社会经济的全面干预。相应地，政府公共政策领域迅速扩张，公共政策冲突也日趋频繁与复杂。学界由此开始关注公共政策冲突现象。

1. 国外关于公共政策冲突的研究

作为公共政策学发源与兴盛的国家，美国不仅具有相对丰富的公共政策实践及成熟的政策科学体系，而且对政策冲突的探究也引领学界潮流。目前，学界关于公共政策冲突的探究主要呈现五个趋势。

（1）政策冲突的认识论研究。总体而言，西方学者对政策冲突的研究基于西方政策实践的经验总结，对政策冲突的认知较为理性客观。正如社会冲突的客观性与必然性存在一样，政策冲突在实践中不可能彻底消解。但是，冲突并不仅仅意味着是对个体或社会固有的具有不良影响的现象。事实上，在政策过程中，一些强烈的冲突对于了解群体动态是正常且良性的。② 黛博拉·A. 斯通（Deborah A. Stone）在其著作《政策矛盾与政治情境》中表明，公共政策源于相应的政治情境，而政治情境本身是充满矛盾与冲突的。由此，在特定政治情境中产生的公共政策天

---

① ［英］弗里德利希·冯·哈耶克：《法律、立法与自由》（第二、三卷），邓正来、张守东、李静冰译，中国大百科全书出版社2000年版，第417页。
② Christopher M. Weible and Tanya Heikkila, "Policy Conflict Framework", *Policy Sciences*, Vol. 50, No. 1, 2017, pp. 23–40.

生带有冲突。① 在斯通看来，政策冲突的根源与复杂的政治情境密切相关。这也使人们意识到，政治过程伴随着政策冲突，政策冲突是政治过程的产物。斯通基于西方政治情境的视角为本书探究科技政策与就业政策冲突的触发机制提供了有益借鉴。

另有学者对政策冲突的概念与特征进行探究。就冲突概念而言，克里斯托弗·M. 韦布尔（Christopher M. Weible）等认为，政策冲突是源自两个或两个以上的行动者之间的政策立场分歧，来自对手政策立场的感知威胁及不妥协。政策冲突的结果又对政策制定与执行过程产生反馈效应。② 具体而言，政策冲突主要呈现以下活动特征：第一，政策冲突是政策立场的分歧。立场分歧是特定行动者或群体在某一公共问题上的目标、路径或价值分歧。政策立场的分歧可能发生在政策过程的任何阶段，从议程设置、政策制定、政策实施到政策评估与反馈。虽然我们可以在政策周期的任何阶段来弥合政策立场的分歧，但是并不能消解高强度的政策冲突。因为政策立场往往在政策问题的不同属性上发生变化与重现。第二，政策冲突是来自政策立场中反对者的威胁。当政策行动者从其反对者的政策立场中察觉到对自己或社会的威胁时，政策冲突便产生了。当行动者感受不到对手立场的威胁时，政策冲突就不可能存续下去。来自对手政策立场的威胁主要涉及成本上升、利益损害与价值观冲突。③第三，政策冲突表现在行动者不愿在政策立场上妥协。一般而言，在政策立场上达成一致并不需要改变信念，而是往往需要愿意与对手合作，进而达成谈判的解决方案。④

（2）政策冲突的触发机制探究。政策冲突的触发与特定的政策情境

---

① ［韩］吴锡泓、金荣枰编著：《政策学的主要理论》，金东日译，复旦大学出版社 2005 年版，第 47—48 页。

② Christopher M. Weible and Tanya Heikkila, "Policy Conflict Framework", *Policy Sciences*, Vol. 5, No. 1, 2017, pp. 23 – 40.

③ Ronald O. Loveridge, "Participation in American Politics: The Dynamics of Agenda-Building by Roger Cobb and Charles Elder", *The American Political Science Review*, Vol. 67, No. 3, 1973, pp. 1009 – 1012.

④ Mark E. Kann, Lawrence Susskind, Jeffrey Cruikshank, et al., "Breaking the Impasse: Consensual Approaches to Resolving Public Disputes by Susskind and Cruikshank", *The American Political Science Review*, Vol. 82, No. 3, 1988, pp. 990 – 998.

密切相关。其中，既有政治、经济、文化、组织等客观的体制因素，也有行动者等主观的人为因素。约翰·C. 坎贝尔（John C. Campbell）在探究政府体制中的冲突时，重点解构了官僚组织内部结构设计以及由此引发的政策过程中的冲突问题。在坎贝尔看来，政策冲突与官僚组织内部结构性要素及利益诉求密切相关。当冲突问题没有得到正确处理时，冲突问题可能扩大。触发政策冲突的结构性要素主要有四个：第一，部门专业化分工反致部门隔绝，如官僚组织内科、局、厅等正式的组织划分为政策冲突设置了制度性障碍。第二，在专业化分工与正式组织划分基础上形成了利益表达的隔阂与分歧，进而产生政策冲突。第三，同乡会、同学会、兴趣小组、研究会等非正式的派别是政策冲突的重要原因。第四，等级上的分割，主要是有权者与无权者的对立。① 从结构视角来看，正式结构间的利益关系及疏远关系产生的隔阂是政策冲突的主要触发原因。非正式组织以及等级结构并非政策冲突的关键原因。② 此外，政策冲突与政府组织体制碎片化相关。碎片化政府被贴上很多标签，如脱节的政府③、政策分裂④、部门主义⑤。只要这些碎片化现象存在，无论政府做出怎样的努力，复杂问题只能得到部分解决。复杂政策问题的消解往往需要多个部门协同，如灾害管理等。但是，实践中各个政策子系统都想保护自己的地盘并担心信息泄露，往往选择性忽视协调的重要性和必要性。⑥

（3）政策冲突的强度划分研究。基于以上定义，克里斯托弗将不

---

① ［韩］吴锡泓、金荣枰编著：《政策学的主要理论》，金东日译，复旦大学出版社2005年版，第81—83页。

② John C. Campbell, "Policy Conflict and lts Resolution Within the Governmental System", In Ellis S. Krauss, Thomas P. Rohlen and Patricia G. Steinhoff, eds., *Conflict in Japan*, Honolulu: University of Hawaii Press, 1984, pp. 294-334.

③ Christopher Pollitt, "Joined-up Government: A survey", *Political Studies Review*, Vol. 1, No. 1, 2003, pp. 34-49.

④ Dennis Kavanagh and David Richards, "Departmentalism and Joined-up Government: Back to the Future", *Parliamentary Affairs*, Vol. 54, No. 1, 2001, pp. 1-18.

⑤ Tom Christensen and Per Lægreid, "The Whole-of-Government Approach to Public Sector Reform", *Public Organization Review*, Vol. 67, No. 6, 2007, pp. 1059-1066.

⑥ John Gieve and Colin Provost, "Ideas and Coordination in Policy Making: The Financial Crisis of 2007-2009", *Governance*, Vol. 25, No. 1, 2012, pp. 61-77.

同情境下的政策冲突划分为高度冲突、中度冲突、低度冲突及无冲突（如图 0-2 所示）。具体而言，一方面，当政策行动者在政策立场上表现出高度分歧，感知到来自对手政策立场的强度威胁时，各方表现出不愿意妥协，政策行动者之间则表现为高度冲突。另一方面，在政策立场没有分歧的情况下，政策行动者表现出高度的政策协同。政策协同度高的政策行动者在政策立场上差异不大，不存在任何威胁，因此不需要妥协。政策行动者在政策立场上虽然表现出分歧，也感知到对手立场的威胁，但是具有妥协的意愿，因而政策间表现出适度冲突。①

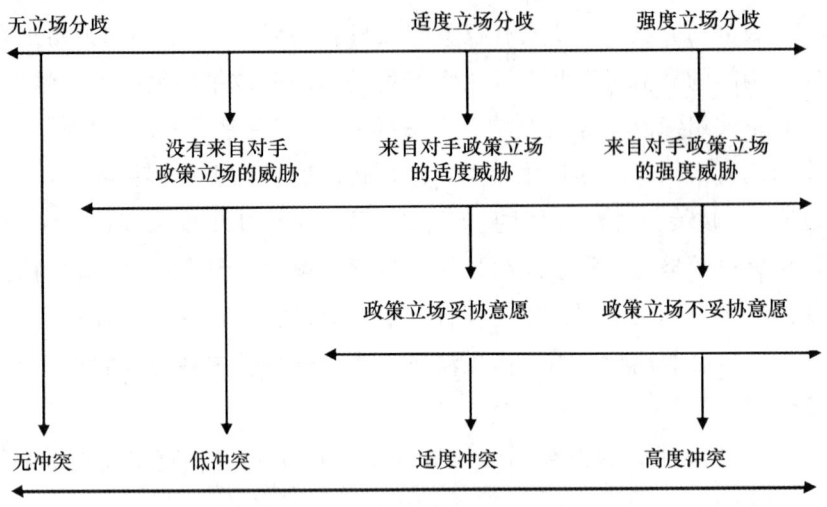

**图 0-2　政策冲突的强度谱系**

图片来源：Christopher M. Weible and Tanya Heikkila, "Policy Conflict Framework", *Policy Sciences*, Vol. 5, No. 1, 2017, pp. 23-40。

（4）政策冲突的行为特征与分析框架研究。就政策冲突的行为特征而言，主要表现为政策行动者参与一种或多种政治战略或战术，以影响政策决定，进而实现其行动目标。政策参与者的战略与战术可以划分为

---

① Christopher M. Weible and Tanya Heikkila, "Policy Conflict Framework", *Policy Sciences*, Vol. 5, No. 1, 2017, pp. 23-40.

内部战略与外部战略。① 内部战略主要是试图直接影响具有决策权的政府官员，如通过发送信件、定点采购等方式促进政策采纳，向选举官员传播信息，发起全民投票，向公共管理人与街道官僚施压，参与规则制定过程及在政府听证会上做证等。外部战略是间接影响政府决策活动，通常通过动员公众、建立和维持宣传联盟、诉讼、协调社会媒体运动、参与竞选、组织和参加抗议与示威等。就政策冲突的分析框架而言，克里斯托弗等构建了政策冲突的分析框架（policy confict framework），该框架由四个方面形塑而成：第一，行动级别，包括政治制度、政策子系统与政策行动；第二，政策冲突中的行动者及其个人属性与人际属性；第三，政策议题，即政策冲突的主题；第四，政策冲突的触发事件，如灾难或选举。② 冲突消解和替代争议的理论研究大都倡导基于共识机制来解决或减轻群体间的冲突。③

（5）政策冲突的应对策略研究。坎贝尔认为，应对政策冲突的思路是缓和政策冲突的程度，而不是彻底消除冲突。虽然解决政府组织内部结构问题是化解政策冲突的关键途径，但这并非易事。随着结构因素的改变，可能产生另一种冲突。为此，坎贝尔提出，以渐进式办法化解政策冲突。第一，要辨析社会文化对政策冲突的态度，进而选择和确定政策冲突的治理方式。第二，当文化差异影响政策冲突治理方式时，需要行动者及时进行沟通并以理性的办法缓和冲突。第三，通过权变的办法达到合意以消解冲突。第四，在官僚组织内部组织自上而下的调整。第五，防范政策冲突于未然。以上方法是探索性、循序渐进的，以预防和沟通协商为主。换言之，并非政策冲突一发生就改变组织结构。官僚组织结构调整是重大变革，过程复杂、成本极高且充满不确定性。只有当

---

① Thomas Gais and Jack L. Walker, "Pathways to Influence in American Politics", In Jack L. Walker, eds., *Mobilizing Interest Groups in America*, University of Michigan Press, 1991, pp. 103 – 121.

② Christopher M. Weible and Tanya Heikkila, "Policy Conflict Framework", *Policy Sciences*, Vol. 5, No. 1, 2017, pp. 23 – 40.

③ Putnam L. L., Wondolleck J. M., "Intractability: Definitions, Dimensions, and Distinctions", In Roy J. Lewicki, Barbara Gray and Michael Elliot, eds., *Making Sense of Intractable Environmental Conflicts: Concepts and Cases*, Washington, D. C.: Island Press, 2003, pp. 35 – 59.

以上方法不奏效时，才选择调整组织结构来化解政策冲突。因此，采取组织变革的方式需要慎重考虑。①

一般而言，政府有时候会对一定强度的政策冲突保持容忍并在组织内部采取措施回避政策冲突。具体做法如下：第一，容忍一定程度的冲突以保障政策的连续性（continuity），但是很难达到政策的连贯性（consistency）。第二，动员政府组织内部剩余资源以满足所有相互竞争的政策需求。第三，否定性调整（negative coordination）。第四，故意增加政策模糊性，以减少政策冲突发生的概率。第五，保障官僚组织结构设计的科学性，人事、业务、组织安排设计不得重复。第六，建立政策冲突化解小组，小组成员由组织内部上下级当事人共同构成。②

与坎贝尔渐进式的政策冲突化解策略不同，保罗·J. 夸克（Paul J. Quirk）指出了政策协同的策略。政策冲突的协同解决至少应满足两个基本条件：第一，政策冲突的双方当事人是相互依赖、互补关系，即当事人作为联合的一员能够影响政策效果。第二，政策冲突的双方当事人应该处于"非零和博弈"（nonzero-sum game）状态，即双方存在互补关系的同时依然具备相互冲突的利益分歧关系。③ 在"非零和博弈"框架基础上，夸克探究了政策冲突当事人的行为特征，并提出协作解决政策冲突的条件。为了保证条件的客观性与可解释性，夸克将五种变量具体化（冲突结构、冲突内容、政党政治、领导、政治制度），由此推导出协同化解政策冲突的一般性条件。④

化解政策冲突的另一个途径是政策整合。政策整合是政府解决复杂问题而做出的战略性行政决策的过程，其本质是政策系统、政策目标和

---

① John C. Campbell, "Policy Conflict and Its Resolution Within the Governmental System", In Ellis S. Krauss, Thomas P. Rohlen and Patricia G. Steinhoff, eds., *Conflict in Japan*, Honolulu: University of Hawaii Press, 1984, pp. 294–334.

② ［韩］吴锡泓、金荣枰编著：《政策学的主要理论》，金东日译，复旦大学出版社2005年版，第85—86页。

③ ［韩］吴锡泓、金荣枰编著：《政策学的主要理论》，金东日译，复旦大学出版社2005年版，第174页。

④ Paul J. Quirk, "The Cooperative Resolution of Policy Conflict", *American Political Science Review*, Vol. 83, No. 3, 1989, pp. 905–921.

政策工具的协调与整合。① 如面对单一政府部门干预无法解决的环境问题，瑞典政府制定了国家环境质量目标（NEQOS），虽然每个机构都有自己的目标，但是政策整合能有效统合 24 个政府机构的目标。② 再如，在回应二氧化碳减排问题上，英国至少有 5 个机构分担执行运输政策的责任。③ 美国政府认为，单一机构不能实现国土安全，试图通过联邦部门（国土安全部）来加强协调，并监督各个机构职责履行情况。④ 墨西哥在解决贫困问题时，依赖多个政策部门、各级政府及社会机构的共同参与。但是，由于信息共享壁垒及资源整合困难，社会政策仍然处于分裂状态。⑤ 从以上分析可以看出，政策整合被政府视为解决复杂问题和政策冲突的重要工具。⑥

总体来看，以上研究都抓住公共政策冲突的核心要义，把握住不同类型政策冲突的本质，为本书科技政策与就业政策冲突与协同提供了有益的启发与思考。虽然国外的研究成果丰硕，但是目前的成果聚焦于政策冲突的一般性研究，且专注于单一政策领域研究，政策冲突与协同的研究成果较为鲜见。而且，国外政策冲突的前提假设是政治系统与政策系统内部的行动者是悲观的理性经济人，是基于西方政治情境下的产物。政策行动者的属性和特征与政治活动密切相关，其主要动机是影响政治过程并获得话语权。这与我国政策背景具有较大差异。但是，其分析框架与研究思路为本书研究政策冲突提供了一定的启发意义。

---

① Guillermo M. Cejudo and Cynthia L. Michel, "Addressing Fragmented Government Action: Coordination, Coherence, and Integration", *Policy Sciences*, Vol. 50, No. 4, 2017, pp. 1 – 23.

② Måns Nilsson and Åsa Persson, "Framework for Analysing Environmental Policy Integration", *Journal of Environmental Policy & Planning*, Vol. 5, No. 4, 2003, pp. 333 – 360.

③ Angela Hull, "Policy Integration: What Will it Take to Achieve More Sustainable Transport Solutions in Cities?" *Transport Policy*, Vol. 15, No. 2, 2008, pp. 94 – 103.

④ Peter J. May, Ashley E. Jochim and Joshua Sapotichne, "Constructing Homeland Security: An Anemic Policy Regime", *Policy Studies Journal*, Vol. 39, No. 2, 2011, pp. 285 – 307.

⑤ Guillermo M. Cejudo and Cynthia L. Michel, "Addressing Fragmented Government Action: Coordination, Coherence, and Integration", *Policy Sciences*, Vol. 50, No. 4, 2017, pp. 1 – 23.

⑥ William Lafferty and Eivind Hovden, "Environmental Policy Integration: Towards an Analytical Framework", *Environmental Politics*, Vol. 12, No. 3, 2003, pp. 1 – 2.

2. 国内关于公共政策冲突的研究

较之西方发达国家，国内对公共政策冲突的研究到21世纪初才起步。起初，学者大都借鉴与介绍西方公共政策研究的成果。随着国内政策实践的发展，"政策打架"现象日益凸显。由此，公共政策冲突的本土化研究兴起，学者们对公共政策冲突现象进行了多维度探索。从已有研究来看，公共政策研究主要聚焦于政策冲突的一般性研究，如政策冲突的内涵、具体表现、社会影响、触发因素及应对策略。

（1）政策冲突的内涵研究。政策冲突是不同政府行政机关政策之间或同一政府行政机关新旧政策之间相互矛盾、对立或冲突的现象。[①] 在我国的政策体制和政治语境中，政策冲突通常表现为不同部门制定的政策文本的矛盾。因而，政策冲突的本土化表述是"文件打架"。[②] 除了文本冲突，在政策实践中，执行过程中的"政策撞车""政策打架"现象也是屡见不鲜。[③]

（2）政策冲突的具体表现研究。伴随中央向地方放权及政府向社会分权，尤其是市场经济体制下多元利益格局的形成，政策执行不力等问题频频发生。政策执行不力最典型的表现是"政策走样""有令不行、有禁不止""上有政策、下有对策"。[④] 胡象明将政策冲突的具体表现总结为政策的目标冲突、效益冲突及手段冲突。[⑤] 冯庆等从不同视角对政策冲突类型进行划分：就政策主体地位与政策效力而言，可以分为全局政策冲突与局部政策冲突、全局政策内部冲突与局部政策内部冲突；就政策结构性要素而言，主要有价值冲突、目标冲突、手段冲突及效果冲突。[⑥] 丁雪峰等在督察中发现，现行文件"打架"现象特别严重，主要表现为政

---

[①] 袁明旭：《公共政策冲突：内涵、表现及其效应分析》，《云南行政学院学报》2009年第11期。

[②] 胡象明：《"文件打架"的原因及对策》，《中国行政管理》1995年第9期。

[③] 李燕、高慧、尚虎平：《整合性视角下公共政策冲突研究：基于多案例的比较分析》，《中国行政管理》2020年第2期。

[④] 丁煌、李晓飞：《中国政策执行力研究评估：2003—2012年》，《公共行政评论》2013年第4期。

[⑤] 胡象明：《"文件打架"的原因及对策》，《中国行政管理》1995年第9期。

[⑥] 冯庆、许健、邹仰松：《政策冲突及其成因与应对策略》，《科技进步与对策》2003年第1期。

府与部门之间文件"打架"、部门之间文件"打架"、条块之间文件"打架"、倾斜性文件与常规性文件"打架"。① 程杞国探究了部门政策冲突与地方政策冲突的具体表现及化解策略。② 在后续研究中,他基于政策结构维度,将央地政策冲突划分为全局性政策冲突、局部性政策冲突及局部性政策内部冲突。③

李燕等从多案例比较与整体性视角概括了公共政策冲突的基本类型:第一,政策上下不齐,主要是央地政府政策冲突、地方政府上下级政策冲突。第二,左右政策各异,主要是不同区域、不同部门及不同政策领域的政策冲突。第三,新旧政策不一,表现为近期政策与长期规划之间的矛盾、同一政策不同时期的矛盾。就政策结构性要素而言,主要存在政策目标、政策工具、政策价值及政策效果的冲突。④ 就整个政策周期而言,冲突可能存在于政策制定、执行、评估、效果反馈等政策过程的各个环节。⑤ 吴光芸、李培在研究区域合作中的地方政府关系时指出,地方政府合作中存在目标冲突、工具冲突与利益分歧。⑥

（3）政策冲突的社会影响研究。冲突具有建设性与破坏性,一方面可能造成社会资源损失、社会秩序破坏;另一方面可以促进系统优化、社会整合,防止社会系统运行僵化。⑦ 同样,政策冲突也具有正面与负面功能。一方面,政策冲突的暴露可以帮助相关部门及时发现并修补政策漏洞,以免有瑕疵政策长期运行造成更严重的后果。事实上,正是公

---

① 丁雪峰:《文件"打架"现象的危害及改进意见》,《秘书之友》1992年第11期。
② 程杞国:《部门政策与地方政策的冲突与调适》,《地方政府管理》2000年第1期。
③ 程杞国:《公共政策制定中央政府和地方政府的关系》,《中共福建省委党校学报》2000年第3期。
④ 李燕、高慧、尚虎平:《整合性视角下公共政策冲突研究:基于多案例的比较分析》,《中国行政管理》2020年第2期。
⑤ 陈坚:《易地扶贫搬迁政策执行困境及对策——基于政策执行过程视角》,《探索》2017年第4期。
⑥ 吴光芸、李培:《论区域合作中的政策冲突及其协调》,《贵州社会科学》2015年第2期。
⑦ [美] L.科塞:《社会冲突的功能》,孙立平等译,华夏出版社1989年版,第17—24页。

共政策冲突的存在与激化,驱动政策更新与政策变迁,推动政策供给速度。① 质言之,政策冲突过程本身呈现出政府及其职能部门在回应职责交叉、权限不清问题时做出的态度与思索。② 另一方面,公共政策冲突的破坏性也是明显的,不仅破坏整个系统的连贯性与统一性,而且减损政府部门的威信与形象。政策冲突最直接的表现就是文件"打架"。文件"打架"大大削弱政府部门的宏观指导和决策指挥能力,使文件"肠梗阻"、被钻空子,失去权威性和时效性。③ 具体到区域政策冲突的危害,吴光芸等指出,政策冲突不仅影响政策效力发挥,浪费政策资源,而且会滋生恶性竞争,阻碍区域一体化进程。④

(4) 政策冲突的触发因素研究。胡象明指出,政策冲突的触发因素较为复杂,主要包含以下几个方面:其一,体制机制之间的摩擦可能造成政出多门,进而引发政策之间的冲突;其二,职能部门间横向协调机制的匮乏极易引发政策冲突;其三,政策过程中信息沟通反馈机制的缺失引发政策冲突。⑤ 冯庆等指出,政策间冲突与体制机制不顺畅、信息反馈机制不健全、横向部门协调机制缺失及政策过程部门化倾向密切相关。⑥ 任远教授认为,政策冲突的表象背后是思想与理念的冲突,是规划与目标的冲突,是不同部门及行动者利益的冲突,是不同区域之间利益分歧与发展目标的冲突。⑦ 程杞国指出,中央政府与地方政府之间功能差异、权力作用范围及权力结构的复杂性是导致中央政策与地方政策冲突的关键原因。⑧ 吴光芸等指出,区域政策冲突与主客观因素密切相关。主观上来看,政策主体价值分歧、区域壁垒带来的信息不畅通、区域竞争背景下的利益博弈等都可能导致政策间的冲突。客观上来讲,政

---

① 刘莘主编:《国内法律冲突与立法对策》,中国政法大学出版社2003年版,第133页。
② 王仰文:《公共政策冲突治理路径问题研究》,《兰州学刊》2011年第8期。
③ 丁雪峰:《文件"打架"现象的危害及改进意见》,《秘书之友》1992年第11期。
④ 吴光芸、李培:《论区域合作中的政策冲突及其协调》,《贵州社会科学》2015年第2期。
⑤ 胡象明:《"文件打架"的原因及对策》,《中国行政管理》1995年第9期。
⑥ 冯庆、许健、邹仰松:《政策冲突及其成因与应对策略》,《科技进步与对策》2003年第1期。
⑦ 任远:《政策冲突的类型与协调》,《中国社会科学报》2010年8月30日。
⑧ 程杞国:《公共政策制定中中央政府和地方政府的关系》,《中共福建省委党校学报》2000年第3期。

策主体的多元化且非隶属性以及政府体制机制的不协调、不成熟都可能引发政策冲突。① 除上述因素以外，人力、物力、财力等资源是政策顺利执行的保障性条件，主体对执行资源的竞争也是引发政策冲突的重要原因。② 所有政策最终都表现为利益关系的处理。③ 因此，利益失衡也是触发政策冲突的重要原因。

（5）政策冲突的应对策略研究。政策冲突不仅消解政策执行的效果，而且造成执行资源的浪费、部门形象减损。由此，学者们从不同维度提出应对策略。胡象明提议，首先要改革政策制定体制，强化各级政府政策法规机构的职能，建立政策预审制度和联合决策制度；其次，强化政策部门工作的协调性；最后，在政策执行过程中，行动者要敏锐地发现政策之间的矛盾与冲突，及时做好执行过程中的信息沟通和反馈工作。④ 除此之外，冯庆等认为，还需要健全信息共享与反馈机制、合理平衡各方利益、合理配置行政职权、尊重不同主体在政策过程中的地位。⑤ 王仰文认为，多数政策冲突与利益博弈有关，因此，要健全多主体利益分配与协调机制，从根源上消除政策冲突背后的利益矛盾。⑥ 针对地方政府执行力不足、规划力畸变、公信力受损、服从力不足、监控力纰漏等弊病，丁煌认为，在政策过程中应嵌入多中心治理，提升政策执行规划力、强化政策执行的公信力与服从力、加强监督问责力。⑦ 吴光芸等认为，消解公共政策冲突的关键是优化公共决策体制：完善政策咨询与协商机制、建立部际联席会议制度、建立政策网络机制、强化政策监督与评估机制；完善公共决策技术，建立利益协调与共享机制，健

---

① 吴光芸、李培：《论区域合作中的政策冲突及其协调》，《贵州社会科学》2015年第2期。
② 丁煌、梁满艳：《地方政府公共政策执行力测评指标设计——基于地方政府合法性的视角》，《江苏行政学院学报》2014年第4期。
③ 陈振明编著：《公共政策分析》，中国人民大学出版社2002年版，第20页。
④ 胡象明：《"文件打架"的原因及对策》，《中国行政管理》1995年第9期。
⑤ 冯庆、许健、邹仰松：《政策冲突及其成因与应对策略》，《科技进步与对策》2003年第1期。
⑥ 王仰文：《公共政策冲突治理路径问题研究》，《兰州学刊》2011年第8期。
⑦ 丁煌、周丽婷：《地方政府公共政策执行力的提升——基于多中心治理视角的思考》，《江苏行政学院学报》2013年第3期。

全信息沟通与信息共享机制。①

纵观国内政策冲突的研究成果,主要聚焦于一般性的理论研究并呈现两种趋势:第一,从政治学、管理学、政策科学等视角,对政策冲突的基本概念、表现、影响、触发机制及化解对策进行规范性理论阐释。第二,聚焦于某一具体政策领域,对政策冲突进行实证性研究。就学理性研究而言,大多数研究聚焦于单一政策冲突的积极应对,缺乏对政策冲突或多政策关系的探究,更缺乏理解政策冲突的整体性思维。就经验性研究而言,大多数研究聚焦于单案例或单政策分析。总体而言,国内公共政策冲突研究仍然依赖西方国家的政策研究成果。虽然不少学者借鉴了国外学者的研究经验,但是目前尚未形成成熟的理论工具来架构起政策冲突与协同的分析框架。尤其是对多政策冲突的研究缺乏成熟的分析框架,这也为本书研究科技政策与就业政策冲突留下较大的空间。

(二) 政策协同研究

本书聚焦于科技政策与就业政策的外部性关系,旨在通过跨部门政策协同,消解政策之间的负外部性,强化政策之间的正外部性,进而实现政策效能的最大化。作为政策冲突的消解对策,政策协同是本书综述的重点。

20 世纪 90 年代,为应对科层僵化、部门效率低下、财政危机、经济停滞、福利制度困境等公共管理失灵问题,西方国家兴起政府再造的新公共管理运动以适应公共管理实践需求,提升国家行政效能,满足公众期待。1997 年,英国工党政府提议建立联合政策(Joined-up Government)或协同政府。建立协同政府旨在联合若干政府甚至多层级政府以提供整体性服务。② 因此,早期协同政府的研究大都源自政府机构自身的报告及政策文本,或者源自政府内设结构,如英国内阁办公室(Cabinet Office)、管理与政策研究中心(Centre for Management and Policy Studies)等。到 20 世纪 90 年代末,始于政府内设机构的协同政府研究,开

---

① 吴光芸、李培:《论区域合作中的政策冲突及其协调》,《贵州社会科学》2015 年第 2 期。

② Christopher Pollit, "Joined-up Government: A Survey", *Political Studies Review*, Vol. 1, No. 1, 2003, pp. 34 – 49.

始进入高校、研究机构的视野。协同政府研究也从政府实践经验介绍与总结,上升到学术化、理论化的研究与探讨,主要包含政策协同的内涵、目标、类型划分等。

1. 政策协同的内涵

在回应区域竞争或部门冲突时,学界提出了协同治理、合作治理、整体性政府、协同政府等路径促进跨区域、跨部门合作。相应地,在应对跨区域、跨部门政策冲突时,学者从政策整合、政策协调等不同视角解读政策协同的内涵。首先,从政策过程来看,政策协同是政府运行过程的重要组成部分,是两个或两个以上的部门共同创造新规或采用原有决策规则共同面对相似任务环境的过程。① 其次,从政策目标来看,政策协同是政府的治理手段与方式。如埃弗特·梅杰斯与多米尼克·斯特德提出,用政策整合来化解政策制定过程中的跨界矛盾。显然,这些矛盾化解已经超越单个职能部门的职责范畴,也超出了单个政策领域的管辖边界。这就需要整合区域多元主体的力量来化解矛盾。政策整合过程有两个维度:一是不同职能部门之间的政策整合,即组织间(inter-organizational)的政策协同;二是不同业务部门之间的政策整合,即组织内(intra-organizational)的政策协同。② 盖依·彼得斯(Guy Peters)意识到公共政策的复杂性以及它的跨组织性,几乎很少有政策选择与政策执行是由单一组织或是由单一层面的政府所决定的。③ 虽然研究视角和概念表述不同,但是政策协同的基本思路大体是一致的,即在不取消政府部门边界的前提下,通过整合不相隶属的政府部门,以消除不同部门政策之间的矛盾、冲突与重叠,从而实现资源的高效整合,提升政府的

---

① Chandler Stolp, "Interorganizational Coordination: Theory, Research, and Implementation by David L. Rogers and David A. Whetten", *Journal of Policy Analysis and Management*, Vol. 3, No. 2, 2010, p. 320.

② Evert Meijers and Dominic Stead, "Policy Integration: What Does It Mean and How Can It Be Achieved? A Multi-disciplinary Review", *Paper Presented at the 2004 Berlin Conference on the Human Dimensions of Global Environmental Change: Greening of Policies Interlinkages and Policy Integration*, Berlin, 2004, pp. 1 – 15.

③ [美] 盖依·彼得斯:《美国的公共政策——承诺与执行》(第六版),顾丽梅、姚建华等译,复旦大学出版社2008年版,第6页。

整体效能与积极性。

2. 政策协同的目标

政策的主体是政府部门，因而，政策协同的目标与本质是政府协同。首先对协同政府做出系统性探究的是英国学者克里斯托弗·波利特（Christopher Pollit）。波利特希望通过整体性政府或协同政府的构建实现全国政府纵向与横向的协同行动。协同行动至少实现四个基本目标：第一，要化解不同领域政策之间的矛盾与冲突关系，提高政策效能。第二，消解不同政策方案之间的重复、矛盾甚至破坏，以更好地利用稀缺资源。第三，改善特定政策部门不同利益攸关方之间的合作方式，以产生更好的协同效果。第四，从公民视角出发，为其提供无缝隙（seamless）而不是分散的服务。① 波利特不仅从技术与管理视角探究了协同政府的动机与目标，同时从政治视角呈现了英国工党政府公共部门与私营部门、公共部门与志愿部门之间的伙伴关系。综合考虑协同政府的实现条件、评估模式及面临的不确定性与潜在风险，波利特认为，协同政府或整体性政府是一项长期的、自愿的、相互合作的工程，不能采用自上而下强加的方式。

如果说政策协同的目标是构建协同政府以提高政策效能，那么政策协同必须依赖一定的政府组织。政策协同的组织模式是学者研究的重点。汤姆·林（Tom Ling）对英国政府的改革实践进行了探索与思考，并从"内、外、上、下"四个方面对协同政府的组织模式进行了剖析。首先，"内"特指政府组织内部的协同，是组织在价值观念、组织文化、人员培训、信息管理等方面的合作。其次，"外"特指政府组织之间的合作，是不同职能部门之间进行领导权的分享、组织的整合、项目的共同组建及预算的协商等。再次，"上"特指组织目标应该自上而下设定，下级承担上级安排的任务和责任，实现的途径是对组织与个人进行绩效评估，建立以结果为导向的目标考评机制。最后，"下"特指政府组织应以顾客满意为宗旨并将顾客纳入公共行政过程，实现的途径为：顾客参与、一站式服务、非执行董事等。"内、外、上、下"的组织模式意味着政府

---

① Christopher Pollit, "Joined-up Government: A Survey", *Political Studies Review*, Vol. 1, No. 1, 2003, pp. 34–49.

组织新的服务供给模式、新的组织模式、新的工作方式与新的激励机制和责任机制的有机结合。在这四个维度基础上形成了协同政府最佳组织模式，即"整体性政府"。此外，汤姆·林重点从中央与地方、国家与社会、部门与部门等多维度阐述了协同政府的具体过程与内容。①

汤姆·林对协同政府的研究基本停留在对政府改革的归纳与总结以及对现实的简单分类，还缺乏理论建构的深度。政策协同不仅仅是为了实现组织目标，促成信息共享与责任共担，而且要求政策工具解决复杂公共问题的有效性，即政策工具之间的充分协同。② 为此，决策者不仅要关注政策工具如何服务于政策目标，还要关注同一领域及不同领域之间所有政策工具的互补性与协调习惯。

3. 政策协同的类型划分

政策协同的类型划分有三个基本维度：一是政策协同的方向维度；二是政策协同的领域维度；三是政策协同的层次维度。

（1）政策协同的方向维度划分。从方向维度来看，政策协同可以划分为纵向协同与横向协同。埃弗特·梅杰斯与多米尼克·斯特德按此标准将政策协同分为三类：其一，纵向政府间政策协同，即不同层级政府之间的协同，如从央地关系视角探讨如何优化中央与地方之间的新能源汽车产业政策协同③，提升央地科技创新政策协同④；其二，横向政府间政策协同，即不同业务部门之间的协同，如长三角与珠三角区域创新政策协同⑤、长三角智慧养老政策协同⑥、长三角区域流动人口医疗与劳动

---

① Tom Ling, "Delivering Joined-up Government in the UK Dimensions, Issues and Problems", *Public Administration*, Vol. 80, No. 4, 2002, pp. 616 – 641.

② Guillermo M. Cejudo and Cynthia L. Michel, "Addressing Fragmented Government Action: Coordination, Coherence, and Integration", *Policy Sciences*, Vol. 50, No. 4, 2017, pp. 745 – 767.

③ 何源、乐为、郭本海：《"政策领域—时间维度"双重视角下新能源汽车产业政策央地协同研究》，《中国管理科学》2021年第5期。

④ 刘晓燕、庞雅如、侯文爽、单晓红：《关系—内容视角下央地科技创新政策协同研究》，《中国科技论坛》2020年第12期。

⑤ 樊霞、陈娅、贾建林：《区域创新政策协同——基于长三角与珠三角的比较研究》，《软科学》2019年第3期。

⑥ 黄剑锋：《中国长三角区域智慧养老政策比较研究——基于主体—目标—工具的政策计量分析》，《信息资源管理学报》2020年第6期。

政策协同①、京津冀地区劳动政策协同②；其三，混合协同，即同时存在纵向协同与横向协同。③

（2）政策协同的领域维度划分。就政策协同的领域来看，可以分为相同领域的政策协同及跨领域的政策协同。尼可·波利耶（Nicole Bolleyer）重点关注政党联系对美国、加拿大和瑞士等国家各级政府内部和政府之间政策协调的影响，认为政策协同与整合是相同领域内部及不同领域之间政策系统相互关联、政策一体化的过程。④ 相同领域的政策协同通常指政策的制定与执行在同一领域内的互动，如央地新能源汽车产业政策协同、系统论视角下的知识产权政策协同⑤、环境与气候政策协同⑥、网络地理信息安全政策协同⑦。跨领域的政策协同通常指某一领域的政策行动者是否被其他政策领域的行动者认可并得到积极回应和互动，即多政策协同。如财政政策与货币政策协同⑧、产业政策与贸易政策协同⑨、环境政策与知识产权政策协同⑩、户籍政策改革与产业政策协同⑪、

---

① 郭宏斌：《区域公共政策协同的生成与策略——长三角流动人口医疗和劳动政策比较》，《甘肃社会科学》2020年第2期。

② 臧雷振、许乐、翟晓荣：《京津冀劳动政策的差异与协同》，《北京行政学院学报》2020年第2期。

③ Evert Meijers and Dominic Stead, "Policy Integration: What Does It Mean and How Can It be Achieved? A Multi-Disciplinary Review", *Paper Presented at the 2004 Berlin Conference on the Human Dimensions of Global Environmental Change: Greening of Policies Interlinkages and Policy Integration*, Berlin, 2004, pp. 1 – 15.

④ Nicole Bolleyer, "The Influence of Political Parties on Policy Coordination", *Governance*, Vol. 24, No. 3, 2011, pp. 469 – 494.

⑤ 杨晨、阮静娴：《区域知识产权政策协同及协同运行机制研究》，《科技管理研究》2017年第16期。

⑥ 张娜、梁喆：《西方发达国家环境与气候政策协同的经验启示》，《中国行政管理》2019年第3期。

⑦ 赵晖：《论网络地理信息安全政策协同供给机制的构建》，《江海学刊》2017年第4期。

⑧ 毛捷、孙浩、徐军伟：《财政政策与货币政策协同的理论思考和实践构想》，《财政研究》2020年第12期。

⑨ 李敏、刘阳：《我国产业政策、贸易政策协同发展的实施路径文献述评》，《商业经济研究》2020年第9期。

⑩ 刘华、黄金池：《环保政策与知识产权政策协同运行研究》，《湖南社会科学》2017年第5期。

⑪ 阿古达木：《户籍制度改革需要协同考虑产业政策》，《人民论坛》2016年第31期。

科技政策与产业政策协同①。跨组织边界和职能范畴的公共问题通常需要跨领域的政策协同。结合政策关系的划分逻辑，本书依据方向和领域两个维度，将政策协同细分为四个类型（见表0-1），其中，跨领域横向协同是本书研究的对象及重点。

表0-1　　　　　　　　政策协同的基本类型划分②

| | | 政策的领域性质 | | |
|---|---|---|---|---|
| | | 相同领域内 | 不同领域间 | 协同依赖逻辑 |
| 政策层级 | 纵向 | 相同领域内纵向协同 | 不同领域间纵向协同 | 权威驱动协同 |
| | 横向 | 相同领域内横向协同 | 不同领域间横向协同 | 资源依赖协同+权威驱动 |

（3）政策协同的层次维度划分。政策协同的划分除了方向维度与领域维度之外，还表现为不同的层次或强度。其一，按照政策协同的问题层次，可以划分为宏观层面协同、中观层面协同及微观层面协同；其二，按照政策协同的程度或深度，可以划分为高水平协同与低水平协同。

首先，政策协同的问题层面。周志忍等基于发达国家政策实践经验及政策问题层次，将政策协同划分为三个层次：第一，宏观层面的政策协同，从顶层关注政府的总体战略而非具体政策之间的内在关联或一致性。该层次的目标是保障具体领域政策与总体战略的一致性，产出元政策，即具体政策的依据或指南。第二，中观层面的政策协同主要关注两类议题。一方面，聚焦跨界性突出的公共问题，如流域治理、食品安全、环境污染治理等；另一方面，关注超出现有政策领域范畴的政策议题，即跨领域政策议题，如社会排斥问题、失业救济、青少年犯罪等。该层次的政策产出是具体政策领域的决策体制或政策方案。第三，微观层面的政策协同，聚焦政府内部不同职能部门之间的政策协同，旨在达成不同业务部门之间政策的一致性与协调性。该层次的政策产出是业务单位之间

---

① 封颖、高芳、徐峰、杨扬：《科技政策与产业政策协同关系的再认识》，《中国科技论坛》2020年第8期。
② 周志忍、蒋敏娟：《整体政府下的政策协同：理论与发达国家的当代实践》，《国家行政学院学报》2010年第6期。

关于工作程序与机制达成共识，如信息沟通与共享机制、协商机制等。①

其次，政策协同的强度层面。艾瑞尔德·安德达尔（Arild Underdal）基于海洋管理中的外部性及公地悲剧，倡议通过政策协同缓解公地悲剧及多用途冲突。政策协同须符合全面性、一致性及整合性三个基本条件，即政策过程的三个连续阶段：输入阶段的全面性；输入处理的聚合；输出的一致性。在满足以上条件的基础上，安德达尔探究了依次递进的三个要求。第一是政策综合（policy comprehensiveness），即单项政策在时空、行动者、议题等方面产生比实际更深远的影响。第二是政策集合（policy aggregation），从整体性视角去评估政策选择的成本与收益及更广泛的政策后果，以达到帕累托最优。第三是政策一致（policy consistency），包含纵向一致性与横向一致性。当满足以上条件越多时，政策协同的强度越高。当以上条件都能达到时，就能达到最高程度的政策协同，即政策整合。② 穆尔福德（Mulford）和罗格斯（Rogers）区分了政策协调与政策合作，认为协调比合作程度更高、更正式，涉及更多的资源、更高的依存度，但是对自治性构成了较大威胁。就其结果而言，政策合作将导致两个组织共同努力实现自己的目标，政策协调的结果可能与组织最初预设的结果有很大不同。依据互动水平与政策产出，经济合作与发展组织（OECD）将政策关系划分为高度协同的政策整合与一般性的政策协调。从政策互动水平来看，政策整合比政策协调需要更多的部门互动。从政策产出要求来看，政策协调产出的是各部门具体的政策，目标是提高部门政策的一致性与协调性。政策整合要求很高，需要整合所有涉及的部门政策，产出的是跨部门的、一体化的、整体性的政策。③

佩里·希克斯基于"整体型政府"（Holistic Government），对政策协同程度进行了类型划分。希克斯分别用深度卷入、协调与整合代表部门

---

① 周志忍、蒋敏娟：《整体政府下的政策协同：理论与发达国家的当代实践》，《国家行政学院学报》2010年第6期。

② Arild Underdal, "Integrated Marine Policy: What? Why? How?", *Marine Policy*, Vol. 4, No. 3, 1980, pp. 159 – 169.

③ Jean-Pierre Rostaing, "Building Policy Coherence: Tools and Tensions", *Organization for Economic Cooperation and Development (OECD)*, 1996, pp. 1 – 46.

合作的三个层次。深度卷入对组织设计要求较高,具体包含战略联盟、同盟及合并三种途径。战略联盟是指长期联合规划与工作,在核心议题上长期合作。同盟是各个组织在保持自身独立性的前提下,建立正式的联合关系。合并是组织融合并建立具有新身份的新组织。这主要涉及四个方面的协同:其一,政策制定中的协同;其二,项目管理中的协同;其三,服务供给中的协同;其四,面向个体的服务协同。① 在此基础上,希克斯重点区分了协同型政府与整体型政府。两者最大的区别是目标与手段的兼容性程度不同。协同政府仅仅是职能部门之间不存在目标及手段上的冲突。而整体型政府不仅要求目标与手段的协同,而且要求目标与手段能够相互增强。两者目标有所区别,协同型政府主要是对负外部效应的预防,整体型政府体现的是高度整体性、无缝隙治理。

综合以上学者观点,埃弗特·梅杰斯与多米尼克·斯特德将跨领域或跨部门之间政策关系的紧密性由低到高划分为政策合作(Co-operation)、政策协调(Coordination)与政策整合(Integrated policy-making)。就政策的目标产出来看,政策合作的目标是设计出高效的部门政策,各部门都能实现各自的目标。政策协调的目标是各部门设计出相互协调的政策,实现组织的共同目标。政策整合的目标是各部门整合生产出一体化的政策。政策整合要求更高,需要更多的部门互动、兼容性、可及性及更正式的体制安排。当然,这也会导致更多的相互依赖,涉及更多的资源,需要利益攸关方放弃更多的自主权,并在时间、空间和行为体方面更加全面。当然,以上三个层次的政策协同具有较大的内在逻辑与关联。政策整合包含政策协调与政策合作,政策合作是政策协调的基础与前提,政策合作与协调是政策整合的基础与前提。② 由于各部门产出、目标及互动程度的差异,不同层次的政策协同在互动程度、组织依存度、

---

① Perri 6, "Joined-up Government in the Western World in Comparative Perspective: A Preliminary Literature Review and Exploration", *Journal of Public Administration Research and Theory*, Vol. 14, No. 1, 2004, pp. 103 – 138.

② Evert Meijers and Dominic Stead, "Policy Integration: What Does It Mean and How Can It be Achieved? A Multi-Disciplinary Review", *Paper Presented at the 2004 Berlin Conference on the Human Dimensions of Global Environmental Change: Greening of Policies Interlinkages and Policy Integration*, Berlin, 2004, pp. 1 – 15.

协同正规程度、协同资源需求、自主权损失程度、全面性和系统性、可及性、兼容性多方面有所不同（如图0-3所示）。

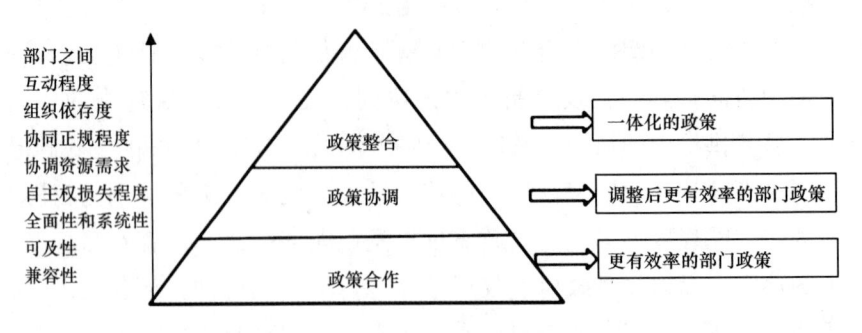

**图0-3 政策整合、政策协调与政策合作**

图片来源：依据埃弗特·梅杰斯、多米尼克·斯特德文章翻译。

就实践而言，政策协同一般针对某一特定的政策问题，在环境治理、粮食安全与金融危机等领域研究较多。如在回应全球气候变暖这一复杂议题时，学者提议构建一体化环境政策（Environmental Policy Integration，EPI)[1]。一体化环境政策是全球可持续发展的关键特征。[2] 比如，荷兰不断发生的粮食安全危机使人们越来越认识到粮食系统管理的跨界性与复杂性，并因此呼吁更好的综合粮食政策。[3] 政策制定者也越来越认识到，食品是一个超越现有司法管辖区边界的政策领域，因此需要综合政策方法和跨越边界的治理安排。[4] 自2007—2008年及2010年全球食品价格飙升以来，全球粮食安全在欧盟层面的政策问题跨越了传统的部门与时空范畴，引发越来越多的政治关注，并在一系列相关的政策中被重点提及，

---

[1] Camilla Adelle and Duncan Russel, "Climate Policy Integration: A case of Déjà Vu?" *Environmental Policy and Governance*, Vol. 23, No. 1, 2013, pp. 1-2.

[2] William Lafferty and Eivind Hovden, "Environmental Policy Integration: Towards an Analytical Framework", *Environmental Politics*, Vol. 12, No. 3, 2003, pp. 1-22.

[3] Jeroen J. L. Candel and Laura Pereira, "Towards Integrated Food Policy: Main Challenges and Steps Ahead", *Environmental Science & Policy*, Vol. 73, 2017, pp. 89-92.

[4] Tim Lang and John S. I. Ingram, "Food Security Twists and Turns: Why Food Systems Need Complex Governance", In Timothy O'Riordan and Timothy Lenton, eds., *Addressing Tipping Points for a Precarious Future*, Oxford University Press, 2013, pp. 81-103.

如共同渔业政策（Common Fisheries Policy，CFP）。① 换言之，仅凭单一的政策援助不足以有效对抗饥饿，政策一体化是改善全球粮食安全的关键工具。② 再比如，面对美国 2008 年次贷危机，美国央行认为，它们的工作是控制通胀，而金融监管机构则认为，它们的工作任务是保护消费者不受信息不对称的影响。部门之间忽视了协调使用银行监管与货币政策以防止金融部门之间失衡现象的加剧。银行监管机构无法就次级贷款的监管指导达成一致，这大大削弱了美联储通过提高利率来控制房地产市场的努力。因而，未来的金融改革应该试图确保央行与监管机构决策者之间最大限度的协调，以防止群体决策思维在金融评估体系及更广泛的经济方面存在的共同盲点。③

以上对政策冲突与政策协同的相关研究为本书探究科技政策与就业政策的冲突与化解提供了诸多启发意义。尤其是关于政策协同的探究，为化解政策冲突提供了有益思路。然而，已有研究仍存在不足之处。就研究内容来看，科技政策与就业政策的协同研究仍然是空白。从研究视角来看，既有单一政策协同，也有多政策协同，但是大都依赖于政府关系理论，或停留在政治视角，对于政策本身的属性缺乏研究。从研究成果来看，大都从政策主体或宏观角度提出协同的对策，忽视了政策之间外部性及外部性生成逻辑。科技政策与就业政策良性互动不仅关系到科技的良性发展，更是关系社会稳定机制的建构。本书以科技政策与就业政策冲突为出发点，从政策本身的外部性着手，试图探究外部性生成的内在机理，进而构建一个科技进步与就业良性互动的理论框架。

（三）科技政策与就业政策关系研究

对科技政策与就业政策关系的探讨首先要回到政策规制对象本身，即对科技与就业关系本身的研究。科技进步与就业增长之间并不是天然

---

① Jeroen J. L. Candel and Robbert Biesbroek, "Policy Integration in the EU Governance of Global Food Security", *Food Security*, Vol. 10, No. 1, 2018, pp. 195–209.
② Jeroen J. L. Candel and Robbert Biesbroek, "Policy Integration in the EU Governance of Global Food Security", *Food Security*, Vol. 10, No. 1, 2018, pp. 195–209.
③ John Gieve and Colin Provost, "Ideas and Coordination in Policy Making: The Financial Crisis of 2007–2009", *Governance*, Vol. 25, No. 1, 2012, pp. 61–77.

的协同关系。科技政策的核心功能是促进科技发展与创新,其制定的初衷并非是解决就业问题,但是,执行过程可能间接对产业形态、产业结构、就业形态、就业结构以及劳动者的素质结构与技能结构产生深远影响。这些影响可能是积极的,也可能是消极的。近期来看,科技进步的后果是资本有机构成提高,进而直接或间接导致资本对劳动力需求减少,失业现象随之产生。远期来看,科技进步帮助企业创造更多的利润与剩余价值,增加资本积累,实现扩大再生产,进而增加就业岗位数量。[①]因此,科技进步与就业增长的关系是复杂的。如何化解科技进步与就业优先之间短期或长期的矛盾,促进科技与就业良性循环无疑是一个重要议题。国内外学者对这一议题进行深入探究并取得了丰富的研究成果。从研究重点来看,主要聚焦于以下几个维度。

1. 科技进步对就业的替代效应

科技进步对就业的替代效应主要体现在以下几方面。第一,结构性失业。在科技进步的影响下,部分行业受到较大冲击,就业岗位较少。阿西莫格鲁(Acemoglu)长期关注科技进步对就业的影响,探究了1993—2007年19个产业中工业机器人运用对美国劳动力市场的影响。通过实证研究,阿西莫格鲁发现,制造业中工业机器人的广泛运用与员工工资、就业岗位数量呈现明显的负相关关系,且近阶段工业机器人对就业的冲击效应大于创造效应。[②] 未来10—20年内,美国劳动力市场的就业岗位被人工智能替代的风险高达47%。[③] 大卫·本杰明(David Benjamin)指出,未来日本劳动力岗位被人工智能等科技替代的风险更大,达到55%,尤其是非正规劳动力被替代的风险更高。[④] 第二,全面性失业。人工智能等科技进步将影响大部分行业或职业,这种影响是全覆盖式的

---

① 焦利芳、云玉强:《科技进步与增加就业的关系探析》,《科技进步与对策》2003年第15期。

② Daron Acemoglu and Pascual Restrepo, *Robots and Jobs: Evidence from US Labor Markets*, NBER Working Papers, No. 23285, 2017.

③ 杨伟国、邱子童、吴清军:《人工智能应用的就业效应研究综述》,《中国人口科学》2018年第5期。

④ David Benjamin, "Computer Technology and Probable Job Destruction in Japan: An Evaluation", *Journal of the Japanese and International Economies*, Vol. 43, 2017, pp. 77–87.

冲击。这不但涉及工业社会传统职业，就连文学和艺术领域也将受到波及。目前，人工智能已经替代了很多脑力劳动，如智慧社区的法律服务、医院人工智能导诊、高盛集团人工智能取代交易员、金融行业人工智能客服。概言之，一切可执行机械性、重复性及程式化劳动的人工智能的投入，必然会与人类劳动力形成竞争关系，甚至取而代之。第三，就业极化现象日益凸显。智能技术的飞速发展与广泛运用将造成中等收入阶层、中等技能岗位需求数量减少，高收入脑力劳动与低收入体力劳动岗位数量增加。[1]

2. 科技进步对就业的创造作用

阿西莫格鲁指出，自动化在减少就业岗位的同时也通过创造新的工作任务，从而衍生出很多就业机会。[2] 换言之，科技进步的替代效应伴随着就业创造效应。就业创造效应主要体现在三个维度：一是就业质量的提升；二是就业岗位数量的增加；三是职业体系和劳动素质的重塑。由于人工智能等技术在重复性、程式化、数字化和经验性工作方面的天然优势，以及自身安全性、精准性和快速响应等特点，岗位工作的精确性和安全性将得到大幅提升。与此同时，企业对人工智能等新兴科技的需求必然会增加，从而创造更多机会或新岗位。一方面，科技进步带来劳动力需求的增加，如应用程序的开发、远程在线教育、远程监测病人健康、驾驶无人机等都需要新增劳动力。另一方面，围绕新兴科技产生大量新型岗位，如数据标签师、算法工程师、智能设备维护师等。根据普华永道 2018 年发布的《人工智能和相关技术对中国就业的净影响》报告预测，截至 2037 年，包括工业、农业、服务业、建筑业等各行各业将净增就业岗位 9300 万个。人工智能在服务业的创造效应最明显，在未来 20 年里，预计服务业将新增 1 亿个就业岗位。[3]

---

[1] Carl Benedikt Frey and Michael A. Osborne, "The Future of Employment: How Susceptible are Jobs to Computerization", *Technological Forecasting and Social Change*, Vol. 114, 2017, pp. 254 – 280.

[2] Daron Acemoglu and Pascual Restrepo, *Robots and Jobs: Evidence from US Labor Markets*, NBER Working Papers, No. 23285, 2017.

[3] PwC, "The Net Impact of AI and Related Technologies on Jobs in China", Nov. 9, 2018, https://www.pwc.com/gx/en/issues/data-and-analytics/artificial-intelligence/technologies-on-jobs-in-china.html.

3. 科技进步与就业协同发展

既然科技进步的就业替代效应与创造效应并存,那么科技与就业能否协同发展？大卫·奥托尔（David H. Autor）等的研究认为,人工智能在替代很多低技能日常任务的劳动力时,还能与人类执行非常规任务形成有力互补。① 具体到行业,有学者以农业为例,认为当下的农业机器人的自动化水准已经达到了全流程人机合作的先进程度。② 因此,不论是就业促进还是就业替代,智能技术已与各个行业全面融合并重塑人类生产、生活空间。由此,我们对科技进步的认知既要避免认识论上的卢德主义,又要避免陷入技术决定论。概言之,我们要对智能技术的进步保持客观理性的认知。③

在科学技术的冲击下,20世纪的英国、美国、德国等国家相继建立起就业保障体系。虽然各国在具体的就业政策上存在较大差异,但是各国的就业体系内容与基本原则存在较多共性。第一,各国都建立完善了劳动力市场管理体制,促进劳动力市场的规范化管理,保障劳动者的基本权益。第二,各国通过制定实施宏观经济政策,刺激经济发展的同时创造更多就业机会。第三,依法推进就业政策的落实,加强与就业相关的法律制定,进而实现就业政策的稳定化。第四,重视职业培训与教育,改善劳动力的知识结构与技术水平,从而提高劳动力的市场竞争力,满足科技加速发展对劳动力技术水平不断提高的要求。第五,建立健全失业保险制度,与就业政策形成有效的互补,帮助失业者再就业。④ 从西方国家的系列政策来看,防范科技进步的就业冲击效应需要就业、教育培训、社会保障等政策形成群合力。

---

① David H. Autor and David Dorn, "The Growth of Low-skill Service Jobs and the Polarization of the US Labor Market", *American Economic Review*, Vol. 103, No. 5, 2013, pp. 1553–1597.

② Yiannis Ampatzidis, Luigi De Bellis and Andrea Luvisi, "iPathology: Robotic Applications and Management of Plants and Plant Diseases", *Sustainability*, Vol. 9, No. 6, 2017, pp. 1–14.

③ 张成岗:《人工智能时代：技术发展、风险挑战与秩序重构》,《南京社会科学》2018年第5期。

④ 丁建定:《科学技术进步与就业问题》,中国劳动社会保障出版社2007年版,第194页。

## (四) 研究评述

综上所述，国内外学者围绕政策冲突、政策协同及科技与就业关系进行了系列探究，并取得了丰硕的研究成果。尤其是政策冲突与政策协同研究为本书研究科技政策与就业政策关系提供了一定的理论支撑。然而现有研究仍然存在不足。

第一，政策冲突的一般性理论探究较多，缺乏对政策冲突的实践探索与理论提升。从已有研究成果来看，不论是政策冲突还是政策整合、政策协同，基本源自西方国家政策实践。西方政策科学研究已经形成相对成熟的理论体系与框架模型，如金登（Kingdon）的多源流模型[1]、鲍姆加特纳（Baumgartner）等的间断平衡模型[2]、萨巴蒂尔（Sabatier）倡议联盟模型[3]，只待时间不断去验证与修正。然而，关于政策之间的关系研究还没有形成成熟的分析框架与理论体系。政策科学不仅要探索政策过程的知识，也要探索政策间的知识，如此才能形成系统性、完整性的政策科学知识体系。[4] 拉斯韦尔（Lasswell）认为，寻找政策间的知识必须突破政策过程的限制，打破政策过程的独立状态，建立政策间的联系。[5] 然而，当前包括政策冲突、政策协同、政策整合在内的政策关系研究，仍然着眼于府际关系研究，政策关系的研究尚未形成专门的理论体系，在更为具体的层面上也没有对政策之间的外部性及外部性生成的内在机理进行深入探讨。因而政策关系研究较之政策过程研究，仍然处于弱势地位。丰富政策关系研究并形成系统的理论框架是未来政策科学的重要任务。已有文献的不足为本书留下充足的理论空间，这也是本书研究的学科背景和努力方向。因为，政策之间的关系既是政府与社会管理中既定的客观事实，也是政策自身的重要属性之一。现有政策关系研

---

[1] John W. Kingdon, *Agenda, Alternatives and Public Policies*, Lieele, Brown and Company, 1984, pp. 4 – 13.

[2] Frank R. Baumgartner and Bryan D. Jones, "Agenda Dynamics and Policy Subsystems", *Journal of Politics*, Vol. 53, No. 4, 1991, pp. 1044 – 1074.

[3] Paul A. Sabatier, "An Advocacy Coalition Framework of Policy Change and The Role of Policy-oriented Learning Therein", *Policy Sciences*, Vol. 21, No. 2, 1988, pp. 129 – 168.

[4] 严强主编：《公共政策学》，社会科学文献出版社2008年版，第230页。

[5] Harold Lasswell, *A Preview of Policy Science*, New York：Elsevier Inc, 1971, p. 13.

究很少从政策自身的客观属性出发来探究多元政策之间的内在逻辑关系。

第二，本土化概念体系与分析框架的缺失与不足。虽然国内对政策科学等已经有了一定的研究，但是对政策过程及政策关系的研究尚处于摸索阶段。我国的政策科学是在改革开放进程中建立与发展起来的。起初，我们的概念体系、决策模型、分析框架大都是对西方政策实践经验与理论的总结。因此，研究中难免渗透着西方的价值观念与理论逻辑。直至20世纪90年代，学者们开始构建本土化的政策分析模型。宁骚教授以当代中国的政策实践为原型，构建起"上下来去"的政策过程模型。在该模型中，政策主体与政策客体的关系是"从群众中来、到群众中去"的过程，所以该模型整体上被称为"上下来去"模型。[①] 虽然与西方国家政策理论模型已经有了本质的区别，但是类似于这样基于本土经验的政策过程理论研究仍然较为笼统且抽象。如何从更加具象且微观的视角探究政策关系、解构政策冲突的内在逻辑、构建政策冲突的分析框架是本书努力的方向。

第三，当前研究大都局限于单一政策研究，对多政策关系研究不足，缺乏整体性和系统性思维，鲜有对政策冲突构建分析框架。因而，即使得出的理论知识有较好的解释力与逻辑性，其适用的范畴也只能局限于单一政策过程研究，不能对跨领域政策或者相互作用的政策关系进行解释。而且，从目前较为成熟的政策理论来看，研究视角聚焦于"行动者或者结构"，很少从政策本身的属性及政策之间的关系进行理论构建。虽然行动者与结构是理解公共政策不可或缺的两个关键变量，但研究大都忽视了政策本身对政策关系的影响。公共政策自身的质量与属性对政策过程尤其是政策执行过程能够产生巨大的影响。大量政策实践表明，政策执行过程之所以出现政策打架、政策冲突，重要原因在于政策制定过程规划不合理、主体间沟通不足等。政策自身是否科学与完善，对政策执行至关重要。换言之，制度实施的不完善源自制度本身的不完善。

第四，就政策冲突与协同的具体对象来看，对常规政策的研究相对较多，对科技政策与就业政策关系的研究文献不多。政策协同大都聚焦

---

[①] 宁骚主编：《公共政策学》，高等教育出版社2003年版，第221—225页。

于政策之间如何协同与配合，如经济政策与社会保障政策协同①、环保政策与知识产权政策协同②。对于政策之间的外溢性研究缺乏关注，且对于政策冲突的内在机理、如何建构高度协同的政策系统也缺乏关注。因此，目前学界对微观政策关系的实践与理论贡献仍然有较大的提升空间。本书将从政策文本的结构性冲突着手，并以过程中的政策冲突与文本研究结论相互补充，进而分析科技政策与就业政策冲突的外溢性、发生外溢性的机理与深层次原因，试图构建高度协同的政策系统，促进科技与就业良性互动。

### 三 研究内容与问题

（一）研究内容

本书包含七个部分，分别为导论，核心概念、理论基础与分析框架（第一章），政策冲突的结构探究：主体、目标、工具与价值（第二章），政策冲突的过程探究：以"机器换人"政策执行为例（第三章），政策冲突的社会效应探究：基于政策对象视角（第四章），政策冲突的原因探究：政策属性、科层制度与利益博弈（第五章），政策冲突的消解：技术赋能、机制优化与伦理重塑（第六章）。

导论部分首先阐述研究背景与问题，其次对国内外政策关系、政策冲突、政策协同及科技政策与就业政策关系等方面的文献进行梳理，最后对本书的研究内容、研究意义、研究方法、论文的创新与不足及相关的核心概念进行论述。

第一章是"核心概念、理论基础与分析框架"。首先，介绍政策冲突、分布式政策协同等核心概念；其次，梳理科层制及科层制的中国化释义，阐释政策主体自主性与有限理性的公共选择理论，解释政策主体"核心—边缘"位置的政策网络理论及对政策功能具有理性认知的社会冲突理论。最后，在"结构—功能"主义政策冲突分析框架的限度基础

---

① 席恒：《公共政策制定中的利益均衡——基于合作收益的分析》，《上海行政学院学报》2009年第6期。
② 刘华、黄金池：《环保政策与知识产权政策协同运行研究》，《湖南社会科学》2017年第5期。

上进行改造，构建适应科技政策与就业政策冲突的三维分析框架：结构—过程—效应。

第二章是"政策冲突的文本结构探究：主体、目标、工具及价值"。本章主要以政策文本为依托，着眼于政策文本中的主体、目标、工具与价值四个结构性要素进行重点阐述。第一节用政策网络分析法分别对科技政策与就业政策文本的主体关系进行探究。通过对整体性网络与个体网络结构的解析，发现政策网络中的主体存在"核心—边缘"的位置矛盾。政策主体在网络中的不同位置凸显了该主体在网络中的地位、话语权和关键性资源的主导情况。研究结果显示，一方面，科技政策与就业政策客观上存在协同的趋势，但是协同度较低，仍然存在较大的协同空间。另一方面，就网络位置的"核心—边缘"特征来看，科技部门与就业部门存在一定的紧张关系。第二节进一步对政策文本的目标、工具和价值进行定性与定量研究，发现科技政策与就业政策自身存在经济效益与社会效益、效率与公平、变革与稳定、政治性任务与经济性任务等多重张力的失衡及冲突倾向。

第三章是"政策冲突的过程探究：以'机器换人'政策执行为例"。为弥补政策文本静态研究的缺憾，本章着眼于政策过程动态维度，以政策执行为主，探究政策的内在过程冲突。首先，本章概述国内外政策执行的路径与范式，借鉴玛特兰德的"模糊—冲突"模型理论框架，分析该模型运用于政策执行的理路和限度，并结合案例做一定的修正。其次，对D市"机器换人"案例做深描，呈现D市政府对模糊性程度不同的"机器换人"政策做出的不同执行策略。最后，通过案例深描，总结D市政府对"机器换人"政策的策略性执行与就业政策之间就目标、主体、价值及效果等维度产生的冲突。具体的冲突主要包括四个方面：减员增效与稳就业、权力排斥与资源竞争、经济效益与社会效益之争、人力驱赶与技能型人才缺失。

第四章是"政策冲突的社会效应探究：基于政策对象视角"。公共政策的功能是对政策对象的行为进行引领、协调与规范。因此，政策执行将对政策对象产生直接或间接影响。本书关注的政策对象主要有两个维度：一是劳动者个体；二是经济社会。科技政策的核心功能是促进科技发展与创新，而科技进步却给劳动者与经济社会造成诸多负面影响。其一，就劳动者而言，一方面，政策强力推动下的智能技术造成劳动者不同程度的技术性失业。另一方面，科技的迅速迭代导致劳动者陷入技术化生存困境，如机器对劳动者主体性的僭越、劳动者的超级流动与加速主义及系统围困与算法促逼等窘境。其二，就经济社会效应而言，在科技政策大力支持下，"平台利维坦"兴起，不仅引发对劳动者的全景监控，还对产业结构、技能结构及法律政策形成威胁与挑战。

第五章是"政策冲突的原因探究：政策属性、科层制度与利益博弈"。缘何彼此独立的科技政策与就业政策会产生冲突？本章基于政策属性及政府执行偏好、科层体制机制、利益博弈及责任排斥维度探究政策冲突的深刻原因。首先，就政策属性而言，地方政府往往偏好能够产生显著经济效益且具有较强激励效应的政策。就业政策尤其是保障类社会政策被认为是消耗财政资源或不产生经济效益的，而科技产业政策被认为是能够产生显著经济效益且激励较强的政策。因此可以理解，部分地方政府对科技政策的敏感度与回应度要高于就业政策。那么，在地方资源有限的前提下，政策之间便出现资源竞争与矛盾。其次，政策冲突发生在科层组织内部，科层刚性的组织结构设置、压力传导与考核机制、激励机制都不同程度地造成了科技政策与就业政策的冲突。最后，政策冲突的根源是利益博弈与责任排斥。政策网络中的行动者具有"公共人"与"经济人"双重角色，在利益驱动下，行动者首先会基于"成本—收益"考虑政策的落实能否带来利益的实质性增长。

第六章是"政策冲突的消解：技术赋能、机制优化与伦理重塑"。本章立足于人本向度这一根本原则，构思科技政策与就业政策分布式协同之途。首先，底层技术赋能，基于区块链可追溯、自信任、防篡改、共识共监管等安全机制与技术优势，分布式协同实现了政策过程从强控制到强聚合、无序到强秩序、人格信任到区块链信任。其次，作为工具理性，区块链技术赋能还需要制度理性来保障。因此，本章主要从分布式组织架构建设、科技部门与就业部门沟通协商的利益协同机制优化、科技政策与就业政策的过程控制机制优化、科技进步的就业预警与过程监控机制优化等维度进一步保障政策的分布式协同。最后，伦理重塑，本章落脚于人本向度，从善智与善治融合的人机协同、体面劳动与主体性回归及与科技正义关联的社会制度与伦理观重塑，进一步对科技政策与就业政策的协同做出扩展性思考。

（二）研究问题

作为一种规范性的存在，公共政策是引领、规范和协调公共问题的权威性工具。然而，当政策系统自身内部存在矛盾与冲突时，该如何发挥政策自身的效能并有效治理社会公共问题？尤其是面对科技进步的就业替代效应这一长期性、复杂性命题，科技部门政策与就业部门政策自身存在矛盾与冲突，又该如何促进科技与就业的良性循环？由此，本书以科技政策与就业政策关系为研究对象，具体回应以下几个命题。

第一，科技政策与就业政策冲突的具体表现有哪些？科技是第一生产力，就业是最大的民生。科技政策与就业政策各自都有重要的战略地位。从国家战略角度考量，协调科技政策与就业政策意义重大。在实践中，科技政策对就业产生了重大影响，就业政策必须积极回应科技政策的变迁。文本结构冲突与执行过程冲突两个维度具体呈现科技政策与就业政策的冲突。就文本的结构冲突而言，本书主要以政策主体、目标、工具及价值等结构性要素为分析点，通过网络分析与 NVivo 12 质性研究，深入挖掘这些结构性要素之间的张力。就过程冲突而言，主要以 D 市"机器换人"政策执行为例，以玛特兰德的"模糊—冲突"模型为分析框架，着力分析"机器换人"科技产业政策执行与就业政策发生的冲突。

第二，科技政策与就业政策冲突的触发因素有哪些？从系统论角度来讲，科技政策与就业政策本应该呈现整体性、系统性、同步性。然而，科技政策部门与就业政策部门是两个彼此独立的政策系统。科技政策作为社会的动力机制，就业政策作为社会稳定机制，其对科技政策的回应存在一定的滞后性。从公共问题上升到公共政策需要一定的反应时间，且政策从制定到落地有一定的周期。因此在实践中，政策之间必然会产生不同程度的负外部性，即政策之间发生冲突。政策冲突的触发因素较为复杂。首先，政策冲突与政策自身经济属性和社会属性密切相关。政策属性影响行动者的政策执行偏好与行为逻辑。其次，政策冲突发生在科层组织内部，因而与科层制组织的刚性条块设置、考核机制和激励机制密切相关。最后，科技政策与就业政策网络中的行动者兼具"公共人"与"经济人"角色。地方行动者往往基于"成本—收益"考量政策执行带来的政治利益与经济利益的实质性增长。因而，利益博弈与责任排斥是政策冲突的根本因素。

第三，科技政策与就业政策冲突在实践中会产生哪些社会效应？一般而言，政策冲突会造成政策效能下降、政府形象受损及政府权威削弱。然而，研究者却忽视了政策冲突给政策对象造成的负面效应。从更加具体的层面来讲，科技政策与就业政策冲突最直接的受损对象是政策对象，即本书研究的劳动者。本书主要从政策对象出发，呈现政策冲突在现实社会中的负面效应。就劳动者而言，科技发展背离政策价值目标并给劳动者造成了技术性失业。伴随着技术性失业，劳动者将面临就业排斥、权利排斥、就业失重、新贫困陷阱等系列困境。这一系列困境使劳动者陷入技术化生存窘境，如数字化剥削、系统围困、算法促逼、超级流动等。就经济社会效应而言，在政策驱动下，科技迅猛发展造就了强大的"平台利维坦"。"平台利维坦"伴随着全景监控与规训、对劳动者的去技能化陷阱以及对制造业的虹吸效应等。对这些负面效应的消解，仅仅依靠单一政策或单个部门来解决往往捉襟见肘，需要多政策与多部门的协同回应。

第四，如何消解科技政策与就业政策的冲突？科技政策与就业政策是两个彼此独立又相互影响的子系统，不可避免地存在一定的冲突。一般而言，政策冲突的消解涉及多部门的职责与边界，而政策主体往往通过刚性的制度加以约束与调整。这使得政策冲突的消解会陷入制度设计死循环，即通过政策再决策、再制定、再执行来消解政策冲突。为消解政策冲突带来的巨大成本与资源浪费，本书更倾向于技术理性与制度理性相融合的复合理性。针对政策之间的冲突，本书拟从底层技术赋能、协同机制优化及伦理价值重塑三个维度去构建高度协同的政策系统。首先，底层技术赋能，以区块链技术优势与安全机制在科技政策与就业政策之间建立信息链与信任链，加强科技部门与就业部门决策、执行中的信息沟通与信任基础。其次，技术赋能缺乏刚性约束，仍然需要制度理性加以保障。最后，就科技政策与就业政策冲突的伦理问题做出扩展性思考。

概言之，本书将在文本结构冲突与过程冲突基础上，缕析公共政策冲突的具体表现，呈现政策冲突的具体社会效应，探究公共政策冲突的深层原因，从而为科技部门与就业部门的政策协同提出建设性意见。在此基础上，期望科技政策与就业政策协同的经验知识能够普及其他领域的政策协同。通过构建高度协同的政策系统，促进科技与就业的良性互动，提高政策效能。

## 四　研究方法与设计

### （一）研究方法

本书将综合运用定性与定量方法来缕析和解构政策冲突，主要包括文献分析、问卷调查与深度访谈、政策文献计量及跨学科研究等方法。

第一，文献分析法。本书的研究对象是中国本土的政策实践与经验，更多的是在前人研究成果基础上的继承与创新。因此，前期阅读大量的国内外文献及相关统计资料，完成政策关系的相关研究综述，对政策关系的研究成果与进展有一个全面的把握，为探究政策冲突提供一定的理论支撑。除了参考国内外研究专著、期刊论文，还包括政府工作报告、政策文本、官方统计数据及其他资料。这些文献展示了科技政策与就业政策变迁的历史脉络及两者之间的内在关联。

第二，问卷调查与深度访谈。在研究过程中，本书将通过问卷调查与深度访谈获得一手资料。首先，本书主要对采用智能技术的各个行业企业做大量的线上线下问卷调查。调研对象是科技发展影响较大的行业，如制造业、金融业、物流业、教育行业等。本书主要选取这些行业的人事主管部门领导、科技从业者及一线工作人员等进行调查并辅以访谈，形成一手调研资料作为研究佐证。通过前期的调研，深入把握科技进步对就业的影响，进而对本书形成深刻的认识。最关键的是深入科技与就业主管部门，比如对科技局、经信局及人社局的主要负责人和工作人员进行深度访谈，以此来了解一线实务部门科技政策与就业政策、科技部门与就业部门之间的微妙关系。

第三，政策文献计量。政策文献计量法是通过计量学、统计学、数学及社会学等方法，对政策文本的内容与结构属性进行定性与定量研究的规范性研究方法。政策文本是解构科技政策与就业政策内在冲突的突破口。政策文本中的大量信息是非量化、非结构化的。因此，需要采用政策文献计量法将文本信息转化为可测量的结构化数据。该方法不仅关注政策自身的客观信息，也关注政策文本之间内在的关联。换言之，该方法可以解构政策文本中的政策目标、政策主题、政策工具及主体间网络关系。通过对政策文献信息的分析不仅可以解构单个文献的内容与意义，还能整合多个不同领域政策文献之间的关联关系。[①] 而且，通过对文本中重要变量的测度，还可以进一步挖掘科技政策与就业政策的变迁规律与趋势。通过对政策文本结构与内容特征计量分析，能进一步阐释政策内容隐含的信息，进而推论政策之间的关系。该方法在运用过程中，主要借助 Ucinet 软件测算政策主体关系的各项指标并了解政策网络型构。同时，借助 NVivo 12 分别对两类政策的价值、目标、工具等要素进行深度挖掘。

第四，跨学科研究。本书立足于政策关系研究，吸收了众多不同学科领域的知识。在前期文献综述撰写阶段，笔者发现，政策关系研究越来越与其他学科知识相互交叠，如政治学、经济学、社会学、法学等。科技政策与就业政策协同关系议题中涉及社会学、经济学等理论。因此，本书将积极借鉴并吸收不同学科的研究成果做出适切性分析，以丰富政策冲突研究，并结合中国本土的政策经验知识对现有政策冲突的问题进行反思，为国内外研究提供一定的借鉴。

（二）研究设计与分析思路

基于以上政策冲突的整体分析框架，本书主体部分主要探究文本中的政策冲突、执行过程中的政策冲突及政策冲突的社会效应。针对不同维度的政策冲突，本书拟采用不同的研究设计与分析思路。具体如下：

---

① 黄萃、任弢、张剑：《政策文献量化研究：公共政策研究的新方向》，《公共管理学报》2015年第2期。

1. 政策文本结构研究：Ucinet 网络分析与 NVivo 12 质性研究

通过对文本中主体、目标、工具及价值等结构性要素的探究，可以挖掘政策冲突的本源。尤其在中国政策情境下，部门联合发文为采用文本研究方法提供了可资借鉴的经验性材料。针对文本中的主体冲突，本书采用 Ucinet 社会网络分析法分别对科技政策与就业政策的联合发文现象进行深入挖掘。将发文主体视为网络中的行动者，进而呈现政策网络中各个行动主体之间的某种关联，并展示各个行动者在整个网络中的权力与地位的差异。为进一步呈现科技政策与就业政策的冲突关系，本书采用 NVivo 12 的质性分析软件，对文本中的"目标—工具—价值"等结构性要素进行定性与定量分析。具体方法运用详见第二章。

2. 政策执行过程研究：访谈与案例分析

通过政策文本内容探究政策冲突具有一定的客观性与价值中立性。然而在政策设计时，政策冲突可能被设计者用宽泛模糊的语言掩盖。因而，要解释政策执行过程中的主体偏好与行为选择，仅仅采用文本研究显然解释力不足。为弥补政策文本结构研究的缺憾，文本将对政策执行过程深入探究。政策过程以动态形式真实呈现了政策冲突中基层主体的行为偏好与行动逻辑。为此，本书将对科技政策与就业政策的基层实务部门进行访谈与案例收集，进一步挖掘政策过程中的紧张关系。长期以来，政策执行一直是政策过程中的"黑箱"，而政策执行最容易偏离政策目标并导致政策冲突。因此，过程中的政策冲突研究主要以执行过程为主，以"模糊—冲突"模型为基本分析框架，嵌入更多真实的访谈与案例，以更加动态微观视角呈现基层政府执行过程中的科技政策与就业政策冲突。

3. 政策社会效应研究：问卷调查与访谈

伴随着公共政策问题的复杂化、主体的多元化及范围的扩大化，政策冲突现象日渐凸显。[①] 不论是文本中的政策冲突还是过程中的政策冲突，具体到现实社会生活中，政策冲突都会产生一定的正面效应或负面效应。政策冲突既有建设性功能，也有破坏性功能。本书正是基于对政

---

① 张国庆主编：《公共政策分析》，复旦大学出版社 2004 年版，第 20—26 页。

策冲突功能的理性认知基础上，着重阐述科技发展背离科技政策伦理目标并在就业领域形成的多重负面效应。本书重点探究政策冲突对政策对象产生的负面效应。主要通过问卷调查与访谈对长三角地区运用智能技术的企业高管和从业者进行深度调研，总结在科技政策驱动下，技术进步给劳动者造成的技术性失业及技术化生存困境、以头部平台为代表的新业态及其风险生成。综上分析，本书将分析框架与研究思路总结为如图0-4所示。

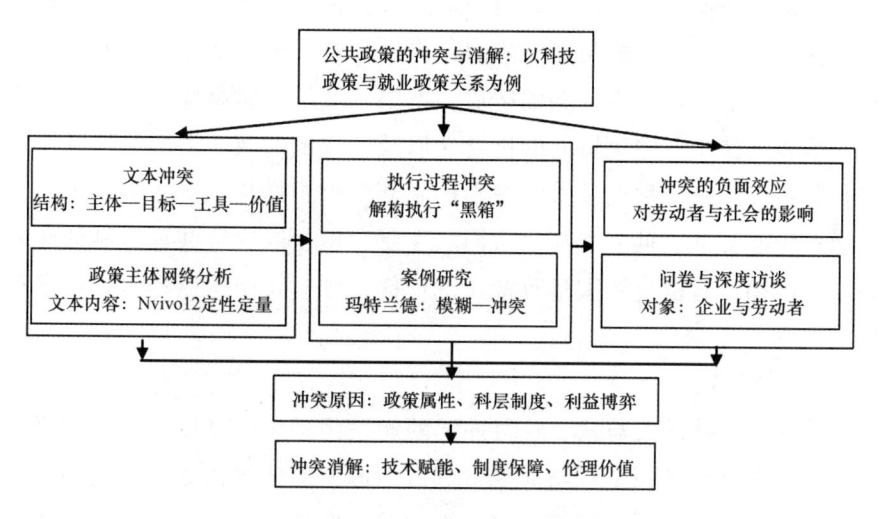

```
                 公共政策的冲突与消解：以科技
                 政策与就业政策关系为例
    ┌──────────────────┬──────────────────┬──────────────────┐
    │    文本冲突       │   执行过程冲突    │  冲突的负面效应   │
    │ 结构：主体—目标— │  解构执行"黑箱"   │ 对劳动者与社会的影响│
    │    工具—价值      │                   │                   │
    ├──────────────────┼──────────────────┼──────────────────┤
    │  政策主体网络分析 │     案例研究      │   问卷与深度访谈  │
    │文本内容：Nvivo12  │ 玛特兰德：模糊—冲突│  对象：企业与劳动者│
    │   定性定量        │                   │                   │
    └──────────────────┴──────────────────┴──────────────────┘
                 冲突原因：政策属性、科层制度、利益博弈
                 冲突消解：技术赋能、制度保障、伦理价值
```

图0-4 科技政策与就业政策冲突的研究设计

图片来源：作者自制。

## 五 研究创新与不足之处

### 1. 研究视角创新

政策冲突在学界并非新鲜话题，但是，关于科技政策与就业政策的冲突，以及其他政策关系研究的文献均为鲜见。已有研究成果大都聚焦单一政策内部关系，研究视角相对单一。本书研究视角创新主要包含：其一，采用政策研究视角。本书从科技政策与就业政策冲突的视角，探究科技进步与就业矛盾的制度性因素，挖掘科技政策与就业政策冲突的内在机理，并从分布式协同视角探究消解政策冲突的路径。其二，从科技与就业关系的矛盾现状着手，将政策冲突纳入"结构—过程—效应"

这一分析框架，首先从文本结构与政策过程两个维度对政策冲突的具体表现进行全面考察，其次从劳动者与"平台利维坦"两个面向呈现政策冲突的社会效应，最后从技术赋能、机制优化及伦理重塑三个维度提出分布式协同以消解政策冲突。

2. 研究内容创新

公共问题是政策研究的起点。本书始于科技与就业的张力与矛盾，落脚到科技政策与就业政策的冲突与化解。政策冲突是本书的重要研究内容，政策协同既是政策冲突的因应之策，也是科技与就业良性循环的重要保障。研究内容既是前沿焦点，也是政策领域的痛点。如何以前沿科技助力公共管理痛点问题的解决？本书以底层技术赋能为突破口，尝试对区块链技术与政策协同的耦合性以及区块链对政策协同的特殊意义进行分析。如，区块链技术多中心机制驱动组织结构从等级制、中心化走向多中心交互、低成本高效协同。主要表现在区块链共识机制消解政策系统摩擦；智能合约重塑政策系统信任；分布式架构驱动组织信息透明与共享。

3. 研究不足

第一，科技政策与就业政策冲突的触发因素中，难以排除其他因素的干扰。单独的政策变迁与演变受到政治因素、经济因素、文化因素等诸多政策情境的影响。同样，多政策的关系变迁，也受到诸多因素的干扰。因此，科技政策与就业政策之间的关系，也受到政策系统及政治、经济、文化、民俗等诸多因素的影响，本书很难排除这些干扰因素。本书阐述科技政策对就业政策的影响及政策协同的重要性，并不意味着否认其他因素对就业政策的影响。事实上，科技政策不能离开政策系统孤立地对就业政策产生影响。科技政策只有在具体的社会生产中发挥政策效用，才能通过整个经济活动对就业产生影响，进而间接对就业政策与就业部门产生影响。离开一定的社会生产环境谈论科技政策与就业政策关系，是一种抽象的推论而不是具体的论述。

第二，学界关于科技政策与就业政策关系的研究经验缺失，本书尚待政策实践进一步检验。国内外关于政策研究大都从单一领域的政策变迁、政策效果等视角出发，很少关注两大类政策彼此之间的关系及政策冲突的社会效应。关于科技与就业的关系，学者大都从社会学、经济学、法学等学科角度去关注，很少从公共政策角度去关注。这既给本书研究留下较大的空间，也造成一定的挑战。因此，本书在政策冲突研究中，不论是研究方法、研究思路，还是分析框架与对策建议，都可能存在研究不成熟的地方，需要在未来的政策实践中不断完善与修正。

# 第一章　核心概念、理论基础与分析框架

本书研究的主要对象是科技政策与就业政策之间的冲突（以下简称政策冲突）。针对政策冲突，本章主要解决三个问题。其一，对本书核心概念进行界定，主要包括政策冲突、科技政策、就业政策及分布式政策协同等。其二，阐述科技政策与就业政策冲突的理论基础，主要包括科层制、公共选择、政策网络及社会冲突等理论。其三，建构本书的分析框架。本书分析框架遵循层层递进的逻辑，主体部分主要围绕"结构—过程—效应—原因—对策"递进逻辑。首先，分析政策文本中的结构性要素冲突，主要包含政策主体、目标、工具与价值等结构冲突。其次，探究科技政策与就业政策在执行过程中的冲突。再次，呈现科技政策与就业政策冲突的负面社会效应。复次，解构政策冲突的负面社会效应。最后，从体制机制、技术赋能与伦理三个维度提出政策冲突的消解之策。

## 第一节　核心概念的界定

本书研究的政策特指科技政策与就业政策，在研究过程中为避免反复赘述、凑字之嫌，将科技政策与就业政策冲突简称为政策冲突。本书围绕核心议题主要对政策冲突、科技政策、就业政策及分布式协同进行具体阐述。

### 一　政策冲突

本书所指的政策冲突不仅仅表现为狭义地调整社会关系与社会矛盾

的政策主体、目标、价值、工具的不兼容，更体现为广义上的存在竞争关系的政策规范，如本书的研究对象科技政策与就业政策之间的内在张力与竞争关系。对于地方政府而言，政策执行资源是高度稀缺和不足的。理性的地方政府偏向于在不同的政策投入上进行权衡与取舍，保障将有限的资源投入自身偏好的政策。偏好与高层注意力、地方经济绩效、政治业绩、领导风格等因素密切相关。例如，对于能够创造增量绩效的科技政策以及消耗地方财政的就业政策，地方政府对这两类政策的执行投入显然存在较大差异。这容易引发科技政策与就业政策部门之间的矛盾与张力。因此，广义上的政策冲突是一种常态。本书从整体视角出发，一方面，为了研究结论的客观性和中立性，本书政策结构性冲突分析采用狭义的政策冲突概念；另一方面，为了验证政策结构冲突研究的结论，本书选择具体的案例从动态视角分析政策执行过程中的冲突。两方面的研究相得益彰、相互补充，更加全面呈现科技政策与就业政策的冲突。

具体而言，本书探究的政策冲突既包含政策文本上凸显的结构性要素冲突，又包含政策执行过程因利益诉求、价值观念、体制机制等差异引发的政策主体、目标、价值等矛盾与对立现象。就本质而言，可以从不同角度去理解。首先，政策冲突具有普遍性，政策冲突可能存在于从政策制定到评估整个政策周期。其次，政策冲突与府际关系、政治生态密切相关。政策冲突不仅体现了府际关系矛盾，还体现了政治系统在组织、结构、制度及权力分配上的矛盾。再次，政策冲突既包含物质利益冲突，又包含价值观念的冲突，其中价值理念与政策理念是影响决策的深层原因。最后，政策冲突的消解基本采用非政治性手段，如政策整合、政策修订、政策废止、经济限制与社会压力等。[①] 关于政策冲突的原因及治理对策，本书在文献综述部分进行了详细交代。

## 二 科技政策

科技政策是国家在不同历史时期制定的战略与策略，主要包含两个

---

[①] 钱再见：《论公共政策冲突的形成机理及其消解机制建构》，《江海学刊》2010年第4期。

层面：一是为了实现特定科技发展任务与目标而制定的指导方针与准则；二是根据国家方针与准则制定的引导科技正确发展与运用的规划、计划、条例、措施、办法等系列具体的政策。①科技政策的功能是指导科技事业发展基本方向，驱动国家科技事业大力发展。科技政策指导主要通过支持、反对、限制等手段确保科技稳定长足进步。进言之，科技政策的目标是为科技发展营造良好的制度环境，进而能够高效地运用科技发展成果。当然，科技进步促进经济社会发展的同时，要尽量避免技术进步的外溢效应。实践中，科技政策主要呈现三种形式：一是法律形式的科技政策；二是党政机关或科研机构制定并发布的决定、条例、规定、章程与制度等；三是以政府通知、办法、意见等官方渠道发布，或以主要领导人讲话形式发布的科技政策。

总之，科技政策是一个系统性的概念。广义上来看，科技政策包含科学政策、技术政策与创新政策。狭义上来看，科技政策的主题与内容很广。根据北大法宝的分类标准，科技政策文本主题涵盖科技综合规定与体改、科技进步与经费、科技企业、科研院所与物资设备、科技人员、科学研究与科技项目、科技计统与财税、科技成果鉴定奖励、科技情报档案保密、技术开发转让服务与咨询、技术市场管理、技术进出口与国际合作、科技外事等方面。作为系统性的公共政策体系，科技政策包含多个子政策。由此看来，科技政策种类繁多，政策条目数以万计，而以人工智能为代表的新兴科技是新一轮科技变革和产业变革的重要驱动力量。在科技政策驱动下，人工智能等新兴科技迅猛发展。新兴科技的广泛运用对当前就业形态、就业结构与就业岗位造成了一定的冲击效应。实践中，科技政策的执行通常与产业发展、社会进步等议题组合，成为其他政策体系的重要组成部分。

综上，本书探究的科技政策类别主要包含三个方面。第一，政策主体间冲突主要选择联合发文的科技政策进行主体网络分析，这类政策主要是广义上的科技政策。第二，政策"目标—工具—价值"冲突研究侧重于狭义上的科技政策，主要聚焦于具体的人工智能等新型科技政策。

---

① 孟爱国：《我国政府科技管理模式优化改进的思考》，《软科学》2003年第6期。

通过词频分析与可视化呈现，分析人工智能科技政策的目标、工具及价值与就业政策之间的冲突。第三，政策执行过程冲突研究侧重于具象的科技产业政策，主要以机器换人政策为例探究科技政策执行过程中与就业政策产生的冲突。

### 三 就业政策

从狭义角度来看，就业政策是政府为化解就业难题而颁布的供给劳动力岗位、平衡劳动力供求、协调劳资关系等一系列政策集合。① 具体来看，就业政策包含促进特定群体就业、增加劳动岗位、促进劳动力流动、畅通就业信息、协调收入分配、提供失业保障、保障工作安全等多类政策。依据北大法宝对就业政策文本的分类，就业政策文本主题涵盖劳动工会综合规定、招工与就业、职工教育与考核、劳动安全与劳动保护、工资福利与劳动保险、离休退休退职、待业与待业保险、农民工等方面。广义的就业政策包含狭义就业政策。实践中的就业政策往往与教育政策、产业政策、金融政策等诸多政策组合对就业进行调节。

从就业政策的类型划分来看，学者们依据政策对象与政策功能等标准对就业政策做出划分。其一，就政策调节对象而言，可以将就业政策划分为农民工、高校大学生、妇女、残疾人等不同群体就业政策。其二，从就业政策的功能来划分，可以分为战略性、市场性和保护性三类政策。② 本书研究的就业政策主要包含三类。第一，供给类政策，主要包括就业帮扶、再就业培训、创业、服务等人力资源开发等政策。第二，需求类政策，包括提供就业岗位、多渠道发布就业信息、改善就业环境、消除就业壁垒等。第三，保障类政策，如失业救济、残疾人就业保障与社会救助等。多重政策体系具有多重目标。面对科技进步的就业排斥效应，就业政策的首要目标就是创造就业岗位、增加就业总量，并通过消除制度壁垒、改善就业市场环境以间接增加就业总量。其次，就业政策

---

① 张原：《我国就业政策的内涵、关系和趋势再理解》，《中国劳动》2015 年第 6 期。
② 英明、魏淑艳：《中国特色积极就业政策的政策效果分析：一个评估框架》，《东北大学学报》（社会科学版）2016 年第 3 期。

目标是为各类群体提供就业服务，通过职业培训、职业介绍、信息开发等办法提高劳动者就业、创业能力。同时对劳动力市场中弱势群体，如农民工、妇女、临时工、残疾人等提供及时的就业服务，促进就业市场平稳运行。最后，就业政策的社会保障性目标，如失业救济和失业保险具有明显的社会兜底属性，这类事后的补救性兜底办法可以保障因病、因残、破产等非自愿失业劳动者基本生活，帮助他们度过失业缓冲期并重返劳动力市场。

### 四 分布式政策协同

政策冲突的化解须诉诸政策协同。政策协同是政府为解决跨部门冲突、实现跨部门治理目标，进而超出单一政策边界与职责范畴进行的政策整合行动。政策整合的目标是实现各部门方案与准则的协同、配合与相互支持，以实现共同目标的状态。本书的政策协同既包含政策方案与准则之间的静态协同关系，也包含政策在制定、执行过程中的动态协同关系。从更深层次来讲，政策协同是多部门协力就某一公共议题形成一致性、连贯性、协调性及综合性的政策产出。[1] 换言之，本书的政策协同是在横向不同职能部门之间形成交互式、一体化的管理模式，以达到政策整合的目标。需要强调的是，政策协同并非简单地通过部门整合实现外部问题的内部化。政策协同的内核是组织间结构、功能、关系、人事、制度的整体优化。因此，政策协同不仅仅是目的、手段或功能，更是一种机制，能够让各个部门通过协同机制来有效解决共同的问题。协同的过程对各个部门而言可能并不是最优的方案，但是能够将各个部门的利益、偏好、态度有机结合，达到政策系统最佳状态。

基于政策协同的基本内核，本书创新性地提出分布式协同以消解政策冲突。分布式协同组织架构既不同于传统决策过程下金字塔组织结构，也不同于现代政策网状结构下"边缘—核心"结构特征。从其组织结构特征来看，分布式协同是一种新型的组织设计或组织重组。该组织结构

---

[1] Linda Challis, Susan Fuller, Melanie Henwood, et al., *Joint Approaches to Social Policy: Rationality and Practice*, Cambridge: Cambridge University Press, 1988, pp. 25 – 29.

不仅强调打破部门壁垒，打破决策与执行的信息壁垒与功能分割困境，强调以流程或任务（资源流、业务流、信息流）为中心构建多节点或多中心的扁平化网状结构。同时，该组织结构打破网络结构"绝对核心—边缘"下地位不对等、信息不对称、资源不均衡的种种局限，驱动各部门围绕同一政策目标展开信息角共享与业务协同。分布式协同旨在通过对政府内部相互独立的科技部门与就业部门以及部门内各种行政要素进行整合来实现政策目标。不论是从科技发展角度还是失业治理角度，政策目标实现不能仅靠相互隔离的单个政府部门，也不能总是依靠临时成立的工作领导小组等"超级部门"。可行的路径是围绕某一政策目标实现跨部门分布式协同。分布式协同是在区块链分布式技术基础上多部门资源流、信息流及业务流相互打通与整合的过程。这一组织架构旨在打破传统部门界限（boundary government），驱动政府部门成为分布式结构上的节点，进而在跨区域、跨领域、跨层级公共政策执行中破除制度性壁垒，形成政策合力。

## 第二节　政策冲突的理论基础

从科技政策与就业政策冲突的多个面向来看，不论是政策文本中的结构冲突，还是政策过程中的冲突，冲突基本发生在科层组织内部纵向层级政府之间或横向职能部门之间，且政策冲突与科层组织内的主体理性与偏好密切相关。基于此，科技政策与就业政策分别形成了各自的主体网络型构，都呈现"边缘—核心"特征。其中，权力部门与财税部门在网络中占据绝对核心，非权力部门与非资源部门则被排斥在网络的边缘位置。而通过 NVivo 12 质性分析发现文本中"目标—工具—价值"张力的失衡。这一发现进一步证实了政策主体网络关系的内在张力失衡。科技政策与就业政策内在张力的失衡与冲突是良性社会运转的病态症结。本书对政策冲突的功能认知正是建立在这一理性认知基础上。基于以上分析，本书对政策冲突的探究建立在丰富的理论基础之上。

## 一 科层制及科层制的中国化释义

作为科层制理论的集大成者,马克斯·韦伯(Max Weber)构建了理性的科层范式。在韦伯看来,符合合法性的政治统治才能可持续。① 韦伯依据合法性来源将政治统治划分为传统型、魅力型和法理型三个类型。理性的国家政治统治应该是法理型的,即理性的国家统治应该建立在理性的法律与专业科层制之上。② 由此,韦伯预判未来的政府组织趋势是科层制替代家长制、法理型取代权威型。③ 总之,科层制以其鲜明的制度优势与组织优势成为当代政府组织结构及其运行模式的母体范式。④ 具体优势如下:第一,层级节制的等级结构;第二,专业化的部门设置与人员配置;第三,权责法定,工作范畴与职责遵循政策法规;第四,人事选拔与职位升迁依据知识、能力等工作绩效及履行职能的非人格化;第五,业务管理的文档化;第六,组织成员稳定的激励与保障制度。⑤ 以上特征彰显了科层制度化、等级化、非人格化、稳定、依法及可预期的优越性。虽然科层组织具备强大的适应能力,普适于不同政治文化背景与意识形态的政治系统,并推动社会文明的直接进步,⑥ 但是科层组织的权力结构困境⑦、层级节制下的效率低下与信息失真、科层制组织自上而下权威流失、科层组织塔西佗陷阱等难题一直存在。⑧

---

① [德]马克斯·韦伯:《经济与社会》(上),林荣远译,商务印书馆1997年版,第239页。
② [德]马克斯·韦伯:《经济与社会》(下),林荣远译,商务印书馆1997年版,第720页。
③ [英]戴维·比瑟姆:《马克斯·韦伯与现代政治理论》,徐鸿宾等译,浙江人民出版社1989年版,第66—67页。
④ 敬乂嘉:《政府扁平化:通向后科层制的改革与挑战》,《中国行政管理》2010年第10期。
⑤ [德]马克斯·韦伯:《经济与社会》(下),林荣远译,商务印书馆1997年版,第278—281页。
⑥ [美]塞缪尔·P.亨廷顿:《变化社会中的政治秩序》,王冠华、刘为等译,生活·读书·新知三联书店1989年版,第14—16页。
⑦ 张云昊:《规则、权力与行动:韦伯经典科层制模型的三大假设及其内在张力》,《上海行政学院学报》2011年第2期。
⑧ 金华:《区块链驱动下科层制优化:制度逻辑、技术逻辑及其互动》,《理论月刊》2021年第3期。

总之，科层制"反功能"[①]倾向导致其备受诟病。[②]

韦伯的科层制为探究科层组织内部政策关系提供重要的研究视角与理论基础。改革开放四十多年以来，我国政治、经济与社会发生巨大变化，政府组织结构与形态也表现出更强的制度弹性以适应多元、复杂、不确定性环境因素。从政府组织结构与形态变化中，我们可以窥见扎根于中国国情的科层制的历史渊源与运行逻辑。在我国的政策实践中，中央政策的贯彻落实需要通过高度分化的科层制组织来实现。政策贯彻是内嵌于科层制度严密的金字塔形的权力结构，其权力运作体系遵循自上而下的信息传递链。虽然科层理论为探究我国政府实践提供了丰富的经验，但是，我国科层制有其独特的历史脉络与发展场景，不能完全照搬韦伯的科层理论。要深入探究我国科层制的意蕴，应根植于中国几千年的历史元素。回顾我国历史悠久、发展成熟的科层制，主要呈现以下特征：首先，皇权是科层制组织结构的顶端与核心，君主专制基础上的科层制合法性来源于自上而下的授权。[③] 其次，皇权统治官僚体制的每个层级，通过成熟且严格的规章制度保障绝对的皇权。最后，在正式的规章制度之外，还辅之以裙带、故里等非正式关系与其互动。正式制度功能在于保障皇权统治的权威，非正式制度为地方政府因地制宜预留了灵活的操作空间。

我国当代科层制有着悠久的历史文化渊源与独特的政治意蕴，在此基础上形成的当代科层制组织结构与运行逻辑主要呈现以下特征。首先，科层组织内部形成下对上负责、上对下问责的制度。中央统筹全局，地方负责具体政策的贯彻落实。其次，中央集权制度具有较强的约束与动员能力，这种约束力与动员力可以自上而下贯穿到基层与社会各个领域。

---

① 所谓科层制反功能是与其正功能相对的一面，拘囿于科层组织刚性制度与工作程序，在应对外部环境变化时，科层组织的理性优势反而成为掣肘组织回应性和高效性的劣势，导致其回应迟滞、应对僵化。参见马雪松《科层制负面效应的表现与治理》，《人民论坛》2020年第25期。

② 林雪霏：《扶贫场域内科层组织的制度弹性——基于广西L县扶贫实践的研究》，《公共管理学报》2014年第1期。

③ 周雪光：《国家治理逻辑与中国官僚体制：一个韦伯理论视角》，《开放时代》2013年第3期。

比如新冠疫情防控期间，不论是居家隔离，还是后期的疫苗接种、复产复工等，各级党政部门具有较强的动员能力。科层制在应对非常规任务时的反应速度快、能力强，具备"运动式治理"的优势。① 在中国的政策执行过程中，运动式治理存在于各个领域，比如就业工作领导小组、科技工作领导小组、疫情防控领导小组等。这些工作小组的本质是科层制为应对复杂或紧急环境的一种制度回应。最后，非正式制度下衍生出地方自主策略行为。换言之，在正式制度的刚性约束下，地方政府官员尚能循规蹈矩，而非正式制度为地方策略行为创造了自由裁量空间。

我国公共政策的制定与评估大都在科层组织内部完成，因而，科层运行逻辑对政策执行效果具有较大的影响。首先，科层组织内部明确的职责划分引发了政策过程中的部门隔阂、信息壁垒和信任缺失。其次，科层组织自上而下层级节制，地方政府在政策制定中会表现出较强的自主性。最后，就科层运行的保障制度而言，我国出台了科层运行的激励机制、绩效考核机制以保障公职人员在相对公平、完善的制度环境下尽责履责。因而可以看到，在就业政策与科技政策执行中，上级政府会通过目标考核与监督激励来衡量地方官员的绩效。在面对科层上级的考核压力时，一方面，有些地方政府会通过各种变通执行、讨价还价、利益博弈等策略行为回应上级的压力考核。另一方面，科层组织内部"向上负责、只唯上"的运行逻辑直接导致基层各部门之间的割裂与封闭。科层制组织内部冲突直接引发部门之间的政策冲突。

## 二 公共选择理论中的主体自利性

作为公共选择理论的集大成者，詹姆斯·M. 布坎楠（James M. Buchanan）认为，公共选择是市场经济条件下个人利益最大化的过程。民主决策过程与市场经济有较大的相似度与契合度，不过是将市场经济

---

① 周雪光：《运动型治理机制：中国国家治理的制度逻辑再思考》，《开放时代》2012年第9期。

下的个人理性选择转化为民主决策的集体选择过程。① 换言之，公共选择理论是以经济领域的研究范式分析政治领域中的行动者及其行为逻辑。② 在分析过程中，公共选择理论是以功利、理性的个体行为为前提假设，将政治活动领域中的行动者视为政治交易市场中的利益博弈者，以市场经济交易规则推理政治决策的理性选择偏好。基于理性"经济人"视角的公共选择理论认为，自利、理性的个体虽然进入了公共部门，但是这并不代表个体会转变为大公无私的公共行动者。质言之，公共选择理论将政治场域中的行为动机预设为政治交易市场，以经济学"成本—收益"角度考量政治场域中行动者的行为偏好和选择，以期在政治系统中探索并构建一种私利与公益的平衡机制。③ 公共选择理论凸显了政府行为的限度，也为政策失灵与政策冲突提供了一种解释机制。这一理论以全新的视角指出，科层组织内部的自利倾向根源不在经济方面的问题，而是在于政治方面的问题。④ 政府预测未来的资源和能力是有限的，因而，他们经常用"成本—效益"这一技术来帮助决定如何利用这些稀缺资源。当有限资源不能保障所有项目顺利开展时，政府往往选择能够创造社会净效益最大的项目。⑤ 质言之，行动者在政治场域的行为偏好及利益博弈与配套的决策和监督机制缺失相关。⑥ 据此可以推定，个体无论处于经济场域还是政治场域，其本性都是致力于自身效用最大化。

以公共选择理论来缕析政策主体的行为偏好具有较强的解释力。作为公共政策的执行者，各级地方政府肩负重要的政治责任与行政责任，

---

① 陈振明：《政治与经济的整合研究——公共选择理论的方法论及其启示》，《厦门大学学报》（哲学社会科学版）2003 年第 2 期。
② ［英］丹尼斯·C. 缪勒：《公共选择理论》，韩旭、杨春学等译，中国社会科学出版社 2010 年版，第 1—4 页。
③ 丁煌：《公共选择理论的政策失败论及其对我国政府管理的启示》，《南京社会科学》2000 年第 3 期。
④ Dennis C. Mueller, *Public Choice*, Cambridge University Press, 1979, pp. 320–343.
⑤ ［美］盖依·彼得斯：《美国的公共政策——承诺与执行》（第六版），顾丽梅、姚建华等译，复旦大学出版社 2008 年版，第 571 页。
⑥ 陈振明：《市场失灵与政府失败——公共选择理论对政府与市场关系的思考及其启示》，《厦门大学学报》（哲学社会科学版）1996 年第 2 期。

其行为偏好在政策执行中发挥关键作用。政策主体的行为偏好往往倾向于部门或地方效用最大化。效用函数变量较为复杂，包括经济效益、社会声誉、政治前途、地位及全等变量。① 这些变量与上级政府预算成正相关。因而，实现预算最大化是各地政府官员的重要目标。同时，各地官员又缺乏对公共物品与治理成本最低化的动力和意愿，出现预算不断扩张的倾向。在公共选择理论看来，公共政策过程也是一场经济交易，各项决策及其执行实质是一场交换行为。② 这一理论实质上否定了传统理论中政治是一项纯粹的、谋求公共利益的活动，也从经济学角度阐释了政治决策、政策执行的本质是利益最大化或成本最小化，进而能够帮助科层组织更好地把握政策冲突的动因及政府职能转变的问题内核。

从公共选择理论视角来看，公共政策过程也会由于各种原因出现矛盾与冲突。第一，政策过程涉及多方面利益相关者，既包含组织内部的政策主体，还涉及组织外受到政策与行动影响的任何相关者。③ 政策过程是对社会价值进行权威性分配的过程，这一过程必然涉及多元利益主体的利益博弈、利益交换甚至利益纠纷，进而引发矛盾与冲突。④ 科技政策与就业政策由冲突走向协同，本质是利益重新调整的过程。这个过程会存在诸多利益相关者及多种价值偏好，如各政策制定主体、政策执行主体及政策评估主体的利益。本书研究的具体利益主体主要包括科技部（负责科技规划）、工业和信息化部（负责产业落地）、人力资源和社会保障部（负责充分就业），以及负责政策执行的各个地方政府职能部门。从政策冲突到政策协同的过程本质上是利益重新调整的过程，必然会存在诸多利益相关者的矛盾与冲突。第二，政策主体的理性经济人假设。政策主体虽然是公共部门的行动者，但同时也是有着私利的个体。

---

① ［美］詹姆斯·M. 布坎南、戈登·图洛克：《同意的计算：立宪民主的逻辑基础》，陈光金译，上海人民出版社2017年版，第31—34页。

② 陈振明：《非市场缺陷的政治经济学分析——公共选择和政策分析学者的政府失败论》，《中国社会科学》1998年第6期。

③ ［美］R. 爱德华·弗里曼：《战略管理——利益相关者方法》，王彦华、梁豪译，上海译文出版社2006年版，前言第1—3页。

④ David Easton, *The Political System: An Inquiry into the State of Political Science*, New York: Knopf, 1953, pp. 125–141.

因此，在政策制定与执行时难免受到自身行为偏好的制约，这就意味着公共行动者不一定代表公共利益。第三，政策过程中的信息不对称现象严重。决策与制定的完全理性取决于主体对信息的全面掌握。现实的政策过程中，上下级之间、平行部门之间出于"自保"或"自利"而封闭信息，导致决策信息的严重不对称进而引发部门间政策冲突。从以上角度来讲，政府是最强的利益中心，每个决策者与执行者都是追求利益最大化的经济人。[①] 在利益诱导下，政策主体反理性，进而导致政策的矛盾与冲突。

鉴于公共选择理论对政策过程冲突的原因预设，我们必须建立一套约束政策制定、监督政策执行的有效机制，减少政策冲突现象，促进多部门政策协同。同时，我国地方公共政策的政治环境与社会环境较为复杂，大量的社会问题丛生，再加上体制机制缺陷和官员价值观偏差等引发政策之间的矛盾与冲突。公共选择理论的自利性偏好机制也表明，仅仅凭借政策主体的素质与自律难以保证政策制定的完全理性与政策执行的有效性，需要建立一套科学有效的决策机制。各级政策在政策制定与执行之前，应该全面了解政策对象及其利益诉求，对政策环境进行全面评估，对自身角色进行重新定位，这样才能减少政府的自利性倾向和政策冲突的负面效应。

## 三 政策网络理论的"核心—边缘"分析

传统政策关系有两种基本研究范式：第一种是自上而下的整体主义范式，依赖科层制层级节制的管理来明确国家与社会的边界及资源分配；第二种是自下而上的个体主义范式，依靠理性判定行动者在政策过程中的行为与偏好。[②] 然而，在面临多元主体参与政策过程的互动时，传统政策分析模式往往缺乏解释力。为弥补这一局限，政策网络理论研究兴起。政策网络的兴起为探究政策主体关系提供了全新的分析视角和细致

---

[①] 丁煌、黄志球：《海上搜救的"诺斯悖论"及其破解——基于公共选择理论的分析》，《甘肃社会科学》2015年第3期。

[②] 杨波：《如何破解老年教育政策执行困境：基于政策网络理论视角》，《现代远程教育研究》2020年第6期。

的分析单元。通过网络分析，研究者可以解构不同政策主体之间相互依赖的网络特征。该理论批判了科层制度僵化的运行模式，强调网络中的政策主体应该通过资源交换达到协调的状态。①

作为政策网络研究的重要代表，马什（Marsh）和罗茨（Rhodes）认为，政策网络是国家与社会等多元主体在政策过程中基于资源依赖形成的组织集群。② 依据这一定义及学术界的研究成果，可以将政策网络理论的核心观点归纳为：其一，参与政策过程的主体是多元且异质的。政策网络具有较强的开放性与多元化，行动者包含政府组织、非政府组织、私营企业、高校及个人等。③ 其二，政策网络中的多元主体是相互依赖的关系。依赖既体现为资源的互动、交换与依赖，也体现为政策过程的交互性及利益诉求的包容性。多主体正是在利益多赢的基础上共同达成政策目标。④ 其三，网络关系的联结具有一定的复杂性。网络的开放程度、行动者间的地位平衡度、主体联结的时间长短及强度，都不同程度影响主体采取合作、不作为或者对抗策略。⑤

政策网络的型构与特征不仅影响政策主体的行为，而且影响政策效能与政策变迁。一般而言，我们通过一致性与关联性两个变量来考察政策主体对政策工具的选择。具体而言，在弱一致性与弱相关性的政策网络中，政策主体倾向于采用管制手段。在强一致性与强关联性的政策网络中，政策主体倾向于采用投资、补贴等手段。⑥ 西方关于政策网络的理论著述颇丰，主要形成了三种研究视角：以资源依赖为纽带的政策网

---

① 朱亚鹏：《公共政策研究的政策网络分析视角》，《中山大学学报》（社会科学版）2006年第3期。

② David Marsh and R. A. W. Rhodes, *Policy Networks in British Politics: A Critique of Existing Approaches*, Oxford: Clarendon University, 1992, pp. 13 – 14.

③ 衣华亮、苏晓佳、徐西光：《转型期教育政策执行偏离探析：政策网络视角》，《江苏高教》2017年第7期。

④ Joshua B. Forrest, "Networks in the Policy Process: An International Perspective", *International Journal of Public Administration*, Vol. 26, No. 6, 2003, pp. 591 – 607.

⑤ Keith Dowding, "Model or Metaphor? A Critical Review of the Policy Network Approach", *Political Studies*, Vol. 43, No. 1, 1995, pp. 136 – 158.

⑥ 朱亚鹏：《政策网络分析：发展脉络与理论构建》，《中山大学学报》（社会科学版）2008年第5期。

络、以共同价值为纽带的政策网络、以共享话语为纽带的政策网络。① 马什和罗茨依据网络中行为主体的稳定性、限制性、整合程度等因素，将政策网络按照整合程度由高到低划分为五种类型（见表1-1）。②

表1-1  政策网络类型及特征

| 政策网络类型 | 政策网络特征 |
| --- | --- |
| 政策社群 | 成员数量较少，进入门槛较高，主要由国家层面政府部门构成；成员之间具有稳定的关系；成员之间呈现垂直的相互依赖；有限的平行意见 |
| 专业网络 | 成员数量较少，进入门槛较高，主要由相同职业背景的专业人士组成；成员之间关系稳定；成员之间呈现垂直依赖关系，有限的平行意见 |
| 府际网络 | 成员数量有限，由与某一政策有联系的地方政府和相关主管部门组成；成员之间关系相对稳定；成员之间呈现垂直依赖关系；成员之间具有广泛的水平联系 |
| 生产者网络 | 流动的成员，主要由提供项目产品的公共部门、私人部门、社会组织和公众等行为主体组成；成员之间既有垂直依赖又有横向依赖关系 |
| 议题网络 | 成员数量众多，由与某一政策问题具有利害关系或对某一政策问题感兴趣的参与者组成；成员之间关系不稳定，随时都有进出；有限的垂直依赖 |

资料来源：David Marsh and R. A. W. Rhodes, *Policy Networks in British Government*: *A Critique of Existing Approaches*, Oxford: Clarendon Press, 1992, pp. 13 - 14。

政策网络不仅影响政策关系，同时也回应了政策过程中主体部门化、碎片化与分权化的缺陷。③ 政策的制定与执行过程应该是相互依赖的行动者在网络中互动的过程，而不是彼此割裂的碎片化过程。④ 公共政策

---

① 范世炜：《试析西方政策网络理论的三种研究视角》，《政治学研究》2013年第4期。
② ［英］R. A. W. 罗兹：《理解治理：政策网络、治理、反思与问责》，丁煌、丁方达译，中国人民大学出版社2020年版，第34—40页。
③ Volker Schneider, "The Structure of Policy Networks: A Comparison of the 'Chemicals Control' and 'Telecommunications' Policy Domains in Germany", *European Journal of Political Research*, Vol. 21, No. 2, 1992, pp. 109 - 129.
④ 胡伟、石凯：《理解公共政策："政策网络"的途径》，《上海交通大学学报》（哲学社会科学版）2006年第4期。

正是网络中的行动者持续互动的结果。政策网络理论的优势就在于相互依赖形成的政策共同体，对任何体制的国家，都具有适用性。[①] 基于以上分析，政策网络用于科技政策与就业政策冲突过程的分析并进一步解释政策过程的本质，具有一定的实用性与可行性。本书聚焦于科技政策与就业政策的结构冲突与过程冲突，政策网络分析的焦点是"结构"，其核心要义是政策网络结构对政策执行的影响。[②] 因而，该理论与本书具有较强的契合度。当然，本书的政策网络更关注政策主体关系，非政府组织不在本书研究范畴内。由于政策最终落实的主体是政府各个职能部门，因而，政策网络关系的本质是府际网络中的政府部门关系。

从科技政策和就业政策网络的运行逻辑来看，各地政府及职能部门基于相互依赖在网络中进行资源和信息交换，通过协商、谈判、博弈等持续稳定的互动来协调利益。公共政策不再是各部门封闭的政策规划的结果，而是持续互动、交流、协商的结果。[③] 在这一过程中，网络的"封闭—开放"程度、行动者在网络中的"中心—边缘"位置及行动者联结的"强—弱"关系都不同程度影响政策执行的效果，影响行为者决定选择合作、对抗或者不作为。政策网络虽然有一定的复杂性，但也有其独特的优势。该理论强调网络型构与政策执行之间的因果推论，将信息与资源作为构建网络关系的基础，将谈判协商作为主要协调方式，进而使得政策过程更加可操作，更加客观地展现政策运行的全过程。

综上，政策网络理论对本书研究科技政策与就业政策的主体关系有重要的指导意义。但是，已有研究很少关注政策网络在政策冲突中的应用价值。本书将通过政策网络分析，探究科技政策与就业政策主体关系的矛盾与冲突关系。首先，通过 Ucinet 软件及各项指标测度，构建科技政策与就业政策的主体网络图。通过政策主体网络图，可以直观地判定

---

① Jens Blom-Hansen, "A New Institutional Perspective on Policy Networks", *Public Administration*, Vol. 75, No. 4, 1997, pp. 669–693.

② 丁煌、杨代福：《政策网络、博弈与政策执行：以我国房价宏观调控政策为例》，《学海》2008 年第 6 期。

③ 周恩毅、胡金荣：《网络公民参与：政策网络理论的分析框架》，《中国行政管理》2014 年第 11 期。

政策主体在网络中的位置、地位及政策主体之间的资源依赖程度，进而判定科技政策与就业政策主体间的张力与矛盾。其次，通过对政策网络中主体"中心—边缘"位置的分析，探究政策冲突的主体性原因，进而构建政策网络的稳定均衡机制。

### 四　政策冲突的功能认知

作为社会冲突理论的集大成者，盖奥尔格·西美尔（Georg Simmel）开创了社会冲突建设性功能的研究。在传统结构功能主义者看来，冲突是反常态的并且应该努力避免。但是在齐美尔看来，社会是爱与恨、冲突与协调、排斥与吸引的辩证统一。社会不可能存在完全和谐的群体，其背后总是藏匿着各种矛盾与冲突。

个体与群体不满情绪的发泄，能够对社会稳定起到重要的平衡功能。由此，凡是能引发冲突的因素不能全面否定，社会应该建立发泄的渠道，因为冲突对维持持久的社会稳定具有重要的意义。冲突就其本质而言，是社会交互的形式而已。社会交互的过程本就充斥着纵横交错的矛盾与冲突。冲突的本质是利益矛盾，当群体利益表达越清晰时，冲突的目标就越清晰。那么在冲突对抗性不强的情况下，冲突可能转化成达到目标的手段。[①] 质言之，冲突的呈现与表达具有重要的建设性功能，愤怒的发泄使得群体不至于解体。[②] 换言之，冲突并非必然导致社会体系崩溃。

刘易斯·科塞（Lewis Coser）进一步继承和发展了齐美尔冲突思想的内核，并提出了社会冲突的安全阀功能。科塞认可齐美尔关于冲突内涵、类型划分及建设性功能的研究。他认为，冲突是关于资源、权力、价值、地位的争夺，争夺过程中可能出现伤害或破坏。[③] 在此基础上，他探究社会冲突的根源并将其划分为物质性与非物质性原因。人们对权力、地位与资源等利益欲望构成冲突的物质根源，对观念与信仰等

---

[①] ［德］盖奥尔格·西美尔：《社会学：关于社会化形式的研究》，林远荣译，华夏出版社2002年版，第186—200页。
[②] ［美］L. 科塞：《社会冲突的功能》，孙立平等译，华夏出版社1989年版，第24页。
[③] ［美］L. 科塞：《社会冲突的功能》，孙立平等译，华夏出版社1989年版，前言第3页。

价值观认同差异构成冲突的非物质性根源。当人们过多地追求某一种物质性资源，但是资源非常有限而达不到心理预期的时候，就会产生相对剥夺感。当这种相对剥夺感不断持续时，最终可能引发群体对社会的失落与绝望。在此基础上，他分析了社会结构对冲突的影响。当社会结构灵活而富有弹性的时候，冲突允许被发生。社会通过制定或调整规范来调适人们的要求，进而阻止群体根本性的崩溃与分裂。此时，社会冲突的破坏性不具有毁灭性和根本性，相反，冲突能起到社会安全阀功效。然而，在僵化刚性的社会体制内，社会冲突缺乏调适机制，其就可能被放大甚至导致崩溃。

科塞进一步论证了冲突安全阀功能。如果只是因为冲突的负面影响而完全压制冲突，这一做法是短视且消极的。当冲突不危及社会基本价值观念的时候，冲突非但不具备破坏性，反能起到积极的促进作用。在科塞看来，应该正视冲突的创造性，尤其在创建新的社会制度、新的社会秩序、新的平衡价值等方面的创造力。社会冲突有诸多建设性功能：第一，社会整合功能；第二，社会稳定功能；第三，社会促进功能；第四，社会激发功能；第五，社会平衡功能。① 当然，不是所有冲突都具备以上功能，控制在较小范围内的冲突才可能具备建设性功能。科塞将安全阀制度引入冲突的化解之道，为本书研究政策冲突的消解提供了有益借鉴。科塞指出，面对社会冲突，与其放任负面情绪积累，不如引入社会安全阀这一制度化疏解渠道，为各类群体提供负面情绪宣泄渠道和利益诉求渠道，进而让社会冲突发挥社会减压阀与社会警示器的双重功用。

虽然科塞等人的社会冲突理论产生的背景已经改变，但是他们对社会冲突现象的研究对消解公共政策冲突仍具有重要的理论意义与现实价值。在政策体系内部同样存在不同程度的冲突。这一冲突的直接表现就是科技政策与就业政策在主体、目标、价值及过程等维度的冲突。政策冲突既有破坏性，也有建设性功能。对于冲突功能的正确认识与把握是

---

① ［美］L. 科塞：《社会冲突的功能》，孙立平等译，华夏出版社1989年版，第23、114、133、167页。

进一步探究冲突机理与对策的前提。首先，公共政策冲突作为客观存在，有一定的合理性，对于政策资源的整合及多主体利益平衡具有积极意义。其次，通过缕析政策冲突，政府部门可以及时发现政策漏洞，进而避免有问题的政策持续运行导致更严重的后果。再次，通过对政策冲突的及时发现，可以及时挽救公共权威及政策主体形象。最后，政策冲突有助于政策本身的完善。政策冲突意味着主体间的内在张力、矛盾及不稳定，这就要求政策主体及时修正政策。质言之，公共政策正是在制度变迁与社会稳定的矛盾与张力之间得到发展与完善。

本书的政策冲突正是在冲突建设性功能认知基础上，构建政策"结构—过程—效应"分析框架，进而探究政策冲突的内在机理，并试图从底层技术赋能、体制机制完善及科技伦理观冲突等视角构建分布式政策协同策略。正是科技对就业的负外部性，引发了本书对科技政策与就业政策关系的关注，进而前瞻性地提出政策冲突的因应之策。总之，科塞等对社会冲突极富有洞察力的见解对探究科技政策与就业政策冲突具有重要的启发意义。本书试图通过科技政策与就业政策的分布式协同来控制政策冲突的影响范围，缓解科技进步与就业的深层次矛盾，实现科技与就业的良性互动。

## 第三节　政策冲突的整体分析框架

科技政策与就业政策冲突生成机理较为复杂，不仅表现为静态的政策文本结构性要素，也体现在动态的政策执行过程之中。在动态的政策执行过程中，不同领域政策之间、同一政策领域内部都可能产生政策外溢效应，如科技政策功能的发挥对就业政策可能产生正外部性或负外部性。政策结构、政策过程与政策效应贯穿于政策生命周期，环环相扣，彼此相互联系。公共政策的各个环节本身并不是作为单一因素在发挥作用。作为单一领域政策，科技政策不仅引导科技发展进步，而且影响就业、教育、产业等各个领域。由此看来，每个领域政策都是在与其他领域政策的互动过程中发挥政策功能。政策互动过程既可能是政策主体沟通、目标协调、价值调和的过程，也可能是政策主体、目标、价值冲突的过程。因此，对于科技政策与就业政策冲突的结构也应该从更多维度来考察，不能割裂僵化地只看到某一方面的冲突。换言之，需要对科技政策与就业政策的冲突进行整体性考察。因此，本书在结构功能主义限度基础上进行修正，并从政策结构—政策执行过程—政策冲突效应这一整体性视角来构建科技政策与就业政策的分析框架，以形成对科技政策与就业政策冲突的系统性、整体性把握，进而形成化解政策冲突的前瞻性认识。

## 一 结构—功能主义的限度与修正

作为社会学重要的理论之一，结构功能理论关注社会结构及其功能（正面或负面结果）对其他结构的重要性。[①] 结构功能理论（structural functionalism）由社会有机体理论及早期的功能主义发展而来，侧重于对社会系统的制度性结构进行功能分析，主张用功能分析方法阐述社会结构与社会制度交互关系。作为结构功能主义的领袖人物，塔尔科特·帕森斯（Talcott Parsons）认为，所有系统应具备四种功能：适应（Adaptation）、目标达成（Goal attainment）、整合（Integration）和潜在的功能（Latency）（简称为 AGIL 结构）。[②] 帕森斯尤为重视社会整合和秩序，社会成员认可并遵守共同的价值体系才不至于导致社会崩溃。[③] 早期的结构功能主义强调社会组成部分对维持社会整体的校正功能，却难以解释社会中的某些单位对整体造成的损害。罗伯特·K. 默顿（Robert K. Merton）在继承帕森斯结构功能主义的基础上进行了修正。在默顿看来，社会系统不是所有部分都发挥正向的建设性功能，当社会系统中的部分损害整体利益时，其破坏性功能则凸显。虽然结构功能理论并未形成统一的理论体系，但是该理论通过分析社会事务的结构来研究其功能

---

① [美] 乔治·瑞泽尔:《当代社会学理论及其古典根源》，杨淑娇译，北京大学出版社 2005 年版，第 64 页。
② [美] 乔治·瑞泽尔:《当代社会学理论及其古典根源》，杨淑娇译，北京大学出版社 2005 年版，第 67 页。
③ [美] 乔治·瑞泽尔:《当代社会学理论及其古典根源》，杨淑娇译，北京大学出版社 2005 年版，第 71 页。

的方法不仅广泛运用于社会学领域，而且在政治学领域取得丰硕成果。[①]加布里埃尔·A. 阿尔蒙德（Gabriel A. Almond）等用该理论分析政治体系的结构功能，尤其是公共政策的结构功能。如果将公共政策视为特定的社会制度，那么结构功能理论则适用于分析政策与政策之间的结构关系与功能互动。

以上结构功能研究仍然侧重于对社会结构的静态研究，对于探究政策过程冲突这一动态视角显然解释力不足。综合结构功能主义的基本思路及研究局限，本书在探究科技政策与就业政策冲突时，不仅仅考察两者在静态结构上的冲突关系，还通过实证研究分析两者在动态过程中的冲突关系。本书从整体性维度，即结构冲突—过程冲突—冲突社会效应三个层次并行考察，并分别赋予文本结构、政策过程、社会效应三个维度具体内涵，以此来弥补结构功能分析框架的不足。首先，每一份政策都由一定的结构要素组成，包括主体、目标、价值、客体、工具、效果等。政策文本恰好涵盖了以上结构性要素，可以为本书研究提供丰富的经验性材料。其次，政策过程冲突，主要是利益相关者在政策制定、执行等环节发生的矛盾与冲突。政策过程中多元主体围绕政策议题展开分工与互动，并与外部环境相互影响。在互动的过程中，由于价值观差异、利益分歧、环境复杂等因素，政策冲突不可避免。最后，政策冲突往往伴随着一定的政策效应，本书的政策冲突的效应主要着眼于呈现科技政策执行给就业领域带来的负面效应，比如就业排斥、权利排斥、产业空心化、劳动者的去技能化等。

修正后的分析框架不仅增加了过程与效应两个维度，而且每一个维度的内涵也更加丰富多元。在过程维度，本书不仅解构了长期以来政策执行过程中的"黑箱"，而且呈现了冲突过程中基层主体政策执行偏好

---

[①] 结构功能理论模式多元，并未形成统一的理论体系。例如，金斯利·戴维斯（Kingsley Davis）与威尔伯特·摩尔（Wilbert Moore）提出了社会阶层化的功能理论（the functional theory of social stratification），塔尔科特·帕森斯（Talcott Parsons）提出了社会系统的功能理论（AGIL），罗伯特·K. 默顿（Robert K. Merton）则提出了中观层次（middle-range）的结构功能理论。参见［美］乔治·瑞泽尔《当代社会学理论及其古典根源》，杨淑娇译，北京大学出版社 2005 年版，第 65—77 页。

与策略。在效应维度，本书从劳动者等政策对象视角出发，关注科技政策在就业领域产生的负面效应。尤其关注科技发展背离科技政策设置的伦理价值并对就业产生的影响，如技术性失业的多重效应、平台规训的多重效应、劳动者的技术化生存困境等。

## 二 政策冲突的结构之维

政策冲突的结构维度主要是对科技政策与就业政策文本中的结构性要素进行探究。常见的政策结构冲突主要包括政策主体、目标、价值、工具等冲突。

**（一）公共政策的主体冲突**

常见的政策主体之间的冲突主要分为以下几种类型：

第一，上级政策与下级政策之间的冲突，主要表现为央地政策冲突、地方上级政府及其职能部门与下级政府及其职能部门间的政策冲突。随着分权改革的推进，地方自主权不断扩张并发展成自主性利益主体。政策实践中，地方政府在贯彻中央政令时具有较大的自由裁量空间。地方政府常见的策略是"上有政策，下有对策"。下级政府及其职能部门通过各种象征性执行、替代性执行、附加性执行、选择性执行等变通方式贯彻上级政府及职能部门的政策。这一过程往往伴随着中央与地方、全局与局部政策间的矛盾。中央政策统筹全局，政策落脚点是全局性、长远性和整体性利益，而地方的初衷是局部性、地域性和近期的利益。

第二，同一层级政府或横向部门之间政策矛盾或打架，主要表现为不同区域政策矛盾与职能部门间政策矛盾。分权化改革不仅强化了地方政府自主性利益及其与中央博弈的砝码，而且加剧了区域地方政府间不良竞争与部门矛盾。一方面，地方政府为赢得中央政策倾斜与注意力资源展开政绩竞赛。另一方面，为强化地方利益，促进地区经济增长，各地政府在公共服务、人才引进、基础建设等方面展开激烈竞争。同时，政策的最终落实需要特定的职能部门制订具体的行动方案。而利益部门化倾向又加剧了政策执行困难。不同职能部门因为职能交叉、权责不明，可能会出现互不决策或者争抢决策的极端情况。当决策损害部门利益时，出现互不决策、相互推诿的现象。当决策有利可图时，则各部门争抢决策。两种情形都凸显了政策过程中利益部门化倾向。各部门各自为政、相互掣肘，不仅减损政策效能，而且影响政策系统的整体性与协同性。

第三，同一领域新旧政策之间的矛盾与冲突。新旧政策之间经常会因为衔接不到位而出现不一致甚至打架的现象。政策新旧不一主要体现在近期政策与长远政策、同一政策在不同时期的矛盾关系。比如，在一项新政策出台的同时，政府并没有注意到旧政策的效力仍然存在，没有对其进行清理。尤其当新政策危及既得利益时，新政策的推行将遇到各种障碍。此时，政府部门要么采取"旧瓶装新酒"这一妥协的策略来延续旧政策的效力，要么通过铁腕强制推行新政策。不论采取什么策略，不仅会影响新政策的效力，而且容易造成新旧政策的缝隙日渐加剧。

本书研究对象科技政策与就业政策冲突的主体分别是科技部门与就业部门，因此，本书的政策主体冲突着眼于同级政府部门之间的矛盾与冲突。

(二) 公共政策的价值冲突

公共政策过程是对社会价值进行权威性分配的过程，这一过程受到利益相关者价值偏好的影响。利益相关者包含决策者、执行者及受政策影响的其他个体与组织。利益主体多元，政策价值取向也呈现多元化。主流的政策价值包含公平、正义、效率、安全、自由、责任等。[①] 在该价值体系中，多元价值要素随着社会发展阶段和政策位阶变化而不断变动，但总有一种价值要素占据主导地位。尽管不同发展阶段的战略目标不同，但公共政策价值冲突主要体现为公平与效率、公共性与私利性的冲突。从政策价值的演变来看，公平与效率一直是政策的重要价值目标，如从"效率第一、公平第二""兼顾效率与公平""效率优先、兼顾公平"，到"初次分配和再分配都要处理好公平与效率的关系，再分配更加注重公平"[②]。从国家战略导向来看，公平取向在国家分配体系中的地位越来越重要。但是，效率与公平本身作为一个矛盾体，两者之间的调

---

① 李雪松：《公共政策价值中和：一项溯源性的政策议题——兼论新时代社会主要矛盾的政策意蕴》，《宁夏社会科学》2019年第6期。

② 《初次分配和再分配都要处理好效率和公平的关系，再分配更加注重公平（党的十七大报告解读）》，中国人大网，http://www.npc.gov.cn/zgrdw/npc/zt/2008-01/10/content_1390271.htm，2021年10月1日。

和存在一定的难度。

就科技政策与就业政策的价值冲突而言，最突出的矛盾便是效率与公平的张力。就业保障类政策的落实被地方政府认为是不能创造增量绩效反而消耗财政的社会类政策。因而，这类政策在地方上常常出现治理"脱嵌"、资源配置效率低下、执行意愿不强等问题。① 在马克思看来，科技具备认识世界、改造世界的功能。科技政策的贯彻落实具备实用主义价值，能够促进地方科技发展与创新，带来很多创造效应。在我国，科技政策大多还处在改造世界的阶段，科技政策认识世界的功能目前还集中于基础学科中。因此，在实用主义价值取向引导下，科技政策自然是建立在科技进步、社会发展和效率优先的逻辑起点之上。由此，拓展科技规模、研发高新技术、提高科技水平，以增强科技对经济的助推作用，成为现阶段科技政策价值取向的应有之义。包含科技实力、科技创新、科技效率在内的价值体系成为现阶段科技政策的主流价值。关于就业政策的价值取向，党的十九大报告指明了方向："就业是最大的民生。要坚持就业优先战略和积极就业政策，实现更高质量和更充分就业。"②由此，就业优先政策内含着促进民生、稳定社会、消除贫富差距等深刻意蕴。

不管是科技政策，还是就业政策，政策对于社会资源的配置要兼顾效率与公平、当前利益与长远利益、经济效益与社会效益。政策冲突的重要原因是价值的冲突与失范。政策变化也是源自利益诉求这一政策价值的改变。③ 公共行政价值体系的本质是公平与效率的协调与统一。④ 作为公共行政的重要组成部分，政策过程也是价值取舍的过程。⑤ 公共政

---

① 晏子、章晓懿：《政策价值理念与政策工具错配了吗？——基于1978—2018年中国残障人士就业政策文本的实证分析》，《人口与发展》2020年第4期。

② 习近平：《决胜全面建成小康社会 夺取新时代中国特色社会主义伟大胜利——在中国共产党第十九次全国代表大会上的报告（2017年10月18日）》，人民出版社2017年版，第46页。

③ 薛澜、林泽梁：《公共政策过程的三种视角及其对中国政策研究的启示》，《中国行政管理》2013年第5期。

④ 丁煌、张雅勤：《公共性：西方行政学发展的重要价值趋向》，《学海》2007年第4期。

⑤ 严强：《论公共政策的价值》，《南京政治学院学报》2007年第2期。

策要有人民性与代表性，那么政策过程与政策主体都需要保持公平、责任、民主等价值，秉持奉献社会发展的精神及包容一切的公平感。① 质言之，公共政策需要有公共利益与公共精神。总体来看，现阶段科技发展迅猛，科技政策的制定与落实很大程度受到效率支配。实践中，地方政府资源更多向科技政策倾斜。因为这些领域能够快速产生经济效益并创造增量绩效。相反，就业保障工作更强调公平性与人民性，与科技效率优先价值存在一定的张力。

(三) 公共政策的目标冲突

政策目标是政策主体期望通过政策落实达到预设的效果。② 政策目标为政策执行和落实设定了基本方向。如果没有目标，那么政策执行将没有依据。如果设置了目标但是目标模糊，则为政策执行预留了较大的操作空间，可能引发政策执行偏差。迈克·希尔（Micheal Hill）与彼特·休普（Peter Hupe）认为，模糊与冲突是政策文本的重要组成部分，明智的政策制定者不应该消除该现象。③ 就政策目标的模糊性而言，要求"政策设计者具有明确的目标并采用有效的因果推论来行事是不切实际的，甚至在没有获得确切知识的前提下，国家应该采取相关措施"④。换言之，政策目标冲突是政策网络系统难以避免的，这与政策的复杂性、政策设计者的知识理性及政策环境密切相关。

尽管目标模糊难以避免，但是政策目标的类型划分比较清晰。依据政策调整的社会关系，可分为科技目标、就业目标、生态目标、教育目标等。依据政策主体位阶高低，可分为中央政策目标、地方政策目标与部门政策目标。政策目标分类多样化，但是在国家发展的不同阶段，政策系统内的多元目标之间总有侧重，也即政府容易偏重某一目标而忽视其他目标。例如，改革开放前期，我国确立了以经济建设为中心的发展

---

① [美]特里·L.库珀：《行政伦理学：实现行政责任的途径》（第四版），张秀琴译，中国人民大学出版社2010年版，第73—77页。
② 陈庆云主编：《公共政策分析》，北京大学出版社2006年版，第23—28页。
③ [英]迈克·希尔、[荷]彼特·休普：《执行公共政策》，黄健荣等译，商务印书馆2011年版，第107页。
④ [英]迈克·希尔、[荷]彼特·休普：《执行公共政策》，黄健荣等译，商务印书馆2011年版，第113页。

思路，各项政策围绕经济发展制定目标。各地政府更是围绕 GDP 展开政绩竞赛。部分地方政府不顾生态环境的承载力，制定大量招商引资的优惠政策，引进高污染、高耗能企业。虽然在短期内取得较好的经济收益，但是破坏了生态建设这一长远的社会效益。发展目标冲突反映了不同时期国家的政策倾向及政策主体的价值取向。

另一类常见的政策目标冲突是不同领域政策之间的目标内容冲突。某类政策目标的实现是建立在对其他政策负外部性基础之上的。随着科技迅猛发展，科技产业政策与就业政策目标之间的矛盾不断凸显。尤其在当下制造业智能化升级时期，各地政府大力推行"机器换人"政策。随着机器人产业体系的逐步完善、产业提档升级，大量制造业工人面临失业危机。不论是国家层面的元政策，还是地方上的执行性政策，科技政策的目标非常明确。各地将科技作为重要的经济增长点，以科技驱动产业转型升级。但是，"机器换人"政策的推行确实对就业造成不同程度的冲击效应。失业人群的再就业、转岗人员的培训、低技能劳动者的生活保障等一系列问题都需要就业部门及时予以政策因应。质言之，科技政策的制定与落实对社会产生的负外部性，需要其他部门来承担与应对。

（四）公共政策的工具冲突

欧文·E·休斯（Oven E. Hughes）指出，政策工具是行政机关的行为方式，是调节政府行为与机制的某种途径。[①] 政策工具不仅是帮助政府将实质目标转化为具体行动的路径与机制集合[②]，更是联结政策目标与政策效果的桥梁。[③] 作为政策目标与行动之间的重要联结机制，恰当的政策工具的选择与应用对政策成功具有重要的影响。[④] 从更加具体层面来讲，政策工具是政府为实现与满足公众的公共物品与服务需求而采取的各种办法、机制、手段，是满足社会公众需求而进行的制度设计与

---

[①] [澳] 欧文·E·休斯：《公共管理导论》（第二版），彭和平等译，中国人民大学出版社 2001 年版，第 99 页。

[②] 张成福、党秀云：《公共管理学》（修订版），中国人民大学出版社 2007 年版，第 61 页。

[③] 陈庆云主编：《公共政策分析》，北京大学出版社 2006 年版，第 81 页。

[④] 朱春奎等：《政策网络与政策工具：理论基础与中国实践》，复旦大学出版社 2011 年版，第 130 页。

安排。① 简言之，政策工具是行政机关赖以履行职能及部署政策的必备手段。② 当然，政府在履行职能时，政策工具的选择不是唯一的。依据政策问题的复杂性及预设的政策目标，政府部门可能组合使用政策工具。对同一政策问题，不同主体的理解与价值偏好不同，采用的政策工具也可能不同。换言之，政策工具的选择反映了行动者的价值偏好。当价值偏好出现分歧甚至冲突时，就可能出现政策工具打架现象。

具体到政策工具的分类与使用，国内外学者给出了不同的建议。盖依·彼得斯等认为，政策工具包含了命令、管制、劝诫、财政补助、权威、契约等。③ 而最具解释力的是迈克尔·豪利特（Michael Howlett）和 M. 拉米什（Ramesh M.）的三分法：自愿型工具、强制性工具及混合型工具。④ 王满船将政策工具分为规制型、经济型及信息宣传型。⑤ 朱春奎等构建了包含 13 个工具类型、71 种政策工具的系统全面的政策工具箱。⑥ 陈振明顺应管理技术发展趋势，将政策工具分为市场化工具、工商管理工具及社会化管理工具。⑦ 总体来看，国内学者对政策工具的划分基本借鉴了豪利特与拉米什的三分法思路。⑧ 三分法不仅从横向视角考察政策的强制性程度，而且从纵向视角考虑不同经济水平和不同发展时期的政策工具谱系，这为本书探究科技政策与就业政策工具关系提供了重要启示。由于我国不同发展时期的战略目标不同，科技政策与就业

---

① 陈振明主编：《政策科学——公共政策分析导论》（第二版），中国人民大学出版社 2003 年版，第 169—170 页。

② ［加］迈克尔·豪利特、M. 拉米什：《公共政策研究：政策循环与子系统》，庞诗等译，生活·读书·新知三联书店 2006 年版，第 141 页。

③ Stephen H. Linder and B. Guy Peters, "Instruments of Government: Perceptions and Contexts", *Journal of Public Policy*, Vol. 9, No. 1, 1989, pp. 35 – 38.

④ Michael Howlett and Ramesh M., *Studying Public Policy: Policy Cycles and Policy Subsystems*, Oxford University Press, 1995, p. 85.

⑤ 王满船：《公共政策手段的类型及其比较分析》，《国家行政学院学报》2004 年第 5 期。

⑥ 朱春奎等：《政策网络与政策工具：理论基础与中国实践》，复旦大学出版社 2011 年版，第 134—136 页。

⑦ 陈振明主编：《政策科学——公共政策分析导论》（第二版），中国人民大学出版社 2003 年版，第 177—189 页。

⑧ 陈振明、张敏：《国内政策工具研究新进展：1998—2016》，《江苏行政学院学报》2017 年第 6 期。

政策选取的政策工具也会发生变化。

总体来看，科技政策与就业政策的目标存在较大差异，因此，政策主体采用的政策工具不可避免产生冲突。政策工具的选择与搭配很大程度体现行动者的价值偏好。[①] 一方面，科技政策工具的价值取向与就业政策工具的价值取向不一致，如科技政策更偏向于效率，因此政策工具选取更倾向于强制性。就业政策更偏向于公平稳定，因此政策工具更倾向于自愿型或混合型。不论是科技政策还是就业政策，不可能只使用一种政策工具。具体使用哪种政策工具以及政策工具能否取得预期政策目标，与政策主体的利益取向、目标群体的心理偏好及政策问题密切相关。一方面，不同领域的政策工具容易发生冲突。例如，各地"机器换人"计划具有一定的强制性工具色彩，造成目标群体集体失业，与"稳就业、保民生"的就业政策工具价值严重冲突。另一方面，在同一政策领域内不同政策工具的价值取向冲突。例如征地拆迁政策，有些地方选择宣传教育、经济刺激等政策工具，有些地方选择强制、暴力威胁手段，这两类政策从根本上是对立的。

### 三 政策冲突的过程之维

政策冲突不仅表现为主体、目标、价值等结构性要素冲突，更体现在复杂动态的政策过程之中。所谓过程，涵盖了行动、事件及决策的进行。[②] 政策过程涵盖了制定、执行、评估等完整的环节。从政策过程的各个环节触发，能够洞察政策冲突的动态表现和内在逻辑。公共政策的动态过程为深入探究科技政策与就业政策冲突提供了另一个视角。这种观察与分析视角不仅可以从宏观上把握科技政策与就业政策的结构与过程冲突，也可以从微观上呈现政策冲突的内在逻辑。实践表明，任何政策都处在一个动态的系统当中。科技政策与就业政策不是作为单一因素在发挥作用，不仅彼此影响、冲击与调和，而且科技政策与就业政策各

---

[①] 李雪松：《政策工具何以反映政策价值：一项溯源性分析——基于 H 省 W 市综合行政执法模式的经验证据》，《求实》2019 年第 6 期。

[②] [美] 保罗·A. 萨巴蒂尔编：《政策过程理论》，彭宗超、钟开斌等译，生活·读书·新知三联书店 2004 年版，第 313 页。

自体系内部的上位政策与下位政策、左邻政策与右舍政策都是相互影响、相互制约的。简言之，每一项政策都是在与其他政策的互动过程中发挥作用，这些政策的协同效果则取决于政策之间的正向效应与负向效应平衡后的综合效应。

在政策过程的各个环节中，政策执行是将文本方案付诸实践、达成政策目标、影响政策成败的关键环节。① 然而，政策执行过程往往成为政策目标与政策结果之间的"黑箱"，被研究者们忽视。直到 20 世纪 70 年代，美国学者普雷斯曼（Pressman）等倡议关注政策执行并在学界掀起"执行运动"。② 总体来看，政策执行经历三个历史阶段。一是自上而下的执行，代表有托马斯·B. 史密斯（Thomas B. Smith）的过程模型③。二是自下而上的执行，代表有迈克尔·利普斯基（Michael Lipsky）的街头官僚模型④。三是整合性执行，代表有保罗·A. 萨巴蒂尔（Paul A. Sabatier）的倡议联盟模型⑤、理查德·E. 玛特兰德（Richard E. Matland）的模糊冲突模型等⑥。

在实践中，政策执行可能受到主体、客体、环境等主客观因素制约而偏离政策目标。其中，最大的制约因素是利益冲突。政策执行过程不仅仅是价值分配的过程，也是利益重新调整与分配的过程。对社会整体利益分配的失衡可能造成行动者之间的相互对立状态。⑦ 利益是社会发

---

① 陈振明、吴勇锋：《中国公共政策执行的实践优势与制度逻辑》，《科学社会主义》2021 年第 4 期。

② 陈振明主编：《政策科学——公共政策分析导论》（第二版），中国人民大学出版社 2003 年版，第 255—257 页。

③ Thomas B. Smith, "The Policy Implementation Process", *Policy Sciences*, Vol. 4, No. 2, 1973, pp. 197–203.

④ Michael Lipsky, *Street-Level Bureaucracy: Dilemmas of the Individual in Public Services*, New York: Russell Sage Foundation, 1980, pp. 1–10.

⑤ Paul A. Sabatier and Jenkins-Smith, *Policy Change and Learning: An Advocacy Coalition Approach*, Boulder, Colo: Westview Press, 1993, pp. 1–13.

⑥ Richard E. Matland, "Synthesizing the Implementation Literature: the Ambiguity-Conflict Model of Policy Implementation", *Journal of Public Administration Research and Theory*, Vol. 5, No. 2, 1995, pp. 145–174.

⑦ [美] 约翰·罗尔斯：《正义论》，何怀宏等译，中国社会科学出版社 1988 年版，第 58—61 页。

展中最普遍、敏感,也是最根本的问题。多元利益格局与价值冲突正深刻影响着公共政策的执行过程。以效率为导向的科技政策在驱动产业转型、区域创新、生产力提升的同时,引发了就业排斥效应。就业政策旨在实现高质量充分就业,保障失业群体的基本权益。不同政策的价值导向不同,决定了政策主体在利益选择与利益综合过程中的价值多元,进而引发政策执行过程中的利益冲突与价值冲突。本书将以科技政策与就业政策为例,重点解构政策执行过程中行动者的行为偏好与执行策略,进而呈现政策执行过程中的冲突。

### 四 政策冲突的效应之维

政策冲突的效应,是政策内部或政策之间发生矛盾与冲突时,给外部环境造成的特定正面社会效应或负面社会效应。公共政策的核心功能是治理社会,对社会行为进行规范、引领与协调。以科技政策功能为例:首先,体现国家的意志与战略目标;其次,规范与引导科技发展;最后,对国家科技资源进行权威性合理性配置并构建科技创新激励机制。[①] 理论上来看,科技政策应该发挥正向功能。但是,随着政策情境的复杂化、政策主体的自利性倾向,政策功能的发挥在特定时期对外部环境既可能造成正面效应,也可能造成负面效应。

当政策过程背离政策主体预设功能时,政策矛盾与冲突难免会发生。政策冲突如果得不到及时消解,往往伴随系列负面社会效应。一般来讲,科技政策在发挥其功能的同时,其政策效果可能对就业政策产生一定的负面影响。例如"机器换人"等系列科技产业政策,一方面积极响应中央政策号召,促进当地产业转型升级,降低制造业的用人成本,这是科技政策的正向效应;另一方面,随着生产机器对劳动力的替代,科技政策潜在的负面效应逐渐显现。"机器换人"政策推行的必然结果是部分劳动力失业。当失业人员规模扩大时,社会就潜藏着不稳定因素。就业部门与就业政策对科技引发的冲击效应有一个较长的反应过程。就业政

---

① 李侠:《喧嚣与凝视:透视转型期的科技政策与公共生活》,科学出版社2007年版,第251页。

策的出台需要经过问题提出—议程设置—政策试点—全面推广等一系列过程。在这个政策的空窗期，失业群体的焦虑可能演变为社会焦虑与失业恐慌。从科技政策的主动冲击与就业政策的被动反应关系来看，历史上形成的部门政策制定的规范传统以及泾渭分明的部门界限逐渐成为极难打破的部门制度经验。科技政策偏向于科技进步和经济效率，难免会造成失业风险。

本书基于政策对象视角，重点关注政策冲突对政策对象产生的负面效应。具体到科技政策与就业政策冲突的社会效应，主要体现为对劳动者与社会的影响。就劳动者而言，政策冲突最直观的影响是技术性失业。技术性失业的潜在后果是劳动者陷入新贫困陷阱、权利排斥及社会极化的困境。科技政策对劳动者更深层次的影响是促逼其陷入技术化生存困境，如技术加持下劳动者的超级流动与加速主义、系统围困与算法促逼等窘境。就社会影响而言，主要体现为以头部科技平台为主的新业态对劳动过程的全景监控、对社会产业结构的虹吸效应、对技能结构的降维效应及对法律政策的新型挑战。

## 本章小结

本章首先阐述了政策冲突、科技政策、就业政策、分布式协同等核心概念。其次，阐述了政策冲突的理论基础，主要包括科层制、公共选择、政策网络、社会冲突及政策协同等理论。最后，综合结构功能主义的限度与优势，构建了政策冲突的"结构—过程—效应"三个维度的分析框架。当然，以上政策冲突并不局限在单一维度的冲突，还有可能是多个维度交叉、重叠，发生多维政策冲突，如政策执行过程中不同职能部门政策打架，上下级政策价值和目标冲突，等等。不论是政府之间还是部门之间的政策主体，都存在代表区域、部门、团体甚至个人利益的现象。在此基础上，探究政策冲突的内在原因与消解之策。本书重点探讨科技政策对就业政策的影响，就业政策对科技政策的影响在未来研究中将继续完善。

# 第二章　政策冲突的结构探究：主体、目标、工具与价值

从政策主体、目标、工具和价值来看，科技政策与就业政策属于两个独立领域的政策。缘何在历次科技进步实践中，科技政策的效果穿透就业领域，对就业结构、就业环境和就业质量造成深刻影响？本书将从政策文本维度系统梳理和分析科技政策与就业政策内在张力。政策文本内容是政策在形式上的重要载体，承载着政策主体、目标、工具与价值等结构性要素。文章首先基于政策网络分析视角，对科技政策与就业政策主体关系进行识别。在此基础上，从目标—工具—价值整合视角对政策文本内容进行定量与定性研究。政策文本研究最大的优势是具有较强的价值中立性，不会受到研究者的主观价值因素干扰，因而研究结论具有较强的说服力和价值中立性。

## 第一节　政策主体冲突：基于政策主体网络分析

科技进步不仅伴随着就业创造效应，同时伴随着劳动力失业等就业替代效应。在此过程中，科技政策和就业政策发挥重要的引导、调节与制约作用。厘清科技部门与就业部门主体关系及职责划分，是化解科技与就业内在张力的基础性工作。本书将基于政策网络分析，从整体网络和个体网络两个维度，呈现科技政策与就业政策发文主体的网络结构特征。本书以2003—2021年期间发布的344份科技政策、179份就业政策为数据样本，以国家2003年以来四次机构改革为节点，以网络凝聚力、网络密度、协同深度等为测度指标，对不同时期科技政策、就业政策的

主体网络型构与演进逻辑进行考察与分析。

研究结果表明：第一，就整体网络型构而言，科技政策与就业政策主体网络结构呈现密集化、均衡化趋势。第二，就个体网络而言，随着整体网络的日渐密集化、均衡化，越来越多的部门跻身于网络核心区域。第三，就科技政策与就业政策主体关系而言，可以从整体网络的演变过程中总结出以下规律：一方面，在科技政策主体网络中，就业部门在科技政策网络中的位置呈现边缘—半边缘的变化特征；另一方面，在就业政策主体网络中，科技部门在就业政策网络中的位置呈现空白—边缘—半边缘的变化趋势。总体来看，科技政策主体与就业政策主体协同关系偏弱，并存在一定的张力。第四，每一个阶段的政策主体网络型构都存在中心与边缘部门，暗含着部门之间地位不对等、资源配置不均衡、信息不对称的潜在张力和矛盾。概言之，科技部门与就业部门之间不仅互动低频，而且存在一定的张力，两者具有较大的协同空间。

## 一 主体网络分析：政策关系研究新范式

传统政策关系研究依赖于府际关系或机构间关系的研究，却忽视了机构间关系所形成的不同型构的网络关系对网络行动者及整个网络关系的影响。随着社会公共事务复杂性的日益凸显，政府机构之间形成多样的网络结构成为一种必然的趋势。主体网络既是解决复杂治理有效的组织模式，也是审视和探究机构间关系的有效途径。因此，随着网络治理的深入及网络技术的升级，从网络关系维度解构机构间合作与冲突内在逻辑成为一种必要且有效的路径。实践中，任何重要的组织决策与行动都不可能局限在单一的机构内部完成。一个组织的行动与决策不仅需要从组织内部获取信息和资源，更要从外部其他组织内获得信息、建议或资源。[①] 由此看来，在面对复杂社会事务治理时，各部门之间形成相互依赖的网络关系是集体行动的基本前提。

---

① ［美］格雷厄姆·阿利森、菲利普·泽利科：《决策的本质：解释古巴导弹危机》（第二版），北京大学出版社 2008 年版，第 12—21 页。

近年来，随着政务信息公开制度的改革与推广，研究者可得的关系数据越来越多，逐渐有学者从政策网络关系视角出发，对机构间关系展开定量研究。越来越多的政策文献为研究者开展定性定量研究提供了丰富的经验性资料。政策文献是政府及职能部门治理社会事务的行为印记。通过对文献的挖掘，研究者可以追溯政策过程、获取客观的文字信息。① 通过分析软件，研究者可以对政策文本进行结构化处理，进而探究其内在属性与逻辑。比如，通过对联合发文的科技政策构建主体合作网络，可以了解各部门就复杂议题形成的微妙合作关系和内在紧张关系。主体网络分析法为探究科技政策与就业政策关系提供了全新的研究视角。通过科技政策与就业政策发文机关的合作网络分析，不仅可以识别政府部门的合作模式与动机，而且能够探究政府部门之间的合作与冲突关系。

尤其在中国的政策情景中，部门联合发文是推动社会公共事务治理过程中部门合作的重要路径。大量的联合发文为本书运用政策计量法与网络分析探究政策冲突提供了丰富的素材。本书中社会网络分析的对象正是联合发文的科技政策与就业政策，通过对联合发文深入挖掘，进而揭示政府部门之间复杂而微妙的关系。科技政策与就业政策文本数量多而庞杂，通过政策发文主体之间的合作网络关系，不仅可以揭示政策主体之间显性或隐性的关联，而且可以深入探究政策的演变规律和政策之间的逻辑关系。总结已有研究成果，该方法已用于探究公共卫生事件应急管理②、中国互联网信息服务治理③、中国退役军人安置保障④及中国科技创新政策⑤等领域部门间合作网络。

---

① 黄萃、任弢、张剑：《政策文献量化研究：公共政策研究的新方向》，《公共管理学报》2015年第2期。

② 张海波、陶志刚：《公共卫生事件应急管理中政府部门间合作网络的变化》，《武汉大学学报》（哲学社会科学版）2021年第4期。

③ 魏娜、范梓腾、孟庆国：《中国互联网信息服务治理机构网络关系演化与变迁——基于政策文献的量化考察》，《公共管理学报》2019年第2期。

④ 刘纪达、王健：《变迁与演化：中国退役军人安置保障政策主题和机构关系网络研究》，《公共管理学报》2019年第4期。

⑤ 黄萃等：《责任与利益：基于政策文献量化分析的中国科技创新政策府际合作关系演进研究》，《管理世界》2015年第12期。

## 二 主体网络分析维度：整体网络与个体网络

社会网络是作为节点的社会能动者（social agent）及其间关系的集合。① 依据网络类型可以划分为：一是个体网络（ego-network），以个体为单位，关注个体在网络中的地位以及个体与其他行动者之间的关系；二是整体网络（whole network），关注网络中所有成员之间的整体性关系，主要通过网络密度、凝聚力等指标来刻画。② 在网络结构研究中，有学者根据网络分析的不同维度和指标，对不同领域的社会治理网络结构进行类型划分。针对国际贸易格局，杨青龙依据"关系"与"强度"双维度构建了核心—边缘网络结构。③ 王继民参照波士顿矩阵（BCG），依据"合作中心度"及"排名波动"将共建"一带一路"国家科研合作关系划分为四类结构：兴盛型、成熟型、发展型及衰弱型。④ 周雪光依据"局部集聚系数"及"平均途径长度"将行政区域中人事流动网格的结构划分为碎片化世界、蜂窝状世界、科层制世界及小世界四种类型。⑤ 魏娜基于"网络密度"及"网络中心势高低"，将互联网信息服务治理机构网络型构划分为四类：协调型、分散—耦合型、中心—边缘型及松散型。⑥ 然而，以上维度和指标均未考虑网络规模即机构间实际连接频次对互动关系的影响，因而其研究结论值得进一步推敲。尤其当治理复杂度凸显、网络规模动态变化时，指标的实用性将大打折扣。为改善这一不足，刘纪达和王健采用网络凝聚力和网络密度两个指标，将退役军

---

① 刘军编著：《整体网分析讲义：UCINET 软件实用指南》，格致出版社 2009 年版，第 5 页。
② 刘军编著：《整体网分析讲义：UCINET 软件实用指南》，格致出版社 2009 年版，第 24—30 页。
③ 杨青龙、刘培：《2003—2012 年国际资源性商品贸易格局的社会网络分析——以煤炭、焦炭为例》，《国际经贸探索》2015 年第 4 期。
④ 王继民等：《1996—2015 年"一带一路"沿线国家科研合作网络的演化分析》，《图书情报工作》2017 年第 16 期。
⑤ 周雪光：《中国地方政府官员的空间流动：层级分流模式与经验证据》，《社会》2018 年第 3 期。
⑥ 魏娜、范梓腾、孟庆国：《中国互联网信息服务治理机构网络关系演化与变迁——基于政策文献的量化考察》，《公共管理学报》2019 年第 2 期。

人安置保障机构关系网络结构划分为"均衡—密集型网络、集中—密集型网络、集中—松散型网络、均衡—松散型网络"四个演化阶段。①

以上学者对网络结构的划分为本书科技政策及就业政策主体网络的构型提供了重要的经验性支撑。本书将从整体网络及个体网络两个维度，以网络凝聚力、协同深度及度平均度等指标来刻画科技政策部门与就业政策部门的网络关系构型，进而揭示科技政策与就业政策主体之间的张力和矛盾。

(一) 整体网络：基于网络凝聚力和度平均度的政策网络构型

本书从整体网络分视角出发，选取以下几个指标分别对科技政策与就业政策网络结构特征进行测度与分析。第一是度中心度。该指标是指一个节点与其他节点的连线总和，以衡量一个节点的互动能力与协调能力。指标越高说明该节点互动协调能力越强，在网络中的权力越大。第二，网络密度，指各个节点之间联络的紧密程度，密度越大表明节点联系越多、网络结构越紧密，那么整体网络对个体行动影响就越大。第三，协同深度，是机构节点实际连线关系数与理想最大连线数的比值，借助该指标可以进一步识别政策网络结构中的部门连接强度和紧密程度。第四，平均路径，是所有最短路径之和的平均值，是衡量部门之间关系距离的指标，平均路径越小说明整体网络的互动联通程度越好，机构间的互动交流顺畅不易受到其他因素的干扰。

本书整体网络分析的核心要义是探究科技政策部门与就业政策部门之间的网络关系和网络形态。借鉴已有研究，选择网络凝聚力和度平均度两个指标来构建科技政策与就业政策网络分析框架。网络凝聚力（compactness）表示整体网络对中心节点的依赖程度，网络凝聚力越强，表明整体网络对中心节点依赖程度越低。此时网络结构分布越均衡，整体越不容易受到某个节点变化的影响。在政策领域，强凝聚力表示部门之间权力分散，地位平等，部门间信息传递和资源流动效率高。相反，网络凝聚力越弱，表明整体网络受到某个权力集中的中心节点控制，容

---

① 刘纪达、王健：《变迁与演化：中国退役军人安置保障政策主题和机构关系网络研究》，《公共管理学报》2019 年第 4 期。

易受到该节点变化的影响。与此同时，网络的整体稳定性也较差。在政策领域，弱凝聚力表示存在一个或多个权力集中的部门，部门之间地位不平等，信息传递和资源流动受到网络结构的阻碍。网络度平均度衡量整体网络节点的活跃度和密切度，度平均度越大，说明平均每个节点直接互动的部门也越多。相较于密度和协同深度，度平均度的优势在于可以更加细致地比较不同阶段不同规模的网络成员互动的密切程度。

本书以网络凝聚力与度平均度为二维指标，辅以其他指标刻画，将科技政策与就业政策网络形态划分为四种类型：第一，中心边缘型，呈现低凝聚力—低度平均度特征。在中心边缘网络形态中，节点之间地位与权力分配存在较大的差距，少量节点占据网络中心位置，少量节点与其他节点联系稍频繁，但是大量节点与其他节点联系较少。这种网络形态结构松散且不稳定，容易受到权力中心变化的影响。第二，整体均衡型，呈现高凝聚力—高度平均度特征。在整体均衡型网络形态中，各个节点之间地位和权力分配平等、均衡，不存在权力节点，各个节点之间信息资源互动程度高、协同度高，网络结构较为稳定。第三，局部均衡型，呈现高凝聚力—低度平均度。在局部均衡型网络形态中，各个节点之间地位平等、权力分配较为均衡；但是因为协同度较低，各个节点之间互动合作的频率较低，联系不紧密。第四，局部协调型，呈现低凝聚力—高度平均度特征。在局部协调型网络形态中，网络整体的地位和权力分配不均衡，网络围绕部分节点展开互动与合作，这些节点也是小范围的互动合作。

（二）个体网络：基于核心度的组织角色类型划分

在对个体网络的组织角色进行分析时，本书选取核心度这一指标构建分析框架，进而识别个体组织在网络中的地位和角色。社会网络分析通过"核心—边缘"这一模型来判别网络中各个节点的参与程度与重要性。网络中的核心—边缘位置如何进行区分？在网络中，不仅可以判定节点之间有无关系，还能判定节点之间关系强弱。有无关系及关系强弱直接可以判定某个节点在网络中的地位。在 Ucinet 6.0 软件的具体操作中，可构建部门联合发文关系矩阵来判定节点在网络中的地位。相应地，节点有无关系通过关系网络矩阵来判定，关系强弱通过强度网络矩阵来判定。有无关系在矩阵中一般用 0 与 1 来代表，0 是部门间没有合作发文的关系，1 是部门间有合作发文的关系。强度网络矩阵也称多值矩阵，不仅表示部门之间是否存在联合发文关系，还表示部门之间联合发文的密度和频度，值越大说明部门之间联合发文密度和频度越高。

由此，在个体网络分析中，本书以核心度为具体指标，以核心—边缘为分析模型，以关系—强度为分析框架，来刻画科技政策与就业政策网络的"核心—边缘"结构，进而深入探究科技部门与就业部门之间合作的内在关系。由于"核心—边缘"结构模型的量化较为复杂，本书主要借助 Ucinet 6.0 软件分析不同阶段科技政策与就业政策网络的核心度，并通过赋予临界值的方式将不同阶段的网络结构划分为核心、边缘及半边缘三个层次。

（三）方法运用与数据来源

1. 方法运用

政策主体网络分析源自文献计量分析。就本质而言，政策主体网络分析与文献计量法有许多共通之处。文献计量以科学论文为研究对象，通过科学论文内在关系的挖掘解释科技领域知识创造规律。合作网络分析以论文作者合作关系为研究对象，并将合作关系通过指标测度，进而通过图谱可视化呈现合作网络关系。通过合作网络分析，不仅可以判别影响力最大的作者，而且可以挖掘合作中的不同议题与演变规律。同时通过子群体，研究者还能区分出不同的学术共同体和学科发展趋势。

政策文本是政策意图形成与实施的最后呈现载体，政策总目标、具体目标都蕴含于政策文本之中，文本与学科论文亦有许多结构相似之处。[①] 首先，政策文本是贯穿政府活动过程并客观呈现政府思想、行为、价值取向的印记。如论文作者一样，政策文本也有发文机关。一篇论文有多个作者，一个政策文本也可能由多个机关联合发文。其次，从可编码的视角来考察，政策文献有特定的格式可循，因此存在结构化编码分析的可行性。最后，政策文本包含主体、目标、工具及价值等结构性要

---

① 孟溦、李杨：《科技政策群实施效果评估方法研究——以上海市"科技创新中心"政策为例》，《科学学与科学技术管理》2021 年第 6 期。

素。詹金斯（Jenkins）指出，在政策领域，过程与内容存在某种动态联系。政策文本内容不仅可以帮助研究者洞悉政治机器的运作逻辑，也为研究者提供了理论武器。① 由此看来，不论从理论上还是技术上，将政府部门联合发布的政策文献作为政府部门互动关系的测度指标并构建发文主体网络关系具有可行性。

然而，在公共管理与政策网络中，网络分析的难点是获取可靠的一手资料及高质量的社会关系数据。② 因此，有学者指出，将政府机构本身作为测度对象，对其日常活动和行为进行观测和刻画，进而获得研究需要的关系数据。③ 其中，政策文献是政府治理社会公共事务的思想、价值及行为印记，很大程度上能够反映政府的活动与行为轨迹。政策文献中的联合发文不仅体现公共事务的复杂性、综合性和交叉性，而且体现政府部门之间的复杂而微妙的关系。④ 那么，如何通过联合发文来探究政策主体之间的关系？文献计量法的成熟为本书提供了重要参考。将文献计量法迁移到政策文献研究领域，具有较大的可行性和适切性。

本书将发文主体视为网络的"行动者"，以各部门联合发文构建行动者间的网络关系。将网络分析法延伸到政策关系研究，就是将政府各部门作为合作网络的行动者，进而判定每个发文主体在网络中的地位与角色。借助 Ucinet 6.0 软件测算每个阶段联合发文的科技政策与就业政策网络的密度与中心度。进一步借助 NetDraw，基于联合发文矩阵关系分别绘制科技政策与就业政策主体网络关系图。其中，每个节点代表一个政府部门，节点越大表明该部门参与联合发文次数越多。连线表示两个部门之间有合作发文关系，连线越粗表示两个部门联合发文次数越多。最后，本书将政策文献按阶段进行时间划分，进而对部门间的关系数据进行量化分析。本书将以网络凝聚力、网络度平均度、网络平均路径长

---

① Jenkins W. I., *Policy Analysis: A Political and Organizational Perspective*, London: Martin Robertson, 1978, pp. 246 – 278.
② 安卫华：《社会网络分析与公共管理和政策研究》，《中国行政管理》2015 年第 3 期。
③ 范梓腾、谭海波：《地方政府大数据发展政策的文献量化研究——基于政策"目标—工具"匹配的视角》，《中国行政管理》2017 年第 12 期。
④ 黄萃、任弢、张剑：《政策文献量化研究：公共政策研究的新方向》，《公共管理学报》2015 年第 2 期。

度、网络密度、网络协同度等作为分析指标，进一步考察在不同阶段科技工作与就业工作的机构构成与分布，并分析不同阶段科技部门与就业部门之间的合作与冲突关系。

2. 数据来源

为了保障数据来源的可靠性、准确性及代表性，本书以 2003 年 12 月至 2021 年 7 月为时间区间，分别以 "科技" 与 "就业" 为主题词在北大法宝法律数据库、清华大学政府文献资料信息系统进行检索，同时结合中央人民政府门户网站及相关部委官网数据进行补充。通过上述途径收集的数据较多，为保障数据的客观性、权威性、代表性及公开性，本书按照以下原则进行了严格筛选：第一，为了使数据反映科技政策与就业政策的一般性演变规律，只选取中央层面发布的文本，地方层面不予考虑；第二，查阅每一份政策文献内容后进行筛选，剔除只提及科技与就业却与主题无实质关联的政策文献；第三，政策效力涵盖了法律、行政法规、部门规章、军事法规规章、团体规定等。

同时，为确保政策文本的准确性，邀请多位科技政策与就业政策的专家与实务部门分别对政策文本进行审核、验证并调整。最终梳理得到科技联合发文政策 344 份，就业联合发文政策 179 份，并以此作为本书研究的数据基础（详见附录 1 和附录 2）。其中，科技政策文本涵盖科技综合规定与体改、科技进步与经费、科技企业、科研人员、科技产业等方面。就业政策内容涵盖劳动工会综合规定、招工与就业、职工教育与考核、劳动安全与劳动保护、工资福利与劳动保险、离休退休退职、待业与待业保险、农民工等方面。

本书以政策网络分析为基本方法，以 344 份科技联合发文政策及 179 份就业联合发文政策为基础数据。国家层面的机构改革及职能范围的调整对政策的制定与实施具有重要的影响。在 2003 年以前，各部门联合发文数量不多，相关指标在比较中无意义。故本书主要以 2003 年、2008 年、2013 年、2018 年四次国务院机构改革为时间节点，对科技政策与就业政策的发文主体进行网络关系分析，并绘制出不同阶段科技政策与就业政策的联合发文主体网络，在此基础上根据各项指标分析不同阶段科技政策与就业政策部门之间主体网络特征，并结合 "核心—边缘"模式探究科技政策与就业政策主体之间的关系。

在编码、统计及分析过程中，遵循两条基本原则：第一，政策主体编码不考虑机构及职能调整，对政策发文主体统一进行技术处理，并统一采用2018年机构改革后的部门名称。如2013年以前，主管就业的部门是劳动和社会保障部，本书统一编码为人力资源和社会保障部；主管卫生部门的名称经过多次改革，本书统一编码为国家卫生健康委员会。第二，本书在网络关系分析过程中，暂不考虑联合发文机关层次问题，将各类部委办发、部委司发等政策视为部委联合发文。如《教育部办公厅、科技部办公厅关于开展科研助理岗位吸纳高校毕业生就业网络专场招聘活动的通知》由教育部办公厅、科技部办公厅联合发文，本书在编码时统一将该政策视为教育部与科学技术部联合发布。

### 三 政策主体网络关系的实证分析

(一) 数据描述性分析

文章分别以"科技"和"就业"为主题词，在北大法宝、北大法意及中央各部门官网共收集到科技政策1946份，就业政策518份。时间分布从1978年1月至2021年8月（如图2-1所示）。总体来看，科技政策与就业政策变动趋势基本一致，发文量呈现波动上升的趋势，2008年以后增幅显著。其中，科技政策发文数量远远高于就业政策数量。从政策发文级别来看，涵盖了法律、行政法规、司法解释、部门规章、党内法规制度、团体规定及行业规定（如图2-2、图2-3所示）。其中，部门规章颁布的数量最多，科技政策占据了83%，就业政策占据了82%。就政策主题而言，就业政策涉及招工与就业、工资福利与劳动保险、职工教育与考核等（如图2-4所示）。科技政策包含科技综合规定与体改、科技进步与经费、科技企业、科学研究和科技项目等（如图2-5所示）。

本书主要对2003年以来的科技政策与就业政策进行统计，共得到科技政策1648份，其中联合发文的343份，占总政策的20.9%；就业政策387份，其中联合发文的179份，占总政策的47%（如图2-6所示）。科技政策中，两部门合作发文164份，三部门合作发文86份，四个以上部门合作发文 94 份。就业政策中，两部门合作发文 62 份，三部门合作发文 45 份，四个以上部门合作发文 72 份。大量的联合发文为本书探究科技部门与就业部门主体关系提供了必要的数据量和支撑性材料。

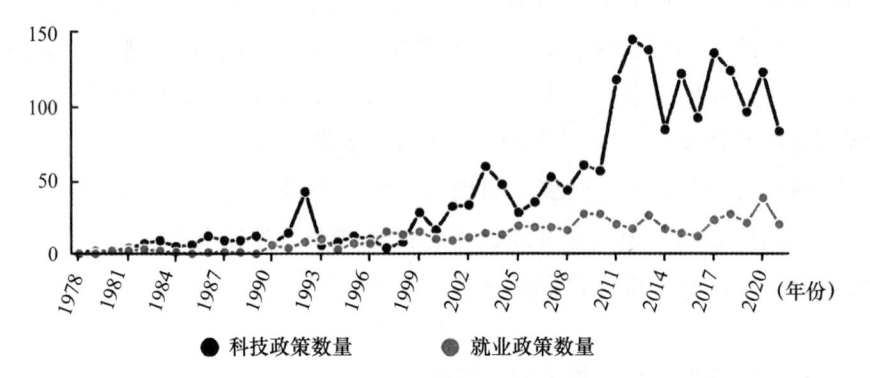

图 2-1　1978—2021 年科技政策与就业政策发文数量趋势

图片来源：作者自制。

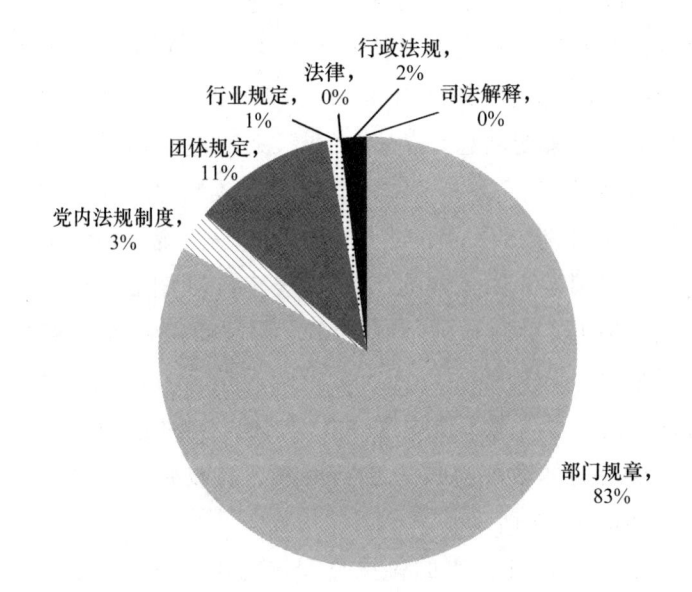

图 2-2　科技政策发文级别分布

图片来源：作者自制。

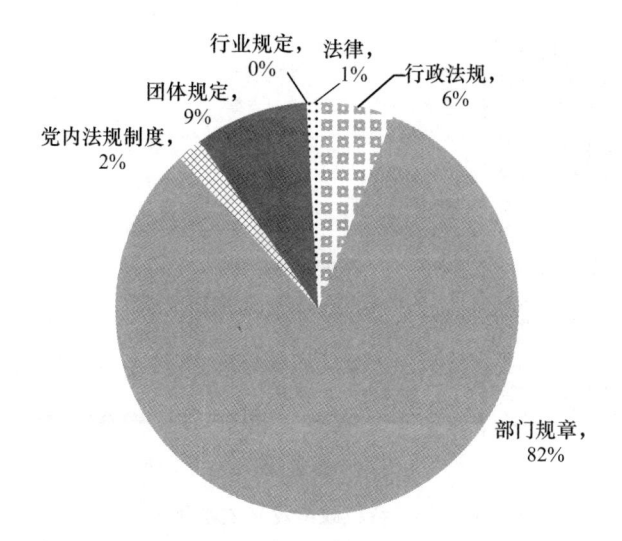

行业规定，0%
法律，1%
行政法规，6%
团体规定，9%
党内法规制度，2%
部门规章，82%

**图 2-3　就业政策发文级别分布**

图片来源：作者自制。

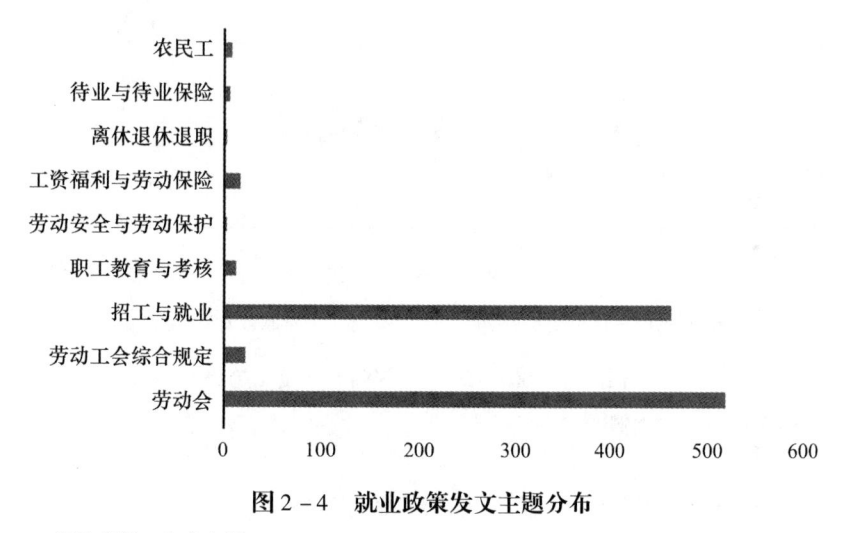

图 2-4 就业政策发文主题分布（横轴：0、100、200、300、400、500、600）

类别（自上而下）：农民工；待业与待业保险；离休退休退职；工资福利与劳动保险；劳动安全与劳动保护；职工教育与考核；招工与就业；劳动工会综合规定；劳动会

**图 2-4　就业政策发文主题分布**

图片来源：作者自制。

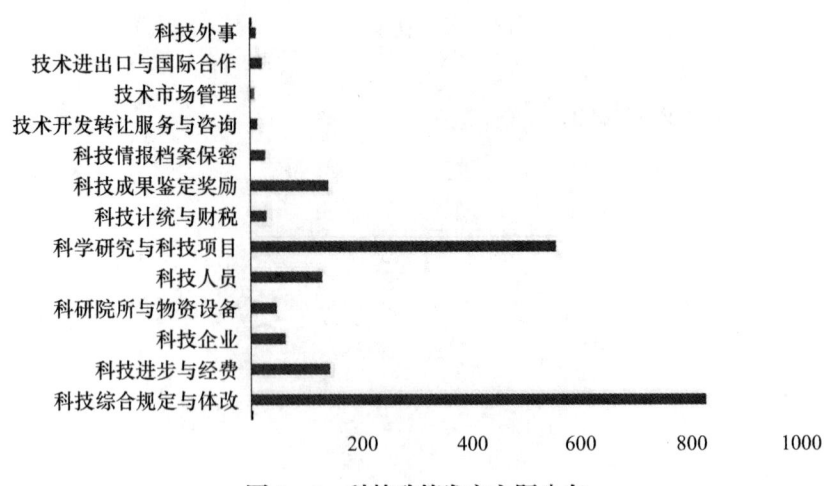

科技外事
技术进出口与国际合作
技术市场管理
技术开发转让服务与咨询
科技情报档案保密
科技成果鉴定奖励
科技计统与财税
科学研究与科技项目
科技人员
科研院所与物资设备
科技企业
科技进步与经费
科技综合规定与体改

200　400　600　800　1000

**图2-5　科技政策发文主题分布**

图片来源：作者自制。

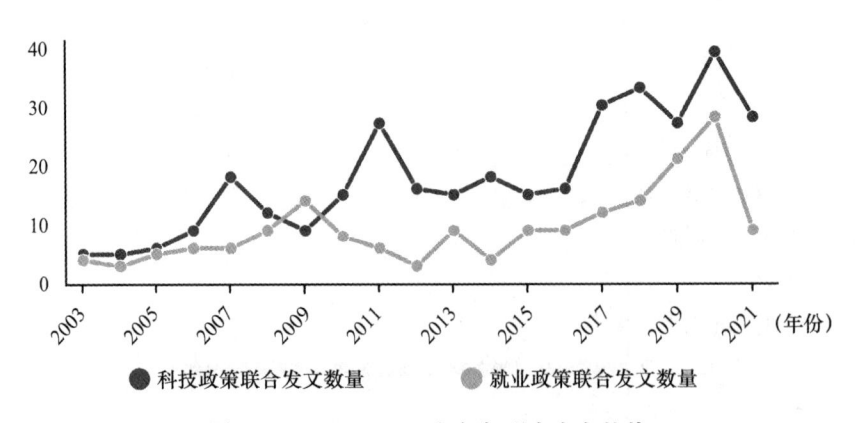

● 科技政策联合发文数量　　● 就业政策联合发文数量

**图2-6　2003—2021年部门联合发文趋势**

图片来源：作者自制。

（二）整体网络分析：多阶段网络结构形态演变

在进行整体网络探究时，本书主要考虑用强度网络矩阵来刻画不同部门之间主体关系的强度和密度，进而挖掘整体网络对部门依赖程度及组织合作密切程度。通过Ucinet 6.0软件对数据进行处理，分别得到科技政策与就业政策网络凝聚力、协同深度等指标（如表2-1和表2-2

所示)。① 在以上指标基础上借助 Netdraw 软件绘制不同阶段科技政策与就业政策发文部门之间的合作网络图。

表 2-1　　　　2003—2021 年科技政策主体网络结构属性

| 阶段划分（年） | 2003—2007 | 2008—2012 | 2013—2017 | 2018—2021 |
|---|---|---|---|---|
| 政策样本数 | 43 | 79 | 94 | 128 |
| 网络规模（节点数） | 34 | 35 | 46 | 60 |
| 连线数 | 78 | 74 | 75 | 401 |
| 连接关系数 | 131 | 187 | 154 | 1090 |
| 协同深度 | 1.679 | 2.527 | 2.053 | 2.718 |
| 网络密度 | 0.139 | 0.124 | 0.072 | 0.227 |
| 网络凝聚力 | 0.794 | 0.778 | 0.808 | 0.83 |
| 网络度平均度 | 4.588 | 4.229 | 3.261 | 13.367 |
| 平均路径长度 | 2.221 | 2.135 | 2.057 | 1.773 |
| 网络形态 | 局部协同型 | 局部均衡型 | 中心边缘型 | 整体均衡型 |

表格来源：作者自制。

表 2-2　　　　2003—2021 年就业政策主体网络结构属性

| 阶段划分（年） | 2003—2007 | 2008—2012 | 2013—2017 | 2018—2021 |
|---|---|---|---|---|
| 政策样本数 | 24 | 40 | 43 | 72 |
| 网络规模（节点数） | 24 | 20 | 27 | 50 |
| 连线数 | 60 | 36 | 50 | 437 |

---

① 样本数是该阶段合作发文的总数。网络规模是各阶段参与发文的部门数量。连线关系数表明部门之间联合发文形成的合作关系总数。网络密度是实际连线数与潜在最大连线数的比值，取值范围 [0，1]，值越大，表明部门联系越紧密。凝聚力是各部门联系的紧密程度，取值范围 [0，1]，数值越高，表明部门合作越频繁。度平均度是平均每个部门与其他部门连线的数量。平均路径长是连接任意两个部门节点之间最短路径的平均长度，值越小，表明信息传输效率越高、速度越快。参见刘军编著《整体网分析讲义：UCINET 软件实用指南》，格致出版社 2009 年版，第 138—148 页。

续表

| 阶段划分（年） | 2003—2007 | 2008—2012 | 2013—2017 | 2018—2021 |
|---|---|---|---|---|
| 连接关系数 | 94 | 97 | 88 | 927 |
| 协同深度 | 1.567 | 2.694 | 1.760 | 2.121 |
| 网络密度 | 0.217 | 0.189 | 0.142 | 0.357 |
| 网络凝聚力 | 0.743 | 0.786 | 0.702 | 0.794 |
| 网络度平均度 | 5 | 3.6 | 3.704 | 17.48 |
| 平均路径长度 | 1.884 | 1.81 | 2.017 | 1.65 |
| 网络形态 | 局部均衡型 | 局部协同型 | 中心边缘型 | 整体均衡型 |

表格来源：作者自制。

1. 2003—2007年政策主体网络分析。2003年，我国进行了改革开放以来的第五次机构改革，是在我国加入世贸组织的背景下开展的。不论是科技政策还是就业政策，部门之间合作网络均形成一定的规模。

这一阶段的科技政策网络呈现局部协同特征。34个部门共计联合发文43份，形成131对合作关系，网络凝聚力为0.794，整体网络存在向核心部门聚集的趋势。如图2-7所示，科学技术部位于整体网络的核心地位，网络围绕科学技术部展开。其中，科学技术部与中国科学技术协会、财政部、教育部、国家发展和改革委员会等部门合作较为密切，这五个部门的度中心度在整个网络中排名靠前，分别为26、12、12、9、8。整体网络度平均度为4.588，也即平均每个部门与4—5个部门形成互动合作关系。部门之间虽有协同，但是网络密度为0.139，部门联系不是很紧密。协同深度不高，仅为1.679。平均路径长2.221，信息交流的效率与速度在四个阶段中是最低的。这一阶段的网络形态特征呈现局部协同特征，形成了以科学技术部为主导，中国科学技术协会、财政部、教育部、国家发展和改革委员会协同，其他部门边缘化的特征。在边缘区域，形成了以中国科学技术协会为中心，共青团中央、中华全国学生联合会、中华全国青少年联会为协同的子群体。在边缘区域出现了人力资源和社会保障部，其度中心度为2，只与中共中央组织部、中国科学技术协会联合发文。概言之，这一阶段就业部门在科技发展与创新领域的参与度较低。

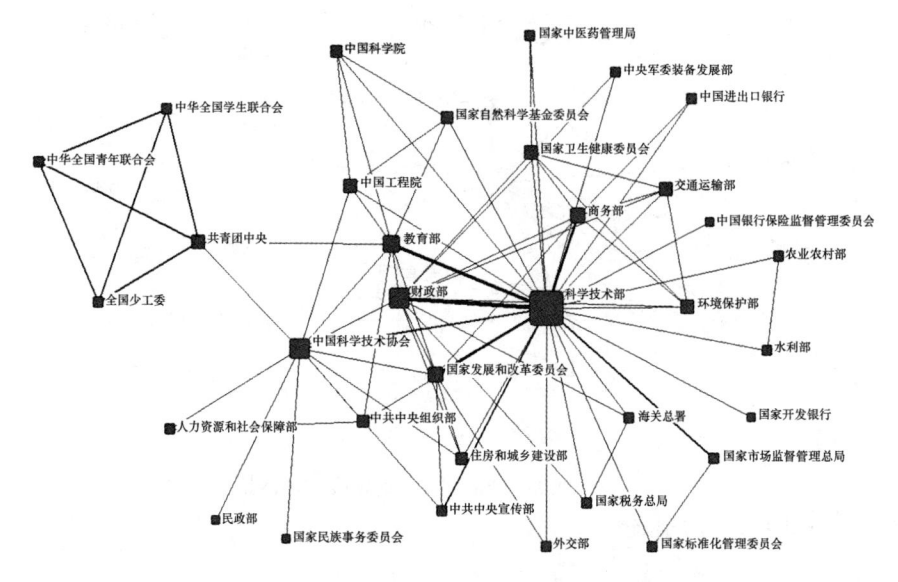

**图 2-7　2003—2007 年科技政策主体网络**

图片来源：作者自制。

这一阶段的就业政策网络呈现局部均衡特征。24 个部门共计联合发文 24 份，形成 131 对合作关系，网络凝聚力为 0.743，整体网络存在向中心部门聚拢的趋势。如图 2-8 所示，人力资源和社会保障部居于网络中心位置，就业工作围绕该部门展开。除此之外，司法部、财政部、国家市场监督管理总局、民政部、教育部等部门活跃度高，度中心度分别为 10、9、8、8、7。整体度平均度为 5，平均每个部门与其他五个部门形成互动合作关系。网络密度为 0.217，部门互动相对较多。平均路径长 1.884，信息传输效率与速度相对较低。这一阶段的网络形态呈现多个局部协同的子群，如教育部、共青团中央与中华全国学生联合会形成协同子群。这一阶段，科技部门在就业政策网络关系中没有出现，也即科技部门在就业推进工作中没有与就业部门形成合作关系。

2. 2008—2012 年政策主体网络分析。2008 年，我国开始了大部制改

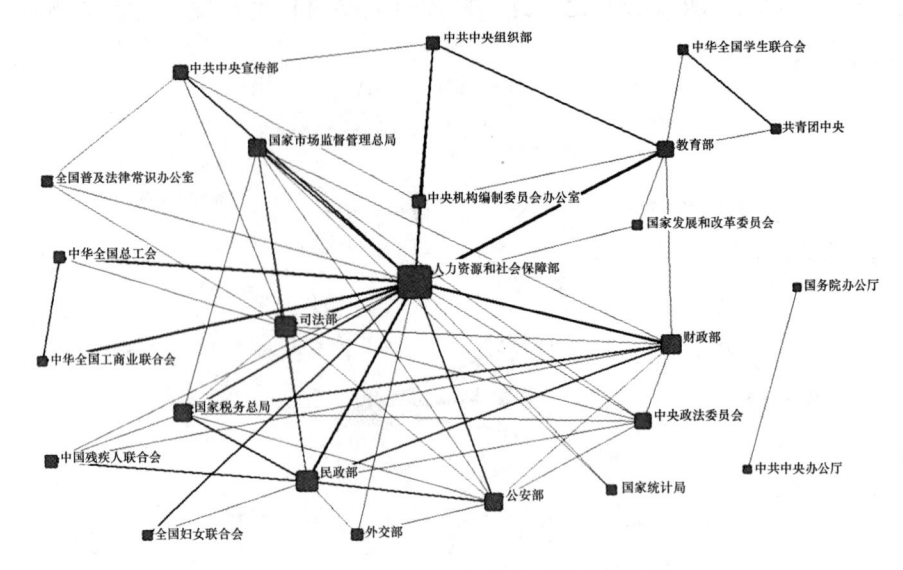

**图 2-8　2003—2007 年就业政策主体网络**

图片来源：作者自制。

革，旨在强化宏观调控、注重民生、建立大部门，① 组建了人力资源和社会保障部、工业和信息化部。相应的地方垂直系统有经信局，与科技局在科技发展业务上产生业务交叉。

这一阶段的科技政策网络呈现局部均衡特征（如图 2-9 所示）。部门合作发文数量显著增加，35 个部门共计联合发文 79 份，形成 187 对合作关系。整体网络凝聚力为 0.778，较上个阶段有所下降。其中，科学技术部度中心度为 22，处于网络中心，整个网络向科学技术部聚拢。中国科学技术协会、财政部、教育部、人力资源和社会保障部在网络中的参与度和活跃度较高，度中心度分别 14、13、9、6，形成了局部均衡的特征。进一步探究发现，整体网络度平均度为 4.229，平均每个部门与 4—5 个部门形成互动合作关系。网络密度仅为 0.124，表明部门之间虽有互动但是关系相对松散。平均路径长 2.135，部门间信息传输效率

---

① 《国务院办公厅关于印发工业和信息化部主要职责内设机构和人员编制规定的通知》，中华人民共和国中央人民政府网，https://www.gov.cn/fuwu/2014-02/22/content_2618642.htm，2023 年 7 月 16 日。

和速度相对较低。此外,大部制改革组建的工业和信息化部出现在网络中,度中心度为5,在科技政策领域表现出一定的活跃度。这一阶段,人力资源和社会保障部在科技政策领域由边缘向半边缘转变,度中心度达到6。

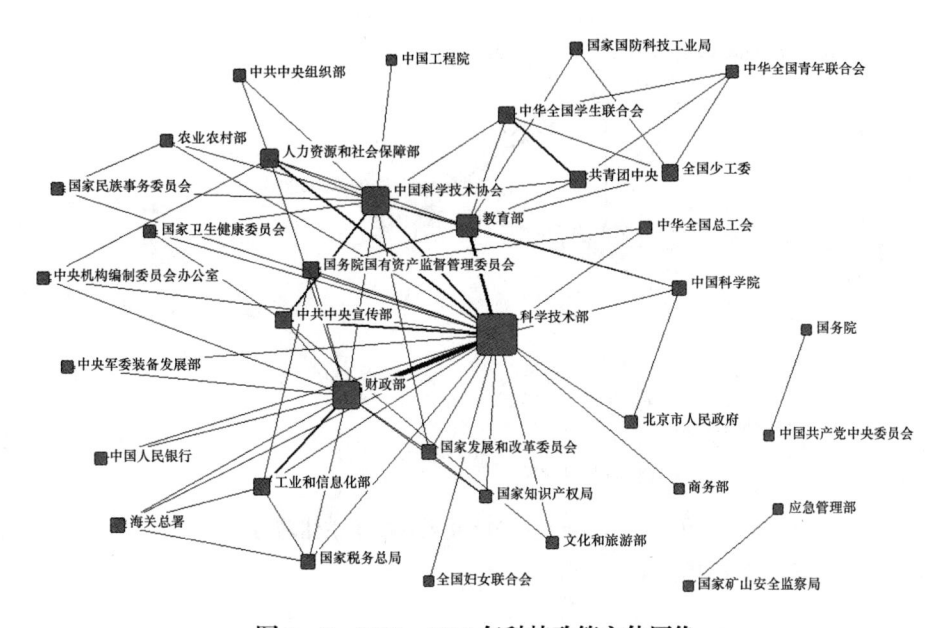

**图 2-9  2008—2012 年科技政策主体网络**

图片来源:作者自制。

这一阶段就业政策合作网络呈现局部协同特征(如图 2-10 所示)。20 个部门联合发文 40 份,形成 97 对合作关系,但是参与发文的部门数量在减少。联合发文数量较前一阶段显著增加,但是合作关系数量增加并不明显。整体网络凝聚力为 0.786,较前一阶段有所增强,整体网络有向中心部门聚拢的趋势。中心部门形成了以人力资源和社会保障部、教育部、财政部为铁三角的核心协同区域,三个部门的度中心度分别为13、12 和 9。整体网络度平均度为 3.6,平均每个部门与 3—4 个部门形成互动关系,表明网络间的联系并不紧密。平均路径长 1.81,部门间信息传输的速度与效率较上个阶段有所提升。此外,科学技术部、工业和信息化部等部门出现在就业政策网络边缘,与网络中心部门开始互动,度中心度均为 2。

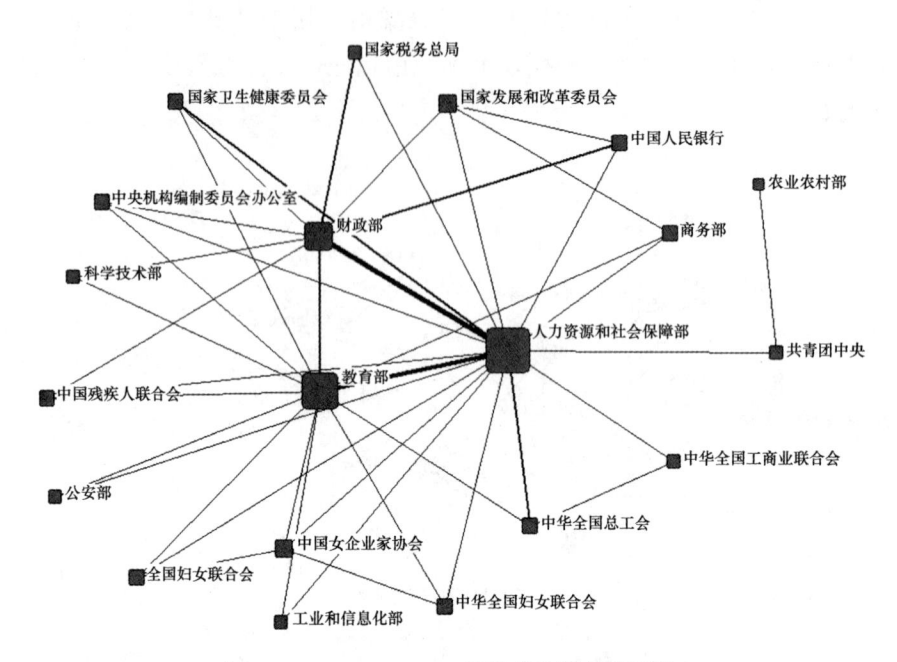

**图 2-10　2008—2012 年就业政策主体网络**

图片来源：作者自制。

3. 2013—2017 年政策主体网络关系。围绕转变职能与理顺职责关系，2013 年，国务院机构改革进一步推进大部制改革。这一阶段，科技领域工作日益复杂化、多元化。

这一阶段的科技政策网络关系呈现中心边缘特征（如图 2-11 所示）。46 个部门联合发文 94 份，共形成 154 对合作关系，参与联合发文的部门数量显著增加。整体网络凝聚力为 0.808，向中心部门聚集的趋势较前两个阶段明显增强，科学技术部完全占据网络的中心位置，网络密度仅为 0.072，表明网络结构非常松散，部门联系不紧密。度平均度为 3.261，平均每个部门与 3—4 个部门产生互动，说明部门之间的合作并不密切。平均路径长 2.057，部门信息交流与传输的效率较前两个阶段明显提高。在整体网络中，除网络中心部门以外，财政部、中国科学技术协会、国家发展和改革委员会三部门的活跃度较高，度中心度为 11、9 和 7。这一阶段，人力资源和社会保障部不再局限于与中心科技部门互动，与中国科学技术协会、共青团中央等网络边缘部门产生互动，一起协助并支持中心部门工作，度中心度达到 6。人力资源和社会保障部在科技政策网络中仍然处于边缘区域，但是活跃度较前一阶段有所提升。

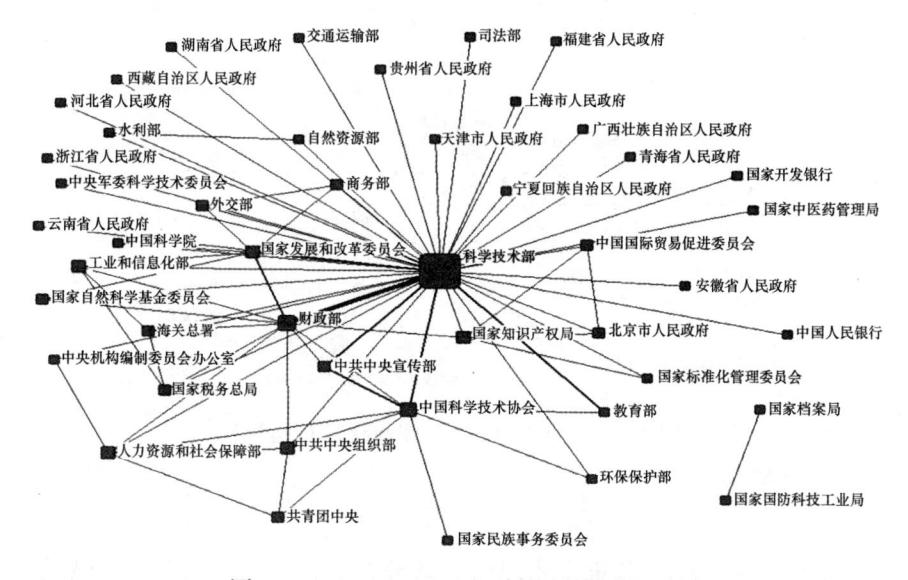

**图 2-11　2013—2017 年科技政策主体网络**

图片来源：作者自制。

这一阶段的就业政策网络关系呈现中心边缘特征（如图 2-12 所示）。27 个部门联合发文 43 份，共形成 88 对合作关系数。网络凝聚力为 0.702，在四个阶段中最弱，人力资源和社会保障部依旧占据网络核心位置，且该网络结构很容易受到核心部门的影响。网络平均路径长度为 2.017，是四个阶段中最长的，表明部门之间信息和资源互动的阻碍最大、效率最低。教育部、财政部与网络核心部门连线最粗，合作互动较为密切。网络度平均度为 3.704，平均每个部门与 3—4 个部门产生互动，部门之间合作频度较低。整体网络密度为 0.142，说明部门联系并不紧密。平均路径长 2.017，部门信息传输效率与速度较前两个阶段明显下降。这一阶段，工业和信息化部门出现在就业政策网络边缘，度中心度仅为1，科技部门参与就业工作的积极性依然很低。

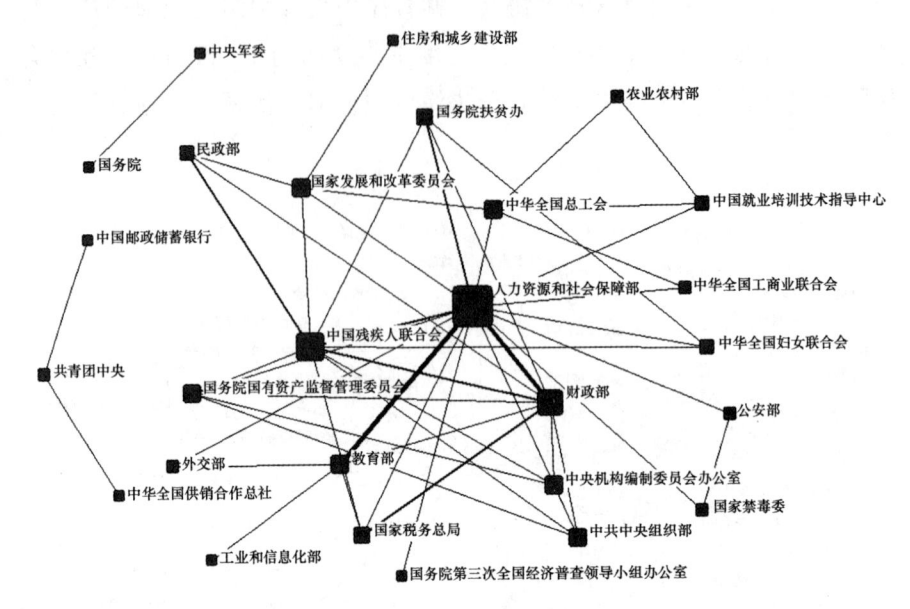

**图 2-12　2013—2017 年就业政策主体网络**

图片来源：作者自制。

4. 2018—2021 年政策主体网络关系分析。2018 年国务院机构改革，组建应急管理部、国家卫生健康委员会等部门。2019 年底新冠疫情暴发，在疫情防控期间，各部门频繁联合发文。在复杂的政策情境中，政策演变不仅受到科层组织内部行政文化与制度结构的影响，而且受到突发事件、异常情况及社会经济变革等外部因素的干扰。①

这一阶段的科技政策合作网络呈现整体均衡特征（如图 2-13 所示）。60 个部门共计联合发文 128 份，合作关系数达到 1090 个。不论是发文数量、参与发文部门数量，还是合作关系数，均有显著提升。这一阶段，网络凝聚力达到 0.83，是 2003 年以来凝聚力最强的阶段，说明部门间的权力分布均衡、地位趋于平等，多个部门之间形成了更多、更

---

① 孟溦、张群：《公共政策变迁的间断均衡与范式转换——基于 1978—2018 年上海科技创新政策的实证研究》，《公共管理学报》2020 年第 3 期。

有效的信息交流和资源互动，网络结构趋势均衡。网络度平均度为13.367，平均每个部门与13—14个部门形成互动。平均路径长度为1.773，表明部门之间信息与资源互动的障碍最小、效率最高。网络密度为0.227，是2003年以来合作密度最高的。在整体网络中，网络核心部门除了科学技术部以外，工业和信息化部、财政部、国家发展和改革委员会、教育部、人力资源和社会保障部、商务部、国家市场监督管理总局、中国科学院以及国家卫生健康委员会的活跃度较高，度中心度分别为59、42、34、34、32、31、26、26、25、24。进一步探究发现，人力资源和社会保障部在整体网络中由边缘、半边缘走向网络核心位置。国家卫生健康委员会出现在整体网络中心，说明2019年新冠疫情暴发以来，国家公共卫生事件政府部门合作网络日益均衡化。

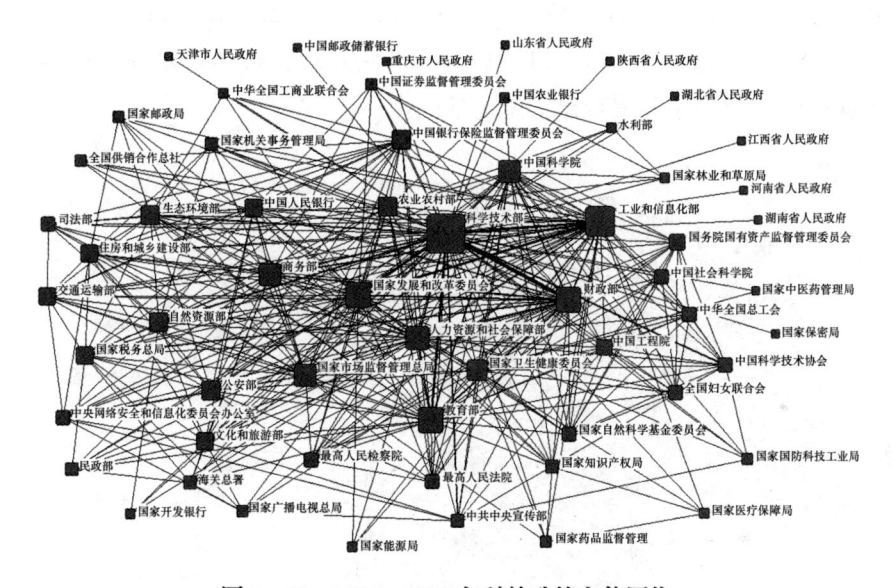

**图 2-13　2018—2021年科技政策主体网络**

图片来源：作者自制。

这一阶段的就业政策合作网络呈现整体均衡特征（如图2-14所示）。52个部门联合发文72份，合作关系数达到977个。这一阶段，就业政策发文数量、发文部门数量及合作关系数均有显著提升。网络凝聚力达到0.794，相较于前三个阶段，这是各部门之间凝聚力最强的阶段。

同时，部门之间的权力分配更加均衡，地位更加平等，部门之间形成了更加有效的信息和资源互动。网络度平均度为 17.48，平均每个部门与 17—18 个部门形成互动，部门间联系非常密切。平均路径长度为 1.65，部门之间的互动较前三个阶段障碍最小，效率最高。网络密度为 0.357，是 2003 年以来部门合作最为密切的。平均路径长 1.65，是四个阶段中部门信息传输速度与效率最高的。在整体网络中心位置，除人力资源和社会保障部以外，财政部、教育部、国家发展和改革委员会、国务院国有资产监督管理委员会、农业农村部、工业和信息化部、商务部、民政部、国务院扶贫办、退役军人事务部、国家税务总局、公安部、交通运输部、自然资源部、国家市场监督管理总局、中华全国总工会、科学技术部、国家卫生健康委员会、住房和城乡建设部等部门的活跃度较高，度中心度达到 41、41、39、31、29、29、27、26、26、26、23、23、23、23、23、22、21、21、21。进一步研究发现，科学技术部开始出现在就业政策网络中并表现出一定的活跃度。

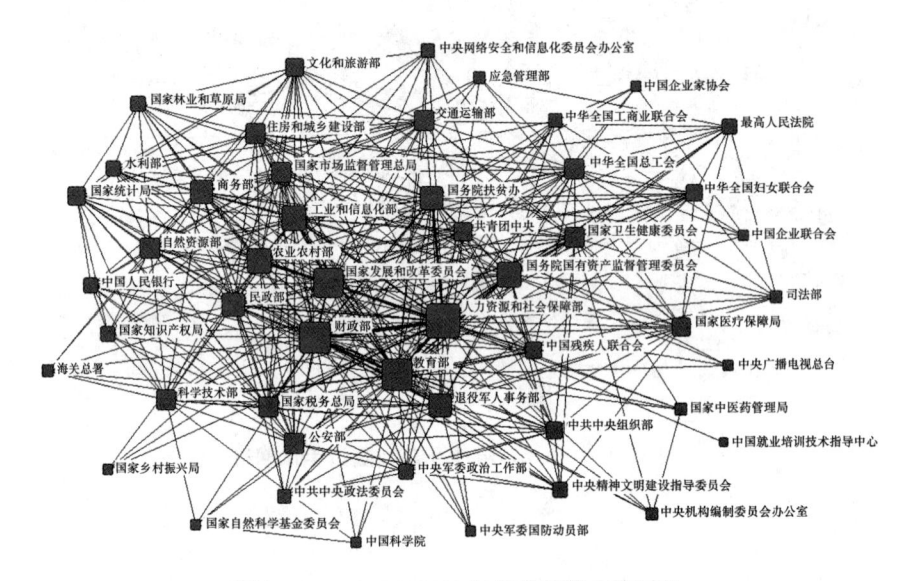

**图 2-14　2018—2021 年就业政策主体网络**

图片来源：作者自制。

### （三）个体网络分析：多阶段组织角色"核心—边缘"探究

朱桂龙[①]、吴宾[②]等依据节点和连接次数来考察发文主体角色变化，并以此构建"广度—深度"二维框架。借鉴这一思路，本书个体网络分析主要使用"核心—边缘"模型判定节点的位置。依据各部门节点在网络中的位置，划分为边缘、半边缘及核心三个区域。这一区分本质上是对网络中参与部门重要程度的划分。通过每个部门节点的核心度，进而判别该部门节点在网络中的位置和角色。

第一，基于关系网络的核心—边缘结构部门分布。关系网络基于二值矩阵来构建，矩阵中的元素 0 表示部门间无合作关系，元素 1 表示部门间存在合作关系。通过 Ucinet 6.0 测度各个部门的核心度。假设某个部门的核心度为 $C_i$，整体网络平均核心度为 $C_j$，网络核心度的标准差为 $C_s$，如果 $C_i \geq C_j + C_s$，那么该部门处于网络核心位置；如果 $C_j + C_s > C_i > |C_j - C_s|$，那么该部门处于网络半边缘位置；如果 $C_i \leq |C_j - C_s|$，那么该部门处于网络边缘位置。在科技政策网络中，核心部门比重有所增加，半边缘部门比重先减后增呈现 V 字形，边缘部门比重先增后减呈现倒 V 字形。进一步探究发现，人力资源和社会保障部在四个阶段的科技政策网络中均有出现，第一至第三阶段处于网络边缘位置，第四阶段晋升到核心位置。在就业政策网络中，核心部门数量增加，但是比重明显下降，半边缘部门比重总体呈现下降趋势，边缘部门比重先增后减。在就业政策网络中出现的科技部门分别是第二阶段的科学技术部与工业和信息化部、第三阶段的工业和信息化部，但一直处于网络边缘位置，互动合作程度较低。到了第四阶段，工业和信息化部才出现在就业政策网络的半边缘位置。总体而言，科技部门与就业部门的合作密度较低，具有较大的协同空间（如表 2-3 所示）。

---

[①] 朱桂龙、程强：《我国产学研成果转化政策主体合作网络演化研究》，《科学学与科学技术管理》2014 年第 7 期。

[②] 吴宾、徐萌：《中国住房政策主体合作网络演化研究——基于社会网络分析的方法》，《山东行政学院学报》2018 年第 5 期。

表2-3　　基于关系网络的核心—边缘结构各区域部门分布

| 阶段划分 | | 第一阶段 | | 第二阶段 | | 第三阶段 | | 第四阶段 | |
|---|---|---|---|---|---|---|---|---|---|
| | | 数据 | 比重（%） | 数据 | 比重（%） | 数据 | 比重（%） | 数据 | 比重（%） |
| 科技政策 | 核心 | 5 | 14.7 | 4 | 12.5 | 7 | 15.2 | 16 | 26.7 |
| | 半边缘 | 3 | 8.8 | 1 | 3.1 | 0 | 0.0 | 10 | 16.7 |
| | 边缘 | 26 | 76.5 | 27 | 84.4 | 39 | 84.8 | 34 | 56.7 |
| | 总计 | 34 | 100 | 32 | 100 | 46 | 100 | 60 | 100 |
| 就业政策 | 核心 | 8 | 33.3 | 3 | 15.0 | 5 | 18.5 | 10 | 20.0 |
| | 半边缘 | 11 | 45.8 | 2 | 10.0 | 2 | 7.4 | 19 | 38.0 |
| | 边缘 | 5 | 20.8 | 15 | 75.0 | 20 | 74.1 | 21 | 42.0 |
| | 总计 | 24 | 100 | 20 | 100 | 27 | 100 | 50 | 100 |

表格来源：作者自制。

第二，基于强度网络的核心—边缘结构部门分布。强度网络是基于多值矩阵构建的，表示部门关系强弱。强度网络的建构模式和区域划分与关系网络保持一致。借助 Ucinet 6.0 软件测量各个部门核心度。在综合考虑各个部门的区域划分后，本书将核心度大于等于 0.1 的部门划归到核心区域，核心度在 0.05 和 0.1 之间的部门划归为半边缘区域，将核心密度小于等于 0.05 的部门划归为边缘区域。在科技政策网络中，核心部门比重总体呈现上升趋势，半边缘部门比重先减后增呈现 V 字形，边缘部门比重先增后减且总体占比较高。在就业政策网络中，核心部门比重上升，半边缘部门比重先减后增，边缘部门比重先增后减。基于强度网络探究，四个阶段的科技部门与就业部门协同强度并不高，有较大的提升空间（如表 2-4 所示）。

第三，基于关系核心与强度核心的"核心—边缘"交叉分析。通过对科技政策以及就业政策的关系网络和强度网络两个维度分别进行的"核心—边缘"结构分析，从中发现两个维度的核心部门区域划分存在一定的差异。当然，在研究中并不能排除两个维度存在交叉重复的可能性，即某些部门既存在丰富的合作关系也存在较大的合作强度。因此，依据以上两个维度的交叉分析，本书将整个网络的核心部门划分为四种类型：绝对核心部门（既是强度核心又是关系核心）、强度核心部门、关系强度核心部门及非核心部门。个体网络分析主要关注核心部门在网络中的位置和角色，自然可以判定网络中的非核心部门。

表2-4　　基于强度网络的核心—边缘结构各区域部门分布

| 阶段划分 | | 第一阶段 | | 第二阶段 | | 第三阶段 | | 第四阶段 | |
|---|---|---|---|---|---|---|---|---|---|
| | | 数据 | 比重（%） | 数据 | 比重（%） | 数据 | 比重（%） | 数据 | 比重（%） |
| 科技政策 | 核心 | 2 | 5.9 | 3 | 8.6 | 3 | 6.5 | 5 | 8.3 |
| | 半边缘 | 6 | 17.6 | 2 | 5.7 | 3 | 6.5 | 12 | 20.0 |
| | 边缘 | 26 | 76.5 | 30 | 85.7 | 40 | 87.0 | 43 | 71.7 |
| | 总计 | 34 | 100 | 35 | 100 | 46 | 100 | 60 | 100 |
| 就业政策 | 核心 | 1 | 4.2 | 1 | 5.0 | 3 | 11.1 | 4 | 8.0 |
| | 半边缘 | 12 | 50.0 | 5 | 25.0 | 2 | 7.4 | 13 | 26.0 |
| | 边缘 | 11 | 45.8 | 14 | 70.0 | 22 | 81.5 | 33 | 66.0 |
| | 总计 | 24 | 100 | 20 | 100 | 27 | 100 | 50 | 100 |

表格来源：作者自制。

具体来看，科技与就业政策网络的绝对核心部门总体数量都呈现上升趋势。尤其是第四阶段，绝对核心部门增幅较为明显。绝对核心部门的增加与国家的战略方针与国情密切相关。一方面，科技创新和稳就业保就业在国家中的战略地位显著上升；另一方面，2019年新冠疫情暴发以来，形成了多部门联防联治机制。另外，三类核心部门的数量存在明显的关联性，具体表现为关系核心部门"晋升"到强度核心部门，再"晋升"到绝对核心部门，如科技政策网络中的国家发展和改革委员会、教育部以及就业政策网络中的教育部。同时还存在关系核心部门"跃迁"到绝对核心部门，如就业政策网络中的财政部。总体来看，科技政策网络与就业政策网络的协同关系逐渐多元、协同强度逐渐加强。但是，就科技部门与就业部门的协作而言，两者并未出现在彼此的绝对核心区域。换言之，科技创新工作更多依赖科学技术部、财政部等权威的核心部门，人力资源和社会保障部门协同度较低。就业工作更多依赖人力资源和社会保障部、财政部、教育部等权威的核心部门,科技部门的协同度非常低(如表2-5所示)。

表2-5　　　　　　　　　　核心部门交叉分类

| | | 绝对核心部门 | 强度核心部门 | 关系核心部门 |
|---|---|---|---|---|
| 科技政策 | 第一阶段 | 科学技术部、财政部 | 无 | 教育部、商务部、国家发展和改革委员会 |
| | 第二阶段 | 科学技术部、财政部 | 教育部 | 中国科学技术协会、中共中央宣传部 |
| | 第三阶段 | 科学技术部、财政部 | 国家发展和改革委员会 | 中共中央宣传部、教育部、中国科学技术协会、国家税务总局、国家知识产权局 |
| | 第四阶段 | 科学技术部、财政部、国家发展和改革委员会、工业和信息化部、教育部 | 无 | 人力资源和社会保障部、商务部、中国科学院、生态环境部、自然资源部、国家市场监督管理总局、国家税务总局、中国人民银行、中国银行保险监 |
| 就业政策 | 第一阶段 | 人力资源和社会保障部 | 无 | 民政部、教育部、财政部、司法部、国家税务总局、公安部、国家市场监督管理总局 |
| | 第二阶段 | 人力资源和社会保障部 | 无 | 财政部、教育部 |
| | 第三阶段 | 人力资源和社会保障部、财政部 | 教育部 | 中国残疾人联合会、国家税务总局、国务院扶贫办 |
| | 第四阶段 | 人力资源和社会保障部、财政部、教育部、国家发展和改革委员会 | 无 | 国务院扶贫办、国务院国有资产监督管理委员会、工业和信息化部、农业农村部、国家税务总局、民政部 |

表格来源:作者自制。

**四　政策主体网络关系张力失衡分析**

本书采用社会网络分析法围绕2003—2021年间的科技、就业政策网络构建起整体网络与个体网络的二维分析框架,从这两个维度出发,选

择相应的指标刻画科技政策与就业政策主体合作网络的型构与变化,得出以下基本结论:

第一,就整体网络型构而言,科技政策与就业政策主体网络结构呈现密集化、均衡化趋势。密集化意味着科技领域与就业领域部门间合作日益频繁,关系更加密切。均衡化意味着科技领域与就业领域部门间地位更加平等,权力分配更加均衡,部门间的信息沟通和资源流动更加频繁和顺畅。纵观2003—2021年四个阶段的科技政策与就业政策网络特征,网络节点、部门联合发文的数量及合作关系数呈现迅速增长的趋势,合作网络密度和网络度平均度总体上呈现先降后升的波动变化趋势。总体来看,密度与互动频度显著增加,部门信息传输效率提高。具体而言:其一,参与联合发文部门数量增加显著;其二,合作范围呈现由小到大的趋势;其三,合作复杂性呈现由简单到复杂的趋势。

第二,进一步探究科技政策与就业政策关系,我们可以从整体网络的演变过程中总结出以下规律:首先,在科技政策合作网络关系中,就业部门在科技政策网络中呈现边缘—半边缘—核心的变化特征。这一特征表明,随着科技发展的复杂性与部门交叉性越来越高,就业部门在科技领域的活跃度、积极性及协同程度在增强。[①] 其次,在就业政策合作网络中,科技部门在就业政策网络中呈现空白—边缘—半边缘的变化特征。较之就业部门在科技领域积极性与协同度的显著增加,科技部门在就业领域的积极性与协同度并不高。就业是最大的民生,保就业稳就业关系社会稳定,因此,科技部门与就业部门协作仍然具有较大的提升空间。

第三,就个体网络而言,随着整体网络的日渐密集化、均衡化,越来越多的部门跻身于网络核心区域。科技政策与就业政策网络的关系核心部门、绝对核心部门数量均呈现上升趋势,这意味着网络核心区域部门承担的科技与就业工作日益多元化、复杂化。从网络的核心—边缘结构中发现,除商务部、中国科学院、生态环境部、自然资源部等部门晋

---

① 中共中央文献研究室编:《习近平关于科技创新论述摘编》,中央文献出版社2016年版,第1—8页。

升到科技政策网络的核心外,其他组织围绕这些核心部门形成了多个不同功能导向的子群。绝对核心部门在整体网络中起到关键桥梁作用。随着部门职责边界的厘清及合作密集化,不论是科技部门还是就业部门,都会围绕特定的目标形成一定合作规模的子群。已有研究表明,当网络中存在多个子群且子群之间有共同成员的时候,网络绩效将大大提高。[①]进一步探究就业政策网络,发现人力资源和社会保障部、财政部等属于多个子群,既与中国残疾人联合会、国务院扶贫办、全国妇女联合会等部门联合推进扶贫救灾救济与老少妇幼残保护工作,也与国家禁毒委、公安部联合推进社会福利与保障工作。分析科技部门联合发文,发现科技部、财政部及工业和信息化部属于多个功能不同的子群,既与教育部协作推进大学生招工与就业,也与中国科学院、中国工程院、国家自然科学基金委员会协作推进科学研究与科技项目。

第四,政策网络结构特征对政策主体关系具有重要的影响。政策主体网络关系分析客观地呈现了科技政策与就业政策主体之间的张力与矛盾。从政策网络主体的型构特征演变来看,每一种型构网络都可能对政策主体关系产生影响。通过指标观测,不仅能够挖掘就业部门在科技政策网络中的"核心—边缘"位置变化及科技部门在就业政策网络中的位置,还能透析科技部门与就业部门联结关系的强度(如表2-6所示)。

表2-6　　科技部门与就业部门在网络中的位置与关系

| 阶段划分 | | 第一阶段 | 第二阶段 | 第三阶段 | 第四阶段 |
|---|---|---|---|---|---|
| 科技政策网络 | 就业部门位置 | 空白 | 边缘 | 边缘 | 半边缘 |
| | 就业部门关系 | 弱 | 弱 | 弱 | 弱—强 |
| 就业政策网络 | 科技部门位置 | 边缘 | 边缘 | 边缘 | 走向核心 |
| | 科技部门关系 | 弱 | 弱 | 弱 | 弱—强 |

表格来源:作者自制。

---

[①] Keith G. Provan and Juliann G. Sebastian, "Networks Within Networks: Service Link Overlap, Organizational Cliques, and Network Effectiveness", *Academy of Management Journal*, Vol. 41, No. 4, 1998, pp. 453 – 463.

首先，就网络位置的"核心—边缘"特征而言，科技政策与就业政策主体关系张力凸显。政策网络的核心特征是建立在资源依赖基础上，因而不同主体间的关系结构是资源分配、共享的关键桥梁。占据网络核心位置的部门节点可以通过控制甚至阻断资源流向来实现对其他部门节点的制约与支配。[①] 通过对科技政策与就业政策的中心度等指标测量可知，部门节点的位置与权力对政策议题的影响力确实存在较大差异。在具体网络中，第一利害关系者占据核心位置，第二利害关系者位居半边缘位置，第三利害关系者位居边缘位置。[②] 以科技政策网络的"核心—边缘"特征为例，作为第一利害关系者，科技部门与财政部门一直占据网络的核心位置，而人事部门则作为第三利害关系者处于边缘位置。由此可以预判，核心部门可能通过控制关键资源的流向制约边缘部门，这潜藏着政策主体之间的矛盾与张力。一方面，在资源有限的前提下，不同位置的行动者之间存在利益竞争的倾向更加明显；另一方面，不同位置的网络行动者在科技政策或就业政策过程中的地位与话语权相差悬殊，进而会产生支配与被支配的地位不对等、信息不对称及资源不平等矛盾。当然，从科技政策与就业政策主体网络特征演变来看，行动者在政策过程中的角色不是一成不变的。

从科技政策与就业政策主体网络型构演变来看，两者呈现一个共同的特征：不论在哪一个发展阶段，政策网络主体布局总会存在核心部门与边缘部门。核心部门节点对政策过程与效果起到决定性作用。核心部门节点发挥作用的机制主要包含两种：一是掌握政策执行的核心资源；二是掌握政策执行的政治权威。因为资源与权力劣势，边缘部门在网络中起辅助与协调作用。这种网络地位的差距暗含着部门之间地位不对等、信息不对称、资源配置不均衡的潜在张力和矛盾。这些因素为实践过程中的政策冲突埋下伏笔。

其次，从网络关系的"强—弱"特征来看，科技政策与就业政策主

---

① 胡伟、石凯：《理解公共政策："政策网络"的途径》，《上海交通大学学报》（哲学社会科学版）2006 年第 4 期。

② David Marsh and R. A. W. Rhodes, *Policy Networks in British Government: A Critique of Existing Approaches*, Oxford: Clarendon Press, 1992, p. 129.

体协同度较低且存在一定的张力。本书所称的政策网络的"强—弱"关系主要指政策主体之间的互动频度与资源依赖程度。关系越强，表明主体之间的互动越频繁，资源依赖程度越高，关系连线越粗。关系越弱，互动越低频，连线越细，资源依赖程度越低。从科技政策网络的"强—弱"关系来看，科技部与财政部的关系最强，而与人力资源和社会保障部的关系非常弱。从就业政策网络的"强—弱"关系来看，人力资源和社会保障部与财政部的关系非常强，而与科技部的关系非常弱。进一步总结政策网络的"强—弱"关系特征，科技部门与就业部门在政策制定中的互动频次较低、资源共享程度低。进一步推论，科技政策与就业政策主体之间缺乏互动的机制与协作的动力。然而，面对科技发展带来的一系列就业效应，科技部门与就业部门之间的弱关系能否回应这些社会效应？根据格兰若维特（Granovetter）的认知，只有强关系的政策网络才适合应对不确定性、风险性的政策问题。[1] 显然，根据这一观点，科技部门与就业部门未来不仅需要消除主体之间的内在张力与矛盾，更要建立强聚合与强关系来应对科技进步的负面就业效应。

进一步总结科技政策与就业政策网络主体的内在张力，不论是"核心—边缘"地位的悬殊，还是"强—弱"关系的失衡，其中的政策行动者都是趋利避害的理性主体。公共政策的制定过程正是多元理性行动者的利益谈判过程，而这些谈判就发生在政策网络中。[2] 政策网络的建构虽然可以消解政策领域特有的制度性集体行动困境，但是从风险角度来讲，当合作网络涉及低风险时，行动者往往寻求良好的合作伙伴，当合作风险增加时，主体间关系将减弱。[3] 面对科技进步的负面就业风险，科技部门与就业部门之间的协作关系显然非常弱。

---

[1] Anna Keuchenius, Petter Tornberg and Justus Uitermark, "Adoption and Adaptation: A Computational Case Study of the Spread of Granovetter's Weak Ties Hypothesis", *Social Networks*, Vol. 66, 2021, pp. 10 – 25.

[2] Maria Brockhaus and Monica Di Gregorio, "National REDD + Policy Networks: From Cooperation to Conflict", *Ecology and Society*, Vol. 19, No. 4, 2014, p. 14.

[3] Ramiro Berardo and John T. Scholz, "Self-organizing Policy Networks: Risk, Partner Selection, and Cooperation in Estuaries", *American Journal of Political Science*, Vol. 54, No. 3, 2010, pp. 632 – 649.

## 第二节 政策的"目标—工具—价值"冲突：基于 NVivo 12 的质性分析

缘何科技政策与就业政策主体网络关系存在"核心—边缘"及"强—弱"关系失衡？政策主体在政策过程中不仅是政策网络的行动者，更是带有自身价值偏好的决策者和执行者。不同的价值偏好决定了政策目标设定与政策工具的选择。为了全面呈现政策的结构冲突，本书将从政策目标—工具—价值三个结构性要素进行整体性剖析。在"目标—工具—价值"三个维度基础上，深入探究科技政策与就业政策之间的冲突状态。为客观呈现科技政策与就业政策冲突的特征，本书将借助质性研究软件 NVivo 12，通过文本计量与内容分析法解构科技政策与就业政策内在的矛盾与张力。

### 一 内容分析法：政策关系研究新范式

科技的迅猛发展、就业工作的稳步推进都离不开科技政策和就业政策持续、有力和强劲的支撑。从政策的目标、工具和价值来看，科技政策与就业政策属于两个独立领域的政策。缘何在实践中，科技政策的价值穿透就业领域，对就业结构、就业环境和就业质量造成深刻影响？本书将对这两类公共政策内容及话语深入探究。内容分析法综合了定性与定量方法，具有显著的优势：第一，内容分析法的研究对象是公开的数据资料，获取便利、成本较低。第二，内容分析法能够对既定的事实进行深入探究并获得研究结论。第三，内容分析法可以对长周期且量大的数据进行研究，进而可以帮助研究者判定研究对象的变化趋势和特征。第四，内容分析法作为一种非直接介入式方法，有助于研究者保持中立的研究态度。第五，内容研究法较问卷调查等实证研究具有容错、试错的空间，问卷调查一旦出错难以修改，但是内容分析可以重新再编码。[①] 内容分析法显著的优势，为本书研究科技政策与就业政策冲突提供了方法论上的支撑。

---

① 刘伟：《内容分析法在公共管理学研究中的应用》，《中国行政管理》2014 年第 6 期。

对政策文本内容分析是探究科技政策与就业政策冲突的不可或缺的步骤。科技政策与就业政策文本内容和话语是政策在形式上的重要载体，反映了科技政策和就业政策不同的价值目标与工具选择。已有的政策文本内容研究主要关注环境与经济领域，如货币政策与汇率政策冲突探究①、精准扶贫与环境保护政策冲突机制探究、农村教育普惠政策与计划生育政策的冲突与协调机制研究、去杠杆政策与产业政策的冲突②、农业政策与环境政策的冲突、房价波动的宏观审慎政策与货币政策协调效应分析③。

以上关于政策冲突的相关研究成果为本书研究科技政策与就业政策冲突奠定了较好的理论基础与分析思路，并提供了一定的问题意识与较多的研究空间。但是，已有研究仍存在不足。首先，从政策冲突聚焦的对象来看，学界缺乏对科技政策与就业政策冲突的研究文献。其次，从研究的方法来看，相关文献缺乏以内容分析法为主要研究方法、以规范分析为关键手段、以文本计量为具体呈现形式对政策文本话语进行深入的内容分析。本书将运用内容分析法对近十年来以人工智能为代表的科技政策与就业政策的文本话语进行深入分析，探究政策在目标—工具—价值上的多维关系，总结政策冲突的特征与经验，并对政策或多政策活动进行反思与展望，以期针对政策冲突提出建设性意见。

**二 政策冲突的文本内容分析框架**

政策文本内含主体、目标、价值、工具等结构性要素。政策价值不仅能反映政策主体的行为偏好，而且能决定政策目标的设置与政策工具的选择与组合。因此，政策工具的选择不能仅仅考虑技术层面的理性要素，更要观照人文科学的价值要素。④ 依据我国政治体制特征以及科技

---

① 邹新月、郭红兵、黄振军：《中国货币政策与汇率政策冲突的成因及对策——基于国际协调的视角》，《上海金融》2012 年第 4 期。
② 杨玉龙、汪峰：《去杠杆政策是否与产业政策相冲突？——基于企业债务融资视角的实证考察》，《中南财经政法大学学报》2020 年第 2 期。
③ 罗娜、程方楠：《房价波动的宏观审慎政策与货币政策协调效应分析——基于新凯恩斯主义的 DSGE 模型》，《国际金融研究》2017 年第 1 期。
④ 顾建光：《公共政策工具研究的意义、基础与层面》，《公共管理学报》2006 年第 4 期。

发展对就业影响的现状，在借鉴国内学者研究成果基础上，构建"目标—工具—价值"三维分析框架。

（一）X维度：基于政策目标的分析维度

根据当前国家科技发展的顶层设计、战略布局及行动实施方案，科技政策的目标主要是科技研发、人才引育、企业引育、产业发展创新、应用推广、平台建设、法规标准建设及社会经济效益提升等八大目标。在科技发展、疫情冲击及国际竞争等多因素作用下，我国的就业政策目标也做出了相应的调整。根据国家稳岗位、保重点、兜底线的要求及减负稳岗扩就业政策精神，本书将就业政策的目标概括为稳就业促就业、公共服务体系完善、就业创业能力提升、社会保障权益维护、技能人才培育、就业体制机制完善及社会公平稳定七大目标。[①] 当然，政策目标不是一成不变的。在社会发展中，由于内部生态状况、外部生态压力、党的方针路线及行动者偏好等因素影响，就业政策目标也会发生变化。当然，政策目标不是完全独立的。在一定时期，尤其在变革或转型期，社会发展要求政策主体同时坚持相互矛盾的政策目标，如既要效率和活力，也要注重公平；既要深化改革，又要保持社会稳定。科技政策和就业政策分别属于两个不同领域的政策，政策价值存在一定的分歧，政策目标自然存在较大差异，如科技政策侧重科技发展的效率、效益及市场运用，而就业政策偏向民生、公平和社会稳定。两类政策的价值目标矛盾，在实践中体现为科技发展对就业和劳动者的冲击效应。如何协调科技与就业多元冲突的政策价值目标，消解科技对就业的现实冲击，是亟须回应的命题。

（二）Y维度：基于政策工具的分析维度

公共部门要有效地实现政策目标，须正确选择并优化配置政策工具。政策工具选择是政策目标实现与政策效能提升的关键，大多时候政策失败关键不在目的而在手段。如何选择并运用适当的政策工具？学者斯蒂芬·H. 林德（Stephen H. Linder）和盖依·彼得斯认为，政策工具的选择必须考虑政策工具的四种基本属性：资源消耗性、服务于政策目标、

---

① 《人社部：8个减负稳岗扩就业政策将延续》，央视网，https://jingji.cctv.com/2021/05/21/ARTIYq1CIeG046QSVJoSB3ur210521.shtml，2023年7月16日。

政治风险及行动限制。① 公共政策学的工具论者以技术理性为基准，强调政策工具的选择对政策目标实现具有决定性作用。由此，政策工具选择有两种不同的倾向。第一，遵循效应最大化，即以政策工具的预期效用是否趋向最大化作为工具取舍的根本标准。第二，掌握关键平衡点。随着政策情境不确定性、政策问题复杂化，各种非理性因素、社会伦理、政治考量及其他复杂利益关系，使得政策规划者和决策者无法实现效用最大化，而是在效用最大化与各种因素的影响之间取得平衡。②

综上政策工具选定标准，本书借鉴罗斯维尔（Rothwell）和赛格菲尔德（Zegveld）的工具划分方法，分别将科技政策与就业政策工具划分为供给型、环境型和需求型③，并以此作为政策冲突内容的Y维度。供给型工具是政府通过资金、平台、教育、人才供给等手段促进科技发展创新、增加就业岗位。环境型工具是政府通过税收制度、金融支持、法规管制等手段为科技发展与就业工作提供良好的环境因素，这一类型工具体现为对科技或就业的间接影响力。需求型工具是政府通过采购、贸易管制、服务外包等手段减少市场不确定性，拉动科技创新与就业工作。④ 综合来看，供给型和需求型政策主要表现为对科技发展或就业工作的推动力和拉动力，环境型政策工具主要为科技发展与就业营造良好的环境。具体政策工具分类与内涵如表2-7和表2-8所示。

表2-7　　　　　　　　　就业政策工具分类与基本内涵

| | | |
|---|---|---|
| 供给型 | 公共服务 | 为企业和劳动者提供政策咨询、职业介绍、用工指导等 |
| | 基础设施平台建设 | 政府特许经营，免费或优惠提供自谋职业所需要的基本设施、摊位、场地 |

---

① Stephen H. Linder and B. Guy Peters, "Instrument of Government: Perceptions and Contexts", *Journal of Public Policy*, Vol. 9, 1989, pp. 35–58.
② 丘昌泰：《公共政策：基础篇》，台北：巨流图书股份有限公司2003年版，第259—262页。
③ Roy Rothwell and Walter Zegveld, *Reindusdalization and technology*, London: Logman Group Limited, 1985, pp. 8–12.
④ 苏竣：《公共科技政策导论》，科学出版社2014年版，第90—92页。

续表

| | | |
|---|---|---|
| 供给型 | 教育培训 | 为就业、自主创新工业劳动者提供职业教育和技能培训 |
| | 资金支持 | 为促进就业创业直接给予资金补贴或设立专项资金等 |
| | 人才支持 | 为引进人才解决住房、落户、医疗、子女教育、配偶工作等问题 |
| | 信息支持 | 通过收集就业信息，建立就业信息数据库、就业创业网络服务平台，通过科技支持和信息服务，为从业者提供就业创业必需的科技支持和信息服务 |
| 环境型 | 法规管制 | 通过法规、制度等规范市场行为主体，为从业者营造一个公平、有序的工作环境 |
| | 金融支持 | 为企业和自主创业个体提供贷款、担保等 |
| | 目标规划 | 为促进就业创业，对达成目标及远景做总体描述和勾画 |
| | 税收优惠 | 政府为解决困难群体就业的企业及自主创业的个体进行税收减免 |
| | 组织保障 | 通过加强领导、组织分工、落实责任，通过就业工作联席会议、就业领导小组，推进多部门协同 |
| | 宣传推广 | 充分发挥全媒体平台，进行政策宣传、就业活动宣传、就业服务和劳动保障法律法规宣传 |
| | 知识产权保护 | 切实加强高技能领军人才的知识产权保护和科技创新成果转化权益 |
| 需求型 | 标准制定 | 建立并完善就业各类服务、评估、建设标准 |
| | 服务外包 | 通过社会化合作，将就业服务外包给第三方企业或民间组织 |
| | 政府采购 | 政府购买服务、购买基层公共管理和社会服务岗位吸纳高校毕业生就业 |

表2-8 **人工智能科技政策工具分类与基本内涵**

| | | |
|---|---|---|
| 供给型 | 公共服务 | 政府实施与公共事业成立、营运管理相关的各项措施 |
| | 基础设施平台 | 研发设计、检验检测、人才培训、信息服务、金融租赁等公共服务平台建设；构建"人工智能+"行业中的智能决策与流程再造服务平台；技术转移中心、检验检测中心、知识产权服务中心等公共技术服务平台。 |
| | 教育培训 | 政府针对教育体制即教育培训的各项政策，如一般教育、大学、技术教育、学习培训、继续教育、再教育 |
| | 资金支持 | 政府财政资金在人工智能研发、推广应用、人才引育等方面的支持 |

续表

| | | |
|---|---|---|
| 供给型 | 人才支持 | 政府以直接或间接方式为引进人才提供各种倾向性资源，为引进人才提供科研平台、科研经费、住房保障、子女教育、配偶工作 |
| | 信息支持 | 政府以直接或间接方式鼓励技术及市场信息流动的作为，信息网络和中心、图书馆、顾问和咨询服务、数据库、联络服务 |
| 环境型 | 法规政策 | 政府为规范市场秩序采取的各项措施：专利、环境和健康规定、商品检验、反垄断法规 |
| | 金融支持 | 政府直接或间接给予企业各项财务支持：特许、贷款、补贴、金融分担安排、设备提供、建筑或服务、贷款担保、出口信贷等 |
| | 目标规划 | 为促进人工智能科技研发、推广运用、产业升级，对达成目标及远景做总体描述和勾画 |
| | 税收优惠 | 政府给予企业各项税收上的减免，公司和个人税收抵扣 |
| | 组织保障 | 强化组织领导和组织保障，通过领导小组统筹协调各部门工作 |
| | 宣传推广 | 利用各种传统媒体和新兴媒体，及时宣传人工智能新进展、新成效，让人工智能健康发展成为全社会共识；做好舆论引导，应对人工智能发展可能带来的社会、伦理和法律等挑战 |
| | 知识产权保护 | 明晰产权，建立人工智能公共专利池，加大对人工智能新技术、新业态、新模式知识产权保护力度，开展知识产权评议和专利导航；加强知识产权培育应用；构建知识产权综合运用公共服务平台 |
| 需求型 | 产品标准 | 建立并完善人工智能行业标准、产业标准及各项技术标准；制定智能制造标准 |
| | 服务外包 | 通过社会化合作，将就业服务外包给第三方企业或民间组织 |
| | 政府采购 | 中央政府及各级地方政府各项采购的规定 |
| | 海外机构管理 | 政府直接设立或间接协助企业海外设立各项分支机构 |

资料来源：表2-7和表2-8参考苏竣①、刘立②的分类标准和内涵解释。

### （三）Z维度：基于政策价值的分析维度

政策价值是政策主体在政策过程各个环节所秉持的行为的意义取向，主要回答政府制定、执行政策的终极社会意义是什么。在政策过程中，

---

① 苏竣：《公共科技政策导论》，科学出版社2014年版，第93页。
② 刘立：《科技政策学研究》，北京大学出版社2011年版，第135页。

影响行动者行为与选择的态度、偏好、准则等统称为政策价值。以政府为主导的公共组织的政策取向应该定位在公平、正义、和谐、民主等主流价值上。当不同领域政策目标发生矛盾或同一政策内部发生冲突的时候，政策主体赖以判定的支撑点就是预先设立的政策价值。政策目标须服从政策价值，当多目标发生冲突的时候，须依据政策目标对政策价值的重要性程度做出排序和取舍。政策价值对政策实践活动具有重要的指导作用。政策抉择对于若干备选方案的选择，其依据就是确定的实施方案要符合政策价值。政策调整的原因可能是执行活动偏离价值目标。政策评估主要考虑政策效果与政策价值是否一致。概言之，政策价值贯穿整个政策周期。

然而，实践中的政策价值往往是复杂且多元的。价值冲突在社会转型期尤为明显，政策主体可能需要坚持一些相互矛盾的价值目标。比如20世纪90年代，经济高速增长引发很多两难问题：既要经济增长，又要社会稳定发展；既要深化改革，又要保持社会稳定；社会既要保持高效、活力，又要注重公平正义。从历次科技进步的就业效应来看，科技发展创新与就业内含着经济与社会、效率与公平、变革与稳定等内在张力。公共政策作为引领、协调、规范科技与就业的重要准则，在制定与执行中难免会产生价值优先或价值冲突。

（四）政策冲突的 X-Y-Z 三维分析

本书在对科技政策与就业政策类目构建与内容编码分析基础上，借鉴范梓腾、谭海波等人的政策文献量化研究方法，构建政策目标—工具—价值三个维度的分析框架（如图 2-15 和图 2-16 所示），分别对科技政策与就业政策文本内容中的目标、工具及价值进行探究，以深入挖掘科技政策与就业政策的内在关系和张力。

## 三 政策冲突的三维实证分析

（一）文本选择与方法运用

据已经建立的政策冲突的三维分析框架，本书将按照以下步骤对科技政策与就业政策的内容进行深度挖掘。

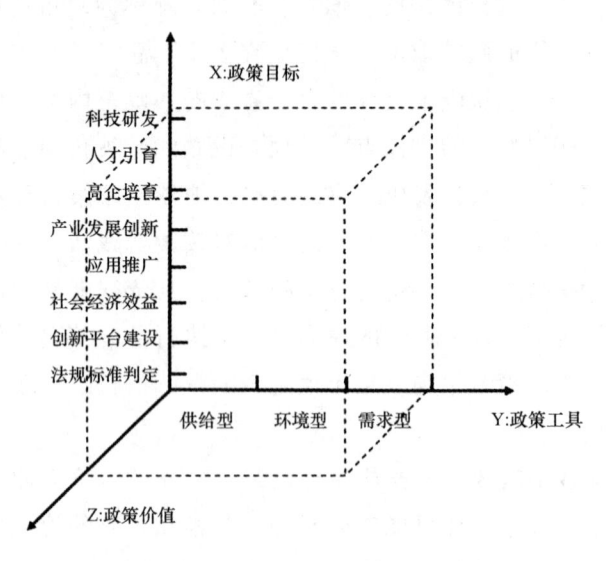

**图 2-15　科技政策三维分析框架**

图片来源：作者自制。

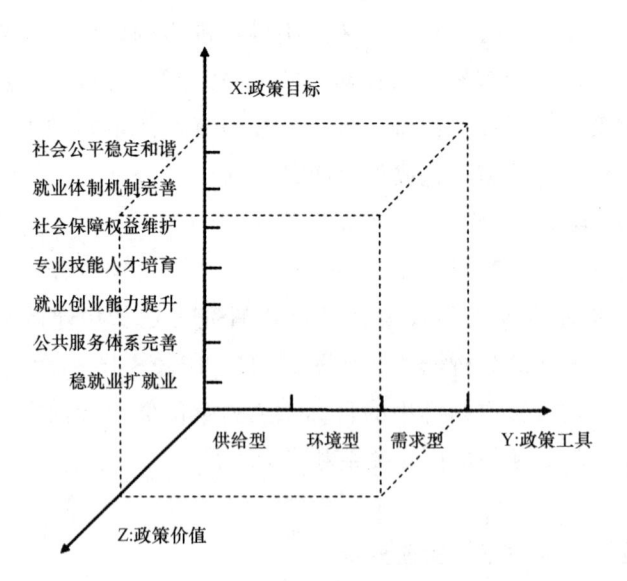

**图 2-16　就业政策三维分析框架**

图片来源：作者自制。

1. 文本来源与筛选

第一,科技政策文本选择依据。科技政策种类繁多,政策条目数以万计。按照科技部的划分标准,包含科技人才类、企业进步与高新技术产业化类等15类。在以人工智能为代表的高新技术产业类政策强力引导和驱动下,人工智能产业迅猛发展。作为新一轮科技革命与产业革命的重要驱动力量,人工智能在完成产业迭代升级使命的同时,对当下的就业结构与就业总量造成不同程度的影响。人工智能的广泛运用引发就业极化、就业排斥与就业创造等多重效应,同时也使劳动者陷入流动、加速及内卷等数字化生存困境。因此,本书聚焦人工智能产业政策,重点探究人工智能产业政策与就业政策之间的冲突关系。

第二,就业政策文本选择依据。就业政策对保民生、稳就业具有关键性的兜底功能。本书探究的就业政策文本包含三类。其一是需求类政策,如消除就业制度障碍、创造并改善就业环境及多渠道发布就业信息等。其二是供给类政策,主要包括就业帮扶、再就业培训、创业、服务等人力资源开发政策体系。其三是社会保障类,如失业救济等。面对人工智能产业政策推行带来的就业排斥效应,就业政策的首要目标就是创造就业岗位、增加就业总量,并通过消除制度壁垒、改善就业市场环境以间接增加就业总量。其次,就业政策目标是为各类群体提供就业服务,通过职业培训、职业介绍、信息开发等办法提高劳动者就业、创业能力。同时对劳动力市场中弱势群体,如农民工、妇女、临时工、残疾人等提供及时的就业服务,促进就业市场平稳运行。最后,就业政策的社会保障性目标,如失业救济和失业保险具有明显的社会兜底属性,这类事后的补救性兜底办法可以帮助因病、因残、破产等非自愿失业劳动者度过缓冲期。从以上政策目标来看,就业政策目标不是短期性地、单纯地创造就业岗位、扩大就业总量,而是立足于公共产品、公共服务长期供给视角,从根本上解决科技进步与失业的矛盾。

第三,政策文本选择基本原则。其一,权威性原则。由于人工智能产业政策与就业政策文本数量大、内容多且时间跨度大,目前学界尚无对这两类政策冲突的理论或实证研究。因此,为了保证政策文本的真实性、权威性,政策制定主体均为国务院及其直属部门,本书所选取的政策文本均来源于官方网站或权威法律数据库，有明确的发文时间、发文字号与发文机关。其二，关联性原则。与人工智能和就业相关的政策文本数量众多，为确保研究对象更具有针对性，本书根据人工智能与就业的内在矛盾，围绕《中国制造2025》和《新一代人工智能发展规划》两份纲领性政策进行筛选。就业政策内容主要围绕供给类、需求类及保障类等战略性与综合性政策。其三，完整性且现行有效性原则。为全面反映人工智能政策与就业政策的全貌，本书在国务院官网、科学技术部、人力资源和社会保障部、工业和信息化部等中央各部委网站以及"北大法宝"等权威法律数据库广泛筛选政策文本，剔除已失效及相关性较弱的文件，已修订的政策以最新版本为准。其四，唯一性和互斥性原则。以政策文本呈现的内容为依据进行查重，剔除转发、印发等重复出现的文本。

第四，为保障政策文本的权威性、关联性、完整性及唯一性，样本按照标准进行了两轮筛选。第一步，关键词初筛。以"人工智能""智能产业""机器换人""智能制造"等为关键词进行政策文本检索，收集到针对人工智能发展而制定的政策文本132份。以"就业""创业""重点群体就业""特殊群体就业"为关键词收集到就业政策文本143份。第二步，进一步筛查。筛选依据如下：其一，聚焦于政策内容本身。科技政策发文主体不局限于科技部门、就业政策发文主体不局限于人社部门，而是选择内容与人工智能、就业直接相关的政策文本。文本内容既包含全部与人工智能、就业相关的政策，也包含部分与人工智能、就业相关的政策。其二，政策文本的效力涵盖法律法规、规划、通知、意见、办法等，非正式的批复函等不在研究之列。在最终确定的有效分析文本中，人工智能政策102份，就业政策119份，时间跨度为2010—2021年，按照政策发布时间排序编号（详见附录3和附录4）。

2. 方法运用

本书采用内容分析法，将科技政策与就业政策文本中非结构化内容简化为容易处理的定量数据单元，并建立有意义的分析类目。同时，通过对文本中的主题词进行词频分析、可视化呈现，进而廓清政策文本的本质性事实和趋势，揭示政策内在的隐性信息，进而推论不同领域政策主体的偏好。具体操作步骤如下：第一，全面系统收集科技政策与就业政策文本并以此作为分析样本，遵循政策文本内容分析方法的规范性要求，构建起政策结构性冲突三维分析框架。第二，采用 NVivo 12 软件对筛选出的人工智能政策与就业政策文本进行词频分析（Word Frequency Analysis）并生成可视化图表。第三，借助质性研究软件 NVivo 12，本书将对科技政策与就业政策文本的核心关键词进行编码，将非结构化的政策文本结构化处理，进而对科技政策与就业政策冲突进行全面考察。在编码基础上确定分析单元，然后将符合研究主题的编码纳入分析框架进行频率统计。第四，在文本量化分析基础上，剖析科技政策与就业政策在目标、工具、价值等方面体现出的特征及其冲突。内容分析法具体的技术路线与步骤包括：

首先，确定分析单元。确定分析单元是探究文本内容的基本前提。分析单元是内容分析法中最小但最重要的信息单元，主要由独立的字、词、句、小节和段落等元素组成。具体分析单元的确定要根据研究目的、需求及政策文本的实际情况而定。分析单元的划定直接影响政策文本内容研究的有效性及结论的可信度。本书的研究目的是呈现人工智能政策与就业政策冲突的现状与特征，故而将这两类政策文本中的条例、文件、关键语句、词汇等要素作为分析单元。

其次，选定分析类目。按照互斥性、完备性原则划定分析单元的分类标准，构建分析类目体系。建构分析类目的主要方法有初始编码和结构性编码。初始编码是基于政策文本内容自身的内涵与特性确定分析类目，结构性编码是在一定的分析框架和理论基础之上建构类目体系。本书聚焦于政策结构中的政策目标—政策工具—政策价值三个维度，在这三个维度基础上构建分析类目的内容和结构，并形成初步的内容编码体系。为保证编码过程中各个类目的唯一性和互斥性，对编码员进行学习培训及信度检验，进而再次完善编码体系。此编码体系具备效度、信度、互斥性和完备性。在确保效度与信度基础上构建内容分析编码表。

3. 科技政策与就业政策编码

本书按照发布时间将 102 份人工智能产业政策与 119 份就业政策进

行排序编码。政策条款是文本内容分析的基本构成单元。本书按照"政策编号—章号—节号—条款细则"思路分别对科技政策与就业政策进行编码，如1-5-6表示编号为1的政策文本的第5章第6条细则。参照完整的内容分析编码表，将分析单元归纳到相应的分析类目中并进行统计分析（如表2-9和表2-10所示）。

表2-9　　　　　人工智能政策文本内容分析单元编码

| 编号 | 政策名称 | 内容分析单元 | 编码 |
| --- | --- | --- | --- |
| 1 | 《关于组织实施2012年智能制造装备发展专项的通知》 | （六）国家将根据项目的具体情况安排适当研发补助资金，国家补助资金原则上50%补贴用户，50%补贴制造商 | 1-5-6 |
| 2 | 《工业和信息化部关于推进工业机器人产业发展的指导意见》 | （三）加强财税政策支持。利用现有高档数控机床与基础制造装备科技重大专项、智能制造装备专项、技术改造专项等资金渠道和重大技术装备进口税收政策 | 2-3-3 |
| 3 | 《江西省人民政府办公厅关于培育发展机器人及智能制造装备产业的意见》 | （一）加强组织协调。由省推进新型工业化领导小组统筹协调全省机器人及智能制造装备产业发展的重要政策和重大事项，省工信委负责日常组织、协调和推进工作 | 3-5-1 |
| | | （二）加大财政投入。加大省级工业产业发展专项资金、战略性新兴产业投资引导资金及战略性新兴产业科技协同创新体研发扶持资金等对机器人及智能制造装备产业的倾斜支持力度 | 3-5-2 |
| | | （三）落实税收政策。对符合条件的机器人及智能制造装备企业加快认定为高新技术企业，按规定减按15%的税率征收企业所得税 | 3-5-3 |
| | | （四）完善金融服务。完善产业投融资体系，鼓励各类风险投资基金、创业投资基金、私募股权基金及民间资本参与机器人及智能制造装备产业发展。对省重点支持项目，鼓励金融机构在遵循授信管理要求的基础上，给予最高额度的授信 | 3-5-4 |
| … | … | … | … |

续表

| 编号 | 政策名称 | 内容分析单元 | 编码 |
|---|---|---|---|
| 102 | 《关于印发苏州市建设国家新一代人工智能创新发展试验区实施方案的通知》 | (一) 加强组织领导。成立苏州市国家新一代人工智能创新发展试验区建设领导小组，由市政府主要领导任组长，总协调推进相关工作。各市级有关部门按照职能分工，各司其职抓好各项任务落实 | 102-4-1 |
| | | (二) 强化资金保障。积极做好对上争取，力争获得更多国家、省项目和平台建设资金支持。加大财政支持力度，加强对人工智能基础前沿研究、关键共性技术攻关和融合应用提供支持 | 102-4-2 |
| | | (三) 营造宣传氛围。组织开展人工智能教育培训和科普活动，提高公众对人工智能的整体认知能力和应用水平 | 102-4-3 |

表格来源：作者自制。

表 2-10　　就业政策文本内容分析单元编码

| 编号 | 政策名称 | 内容分析单元 | 编码 |
|---|---|---|---|
| 1 | 《关于实施大学生创业引领计划的通知》 | (一) 开展大学生创业培训（实训） | 1-3-1 |
| | | (二) 对大学生创业给予政策扶持。大学生创业符合规定条件的，可享受注册资金优惠、小额担保贷款、税费减免等扶持政策 | 1-3-2 |
| | | (三) 为大学生创业提供指导服务。建立大学生创业项目库，举办创业项目展示和推介引导活动；积极会同教育部门和高等院校，为在校大学生提供创业指导服务 | 1-3-3 |
| | | (一) 加强领导，明确分工。充分发挥就业工作联席会议作用，会同有关部门成立引领大学生创业工作指导小组，统一负责本计划的组织实施 | 1-4-1 |
| | | (四) 树立典型，宣传引导。开展评选表彰活动，树立一批创业大学生、创业导师、支持创业金融机构、大学生创业基地典型 | 1-4-4 |

续表

| 编号 | 政策名称 | 内容分析单元 | 编码 |
| --- | --- | --- | --- |
| 2 | 《关于进一步加强基层平台就业工作若干问题的意见》 | 一、收集、发布就业信息，开展职业指导、职业介绍、农村劳动力转移就业等就业服务 | 2-1 |
| | | 三、进一步加强基层平台就业工作人员培训工作 | 2-3 |
| | | 四、着力解决基层平台就业工作经费保障问题 | 2-4 |
| 3 | 《关于建立全国就业信息监测制度的通知》 | （三）加强协调，明确责任。公共就业人才服务、失业保险等业务部门要组织相关业务技术培训工作，重点做好就业监测基础数据的整理、转换、检查工作 | 3-3-3-1 |
| … | … | … | … |
| 119 | 《关于维护新就业形态劳动者劳动保障权益的指导意见》 | （五）健全最低工资和支付保障制度，推动将不完全符合确立劳动关系情形的新就业形态劳动者纳入制度保障范围 | 119-2-5 |
| | | （六）完善休息制度，推动行业明确劳动定员定额标准，科学确定劳动者工作量和劳动强度。督促企业按规定合理确定休息办法 | 119-2-6 |
| | | （七）健全并落实劳动安全卫生责任制，严格执行国家劳动安全卫生保护标准 | 119-2-7 |

表格来源：作者自制。

为保证研究数据的效度与可信度，编码过程由本人与另外一名编码员共同完成。两人各自对 102 份科技政策与 119 份就业政策进行分析单元划分与编码归类。结果显示，两位编码员类目划分一致，编码归类一致用"1"表示，编码归类不一致则用"0"表示。根据信度计算公式 1 和公式 2，$R$ 代表信度，$n$ 代表编码人数，$H$ 代表编码人员的相互同意度，$P$ 代表两位编码人员标记一致的分析单元数量，$N_1$ 表示 1 号编码人员标记的分析单元数量，$N_2$ 表示 2 号编码人员标记的分析单元数量。科技政策编码结果：$N_1 = N_2 = 2279$，$P = 2190$，经计算，科技政策中两位编码人员相互同意度 $H = 0.9609$，可信度 $R = 0.9801$。就业政策编码结果：$N_1 = N_2 = 2423$，$P = 2201$，经计算，科技政策中两位编码人员相互同意度 $H = 0.9084$，可信度 $R = 0.9519$。结果显示，两类政策编码均具有较高的可信度。

$$H = \frac{2P}{N_1 + N_2} \quad \text{(公式1)}$$

$$R = \frac{n + H}{1 + (n-1) \times H} \quad \text{(公式2)}$$

（二）政策冲突的"目标—工具—价值"呈现

1. 政策目标冲突

文章通过 NVivo 12 内容分析软件对既有的人工智能政策文本与就业政策文本进行分析，得到人工智能产业政策高频关键词84个（如表2-11所示），就业政策高频关键词88个（如表2-12所示）。进一步运用该软件"词云"功能，将政策文本中的高频关键词以可视化词云呈现。词号越大，表明该词在文本中的覆盖率越高，位置越重要。然后，文章对上述高频词构建共词网络，进而判断出哪些高频词在政策文本中占据核心位置，以及与其他高频词联系的密切程度。

表2-11　　　　人工智能科技政策高频词及词频

| 高频词 | 词频/次 | 高频词 | 词频/次 | 高频词 | 词频/次 | 高频词 | 词频/次 |
| --- | --- | --- | --- | --- | --- | --- | --- |
| 智能 | 7455 | 信息 | 1629 | 示范 | 1053 | 工程 | 752 |
| 人工智能 | 6324 | 基础 | 1607 | 实施 | 1033 | 控制 | 749 |
| 技术 | 5762 | 机器人 | 1555 | 智能化 | 1019 | 机构 | 737 |
| 发展 | 4861 | 推进 | 1529 | 装备 | 1008 | 支撑 | 734 |
| 创新 | 4140 | 管理 | 1504 | 重大 | 998 | 政策 | 734 |
| 产业 | 3736 | 人才 | 1498 | 水平 | 982 | 教育 | 734 |
| 企业 | 3678 | 资源 | 1473 | 核心 | 975 | 国际 | 725 |
| 应用 | 3569 | 体系 | 1469 | 生产 | 926 | 工作 | 720 |
| 建设 | 3141 | 加快 | 1431 | 社会 | 913 | 合作 | 712 |
| 服务 | 2893 | 加强 | 1426 | 网络 | 897 | 完善 | 703 |
| 数据 | 2411 | 国家 | 1356 | 协同 | 878 | 设备 | 701 |
| 制造 | 2382 | 项目 | 1350 | 培育 | 842 | 医疗 | 700 |
| 系统 | 2330 | 研究 | 1339 | 中心 | 821 | 提供 | 698 |

续表

| 高频词 | 词频/次 | 高频词 | 词频/次 | 高频词 | 词频/次 | 高频词 | 词频/次 |
|---|---|---|---|---|---|---|---|
| 支持 | 2174 | 开展 | 1309 | 计算 | 806 | 突破 | 697 |
| 领域 | 2120 | 关键 | 1211 | 开发 | 803 | 打造 | 679 |
| 重点 | 2045 | 提升 | 1168 | 智慧 | 802 | 构建 | 664 |
| 平台 | 1976 | 安全 | 1156 | 互联网 | 796 | 农业 | 659 |
| 工业 | 1886 | 行业 | 1137 | 经济 | 794 | 信息化 | 650 |
| 研发 | 1743 | 融合 | 1114 | 环境 | 772 | 公共 | 644 |
| 产品 | 1700 | 能力 | 1106 | 促进 | 757 | 优势 | 639 |
| 推动 | 1632 | 建立 | 1062 | 开放 | 753 | 机制 | 638 |

表格来源：作者自制。

表2-12　　　　　　　　**就业政策高频词及词频分析**

| 高频词 | 词频/次 | 高频词 | 词频/次 | 高频词 | 词频/次 | 高频词 | 词频/次 |
|---|---|---|---|---|---|---|---|
| 就业 | 4523 | 机构 | 784 | 职工 | 420 | 帮扶 | 319 |
| 服务 | 2795 | 支持 | 778 | 国家 | 415 | 经济 | 316 |
| 培训 | 2616 | 管理 | 769 | 积极 | 413 | 财政 | 307 |
| 技能 | 2068 | 农民工 | 757 | 重点 | 413 | 困难 | 291 |
| 工作 | 2041 | 技工 | 732 | 鼓励 | 410 | 产业 | 283 |
| 创业 | 2003 | 劳动 | 683 | 劳动力 | 378 | 国务院 | 281 |
| 职业 | 2001 | 院校 | 682 | 技术 | 376 | 力度 | 276 |
| 社会 | 1768 | 教育 | 638 | 登记 | 367 | 体系 | 276 |
| 保障 | 1636 | 补贴 | 620 | 农村 | 363 | 保险 | 273 |
| 企业 | 1565 | 失业 | 614 | 创新 | 361 | 参加 | 271 |
| 资源 | 1509 | 资金 | 608 | 加大 | 355 | 生产 | 271 |
| 人力 | 1267 | 贫困 | 605 | 培养 | 355 | 质量 | 270 |
| 政策 | 1251 | 岗位 | 578 | 要求 | 355 | 专项 | 268 |
| 毕业生 | 1110 | 制度 | 524 | 招聘 | 351 | 政府 | 263 |
| 加强 | 1093 | 完善 | 517 | 需求 | 344 | 专业 | 263 |
| 高校 | 1001 | 促进 | 510 | 市场 | 341 | 基层 | 259 |
| 部门 | 927 | 机制 | 495 | 用人 | 339 | 强化 | 253 |
| 人才 | 926 | 提升 | 491 | 标准 | 328 | 安置 | 250 |

续表

| 高频词 | 词频/次 | 高频词 | 词频/次 | 高频词 | 词频/次 | 高频词 | 词频/次 |
| --- | --- | --- | --- | --- | --- | --- | --- |
| 建设 | 918 | 项目 | 491 | 宣传 | 325 | 脱贫 | 234 |
| 信息 | 903 | 劳动者 | 487 | 基地 | 324 | 扶持 | 233 |
| 公共 | 845 | 能力 | 432 | 结合 | 324 | 数据 | 231 |
| 组织 | 817 | 计划 | 421 | 扶贫 | 323 | 进行 | 229 |

表格来源：作者自制。

图 2-17 中的词云分析帮我们迅速聚焦人工智能政策文本的核心议题。词云显示，目前我国人工智能产业的主题是智能、人工智能、技术、发展、创新、产业、企业、应用、建设等。这些高频主题词揭示当前人工智能政策的目标重点在于推动人工智能技术创新与产业运用。通过表2-11 中其他高频词我们可以发现，人工智能政策目标体系主要包含：第一，聚焦人工智能技术创新与优质平台搭建，进而推动人工智能的落地化运用。政策支持恰恰为人工智能发展和运用提供了制度保障。第二，政府推动人工智能发展和运用的重点工作是推进人工智能人才培育与科技研究。人才培育与科研能力是人工智能产业发展与运用的关键性保障。政府对人才的引进、培育和服务能够保障人工智能科技研发的进度。第三，鼓励并支持建设人工智能项目试点示范区，通过制度、机制和体系保障为人工智能发展提供良好的环境。结合 ROST CM 6.0 质性研究软件，对人工智能产业政策文本进行语义网络分析并进行可视化呈现。由图 2-18 可见，人工智能、创新、应用、发展、建设、技术等关键词在人工智能政策语义网络图谱中作用大、关系强，居于网络核心地位，与其他关键词联系密切。该图说明，人工智能政策围绕科技研发、应用推广、产业发展"三位一体"的战略布局。

图 2-19 中的词云分析帮助我们迅速聚焦到就业政策的核心议题。该图显示，目前国家就业政策的高频主题词为就业、服务、创业、技能、保障、毕业生等。这些高频主题词揭示，当前就业政策的目标重点在于促就业、稳就业，鼓励创业、带动就业，并通过多层社会保障体系及就业服务体系帮助重点群体就业。通过其他高频词我们可以发现，就业政

策目标体系主要有：第一，扩就业、稳就业以及高质量就业是核心目标，是"六稳""六保"的首要任务。围绕这一核心目标，政府不断健全就业创业服务体系、完善重点群体就业支撑体系。鼓励创业、带动就业及多渠道就业，通过技能培训全面提升技能水平和创业能力。第二，提升就业服务供给能力、促进高质量就业是就业政策的关键目标。第三，就业是最大的民生，因此，民生改善与和谐社会构建是就业政策的终极目标。围绕这一目标，就业政策聚焦于构建和谐劳动关系，健全劳动关系协调机制、保障劳动者合法权益、加强农民工等重点群体服务保障工作。借助 ROST CM 6.0 质性研究软件，本书对就业政策文本内容进行语义网络分析，然后进行可视化呈现。观察图 2-20，就业、服务、保障、创业、技能、培训、政策落实等关键词在语义网络图谱中作用大、关系强、影响力大，居于网络核心地位并与其他主题词联系密切。该图说明，就业政策主要围绕稳就业、社会保障、公共服务、技能提升、政策支持等展开布局。另外，农民工、毕业生、贫困人员等重点群体主题词频现在政策文件中，这说明我国就业政策显著的人民性与责任兜底性。

图 2-17　人工智能科技政策词云

图片来源：作者自制。

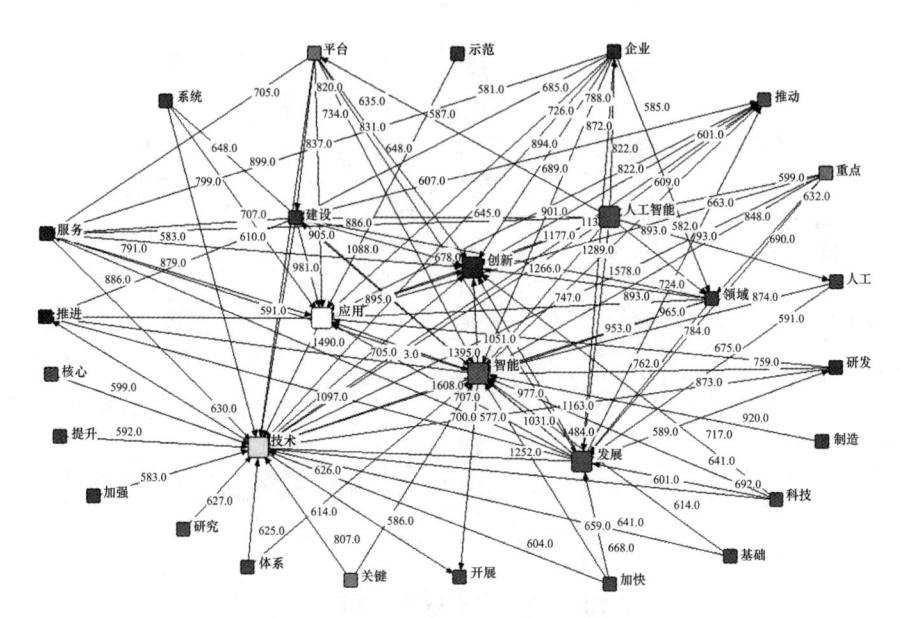

第二章 政策冲突的结构探究：主体、目标、工具与价值 | 127

**图 2-18 人工智能科技政策语义网络**

图片来源：作者自制。

**图 2-19 就业政策词云**

图片来源：作者自制。

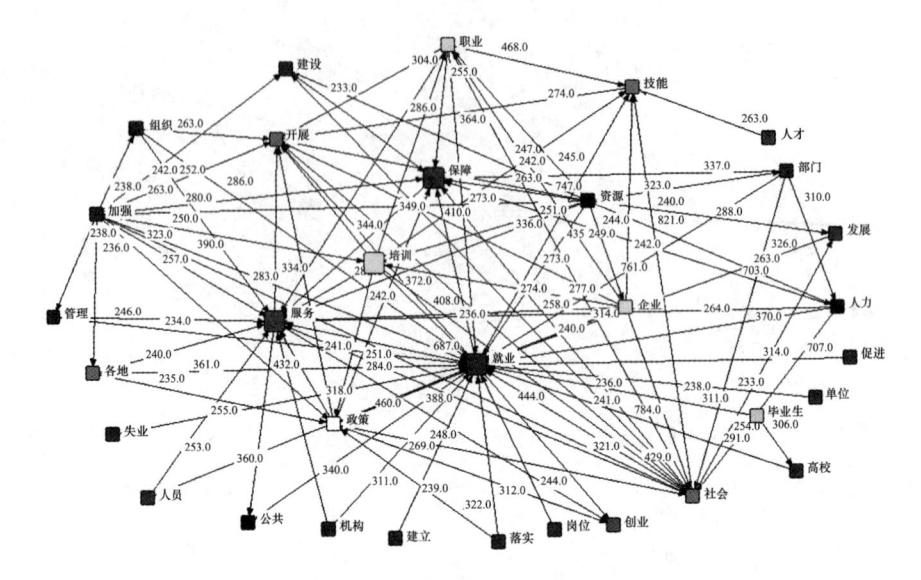

**图 2-20 就业政策语义网络**

图片来源：作者自制。

当然，词云和语义网络分析作为辅助手段，并不能帮助研究者确定政策制定者注意力分配的精确值。为弥补研究中可能存在的不足，本书进一步借助政策目标编码中的"参考点"数量来锁定各部门在政策制定中的目标倾向与注意力分配。1 个参考点表明，该政策目标编码次数为 1 次。原则上，参考点数量的多少反映了政策主体对该目标的重视程度及注意力资源分配的多少。换言之，参考节点数量越多，政府对该政策目标的注意力投入越多。基于此，本节最终通过 NVivo 12 软件编码，得到人工智能政策目标参考节点 1562 个。具体来看，科技研发目标 275 个，人才引育目标 149 个，产业发展目标 241 个，应用推广目标 351 个，社会经济效益显著目标 110 个，高新企业引育目标 169 个，创新平台建设目标 200 个，法规标准制定目标 68 个（如表 2-13 所示）。编码得到就业政策目标参考点 1572 个。具体来看，稳就业扩就业目标 507 个，公共服务体系完善目标 250 个，就业创业能力提升目标 218 个，社会保障权益维护目标 124 个，专业技能人才培育目标 218 个，就业体制机制完善目标 138 个，社会公平稳定和谐目标 117 个（如表 2-14 所示）。

表 2-13　　　　　　　　人工智能科技政策目标编码分类

| 政策目标编码分类 | 分类描述 | 参考点数量 |
|---|---|---|
| 科技研发 | 1. 加强基础理论及基础前沿技术研究；2. 推动关键核心技术攻关，加强关键共性技术创新，组织产学研用联合专项攻关，重点突破类脑科学、模式识别、智能语音、计算机视觉、生物特征识别、自然语言理解、机器翻译、自适应机器学习等关键技术，研发人工智能芯片、智能传感器、基础软件等重点产品；3. 核心软硬件技术研究，包括智能制造与装备技术突破、智能机器人、高性能自主无人系统技术工业机器人、伺服机器人技术研发 | 275 |
| 人才引育 | 1. 落实人才优先发展战略，把人才资源开发摆在科技创新最优先的位置；2. 改革人才培养使用机制，构建高校—政府—企业—科研机构联动的人才需求对接和定向培养机制；3. 涌现一批战略科技人才、科技领军人才、创新型企业家和高技能人才，青年科技人才队伍进一步壮大，人力资源结构和就业结构显著改善；4. 加大对优秀青年科技人才的发现、培养和资助力度，建立适合青年科技人才成长的用人制度；5. 鼓励企业、高等学校、科研院所、社会组织、个人等有序参与人才资源开发和人才引进，更大力度引进急需紧缺人才，加大本地人才培养 | 149 |
| 产业发展 | 1. 加快培育和发展战略性新兴产业，优化人工智能产业布局；2. 做大做强人工智能基础产业；3. 加快传统产业智能化升级；4. 发展高效便捷的智能服务产业，包括智能教育、智能医疗、智能健康和养老；5. 跨界发展智能驾驶产业、融合发展智能机器人产业、集成发展智能硬件产业、协同发展人工智能软件产业、引领发展人工智能芯片产业、突破发展智能传感器产业；6. 建立上下游互融共生、分工合作、利益共享的一体化组织新模式，推进产业链配套发展 | 241 |
| 应用推广 | 1. 民生服务智能化应用与示范：智能医疗、智能健康和养老；2. 社会治理智能化应用与示范：智能政务、智慧法庭、智慧城市、智能交通、智能环保、智慧水利；3. 推进工业机器人规模化应用，实行"机器换人、机器减人"；4. 在劳动强度大的轻工、纺织、物流、建材等行业推广运用；5. 在危险程度高的化工、民爆等行业，在生产环境洁净度要求高的医药、半导体、食品等行业，推进工业机器人的广泛应用；6. 在救灾救援领域，推进专业服务机器人示范应用；7. 提升无人系统的智能化水平，推动在物流、农业、测绘、电力巡线、安全巡逻等重要行业领域的创新应用 | 351 |
| 社会经济效益显著 | 1. 人工智能对经济社会发展的支撑能力显著增强，成为各省经济新的增长点。科技进步贡献率达到60%，高新技术企业营业收入达到34万亿元，培育40个以上主营业务，收入超过10亿元，人工智能核心产业规模超过1万亿元，带动相关产业规模超过10万亿元；2. 提升生产效率、技术水平和产品质量，降低生产成本和能源资源消耗；3. 人工智能技术应用成为改善民生、提升社会治理水平的新途径，提升全员劳动生产率、公共服务能力和市民获得感 | 110 |

续表

| 政策目标编码分类 | 分类描述 | 参考点数量 |
|---|---|---|
| 高新企业引育 | 1. 培育一批智能科技创业企业，加快推动企业智能化升级；2. 壮大一批智能科技领军企业；3. 发展一批智能服务型企业；4. 智能化升级一批传统企业；5. 打造创新型企业梯队，提升企业创新能力，完善人工智能创新孵化体系；6. 成长起一批世界领先的创新型企业、品牌和标准，建立龙头企业引领带动中小企业推进自动化、信息化的发展机制，提升中小企业智能化水平；7. 大力培育和引进龙头企业，发挥龙头企业带动效应；8. 推动人工智能企业"专精特新"发展，开展"独角兽企业"培育计划，建立独角兽企业培育库，遴选一批人工智能领域潜在独角兽企业入库 | 169 |
| 创新平台建设 | 1. 创建人工智能创新研发平台、人工智能公共服务平台、人工智能新型基础设施平台、人工智能产业集聚平台；2. 布局基础前沿技术研发平台，建设开源和共性技术平台，搭建行业交流合作平台；3. 支持国家工程实验室、国家工程（技术）研究中心等创新平台建设，建设满足深度学习等智能计算需求的新型计算集群共享平台、云端智能分析处理服务平台、算法与技术开放平台、智能系统安全公共服务平台、多种生物特征识别的基础身份认证平台等基础资源服务平台 | 200 |
| 法规标准制定 | 1. 建成更加完善的人工智能法律法规、伦理规范和政策体系，形成人工智能安全评估和管控能力；2. 加强人工智能标准体系建设，包括基础共性标准、支撑技术与产品标准、基础软硬件平台标准、关键通用技术标准、关键领域技术标准、产品与服务标准、行业应用标准、安全/伦理标准；3. 加快制定智能制造技术标准，建立完善智能制造和两化融合管理标准体系；4. 创制若干个有行业影响力的人工智能国际标准 | 68 |
| 总计 | | 1563 |

表格来源：作者自制。

表 2-14　　　　　　　　就业政策目标编码分类

| 政策目标编码分类 | 分类描述 | 参考点数量 |
|---|---|---|
| 稳就业扩就业 | 新生劳动力就业；失业人员再就业；创业带动就业，多渠道灵活就业；重点群体就业创业（大学生、农民工、妇女、零就业家庭、低保家庭、退役军人、残疾人、脱贫人口）；稳定就业容量；提升就业质量；缓解就业结构矛盾 | 507 |

续表

| 政策目标编码分类 | 分类描述 | 参考点数量 |
|---|---|---|
| 公共服务体系完善 | 建设全国统一的公共就业创业服务平台，加强基层公共就业创业服务平台建设；建立公共就业服务训练基地；打造创业培训、创业实践、咨询指导、跟踪帮扶等一体化的创业服务体系；为劳动者和企业免费提供政策咨询、职业介绍、用工指导等服务，对困难毕业生和长期失业青年等重点群体实施就业帮扶；构建流动人员人事档案管理服务系统 | 250 |
| 就业创业能力提升 | 加强职业培训和创业培训。重点实施农民工职业技能提升和失业人员转业转岗培训，增强其就业创业和职业转换能力；先进制造业产业工人技能培训；广泛开展新业态新模式从业人员职业技能培训；推进高技能人才培训基地和公共实训基地建设；健全终身职业技能培训制度；就业信息推送 | 218 |
| 社会保障权益维护 | 建立健全新就业形态劳动者劳动权益保障机制；完善工时、休息休假制度；完善劳动合同制度，保障劳动者同工同酬；加快完善相关劳动保障制度；加快建设积极稳健的失业保险制度；建立多层次工伤保险制度体系；健全集体劳动人事争议应急调解制度；完善拖欠农民工工资严重违法失信名单管理制度；畅通劳动者举报投诉渠道；健全农民工劳动权益保护机制 | 124 |
| 专业技能人才培育 | 实施"技能中国行动"，加强创新型、应用型、技能型人才培养；完善技能人才培训培养体系，加强高技能人才表彰激励；发展技工教育，推行中国特色企业新型学徒制；完善职业技能等级制度；健全完善国内职业技能竞赛制度和体系；定期举办职业技能大赛、全国行业职业技能竞赛和专项职业技能竞赛；实施专业技术人才知识更新工程；实施专家服务基层计划 | 218 |
| 就业体制机制完善 | 建立健全创业带动就业扶持长效机制；健全就业需求调查和失业监测预警机制；对可能出现的因规模性失业、劳动关系处理、社会保险关系接续等引发的突发事件，进一步建立健全预防和应急处置机制；健全失业登记、职业介绍、职业培训、职业指导、生活保障联动机制；完善新职业信息发布制度和职业分类动态调整机制；健全政府就业工作领导小组机制；健全跨层级、跨部门、跨区域就业风险应对机制；夯实就业工作目标制、工作督查考核机制；构建常态化援企稳岗帮扶机制；健全劳务输入集中区域与劳务输出省份对接协调机制 | 138 |

| 政策目标编码分类 | 分类描述 | 参考点数量 |
|---|---|---|
| 社会公平稳定和谐 | 深入贯彻"六稳""六保";保基本,把握基本公共就业服务的公益性质;逐步实现地区间、城乡间基本公共就业服务均等化;集中帮助困难群众就业创业,不断增强人民群众获得感、幸福感、安全感;确保员工健康安全、企业生产有序、就业形势总体稳定;确保高校毕业生就业局势总体稳定;坚持优先理念,保持脱贫人口就业领域的扶持政策、资金支持、帮扶力量总体稳定,提高就业稳定性;把增进民生福祉、促进社会公平作为发展人力资源和社会保障事业的根本出发点和落脚点;有效防范化解失业风险,确保就业局势总体稳定,劳动关系更加和谐稳定;创造公平的就业环境,劳动者就业,不因民族、种族、性别、宗教信仰等不同而受歧视,健全城乡劳动者平等就业制度;以人为本,保障基本;确保社会和谐稳定 | 117 |
| 总计 | | 1572 |

表格来源:作者自制。

### 2. 政策工具冲突

依据政策工具划分类型及次级政策工具名称,本书对 102 份人工智能科技政策及 119 份就业政策的条款逐一进行编码,得到人工智能政策工具节点 717 个,就业政策工具节点 851。

具体而言,两类政策均涵盖了供给型、环境型和需求型在内的 17 种政策工具,但是,政策工具分布存在结构不均衡、协调不足等现象。人工智能产业政策工具分布中,供给型占 47.9%,环境型占 45.2%,需求型占 6.9%(如图 2-21 所示)。就业政策工具分布中,供给型占 47.5%,环境型占 47.8%,需求型占 4.7%。从政策工具的结构分布来看,人工智能政策与就业政策更偏向于供给型和环境型政策工具,需求型政策工具没有得到足够的重视(如图 2-22 所示)。从各类政策工具的细分来看,主要呈现以下特征:

第一,供给型政策工具运用情况分析。整体来看,供给型政策工具对人工智能与就业的政策推动力都比较强,但是结构分布不均衡。从人工智能供给型工具的结构来看,使用较多的是资金支持政策 130 条,占 18.1%;人才支持政策 69 条,占 9.6%;基础设施平台政策 64 条,占 8.9%;公共服务政策 34 条,占 4.7%;信息支持 27 条,占 3.8%;教

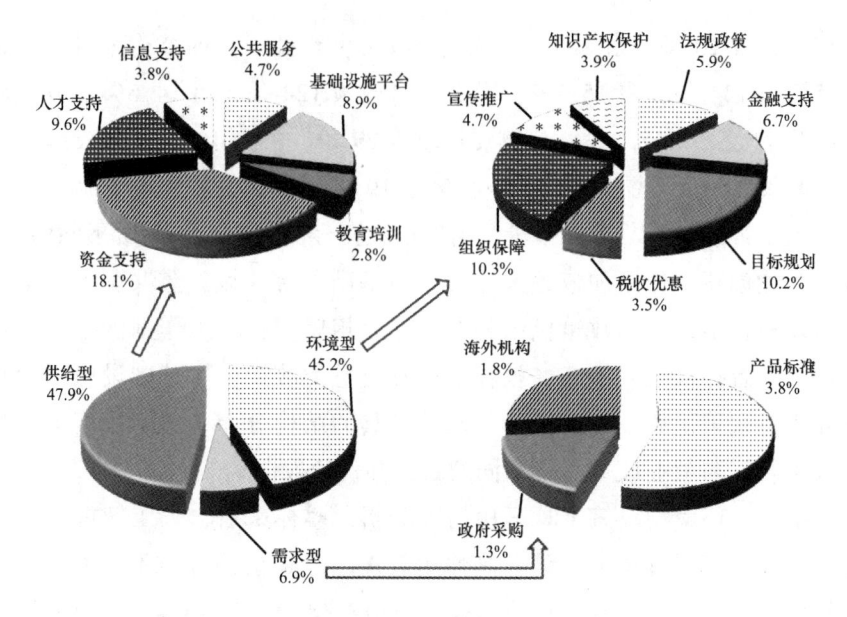

第二章 政策冲突的结构探究：主体、目标、工具与价值 | 133

**图 2-21 人工智能科技政策工具结构分布**

供给型 47.9%
- 人才支持 9.6%
- 信息支持 3.8%
- 公共服务 4.7%
- 基础设施平台 8.9%
- 教育培训 2.8%
- 资金支持 18.1%

环境型 45.2%
- 知识产权保护 3.9%
- 法规政策 5.9%
- 金融支持 6.7%
- 目标规划 10.2%
- 税收优惠 3.5%
- 组织保障 10.3%
- 宣传推广 4.7%

需求型 6.9%
- 海外机构 1.8%
- 产品标准 3.8%
- 政府采购 1.3%

图片来源：作者自制。

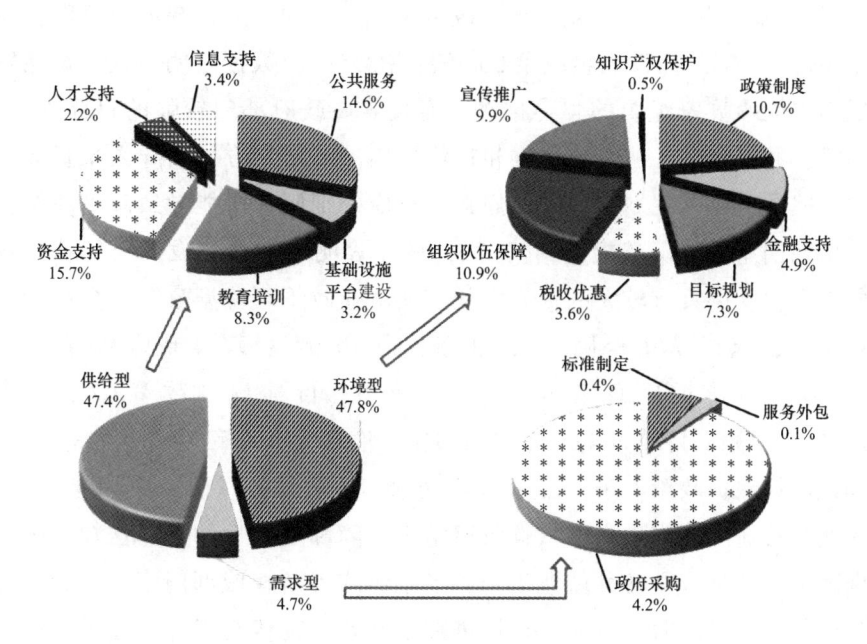

**图 2-22 就业政策工具结构分布**

供给型 47.4%
- 人才支持 2.2%
- 信息支持 3.4%
- 公共服务 14.6%
- 基础设施平台建设 3.2%
- 教育培训 8.3%
- 资金支持 15.7%

环境型 47.8%
- 知识产权保护 0.5%
- 政策制度 10.7%
- 金融支持 4.9%
- 目标规划 7.3%
- 税收优惠 3.6%
- 组织队伍保障 10.9%
- 宣传推广 9.9%

需求型 4.7%
- 标准制定 0.4%
- 服务外包 0.1%
- 政府采购 4.2%

图片来源：作者自制。

育培训政策20条，占2.8%。从就业政策供给型工具的结构来看，资金支持政策134条，占15.7%；公共服务政策124条，占14.6%；教育培训政策71条，占8.3%；信息支持政策29条，占3.4%；基础设施平台建设政策27条，占3.2%；人才支持19条，占2.2%。从横向比较来看，人工智能发展与就业推进都高度依赖资金支持政策。其所不同的是，人工智能创新工作更加依赖人才投入与基础平台建设，公共服务、信息支持及教育培训方面政策供给相对不足。相反，就业工作则侧重于为企业和劳动者提供公共服务、教育培训等公益类政策，对基础设施平台和人才支持政策供给不足。供给型政策工具的结构分布，一定程度上反映了人工智能与就业政策工具不同的目标和价值取向。

第二，环境型政策工具运用情况分析。整体来看，人工智能产业政策与就业政策对环境型政策工具使用较多，但是结构分布不均衡。从人工智能环境型政策工具结构分布来看，组织保障政策74条，占10.3%；目标规划政策73条，占10.2%；金融支持政策48条，占6.7%；法规政策42条，占5.9%；宣传推广政策34条，占4.7%；知识产权政策28条，占3.9%；税收优惠政策25条，占3.5%。数据表明，人工智能发展不仅依赖政府组织的强力推动，而且需要政府部门较强的目标规划。同时，通过金融、法规、税收和宣传推广等间接性方式引导人工智能发展。但是，目标规划与政策法规缺乏相应的细则，可能导致政策在执行中出现偏差。知识产权工具仅占3.9%，表明我们科技发展对知识产权的重视程度仍具有较大的提升空间。从就业政策环境型政策工具结构分布来看，组织队伍保障政策93条，占10.9%；政策制度91条，占10.7%；宣传推广政策84条，占9.9%；目标规划政策62条，占7.3%；金融支持政策42条，占4.9%；税收优惠政策31条，占3.6%；知识产权保护政策4条，占0.5%。就业工作事关社会民生与社会稳定，因此，就业工作推进高度依赖政府组织保障和强制性的法律法规。组织保障最多的是成立各种就业工作领导小组或者由权威部门牵头，相关部门协同推进。同时，就业工作推进离不开政策宣传与引导，通过各种全媒体平台送政策、送信息、送服务。

第三，需求类政策工具运用情况分析。整体来看，人工智能政策与就业政策的需求型政策工具都很短缺,难以形成政策拉力和政策合力。就人工智能需求型政策工具结构分布来看,产品标准政策 27 条,占 3.8%;海外机构管理政策 13 条,占 1.8%;政策采购政策 9 条,占 1.3%;在人工智能政策文本中未见服务外包和贸易管制相关政策内容。所谓"智能制造,标准先行",人工智能产业的发展与壮大离不开各类技术标准及伦理标准。伦理标准的前瞻性制定,对人工智能产业发展具有重要的引导与制约作用。随着科技全球化趋势的演进,各类科研资源的全球配置、科技活动的全球管理、科研成果的全球共享频发。这就需要政府部门积极开展海外合作,支持有能力的企业开展海外研发、海外并购。从需求型就业政策工具结构来看,政府采购政策 36 条,占 4.2%;标准制定政策 3 条,占 0.4%;服务外包政策 1 条,占 0.1%;在就业政策样本中未见海外交流相关政策内容。政府购买成为促就业的重要途径,对于就业困难群体,政策通常通过购买基层公共管理和社会服务岗位方式吸纳困难群体就业,健全困难群体服务保障机制。

3. 政策价值冲突

Z 维度政策价值决定 X 维度的政策目标,X 维度的政策目标决定 Y 维度政策工具的选择和组合。就科技而言,人工智能是新一轮科技革命、产业变革及经济发展的重要驱动力,因此,人工智能产业政策目标兼具经济属性与社会属性,人工智能产业政策工具的运用更多体现为国家对科技发展的激励和支持。就业是最大的民生,是影响社会稳定的安全机制。因此,其政策目标更多体现为稳就业、促就业、兜底线,促进社会公平和稳定,具有社会公益属性和国家强制性。科技作为变革社会的助推器,就业作为稳定社会的减压阀,科技政策与就业政策价值自然存在较大差异。

从科技政策与就业政策的互动关系来看,科技政策从某种意义上更加偏向于社会效率,就业政策更加偏向于社会公平。公平与效率是一对内生的矛盾。一方面,科技政策是社会的动力机制,效率是社会进步与发展的动力,是实现社会公平的必要条件。当公共政策缺乏效率时,以科技为依托的社会生产力和社会活力将无法得到有效发展,社会也会陷入止步不前甚至重返贫困的状态。换言之,公平难以实现的重要原因是缺乏必要的物质条件和技术支撑。另一方面，科技进步、产业升级、效率提升的终极意义是达成社会公平。只有政策公平公正，才能赢得民众对政策执行的支持及对政府的信赖，进而减缓政策主客体之间的摩擦。只有贯彻公平原则，才能有助于公共政策的顺利落实，实现效率最大化。然而，发达国家工业革命的历史经验证明，科技进步必然会引发社会失业和社会焦虑。换言之，以效率为优先偏向的科技政策与以公平为优先的就业政策，两者的价值冲突是内生的。进一步从分配的本质来看，效率与公平内生的矛盾难以避免。公共政策是对社会价值的权威性分配，分配过程中的优先次序就已经产生了不公平。因此，效率与公平、动力与稳定，是科技政策与就业政策必须要面对的内在冲突性价值。

### 四 政策"目标—工具—价值"冲突的理论总结

本书借助 NVivo 12 分别对科技政策与就业政策"目标—工具—价值"三个维度的内容进行深度挖掘，从中可以清晰地发现科技政策与就业政策之间的张力及政策协同方面的缺憾。科技政策与就业政策之间的矛盾与张力主要体现在经济效益与社会效益、变革与稳定、效率与公平、政治性任务与经济性任务等张力的失衡。

第一，科技政策与就业政策之间最大的矛盾是政策价值冲突，是经济效益与社会效益张力的失衡。科技政策围绕科技研发、应用推广、产业发展"三位一体"战略布局，推动人才引育、高企培育、平台创建、标准制定。从政策的具体内容来看，国家与地方政府均将人工智能作为引领产业升级和经济转型的重要引擎和动力，将科技产业作为新的经济增长点重点培育。在政策目标编码分类中，可以看到经济效益增长这一目标参考节点达到 110 个，在高频主题词表中出现 794 次。因此，提高增量绩效与经济效益是衡量科技发展的重要指标。就业政策目标围绕稳就业、扩就业、兜底线基本原则，推动公共服务体系完善、社会权益保障、技能人才培育、就业体制机制完善，进而促进社会公平、稳定与和谐。从就业政策目标编码表可知，公平稳定和谐这一目标参考节点达到 117 个，就业工作不仅排在"六稳""六保"首位，而且与特定的政治任务密切关联，甚至成为各地政府合法性的基础。比如，就业助力脱贫、就业助力乡村振兴。因此，人民性、社会公平是评估就业政策的关键价值因素。

科技政策与就业政策之间经济效益与社会效益张力的失衡，直接或间接导致科技在就业领域的外溢效应日益凸显。目前存在的明显矛盾是：科技政策大力支持人工智能在各行各业的应用推广，尤其在制造业更是出台"机器换人、机器减人"的政策。相应地，政府相关部门要面临以下拷问：当现有的岗位被机器人替代时，被替代的劳动力将何去何从？配套的就业保障体系与就业服务体系是否能够跟得上"机器换人"的节奏？很明显，目前的就业安置政策大都很笼统，没有实施细则明确地说明如何安置被替代的劳动者。当前的就业保障体系与服务体系并不能完全覆盖被替代的劳动力。另一个突出的问题是，国家大力发展战略新兴产业、强力推动制造业智能化升级，现有的专业化高精尖人才结构与数量是否能够支撑人工智能产业不断扩张的需求。显然，从目前的就业政策来看，人工智能视角下的就业政策制定尚在起步探索阶段。智能技术人才培养机制不健全，导致专业人才紧缺。各级各类专业化人才培养都需要一定的周期，短期内人工智能人才的供给仍然存在较大缺口。

第二，科技政策与就业政策之间变革与稳定张力的失衡。科技政策大力推行科技研发、产业发展及推广运用，侧重于变革与创新。就业政策旨在稳就业、扩就业，完善社会公共服务体系、健全劳动者平等就业制度，以人为本，保障基本，确保社会和谐稳定。由于科技不断变革创新，而就业推进重在社会稳定，因此，就业政策相较于科技政策存在一定的稳定性、异步性、滞后性。科技政策通过资金支持、人才支持、基础设施平台建设等供给型政策鼓励有条件的企业实施"机器换人、机器减人"，而"机器换人、机器减人"主要针对低技能、重复性、危险性岗位的劳动者。当智能化机器取代人类的工作岗位以后，我们需要面临以下拷问：当人工智能技术广泛运用以后，我们应该何去何从？尤其是医生、法务、翻译等专业型人才对人工智能技术的过度依赖，将引发其技能退化风险，其职业发展与专业提升也将受限。面对以上问题，目前科技政策并未给出前瞻性的预判及因应之策。从就业政策的工具供给来看，就业政策对科技发展带来的技能退化风险及失业风险并没有做好前瞻性准备。由此,可以判断就业政策与科技政策存在异步性,就业政策对科技政策的回应也存在一定的滞后性。

具体来看,人工智能替代造成两类"失业群体":一类是受人工智能影响的中产阶层。这类群体原本从事企业经营管理工作,有较好的教育基础和经济基础。从已有的就业政策来看,企业也愿意为这一群体提供培训再就业机会,劳动者自身也有能力负担培训费用。这类群体经过技能培训后依然可以适应创新型岗位的需求。另一类是长期从事简单重复性劳动的低技能群体,一旦被排挤出劳动力市场,不仅没有机会接受技能培训,而且可能成为永久性失业的"数字穷人"。这类群体在主题表中高频出现,值得政策主体重视。

第三,科技政策与就业政策效率与公平张力的失衡。从科技政策主题词、目标与工具运用来看,科技政策更加偏向效率。在政策目标编码中,可以看到提升生产效率、提高全员劳动生产率、提高科技研发效率、缩短研发周期,这都表明了科技政策对效率的重视程度。因而,科技政策工具选择更偏向于直接的资金支持。从就业政策主题词、目标及工具运用来看,就业政策更加注重公平。就业、培训、保障、服务等主题词位于网络核心位置。同时,在主题词表中,大学生、农民工、贫困人口、困难人群、援助、扶贫、脱贫、安置等主题词频率较高。从政策目标的编码结果来看,首要目标是完善就业保障体系与就业服务体系,实现城乡、区域间就业服务供给均等化,更加关注困难群体就业创业。由此可以判定,就业政策具有鲜明的人民性与公平性价值取向。科技政策强调效率,固然可以加快科技发展创新的节奏。但是,公共政策的本质是强调公共利益、社会责任、公平正义等多元价值。过分强调效率至上,可能引发行动者过分关注达成目的的手段,忽视达成目的的过程的公平。换言之,科技政策对效率的过分强调,势必会忽视其在就业领域应该承担的社会责任。

第四,就业政策与科技政策之间政治性任务与经济性任务、就业扶贫与失业返贫的冲突。就业带有很多政治性任务,如就业扶贫、就业乡村振兴。在人工智能加速推广运用、机器换人政策频繁出台,而就业保障政策出台滞后的情况下,曾经在大城市以出卖劳力为生的农民工或一线工人，在短期内将遭受较大的冲击。冲击既包括失业返贫，又包括心理打击。城市"机器换人"的战略布局无形中对低技能劳动者形成驱赶效应。正如《北京青年报》社评指出："机器换人"地区的政府，无须再为被机器换下来的外来务工人员承担就业责任，数万、数十万甚至更多外来员工黯然离开后，地方政府在教育、医疗、卫生、住房等公共配套上的投入，将大幅度减轻。①

　　劳动力输入大省"机器换人"的节奏和政策激励尤为明显。失业缓冲期如何保障其基本生活？返乡创业政策回应了"机器换人"政策，但是政策非常模糊。地方创业扶持政策不明确，政策执行存在资金欠缺、经验不足、人才难进等诸多困难。同时，两个部门不同的考核标准，导致矛盾冲突更加凸显。科技部门考核依据科技研发、人才引进、产业发展及应用推广；就业部门考核指标主要是就业率及就业质量。因此，对于科技发展带来的失业问题，不在科技部门考虑范畴内。科技发展作为新的经济增长点，就业作为稳定社会的政治性任务，在政府注意力资源有限性的前提下，政治性执行与经济性任务不可避免存在矛盾。

　　进一步深入探究这两类政策发文主体的合作网络关系，本书发现，不论是人工智能科技领域还是就业民生领域，科技部门与就业部门联合发文的频次非常少。在人工智能产业政策中，针对智能制造工程技术人员及工业机器人系统运维员国家职业技能标准，人力资源和社会保障部与工业和信息化部有过两次合作发文。在就业政策中，针对大学生就业创业、钢铁煤炭等过剩产能行业中的职工安置，人力资源和社会保障部牵头与工业和信息化部合作发文四次。关于科技进步与发展对就业结构、就业质量及就业环境造成的影响，科技部门与就业部门几乎没有合作发文。在2021年7月16日出台的《关于维护新就业形态劳动者劳动保障权益的指导意见》中，人力资源和社会保障部等国家八部委联合发文，维护新业态下劳动者的权益。新业态的迅猛发展与科技进步密不可分，但是发文主体中没有涉及科技部门。联合发文从一定程度上反映了部门

---

① 邢理建：《被机器换下来的员工亟须统筹安置》，《北京青年报》2016年5月27日第2版。

之间的协同程度。虽然疫情防控期间，两个部门有过合作，但是大都在非常规状态下，中央层面成立临时工作领导小组。由临时工作领导小组牵头，其他部门予以协调配合。概言之，科技部门与就业部门就公共议题具有很大的合作空间。

## 本章小结

本书以政策文本为依托，通过网络分析与内容量化分析法，对科技政策与就业政策文本的主体、目标、工具、价值等结构性要素进行刻画。通过政策主体网络关系分析发现，科技部门与就业部门主体之间具有协同的客观趋势，但是，部门主体之间协同空间仍有较大的提升。不论是科技政策主体网络，还是就业政策主体网络，其网络型构都是"中心—边缘—半边缘"的形态。质言之，总有职能部门占据网络核心位置，主导政策过程及资源配置。相应地，总有职能部门在政策网络的边缘起辅助作用且没有话语权。以上分析解构了部门矛盾与政策冲突的重要原因。

政策文本承载政策主体、目标、工具及价值等结构性要素。对文本内容进行深度挖掘是政策冲突研究的起点。就政策主体网络关系而言，可以划分为整体性网络关系与个体网络结构。从政策主体的网络关系可知，科技部门与就业部门主体之间存在"核心—边缘"与"强—弱"关系的内在张力。进一步探究发现，强势部门在政策网络中居于绝对核心位置，因而掌握政策执行的资源和利益分配的话语权，而弱势部门在政策网络中居于边缘位置，在政策过程中只能起到有限的辅助协调作用。公共政策的本质是对社会价值的权威性分配，然而，当政策网络内部自身出现利益分配失衡，又该如何去规范和引导社会秩序？正如就业主管部门工作人员谈道：就业部门作为各个部门的依托，全力配合各个职能部门的工作，既没有财税部门有钱，也没有发改委有权，所以在政府整个条块中属于弱势部门。（访谈对象B7：20210728）

根据政策主体网络分析，我们可以进一步确定各个职能部门在网络中的地位，进而了解该部门在政策过程的影响力。比如在科技政策网络中，科技部门是作为政策制定者和资源受益者的身份来参与。作为资源匹配部门，发改委和财政等部门掌握着资源，对科技发展与创新具有较大的控制权，在政策网络中居于绝对核心地位。人力资源和社会保障部、商务部、中国科学院等部门所担负的职责与科技事业有交叉合作关系，或者其发展利益与科技事业发展紧密相连，属于竞合部门或利益相关部门。在科技发展与创新过程中，科技部门作为主管部门可能与利益相关部门、资源配置部门及受其影响的部门发生各种不同程度的冲突。

政策网络"核心—边缘"与关系"强—弱"特征很大程度反映了各部门行动者之间的利益分配关系。利益分配过程的本质是对执行资源的竞争。根据政策网络行动者相互依赖的逻辑，掌握关键核心资源的部门往往在网络中占据主导地位，并具备较大的行动空间与资源支配权力。政策行动者在网络中的核心位置又进一步增加其利益表达与资源获取的筹码，进而增强其对政策过程的实质性影响力。[①] 那么，处在核心—边缘位置的不同行动者之间的张力与矛盾就凸显出来。

进一步通过 NVivo 12 软件编码对政策文本内容深入挖掘，从政策目标—工具—价值三个维度对科技政策与就业政策文本的具体内容进行定性与定量分析，分别对政策文本的数据和内容进行类目建构和编码。从中可以清晰地发现，科技政策与就业政策之间存在经济效益与社会效益、变革与稳定、效率与公平、政治性任务与经济性任务等多种张力的失衡及冲突倾向。这一客观发现为下一章节政策过程冲突的研究奠定基础。

需要指出的是，本章侧重于对科技政策与就业政策的文本结构和属性特征的刻画，虽然具有较强的客观性与价值中立性，但仍然是对政策文本结构冲突进行静态研究。为弥补政策书本研究的局限，下一章将通过对实务部门的调研更细致地描述和挖掘政策执行过程的冲突。研究视角更加微观且贴近现实，并进一步验证本章政策文本结构冲突的研究结论。

---

[①] 丁煌、杨代福：《政策网络、博弈与政策执行：以我国房价宏观调控政策为例》，《学海》2008 年第 6 期。

# 第三章　政策冲突的过程探究：以"机器换人"政策执行为例

从政策网络分析与文本内容的深度挖掘结果来看，科技政策与就业政策内含着政策主体、目标、价值等多维度冲突。多维冲突在政策文本设计中可能被政策制定者采用模糊宽泛的政策语言掩盖。在实践中，科技政策与就业政策内在张力的失衡与矛盾日益凸显。比如，D市"机器换人"政策执行对减员增效目标的设计给就业领域带来负外部性。一方面，低技能劳动者被抛离劳动力市场无力实现再就业，不得不黯然离开；另一方面，就业部门亟须制定相应的配套措施、整合相应的资源来回应"机器换人"带来的外溢效应。由此，在科技发展历程中，科技部门与就业部门的冲突不可避免，并以政策冲突形式呈现。

显然，纯文本研究结论需要政策过程实践来进一步验证。考察政策冲突不能仅以联合发文或政策内容作为观测指标，这不足以阐释实践中的政策冲突过程。由此，本书以政策过程为导向，以政策执行为研究视角，以D市"机器换人"政策及就业政策关系为研究对象，以修正后的玛特兰德"模糊—冲突"模型为基本分析框架，探究科技政策与就业政策执行过程中的内在冲突。通过对D市"机器换人"政策的研究，一方面可以帮助我们解构政策执行的"黑箱"，另一方面可以帮助我们洞察科技政策与就业政策在执行过程中更加微观的冲突过程。本章研究得出不同于一般的结论：一般而言，模糊性程度越高的政策，执行阻力越大，政策冲突的程度也越高。本书则认为，当科技政策模糊性越低时，即政策目标清晰、执行路径明确且执行资源充足时，科技政策与就业政策的执行过程冲突性越高。

## 第一节　政策执行研究路径演进及其限度分析

政策执行是实现政策目标、达成预期政策效果的关键环节。成功的政策不仅取决于政策设计的科学性与专业性，更加取决于政策执行过程的协调性。① 因此，政策执行不仅是政策过程的核心环节和关键步骤，而且是解决政策问题、达成目标的直接途径。② 然而，早期政策科学研究聚焦于政策制定而对政策执行着墨不多。③ 长期以来，政策执行成为政策过程的"黑箱"被学界忽视。本书将重点解构政策执行"黑箱"，尤其对模糊性政策的执行进行重点探究，分析政策主体对模糊性科技政策的不同执行策略与就业政策之间的冲突。

### 一　西方国家政策执行研究路径的演进

作为政策执行研究的领先者，杰弗里·L. 普雷斯曼（Jeffrey L. Pressman）和亚伦·B. 威尔达夫斯基（Aaron B. Wildavsky）最先解构了政策执行的奥秘。在1973年，两人合著《政策执行：华盛顿的伟大政策如何在奥克兰失败》（Implementation: How Great Expectations in Washington are Dashed in Oakland），探讨了政策执行失败的过程与原因。在这本书中，两人将政策执行定义为政策执行者在设计目标及在目标实现过程中的一系列互动过程。④ 自此，政策执行矛盾日益凸显并逐渐引发学界关注。回首西方近50年的政策执行研究历程，政策科学家们普遍认可的

---

① 张骏生主编：《公共政策的有效执行》，清华大学出版社2006年版，第153—155页。

② DeLeon Peter and DeLeon Linda, "What Ever Happened to Policy Implementation? An Alternative Approach", *Journal of Public Administration Research and Theory*, Vol. 12, No. 4, 2002, pp. 467–492.

③ Austin Ranney, *The Study of Policy Content: A Framework for Choice in Political Science and Public Policy*, Chicago: Markham Publishing Company, 1968, pp. 3–21.

④ Jeffrey L. Pressman and Aaron B. Wildavsky, *Implementation: How Great Expectations in Washington are Dashed in Oakland*, University of California Press, 1973, pp. 1–4.

观点是政策执行研究经历三波热潮。①

(一) 第一波：政策执行研究的自上而下路径

政策执行研究的第一波热潮源自 20 世纪 70 年代。这一阶段的研究思路受到以马克斯·韦伯为代表的古典官僚制理论的影响，更关注自上而下的政策执行研究。韦伯的官僚体制决策模型特征鲜明：第一，高度强调官僚体系内部严密的组织架构。在自上而下的等级链中，上级负责决策、指挥和监督，下级只需负责任地执行。第二，政治与行政是割裂的，前者负责政策制定，后者只负责政策执行。② 第三，按照泰勒科学管理原则，行政管理须依照客观的科学管理原则，以提高行政效率为目的。在古典行政理论推动下，自下而上的政策执行研究路径应运而生。③

具体而言，自上而下的路径主要以政策制定者为核心，关注执行者的行为动机与决策者意图的一致性程度。④ 可以看出，官僚科层制模型内含着一个合乎理性的决策模型，即政策一旦出台，便在理性和高效的科层组织下得到自动贯彻和执行。在自上而下的命令传递链条中，只要政策执行者对决策者绝对服从和遵行，那么政策效果与政策制定者的预期所差无几。⑤ 同时，政策执行还需要具备以下几个条件：问题可控、构建与政策执行相关的法律框架及控制影响执行的非法律变量的能力。⑥ 换言之，只要高层决策目标清晰、政策执行具备基本的要素与能力，就能促进政策高效执行。总之，决策者为执行者设定明确的政策目标和清晰的执行路线，执行者负责操作执行，两者有明确的分工与界限。

---

① Harald Saetren, "Facts and Myths about Research on Public Policy Implementation: Out-of-Fashion, Allegedly Dead, But Still Very Much Alive and Relevant", *Policy Studies Journal*, Vol. 33, No. 4, 2005, pp. 559 – 582.

② 张康之、向玉琼：《变动于政治与行政部门之间的政策问题建构权》，《新视野》2013 年第 5 期。

③ Michael Hill, *The Policy Process: A Reader*, New York: Routledge, 1997, pp. 235 – 236.

④ 田昊、李娉：《中国情境下公共政策执行主要问题的转变及其制度分析》，《中国行政管理》2019 年第 5 期。

⑤ Thomas B. Smith, "The Policy Implementation Process", *Policy Science*, Vol. 4, No. 2, 1975, pp. 197 – 198.

⑥ Paul A. Sabatier and Daniel A. Mazmanian, "The Conditions of Effective Implementation: A Guide to Accomplish Policy Objectives", *Policy Analysis*, Vol. 5, No. 4, 1979, pp. 481 – 504.

在政策执行研究成果中，普雷斯曼和威尔达夫斯基最先提出自上而下的执行路径。两人关于政策执行的案例研究对于结构执行"黑箱"具有重要的实践意义。加州奥克兰经济部门政策执行失败、联邦居民失业计划执行失败等案例都证明了以下事实：政策执行并非按照政策设计者的意图顺利实施。换言之，政策执行失败现象是普遍存在的，[1] 也即自上而下的思路存在两面性。一方面，秉承决策者意图，忠诚于上级的目标，有利于提升执行的效率与准确率；另一方面，对于决策者的过度忠诚与过分关注、对执行的完美设想与严苛要求，可能引发很多消极反应。首先，过分关注高层决策者，忽视基层组织和机构在政策过程中的重要性，容易导致基层组织的消极与反弹。其次，面对复杂多变的政策过程及多主体价值冲突，决策者的有限理性必定导致政策设计的"不完美"，进而影响政策执行效果，因此，绝对理性的完美方案是不存在的。最后，政策制定与政策执行并不能完全割离，在现实的政策过程中两者呈现相互博弈、相互补充、相互修正的状态。[2] 此外，自上而下的研究模式受到早期公共管理思潮影响，政策执行拘囿于个案研究，因而利用该研究方法得出结论的普遍性备受质疑。

（二）第二波：政策执行研究的自下而上路径

政策执行的第二波热潮源自20世纪70年代至80年代末。在批判自上而下执行路径的弊病基础上，学者们提出了自下而上的执行路径。该路径强调决策者不仅要为执行者设定行动目标和计划，更要授予其自由裁量权及更多的自主空间。换言之，执行者不仅要遵循决策者的政策意图，更要与决策者形成有效的互动。

决策者要突破科学管理的泰勒主义，不能将执行者视为规范框架下失去反抗意志、唯命是从的X人，而是将其视为Y型组织的人。要实现有效执行，决策者应该更加关注执行者的态度、动机和意愿。[3] 总之，

---

[1] Jeffrey L. Pressman and Aaron B. Wildavsky, *Implementation: How Great Expectations in Washington Are Dashed in Oakland*, University of California Press, 1973, pp. 1–4.

[2] David Marsh and R. A. W. Rhodes, *Implementing Thatcherite Policies: Audit of an Era*, Open University Press, 1992, p. 6.

[3] 钱再见：《现代公共政策学》，南京师范大学出版社2007年版，第350页。

在这一路径下，决策者完全靠自己来掌握政策执行过程已经不太现实。政策执行的结果更多依赖执行者在具体情境下的行为选择与执行意愿。[1]

在自上而下的路径中，政策的有效执行需要符合以下几个命题。第一，有效的执行不再是单一的决策者设定目标的结果，而是执行者与决策者彼此互动的结果。第二，有效的执行并非源自自上而下的命令等级系统，而是充分发挥基层官僚执行自主性、灵活性的结果。政策执行应该以基层行动者、公共服务供给者为核心，决策者对执行过程只是起到间接作用。[2] 面对复杂的政策情境与目标群体，基层官僚不仅能够能动地执行决策意图，还能对高层意图进行再决策。他们会充分发挥自由裁量权，因时因地对公共资源进行分配和再分配。[3] 总之，决策者与政策执行者并不绝对割裂，两大主体基于各自利益考量也会选择协商妥协，以推进政策目标实现。因此，要推进政策顺利执行及政策目标实现，高层决策者的偏好要与基层执行者的偏好兼容。[4] 此外，自下而上执行模型不仅仅关注科层组织内部的政策主体，还将视角扩展至科层体制外的社会组织功能。

该路径最具代表性的研究者是查德·艾默尔（Richard Elmore）与迈克尔·利普斯基（Michael Lipsky）。1979 年，理查德·艾默尔在《政治学季刊》上发表《向后探索：政策执行与政策决策》（Backward Mapping: Implementation Research and Policy Decisions），提出执行的两个路径："向前探索"与"向后探索"。[5] "向前探索"是从高层出发，由决策者阐明政策意图并自上而下层层执行。然而，在等级严密的科层组织下，自上而下的命令传递日渐拖延甚至变异。下级对上级的依赖程度越

---

[1] Paul Berman, "The Study of Macro-and Micro-Implementation", *Public Policy*, Vol. 26, No. 2, 1978, pp. 157–184.

[2] Paul Berman, "The Study of Macro-and Micro-Implementation", *Public Policy*, Vol. 26, No. 2, 1978, pp. 157–184.

[3] Michael Lipsky, *Street-Level Bureaucracy: Dilemmas of the Individual in Public Services*, New York: Russell Sage Foundation, 1980, pp. 1–10.

[4] Stephen H. Linder and B. Peters Guy, "A Design Perspective on Policy Implementation: The Fallacies of Misplaced Prescription", *Review of Policy Research*, Vol. 6, No. 3, 1987, pp. 459–475.

[5] Richard F. Elmore, "Backward Mapping: Implementation Research and Policy Decisions", *Political Science Quarterly*, Vol. 94, No. 4, 1979, pp. 601–616.

来越高，下级的判断能力与问题解决能力却日渐退化。个体越是依靠科层组织，执行效果越差。为消解科层制弊病，艾默尔提出了与"向前探索"相反的"向后探索"路径。该路径认为，不应过分关注决策者意图，应该着眼于具体政策情境中的执行行为。执行的每一个环节都可能影响政策目标的实现。利普斯基在探究基层官僚时，就关注了基层执行者的行为动机与意愿。[1] 他指出，类似警察、教师、法官、卫生官员等基层官僚在政策执行中并非消极、被动地执行上级意图。相反，他们具有广泛的自主性与灵活性，对上级决策做出再决策。当然，实践中也存在很多因素制约基层官僚执行：结构目标、个人目标、自由裁量权、顾客的政治权利、与顾客的关系、当前的政策气候等。[2]

概言之，自下而上的路径更加注重决策者与执行者的多维互动，更加关怀基层执行者的执行动机与行动意愿，强调要激发执行者的积极性与创造性。然而，过分强调执行者的创造性与灵活性，不仅容易导致自由裁量权的滥用，而且可能引发决策层目标易换风险。

(三) 第三波：政策执行研究的整合性路径

政策执行的第三波热潮源自20世纪80年代末至今。[3] 自上而下和自下而上的执行模式虽然都有各自的解释力和社会基础，但是都存在一定的不足。要么过分关注高层决策而忽视基层执行的重要性，要么一味地主张发挥基层自由裁量权而忽视掌握关键权力和关键资源的决策层，两者都存在偏颇。基于对以上两种模式的批判与反思，第三波政策执行研究浪潮试图建构包含以上两种模式的整合性执行框架以适应复杂政策情境。该框架认为，成功的执行既需要政策制定者缜密制定政策目标、工

---

[1] Michael Lipsky, *Street-Level Bureaucracy: Dilemmas of the Individual in Public Services*, New York: Russell Sage Foundation, 1980, pp. 1 – 10.

[2] Richard Weatherley and Michael Lipsky, "Street-Level Bureaucrats and Institutional Innovation: Implementing Special-Education Reform", *Harvard Educational Review*, Vol. 47, No. 2, 1977, pp. 171 – 197.

[3] Harald Saetren, "Facts and Myths about Research on Public Policy Implementation: Out-of-Fashion, Allegedly Dead, But Still Very Much Alive and Relevant", *Policy Studies Journal*, Vol. 33, No. 4, 2005, pp. 559 – 582.

具及其他需要的资源，又需要广泛掌握目标群体的诱因结构。① 其中具有代表性的学者有马尔科姆·L. 戈金（Malcolm L. Goggin）、兰德尔·B. 里普利（Randall B. Ripley）和格蕾斯·A. 富兰克林（Grace A. Franklin）、丹尼斯·斯帕里（Denise Scheberle）及保罗·A. 萨巴蒂尔（Palul A. Sabatier）等。

戈金在其著作《政策执行理论与实务：迈向第三代政策执行模型》中提出"府际政策执行沟通模型"②。该模型从动态视角对政策执行做出全新的阐释，超越了以往从静态角度对政策执行问题的探讨。戈金认为，政策执行是一系列发生在复杂情境下的政治与行政交叉的过程。单独的自上而下或者自下而上的分析路径不足以解释这一系列繁杂的过程。总之，复杂情境下的政策执行动态过程不应被忽视，因而戈金提出了"府际政策执行沟通模型"。里普利与富兰克林在丰富发展戈金动态执行模式基础上，将政策划分为分配性、竞争性、保护性及再分配性四种类型。不同类型的政策产生的执行效果是迥异的。③ 而政策执行是在复杂的府际网络中发生的，不同行动者活跃在府际网络并保持相互冲突的目标。因此，复杂的府际关系将对政策执行效果产生不同程度的影响。此外，萨巴蒂尔提出政策倡导联盟框架，该框架认为，共同的价值信仰是维系政策网络或政策联盟的基础。④ 该框架不仅解释了意识形态、信念价值及复杂政策议题在政策子系统中的变迁，也解释了政策执行过程中掌握政策资源和策略的不同政策网络是如何基于不同信念与价值形成不同的政策倡导联盟的，并在政策冲突中实现政策平衡、促进政策执行。⑤

---

① 李允杰、丘昌泰：《政策执行与评估》，北京大学出版社2008年版，第83—89页。
② Lamb C. M., "Implementation Theory and Practice: Toward a Third Generation", *By American Political Science Association*, Vol. 85, No. 1, 1991, pp. 267 – 268.
③ Randall B. Ripley and Grace A. Franklin, *Bureaucracy and Policy Implementation*, Chicago: The Dorsey Press, 1982, pp. 4 – 20.
④ Paul A. Sabatier, "Top-down and Bottom-up Approaches to Implementation Research", *Journal of Public Policy*, Vol. 6, No. 1, 1986, pp. 21 – 48.
⑤ Paul A. Sabatier, "An Advocacy Coalition Framework of Policy Change and the Role of Policy-Oriented Learning Therein", *Policy Sciences*, Vol. 21, No. 2, 1988, pp. 129 – 168.

## 二 中国政策执行路径的研究范式

与西方国家相比，我国政策执行研究到20世纪90年代才开始起步。囿于理论与经验不足，初期主要是借鉴西方研究成果。然而，西方公共政策执行研究路径的经验依据基本是美国联邦制国家结构中的府际政策执行，不适宜照搬来研究中国的政策执行。在中国语境下，我国的政策科学家在结合中国政策情境的基础上构建了本土化的政策执行研究范式。研究主要呈现以下几种趋势。

(一) 解构政策执行中的偏差

在研究过程中，学者们发现了政策执行中一些共性问题与现象，最突出的问题是政策梗阻及政策变通。丁煌、陈振明、钱再见、金太军等著名学者均意识到，政策并非完全按照决策者意图顺利执行，政策执行过程中充满主客观因素阻碍政策顺利执行。丁煌认为，执行监督机制不健全及行政职权配置不完善等制度设计的内生缺陷引发政策执行的目标偏离。[1] 钱再见和金太军认为，基于成本—收益考量及问责制度的乏力，执行过程中行动者往往出现低效、被动、消极甚至阻挠的态度。这就很容易理解为什么执行中普遍存在"中梗阻""阳奉阴违，拒不执行""讨价还价，政策攀比"。[2] 丁煌和李晓飞还注意到，主客体之间的利益偏好与行动逻辑容易引发利益博弈和执行障碍，进而导致政策逆向选择，严重掣肘政策顺利执行。[3] 政策执行面临的另一个突出问题是政策变通。庄垂生依据执行者对成本利益考量及目标安排将政策变通划分为自定义性、调整性、选择性及歪曲性四种类型。[4] 刘鹏等在对食品监管执法实证研究基础上，将我国基层政策变通划分为四种类型：政策敷衍、政策

---

[1] 丁煌：《我国现阶段政策执行阻滞及其防治对策的制度分析》，《政治学研究》2002年第1期。

[2] 钱再见、金太军：《公共政策执行主体与公共政策执行"中梗阻"现象》，《中国行政管理》2002年第2期。

[3] 丁煌、李晓飞：《逆向选择、利益博弈与政策执行阻滞》，《北京航空航天大学学报》（社会科学版）2010年第1期。

[4] 庄垂生：《政策变通的理论：概念、问题与分析框架》，《理论探讨》2000年第6期。

替换、政策替代及政策抵制。① 以上研究均是对我国本土化政策实践情境的探索与总结。

(二) 聚焦政策执行力研究

政策阻滞、政策变通等"中梗阻"问题日益凸显，不仅严重掣肘了政策的实际效力，而且造成政策资源的浪费。如何消解政策执行中的"中梗阻"？学界聚焦于政策执行力研究以化解执行梗阻。首先，基于权力分配视角。权力视角关注上级权力部门对下级政策执行的支配性和决定性作用。如荣敬本通过"压力型体制"解构了县乡政治体制下的权力分配及其对基层执行的影响力；② 周飞舟用"空心化"来形容乡镇在执行上级政策时因财政资源不足陷入"悬浮"化执行的状态。③ 事实上，上级政府不会认可这样的执行方式。由此，在共同面对自上而下的政策指令时，基层行动者便会产生共谋现象④或变通执行⑤。其次，基于多中心治理视角。丁煌和周丽婷基于我国政策实践将执行力划分为四个类型：规划力、服从力、公信力及监控力。两人就如何提高执行力提出建设性意见，包括创新执行手段、培育多元执行主体、建立执行监管机制、激励公众参与执行等多种途径。⑥ 最后，基于利益视角的执行力研究。该研究关注政治与经济激励对基层政府执行力的影响。基层政府政策执行力不仅受到行政问责和行政压力的支配，而且很大程度受到政策激励与政治晋升的影响，⑦ 尤其是自上而下的政治晋升锦标赛对地方政府

---

① 刘鹏、刘志鹏：《街头官僚政策变通执行的类型及其解释——基于对 H 县食品安全监管执法的案例研究》，《中国行政管理》2014 年第 5 期。
② 荣敬本：《"压力型体制"研究的回顾》，《经济社会体制比较》2013 年第 6 期。
③ 周飞舟：《从汲取型政权到"悬浮型"政权——税费改革对国家与农民关系之影响》，《社会学研究》2006 年第 3 期。
④ 周雪光：《基层政府间的"共谋现象"——一个政府行为的制度逻辑》，《社会学研究》2008 年第 6 期。
⑤ 刘鹏、刘志鹏：《街头官僚政策变通执行的类型及其解释——基于对 H 县食品安全监管执法的案例研究》，《中国行政管理》2014 年第 5 期。
⑥ 丁煌、周丽婷：《地方政府公共政策执行力的提升——基于多中心治理视角的思考》，《江苏行政学院学报》2013 年第 3 期。
⑦ Kaifeng Yang and Jun Yi Hsief, "Managerial Effectiveness of Government Performance Measurement: Testing a Middle-Range Model", *Public Administration Review*, Vol. 67, No. 5, 2007, pp. 861 – 879.

政策执行力的激励效果更为显著。① 一方面，地方政府通过锦标赛向上级呈现可观测的政绩；另一方面，地方政府在执行上级政策的过程中融入更多的地方规划与自己的设想，进而为本地经济发展获取更多的合法性支持。

概言之，上级政策激励的强度是诱导基层执行力变化的关键变量。② 对于政策激励强度与执行力之间的具体关系，学者们持不同观点。一方面，当政策激励强度过大时，不断强化的目标任务将导致基层执行压力进而引发执行困境；③ 另一方面，如果激励强度偏弱，那么基层政策执行的积极性就很难调动。④ 在现实中，基层政府为调动干部执行的积极性，有时候会默许一些自利甚至不规范的行为，这些行为会严重扭曲政策目标、减损政策效果。⑤ 概言之，基层政府在政策执行中并非采取前后一致、有激励预期的行为，受到目标责任、竞争激励及属地管理等制度约束，基层政府会针对事情的轻重缓急做出策略性调适。⑥

（三）致力于构建政策执行分析框架

基层政府是如何理解和执行上级和中央层面的政策任务？其政策执行的行为逻辑和动机是什么？为全面展示地方政府政策执行全貌，学者们致力于构建一套相对完整的政策执行分析理论框架。

龚虹波结合我国政策实践构建了"执行结构—政策执行—执行结果"本土化的解释框架。他将执行结构分为正式结构与非正式结构。相应地，政策执行体现为"有限分权"与"关系主导"。两类结构的互动

---

① 周黎安：《转型中的地方政府：官员激励与治理》（第二版），格致出版社 2017 年版，第 199—207 页。
② 竺乾威：《地方政府的政策执行行为分析：以"拉闸限电"为例》，《西安交通大学学报》（社会科学版）2012 年第 2 期。
③ 渠敬东：《项目制：一种新的国家治理体制》，《中国社会科学》2012 年第 5 期。
④ 黄宗智、龚为纲、高原：《"项目制"的运作机制和效果是"合理化"吗?》，《开放时代》2014 年第 5 期。
⑤ 贺雪峰、刘岳：《基层治理中的"不出事逻辑"》，《学术研究》2010 年第 6 期。
⑥ 郭劲光、王杰：《调适性联结：基层政府政策执行力演变的一个解释》，《公共管理学报》2021 年第 2 期。

决定执行效果。① 薛立强、杨书文探究了"十一五"期间小火电成功关停的政策执行特征：体制结构的"层级加压+重点主抓型"、政策执行过程的自上而下及"恰当的政策+高层的决心"。② 贺东航和孔繁斌梳理了政策执行的本土化经验，主要包含纵向高位推动基础上的"层级性治理"及横向的"多属性治理"。③ 杨宏山从单一制国情出发，以执行路径清晰度与激励强度为依据构建了"路径—强度"阐释框架，并将执行划分为象征性执行、实验性执行、变通性执行及行政性执行。④

通过对国内外政策执行研究路径的梳理发现，国外政策执行研究经历了自上而下研究、自下而上研究到整合性研究三个阶段，政策执行研究体系相对成熟。国内政策执行研究经历了从对西方政策执行理论的介绍到本土化经验的总结与拓展。这些为本书研究科技政策与就业政策冲突提供了丰富的理论素材及可资借鉴的研究视角。总体来看，仍然存在不足之处。首先，就国内外政策执行研究趋势来看，要么试图构建一个宏大的政策执行理论分析框架，要么就政策执行具体表象、内在机理及负面影响进行描述与原因探究。关于政策模糊性，研究中要么直接忽视，要么将其归结为政策执行失败的关键因素而批判，对将模糊性作为政策内在固有属性的专门研究相对缺乏。其次，研究对象聚焦于具体政策领域的个案研究。研究结论是否普适于政策甚至多政策领域的执行关系研究还有待检验。

以上研究的不足构成了本书研究的切入点。首先，模糊性是大部分政策内在固有的属性，执行者在模糊性和非模糊性情境下的行动逻辑、激励效果显然是不同的。其次，多领域政策执行的内在关系肯定比单一领域政策执行的关系要复杂得多。针对单一领域政策执行研究固有思维及模糊性政策执行的研究相对缺失，本书以科技政策与就业政策执行过

---

① 龚虹波：《执行结构—政策执行—执行结果——一个分析中国公共政策执行的理论框架》，《社会科学》2008年第3期。
② 薛立强、杨书文：《论中国政策执行模式的特征——以"十一五"期间成功关停小火电为例》，《公共管理学报》2011年第4期。
③ 贺东航、孔繁斌：《公共政策执行的中国经验》，《中国社会科学》2011年第5期。
④ 杨宏山：《政策执行的路径——激励分析框架：以住房保障政策为例》，《政治学研究》2014年第1期。

程中的关系为研究对象,借助玛特兰德"模糊—冲突"①模型,对 D 市"机器换人"政策案例进行深入探究,进而解构不同模糊程度的科技政策执行会与就业政策产生何种程度的冲突。

### 三 "模糊—冲突"框架下政策执行:理路、限度与修正

政策执行模糊性是指执行过程中发生的政策信息不清晰、不明确现象。② 政策执行的模糊性有多重释义:一是政策目标、工具、标准等结构性模糊引发的执行偏差与梗阻;二是行动者执行性知识与能力的短缺造成的自主随意执行;三是政策对象、政策情境等信息缺失引发的政策走样失灵。③ 模糊性的核心要义是不确定性及不可测度性。④ 在政策科学领域,模糊性是政策的内在属性与影响执行的重要变量,一方面被大部分研究者忽视;另一方面却成为决策者惯用的政策制定技术与策略。⑤ 随着政策情境的变迁,模糊性政策研究逐渐起步。

第一是政策内容模糊性研究。帕梅拉·A. 米斯成(Pamela A. Mischen)和托马斯·A. P. 辛克莱(Thomas A. P. Sinclair)认为,政策内容的模糊性主要是政策意图或实现政策目标的途径的不确定性。⑥ 迈克·希尔(Mike Hill)和彼特·休普(Peter Hup)也认为,模糊性是政策内在属性,明智的政策制定者不应该消除这一现象。⑦ 国内学者韩志明认

---

① Richard E. Matland, "Synthesizing the Implementation Literature: The Ambiguity-Conflict Model of Policy Implementation", *Journal of Public Administration Research and Theory*, Vol. 5, No. 2, 1995, pp. 145 – 174.

② 韩志明:《政策执行的模糊性及其治理效应》,《湘潭大学学报》(哲学社会科学版) 2018 年第 4 期。

③ 韩志明:《政策执行的模糊性及其治理效应》,《湘潭大学学报》(哲学社会科学版) 2018 年第 4 期。

④ 孙志建:《"模糊性治理"的理论系谱及其诠释:一种崭新的公共管理叙事》,《甘肃行政学院学报》2012 年第 3 期。

⑤ [美]詹姆斯·G. 马奇:《决策是如何产生的》,王元歌、章爱民译,机械工业出版社 2007 年版,第 151 页。

⑥ Pamela A. Mischen and Thomas A. P. Sinclair, "Making Implementation More Democratic through Action Implementation Research", *Journal of Public Administration Research and Theory*, Vol. 19, No. 1, 2009, pp. 145 – 164.

⑦ [英]迈克·希尔、[荷]彼特·休普:《执行公共政策》,黄健荣等译,商务印书馆 2011 年版,第 107 页。

为，模糊性政策应包含以下几个方面：其一，政策规范的模糊性，涵盖了政策语言的模糊性、语义内容的歧义性、规范要求的原则性及适用范围的模糊性；其二，政策过程的模糊性，蕴含着制定过程的多元利益冲突、政策执行的不确定性与政策评估的复杂性；其三，政策结果的不确定性，包含政策结果的多重性、外溢性及动态性。①

第二是政策模糊性成因研究。模糊性是顶层决策者惯用的决策技术与治理策略。②由于政策环境的不确定性和动态性，高层决策者在政策设计时故意在政策语言、政策目标或政策手段上模糊化，给政策执行一定的自由裁量空间。③尤其是一项新政策刚出台的时候，为了缓解央地冲突，高层往往会推出模糊性政策进行试点。质言之，模糊性具有双重效应：一方面，模糊性构成执行的梗阻因素，提高了沟通成本、信息成本及执行成本；另一方面，模糊性给政策执行留下较大的自主性与自治性。④正如国内学者孙志建所言，有些政策是中央"刻意模糊"和"模糊立法"，只做出纲领性原则性要求，而对具体执行要求则泛化处理。当然，不能排除因难以克服的技术性或体制性难题而形成的"无意模糊"。⑤因此，模糊性是政策执行研究过程中不可忽视的变量和属性。那么，模糊性政策会对政策执行过程产生哪些具体的影响？模糊性程度与冲突性程度之间的内在关系是什么？模糊性政策一定会造成执行过程的冲突现象吗？为了回应以上疑问，本书在玛特兰德的"模糊—冲突"模型基础上，结合具体的案例研究，构建科技政策与就业政策的"模糊—冲突"新模型。

---

① 韩志明：《政策过程的模糊性及其策略模式——理解国家治理的复杂性》，《学海》2017年第6期。

② 韩志明：《政策过程的模糊性及其策略模式——理解国家治理的复杂性》，《学海》2017年第6期。

③ ［英］米切尔·黑尧：《现代国家的政策过程》，赵成根译，中国青年出版社2004年版，第163—170页。

④ 韩志明：《在模糊与清晰之间——国家治理的信息逻辑》，《中国行政管理》2017年第3期。

⑤ 孙志建：《"模糊性治理"的理论系谱及其诠释：一种崭新的公共管理叙事》，《甘肃行政学院学报》2012年第3期。

## (一) 模糊—冲突理论模型描述

相比第一代、第二代政策执行研究范式，理查德·E. 玛特兰德（Richard E. Matland）成功地注意到执行中的模糊性与冲突性问题。他从模糊性与冲突性两个维度构建了"模糊—冲突"矩阵分析框架。模糊性是政策目标、手段、工具的不清晰、不明确。模糊性政策主要呈现以下特征：第一是中立性。第一代自上而下政策执行研究路径将模糊性视为政策的一种不确定性，并将政策执行失败归因于政策模糊性。这一研究路径没有考量政策模糊性的积极意义。目标模糊确实有可能导致执行者对政策的错误理解，进而造成执行偏差。然而，即便是目标明确的政策在执行中也会产生冲突。相反，目标模糊的政策可能会缓解冲突，尤其是一项创新性政策，在初期确实需要使用模糊性的表达来争取更多的支持者。因为模糊性可以让政策参与者从不同角度去解读。因此，我们不能武断地给政策模糊性贴上好或坏的价值标签。第二是客观性，即模糊性是客观存在的属性。政策制定者的有限理性及政策情境的动态变化，都决定了政策制定者在决策时难以将政策在执行完美全方位地纳入考量范围，因此模糊性是客观存在的。

冲突性是包含政策主体、客体、对象等在内的多元主体就价值取向、目标认同及工具选择上产生的分歧与矛盾，具体表现为手段的争执或目标的不兼容，其本质是利益矛盾或价值冲突。当冲突程度较低时，尚能找到消解的办法；当冲突程度较高且充满争议的时候，政策执行充满阻力甚至破产，很难通过资源供给或报酬调整等手段来缓解冲突。根据政策模糊性高低与冲突性高低，玛特兰德将政策执行划分为以下四种类型，并分析每种类型的政策在执行中起支配作用的要素（如表3-1所示）。[1]

---

[1] Richard E. Matland, "Synthesizing the Implementation Literature: The Ambiguity-Conflict Model of Policy Implementation", *Journal of Public Administration Research and Theory*, Vol. 5, No. 2, 1995, pp. 145–174.

表 3-1　　　　　　玛特兰德"模糊—冲突"分析模型

|  |  | 冲突性 | |
|---|---|---|---|
|  |  | 低 | 高 |
| 模糊性 | 低 | 行政性执行（Administrative）<br>支配新要素：资源 | 政治性执行（Political）<br>支配新要素：权力 |
|  | 高 | 实验性执行（Experimental）<br>支配新要素：情境 | 象征性执行（Symbolic）<br>支配新要素：社会联盟 |

资料来源：Richard E. Matland, "Synthesizing the Implementation Literature: The Ambiguity-Conflict Model of Policy Implementation", *Journal of Public Administration Research and Theory*, Vol. 5, No. 2, 1995, pp. 145-174。

第一类，行政性执行：低模糊—低冲突。行政性执行发生在目标明确、手段清晰的背景下。指令直接从科层制组织的顶层发出，按照等级链传递到地方执行层。其中，资源作为支配性要素，充足的资源供给可以保障行政性执行顺利开展。第二类，象征性执行：高模糊—高冲突。目标不清、手段不明确是引发象征性执行的重要因素。其中，社会联盟作为支配性要素影响执行效果。联盟力量不仅代表权力的大小，更重要的是政策参与者形成的联盟在稳固性和影响力上的优势地位。占据优势地位的联盟力量对政策执行能够产生决定性作用。第三类，政治性执行：低模糊—高冲突。目标清晰却不相容极易引发政治性执行。其中，权力是执行过程的支配性要素。因为目标冲突不相容，就需要组织权威层的领导者拥有足够强大的权威将政策意图强加于执行者，迫使其遵照执行，在强压驱动下，众多政策参与者对政策目标达成一致，进而促进政策顺利执行。第四类，实验性执行：高模糊—低冲突。政策目标虽然模糊，但是冲突程度较低，因而可以成为探索性执行。具体的"情境"在执行过程中起到支配性作用。情境既包含了政策实践过程中的客观资源状况，也包含了政策参与者参与程度与意愿等要素。情境具有不可控性和不确定性，因而，实验性执行的结果有较大的不确定性。

(二) 模糊—冲突模型的运用与限度

在玛特兰德看来，模糊性政策不应该被贴上任何规范性价值标签。模糊性不能一刀切地被认为是有利或不利因素，它是政策固有的、客观的属性。我们不能像第一代政策执行研究思潮那样，简单地将执行失败归咎于政策模糊性。玛特兰德的"模糊—冲突"一定程度上突破了自上而下政策执行研究在方向性上的局限性，增进了人们对政策模糊性积极意义的理解。这种突破主要表现在：不再过度地关注高层决策者或基层执行者，转而关注政策的模糊性与冲突性以及政策执行中的支配性要素对政策执行效果的影响。该分析框架在政策执行领域有较强的解释力，在国内引起很多学者的关注。

国内关于该模型的研究主要有两类。第一，运用该模型分析国内具体的政策问题，探究模糊性、冲突性与执行偏差的关联性，进而优化执行路径。[1] 第二，探究该模型的适用性，结合具体案例对模型进行本土化修正。[2] 随着研究的深入，该模型开始出现"水土不服"现象，模型的适应性需要进一步验证，主要原因在于"模糊—冲突"模型本身存在的局限性。首先，关于政策模糊性与冲突性的测度没有明确的标准，因而四类政策执行之间的界限划分并不十分清晰。其次，该模型对历史性因素与政策属性内在关联研究不足，仅仅停留在对政策属性与执行效果的笼统阐述。该模型对于动态的、长周期的、复杂的政策执行，解释力显然不足。最后，该模型目前仅用于分析单一领域政策属性与执行的关系，对于多领域政策属性与执行关系的研究仍然是空白。

(三) 科技政策与就业政策执行的"模糊—冲突"模型修正

"模糊—冲突"模型源自西方政策语境，直接用于分析我国的政策执行存在一定的局限性。因此，我们要转换政策语境并构建本土化的分析框架。目前的研究主要有两种趋势：一是对分析框架修正，再用

---

[1] 胡业飞、崔杨杨：《模糊政策的政策执行研究——以中国社会化养老政策为例》，《公共管理学报》2015年第2期。

[2] 杨宏山：《情境与模式：中国政策执行的行动逻辑》，《学海》2016年第3期。

于案例分析①；二是结合具体案例的适用性，再进行分析框架修正。② 两种形式的修正内容有一定的共性：一是对模糊性和冲突性的概念进行拓展或量化③；二是根据具体情境对政策执行的支配性要素重新界定。④

为了更好地将"模糊—冲突"分析框架运用于探究科技政策与就业政策执行关系，首先，我们要对模糊性政策有一个理性的认知。政策目标和手段清晰无疑是理性状态，但是适度的模糊是清晰政策不可得情况下的次优选择，甚至是决策者故意为之。⑤ 模糊性一定程度上暗含着执行与制定的偏离，但是为决策者与执行者预留了缓冲地带，也为政策体系的良性运转提供了润滑剂。⑥ 执行者在面对模糊性政策时也会灵活执行，而良好的政策体系正是在精确性、灵活性及模糊性之间寻求平衡。其次，结合本土情境进行修正。不同于西方严格的政治行政二分，我国的政策执行发生在政治决策与行政执行深度融合的情境下。⑦ 同时，中国的政策执行发生在"政党引领，党与国家互嵌"的独特结构与政治生态中，因而呈现"高位推动"和"条条与块块"的显著特征。⑧ 本书研究对象科技政策和就业政策的执行与很多重大政治任务绑定，如就业扶贫、就业脱贫、就业助力乡村振兴、科技兴国、科技强国等国家战略。由此，本书对政策执行的研究关注的是中国政治情境。在具体的政策执行研究中，本书将从以下几个方面对分析框架进行修正（如表3-2所示）。

---

① 袁方成、康红军：《张弛之间：地方落户政策因何失效？基于"模糊—冲突"模型的解释》，《中国行政管理》2018年第1期。

② 竺乾威：《地方政府的政策执行行为分析：以"拉闸限电"为例》，《西安交通大学学报》（社会科学版）2012年第2期。

③ 王洛忠、都梦蝶：《"限塑令"执行因何遭遇阻滞？——基于修正后的"模糊—冲突"框架的分析》，《行政论坛》2020年第5期。

④ 胡业飞、崔杨松：《模糊政策的政策执行研究——以中国社会化养老政策为例》，《公共管理学报》2015年第2期。

⑤ 韩志明：《模糊的社会——国家治理的信息基础》，《学海》2016年第4期。

⑥ 韩志明：《政策执行的模糊性及其治理效应》，《湘潭大学学报》（哲学社会科学版）2018年第4期。

⑦ 杨宏山：《情境与模式：中国政策执行的行动逻辑》，《学海》2016年第3期。

⑧ 贺东航、孔繁斌：《公共政策执行的中国经验》，《中国社会科学》2011年第5期。

表3-2  政策执行中的模糊—冲突模型修正

| 模糊性程度 | 低模糊性 | 高模糊性 |
|---|---|---|
| | 考核指标清晰 | 考核指标模糊 |
| | 执行路径清晰 | 执行路径模糊 |
| | 执行期限明确 | 执行期限宽松 |
| | 执行资源充分 | 执行资源稀缺 |
| 支配性要素 | 权威+资金+政绩+经济 | 情境 |
| 执行方式 | 行政性执行 | 交通性执行 |
| 冲突程度 | 高冲突 | 低冲突 |

表格来源：作者自制。

首先，就政策研究对象来看，本书突破单一政策领域内冲突性与模糊性的关系研究。本书重点探究科技政策与就业政策的模糊性与冲突性关系。具体而言，本书以模糊性科技政策为因变量，以就业政策为自变量，进而探究基层政府对不同模糊程度的科技政策的策略性执行会与就业政策产生哪些冲突。为提高研究的说服力，本书选取D市具有典型性的"机器换人"政策执行案例，分析D市政府在回应模糊性的"机器换人"政策时的执行策略，进而探究不同的执行策略与就业政策的冲突性程度。

其次，就政策模糊性衡量标准而言，主要通过以下几个指标来衡量。第一，考核指标；第二，执行路径；第三，执行期限；第四，执行资源。当考核指标清晰、执行路径清晰、执行期限明确及执行资源充分时，该政策属于低模糊性政策。相反，当考核指标模糊、执行路径模糊、执行期限宽松及执行资源稀缺时，该政策属于高模糊性政策。

再次，就执行中的支配性要素而言，低模糊性与高模糊性政策执行的支配性要素存在较大差异。地方政府在回应低模糊性政策的时候，执行过程中的支配性要素不仅仅有上级权威的考核压力与资金投入的强激励，还有政绩竞赛与经济竞赛的内在驱动力。然而，地方政府在回应高模糊性政策的时候，执行过程的支配性要素往往是具体的情境。理性的行动者会依据具体的情景做出有利于自己或部门的策略性调整。

最后，就政策执行过程的冲突性而言，当科技政策模糊性低时，即考核指标清晰、执行路径清晰、执行期限明确及执行资源充分时，该政策执行与就业政策的冲突性较高。相反，当科技政策模糊性程度高时，即考核指标模糊、执行路径模糊、执行期限宽松及执行资源稀缺时，该政策执行与就业政策的冲突性较低。

当然，政策的模糊性与冲突性程度不是一成不变的，随着政策情境的变化及政策执行资源的调整，政策的模糊性可能越来越低，那么政策模糊性与冲突性的关系也将随之调整。本书重在探究已经出台的科技政策与就业政策，暂不考虑政策情境变化等要素。

## 第二节　地方政府政策执行过程中的冲突

在社会转型过程中，利益主体多元化、复杂化与差异化并存。加之我国疆土辽阔及地域治理特殊性，中央政府在制定科技政策时不得不使用宏观性和指导性的文本表述。因此，现实中经常会看到一些量化标准不明确、语义抽象、措辞模糊、手段不明的模糊性科技政策。本书着眼于科技政策与就业政策的执行过程，研究对象突破单一政策领域的模糊—冲突分析，将科技政策与就业政策同时安置在模糊—冲突分析框架中。为深入探究高层制定的科技政策在地方层面如何展开执行，地方科技政策在执行过程中与就业政策发生了哪些具象的冲突，本书选择科技政策中的智能制造、机器换人等科技产业政策作为研究对象，同时对D市实务部门工作人员进行访谈，收集当地智能制造、机器换人及就业政策文本、报告及案例。本书结合调研材料，以修正后的"模糊—冲突"模型为分析框架，呈现模糊性科技政策执行与就业政策的具体冲突。

### 一　"机器换人"科技政策的背景与概况

新一轮智能革命正在孕育，数字化、智能化成为制造业发展的主流。西方发达国家围绕智能制造展开新一轮角逐。德国制定"工业4.0"计划，以智能制造为核心，探索新型的工业发展路径。美国制定"再工业化"战略，提出大力扶持航天、信息技术、生物医药等高端制造业，旨在抢占国际竞争的制高点。在新的历史机遇下，中国也采取行动并制定一系列驱动政策，旨在通过"智能制造、机器换人"等措施促进制造业智能化升级。

从表3-3人工智能产业政策的具体内容来看，中央政府层面的科技政策属于典型的模糊性政策。第一，就政策目标而言，中央科技政策文本延续了传统的表达风格。政策目标虽然相对清晰地阐述了制造业智能化转型及机器人产业的发展方向和价值取向，但是总体而言，国家政策目标描述还是相对笼统。第二，就政策要求而言，中央政府鼓励地方按照政策要求，结合实际制定适合本地区的具体实施方案和配套措施，但是并没有对地方政府科技政策执行提出明确的考核要求和衡量指标。第三，就政策的实施路径而言，"深化改革、营造环境、组织实施、统筹协调、加大财税支持"等实施路径模糊且宽泛。相对于模糊性，科技政策内部的冲突程度较低，这是因为国家成立了国务院科技工作领导小组。在国务院牵头下，国家发展和改革委员会、工业和信息化部、科技部以及财政部等主要职能部门协调配合。基于此，本书将中央制定的系列科技政策判定为一项高模糊、低冲突的政策（详见表3-3）。

中央政策"高模糊—低冲突"给G省政策执行预留了较大的自主性操作空间与剩余决策权。一方面，G省有着较为完备的工业基础与工业体系，推行智能制造有一定的产业支撑与市场空间。另一方面，G省面临着关键核心技术对外依存度高、劳动力成本攀升、土地资源稀缺等转型困境。在国际竞争加剧、国内发展受阻的双重困境下，G省抓住战略机遇，围绕《中国制造2025》《国务院关于印发新一代人工智能发展规划》等国家政策，颁布《G省工业转型升级攻坚战三年行动计划（2015—2017年）》［以下简称《行动计划（2015—2017年）》］和2015年7月《G省智能制造发展规划（2015—2025年）》［以下简称《发展规划（2015—2025年）》］。这两份纲领性政策围绕"产业转型、创新驱动、智能制造"总目标制定了非常具体的政策目标和量化考核指标。如《发展规划（2015—2025年）》将发展目标细化到每个年份，具体目标涵盖智能装备产值增额、机器人及配套产业产值、机器人使用数量、规模以上企业数量、主营收入等。《发展规划（2015—2025年）》政策目标

表 3-3 国家机器换人政策

| 政策文件 | 政策目标 | 政策要求 | 实施路径 |
| --- | --- | --- | --- |
| 《国务院关于印发〈中国制造2025〉的通知》 | 力争通过"三步走"实现制造强国的战略目标。第一步：力争用十年时间，迈入制造强国行列。第二步：到2035年，我国制造业整体达到世界制造强国阵营中等水平。第三步：新中国成立一百年时，制造业大国地位更加巩固，综合实力进入世界制造强国前列 | 各地区、各部门要充分认识建设制造强国的重大意义，加强组织领导，健全工作机制，强化部门协同和上下联动。各地区要结合当地实际，研究制定具体实施方案，细化政策措施，确保各项任务落实到位。工业和信息化部要会同相关部门加强跟踪分析和督促指导，重大事项及时向国务院报告 | 深化体制机制改革；营造公平竞争市场环境；完善金融扶持政策；加大财税政策支持力度；健全多层次人才培养体系；进一步扩大制造业对外开放；健全组织实施机制，成立国家制造强国建设领导小组 |
| 《国务院关于印发新一代人工智能发展规划的通知》 | 第一步，到2020年人工智能总体技术和应用与世界先进水平同步，人工智能产业成为新的重要经济增长点，人工智能技术应用成为改善民生的新途径。第二步，到2025年人工智能基础理论实现重大突破，部分技术与应用达到世界领先水平，人工智能成为带动我国产业升级和经济转型的主要动力。第三步，到2030年人工智能理论、技术与应用总体达到世界领先水平，成为世界主要人工智能创新中心 | 新一代人工智能发展规划是关系全局和长远的前瞻谋划，必须加强组织领导，健全机制，瞄准目标，紧盯任务，以钉钉子的精神切实抓好落实，一张蓝图干到底 | 制定促进人工智能发展的法律法规和伦理规范；完善支持人工智能发展的重点政策；建立人工智能技术标准和知识产权体系；建立人工智能安全监管和评估体系；大力加强人工智能劳动力培训；广泛开展人工智能科普活动 |
| 《促进新一代人工智能产业发展三年行动计划（2018—2020年）》 | 力争到2020年，一系列人工智能标志性产品取得重要突破，在若干重点领域形成国际竞争优势，人工智能和实体经济融合进一步深化，产业发展环境进一步优化 | 为贯彻落实《中国制造2025》和《新一代人工智能发展规划》，推动人工智能产业发展，实现人工智能与实体经济深度融合，制定《促进新一代人工智能产业发展三年行动计划（2018—2020）》。现印发给你们，请结合实际认真贯彻落实 | 加强组织实施；加大支持力度；鼓励创新创业；加快人才培养；优化发展环境 |

续表

| 政策文件 | 政策目标 | 政策要求 | 实施路径 |
|---|---|---|---|
| 《关于组织实施2012年智能制造装备发展专项的通知》 | 推进制造业领域智能制造成套装备的创新发展和应用；加强智能测控装置装备的研发、应用与产业化，夯实智能制造装备产业发展基础；加强智能测控装置装备的研发、应用与产业化，夯实智能制造装备产业发展基础 | 各地方发展改革委、工业和信息化主管部门（局）、财政厅（局）对拟申报项目进行审查，并联合向上述三部委提出项目申请 | 本专项由国家发展改革委、财政部、工业和信息化部联合组织实施。项目申报完成后，并由三部门组织联合审议及核查，并由三部委联合发文予以确认 |
| 《工业和信息化部关于推进工业机器人产业发展的指导意见》 | 开发满足用户需求的工业机器人系统集成技术，主机设计技术及关键零部件制造技术，突破一批核心技术和关键零部件，提升量大面广的主流产品的可靠性指标，在重点领域推进工业机器人的规模化示范应用 | 各地可按照本意见要求，结合实际研究制定适合本地区工业机器人发展的具体实施方案，行动计划和配套政策措施，加强沟通协调，抓好措施落实，确保取得实效 | 加强统筹协调；营造良好发展环境；加强财税政策支持；发挥行业组织作用；加强人才队伍建设 |
| 《国家安全监管总局办公厅关于开展"机械化换人、自动化减人"科技强安专项行动试点企业的通知》 | 深入推进"机械化换人、自动化减人"科技强安专项行动，自动化减人，充分发挥典型引领作用，形成可复制可推广的先进经验 | 各级安全监管监察部门要结合本地区实际，确定试点省级试点企业，推动更多企业通过"机械化换人、自动化作业"提高安全保障能力，不断推进科技安全生产"零死亡"目标，逐步实现安全生产"零死亡" | 加强对试点示范企业的指导，为企业进行机械化、自动化改造和使用机器人作业等方面创造良好环境，积极推进试点示范各项任务顺利完成 |
| 《机器人产业发展规划（2016—2020年）》 | 形成较为完善的机器人产业体系，技术创新能力和国际竞争力明显增强，产品性能和质量达到国际同类水平，关键零部件取得重大突破，基本满足市场需求。具体目标：产业规模持续增长，技术水平显著提升，关键零部件取得重大突破 | 地方工业和相关企业、发展改革等本地区主管部门及相关企业结合本地规划和本衔接的实际情况，制订与本规划和中小企业的组织实施方案。相关行业协组带作用，及时反映规划实施过程中出现的新情况、新问题，提出政策建议 | 加强统筹规划和资源整合；加大财税支持力度；拓宽投融资渠道；营造良好的市场环境；加强人才队伍建设；扩大国际交流与合作 |

表格来源：作者整理。

明确，《行动计划（2015—2017年）》更是制定了三年行动总目标和重点攻坚行动目标，并将目标分解分配到各个市区。

从G省科技政策文本的具体内容来看，政策模糊性较中央政策已经大大降低。最主要的表现就是政策目标全面而清晰，考核指标具体而详细。例如，在2015年度的目标分解任务中，重点攻坚行动包括强化企业自主创新主体地位、实施新一轮技术改造、推动制造业智能化及推动工业绿色发展等。其中，D市在重点攻坚行动中被省政府下达了一系列细化的指标：工业投资达到435亿元；工业技改投资达到164亿元；开展技改的规模以上工业企业（其中，年主营业务收入超5000万元的企业）要达到750（260）家；规上企业设立研发机构比例达11%；规上企业开展"机器换人"达到90家等。从以上指标来看，虽然省级层面科技政策目标清晰，但是执行路径依然比较笼统，这就为地方政策执行留下较大的自主性空间。从另一个层面来讲，相较于如何完成考核任务，高层更关注在规定时间内考核指标的完成情况。

为达成G省下达的政策目标与考核要求，D市分别于2015年和2016年颁布《D市工业机器人智能装备产业发展规划（2015—2020年）》[以下简称《发展规划（2015—2020年）》]、《关于大力发展机器人智能装备产业打造有全球影响力的先进制造基地的意见》（以下简称《意见》），给各县区设置了更为细化的考核指标。其实早在省政府制定执行政策之前，D市已经开始尝试执行中央的科技政策。具体体现在2014年颁布的《关于加快推动工业机器人智能装备产业发展的实施意见》（以下简称《实施意见》）、《D市推进企业"机器换人"行动计划（2014—2016年）》[以下简称《行动计划（2014—2016年）》]以及《D市"机器换人"专项资金管理办法》。各项政策目标非常清晰，旨在推动D市制造业"机器换人"，降低劳动力成本，促进产业转型升级。高层"高模糊—低冲突"科技政策也给D市政策执行创设了操作空间。D市科技局的工作人员在被访谈中表示："刚开始，国家政策没有明确的目标和要求，也没有相应的行动指南，我们也是根据省里要求摸着石头过河，现在看来，我们理解和努力的方向是清晰的。"（访谈对象B1：20210831）总之，高层模糊性的科技政策给地方执行预留了较大的操作空间与剩余决策权。

中央和地方强力推动制造业智能化升级、鼓励机器人产业发展与广泛运用，有其深刻的缘由。我国制造业的刘易斯拐点已经到来，劳动力人口红利逐渐式微。就 D 市而言，刘易斯拐点到来得更早一点，其制造业较早面临劳动力短缺问题。早在 2015 年，D 市就有 10 万左右的普通产业工人缺口，现在产业工人缺口更大，这就迫使 D 市企业和政府用机器替代人力。访谈中有企业家为招工难表示忧虑："春节期间，测算一下，可能缺少 30% 左右的工人。客户的订单是没办法交付的，就算高价找人也很困难。现在最难招的工种是干体力活的。90 后的这些新工人，不太愿意从事重体力的劳动，导致现在从事体力劳动的工人年龄都偏大，就算我们一直在降低招工的门槛，也很难解决这些部门的劳动力问题。你给再多的钱，他们也不愿意从事这一类型的工作。"（制造业访谈对象 A20：20210723）

简言之，随着经济转型升级、产业智能化升级及新业态不断涌现，D 市劳动力市场"就业难"与"招工难"并存的问题将持续存在。面对以上双重困难，D 市强力推出"机器换人"计划及配套措施。换言之，"机器换人"政策安排的初衷是促进产业升级、解决招工难的问题。那么缘何在执行过程中与就业政策产生冲突？接下来本书将深入剖析地方政府对高层模糊性科技政策的执行策略与行动逻辑，然后具体阐述"机器换人"政策执行与就业政策产生的冲突。

### 二 地方政府对高层模糊性科技政策的执行策略

总结 D 市政府对高层科技政策的执行逻辑，可以归纳为两条路径，一是对中央政策的变通性执行，二是对直接上级政策的行政性执行。

**（一）D 市对中央模糊性科技政策的执行策略：变通性执行**

变通性执行是在地方政府创新能力强、创新动力足，但是政策内容不完备的情况下，推进政策执行所采用的策略。在此情境下，中央科技政策目标和执行路径均具有较高的模糊性，只是给出了框架性目标和行动思路，地方政府有广泛的剩余决策权。创新能力强的政府会开展内部和外部动员，整合专家、领导及社会资源，出台详细的执行方案，在本地率先开展正式实验。从 D 市对中央科技政策的执行策略和逻辑来看，执行初期属于典型的变通性执行。

早在 2014 年之前，D 市所在的 G 省并没有出台相应的"机器换人"政策。因此，2014 年 D 市颁布的《实施意见》、《行动计划（2014—2016 年）》属于探索性政策尝试。D 市"机器换人"先行先试最直接的政策依据是《关于组织实施 2012 年智能制造装备发展专项的通知》（以下简称《通知》）及《工业和信息化部关于推进工业机器人产业发展的指导意见》（以下简称《指导意见》）。没有直接上级政府的指导和行动指南，D 市"机器换人"政策设计也就没有可资借鉴的直接经验。《指导意见》要求，"各地可按照本意见要求，结合实际研究制定适合本地区工业机器人发展的具体实施方案、行动计划和配套政策措施，加强沟通协调，抓好措施落实，确保取得实效"[①]。从中可以看出，中央的科技政策目标模糊，要求笼统，执行路径宽泛。正是中央的模糊性政策，成为 D 市"机器换人"最直接的合法性来源，并赋予基层执行者较大的剩余决策权。

中央政府模糊性政策给 D 市政府较大的执行空间，也给 D 市制造业升级带来变革契机。D 市企业"机器换人"政策的推行离不开对中央政策精神的深入理解和把握。面对中央模糊性较高的政策，D 市结合本地实际情况制定了系列变通性执行路径，包括选择性执行、创造性执行及象征性执行。

第一，模糊性政策的选择性执行。《指导意见》具有较大的模糊性，但是该文件并非全盘模糊，地方政府依然能够识别选出政策目标相对清晰的部分进行执行。比如，《指导意见》要求培育具备国际竞争力的龙头企业 3—5 家，培育配套产业集群 8—10 个，机器人密集度要大幅提升（万名员工配置 100 台以上机器人）。为贯彻落实《指导意见》，D 市在《实施意见》与《行动计划（2014—2016 年）》中制定了可以量化的考核指标，比如，打造 2—3 个工业机器人产业园和 6—8 个智能装备产业

---

① 《工业和信息化部关于推进工业机器人产业发展的指导意见》，中华人民共和国工业和信息化部官网，https：// www. miit. gov. cn/xwdt/gxdt/sjdt/art/2020/art_ 591a594deebd4575a2bacd244baa6c4c. html，2023 年 7 月 16 日。

集聚区。

第二，模糊性政策的创造性执行。模糊的科技政策无形中放宽了执行约束条件，给予D市重新界定政策边界的空间。D市根据本地实际情况及自身对政策的认知来定义政策内涵及界定政策外延。比如，《意见》要求各地加强财税政策支持、发挥行业组织作用，但是并没有给出具体的执行路径，政策要求相对来说比较笼统。D市结合本地制造业升级及招工难瓶颈制定了"机器换人"政策。为化解政策推行中的资金短缺难题，D市创新资助方式。其一，实行"拨贷联动"，即企业先申报项目，由经信局将项目推荐给银行，由银行审核之后发放贷款，然后市财政再给予立项和贴息补助。① 其二，实行"设备租赁"，政府通过第三方金融机构购买"机器换人"所需要的设备，由企业以"按揭"方式使用设备，按揭还完后设备归企业所有，其本质是政府作为信用背书替企业担保。其三，为防止专项资金被套用，保障"机器换人"出实效，D市出台严格的考核制度，所有镇街企业"机器换人"项目的推进成效都与镇街领导干部的考核挂钩。考核主体不仅有上级部门，还有地方高校组成的第三方专业服务机构。访谈中有"机器换人"项目验收专家说道："机器换人"政府补助力度很大，但是想拿到专项补贴资金，政府也不是好糊弄的，有严格的考核标准。我院是在2016年初的时候申请认定作为咱们D市"机器换人"专项资金验收第三方服务机构。我们团队主要负责十几个镇街的"机器换人"专项应用的核查验收，一共核查三百多家企业，核查标准很严格。（"机器换人"项目验收专家A21：20210724）

D市除创新"机器换人"资助方式以外，还在2014年7月，由经信局牵头成立机器人技术协会并制定协会章程。协会吸纳了工业领域企业家、高管、专家学者及技术人员等多元化主体，旨在扶持和推广机器人应用。机器人协会作为政府推动的社会力量，在推进机器人研发与运用方面发挥了行业自律、行业协调、政策咨询、国际交流等重要作用。

---

① 《〈D市推进企业"机器换人"行动计划（2014—2016年）〉的通知》，东莞市人民政府网，http://www.dg.gov.cn/zwgk/zfgb/szfbgswj/content/post_353845.html，2023年7月14日。

第三，模糊性政策的象征性执行。由于科技政策的目标导向与执行路径不清晰，因而难以给执行者设定明确的考核指标。这也意味着，决策者难以对政策效果进行衡量和评估。[①] 没有考核指标，也就没有考核问责的压力。再加上相关激励机制缺失，地方政府对模糊性政策往往偏向于象征性执行。[②] 象征性执行是政策执行者通过座谈会、内部政策学习、政策宣传及文件转发等形式，来传达一种信号和价值取向，但是没有实质性的行动。基层执行者通过以上执行方式留下痕迹，表明自身对高层政策及意图的重视及努力。比如，在《指导意见》下发后，D市经信局召集工业领域相关行业协会和重点企业召开"机器换人"工作座谈会，传达政策意图。经信局作为"机器换人"牵头部门，介绍机器人产业发展和机器换人的具体工作计划。座谈会明确了"机器换人"政策"政府推动、企业主体、市场运作"的基本原则及"减员、增效、提质、保安全"的目标，并通过实时报道向中央传递D市政策执行的信号。

座谈会是以一种非正式形式向高层传达地方政府政策执行的努力。同时，D市还召开政府内部会议[③]，审议研究"机器换人"配套政策，着重对《D市"机器换人"专项资金管理办法》进行宣讲，就"机器换人"项目申报流程向社会各界进行政策解读。政策解读包括项目申报材料、企业申报资质、申报流程、项目现场勘验、资助方式等内容。如此多措并举，既可以使得高层施加的执行任务通过座谈会等形式予以回应和缓解，又使得地方政府在高层政策模糊性较高情境下不用倾注过多的政策执行资源和精力，从而保护地方政府自身利益。再者，由于没有相关的激励机制和严格的考核问责压力，地方政府选择象征性执行成为一种趋势。

---

① 杨宏山：《情境与模式：中国政策执行的行动逻辑》，《学海》2016年第3期。
② 杨宏山：《政策执行的路径——激励分析框架：以住房保障政策为例》，《政治学研究》2014年第1期。
③ 2014年7月2日，D市召开市政府常务会议，进一步审议研究"机器换人"配套政策。会议目标明确，就是要为企业"机器换人"解决资金问题并调动金融机构、民间资金等资源参与"机器换人"计划的积极性。

(二) D 市对省级模糊性政策的执行策略：行政性执行

面对 G 省明确的目标要求和评估考核，D 市政府直接采取了行政性执行。行政性执行发生在地方政府创新能力强、创新意愿强且公共政策目标明晰度较高的情境下。一方面，当指令从上级权威发出，传递到地方政府，地方执行者首先会识别出评估考核非常明确的政策内容，通过会议解读、学习、再决策，然后进行任务再分解、再分配、再考核，这属于行政性执行。另一方面，当上级权威指令目标清晰、执行路径宽泛的时候，如果政策安排与本地实际有差异，创新能力强的地方政府会基于本地环境做出适当的政策调适，这属于变通性执行，即在不改变上级政策目标的前提下，选择适合本地的政策执行路径来回应上级的评估考核。

当来自上级的指令有严格的考核问责和明确的激励机制的时候，地方政府往往会选择直接的行政性执行。比如，为贯彻中央《指导意见》，G 省颁布《行动计划（2015—2017 年）》。《行动计划（2015—2017 年）》建立了正式的工作制度。首先，由省经信委牵头建立部门间联合会议制度，统筹推进《行动计划（2015—2017 年）》实施。其次，制定年度目标，任务发包分配，由省经信委牵头将每年任务分解落实到各地，并要求各地将工业化转型纳入政府工作重点。然后再结合各地实际制定具体方案，将目标任务分解细化。再次，开展项目跟踪机制，每年 6 月底、12 月底前要求各地向经信委报送项目进展情况。最后，建立严格的督查考核制度，不仅省里有定期的专项督查，而且经信委设置了重点考核指标和评估体系。在每个考核年度，省里都会对达成考核指标的地级市通报表扬，对未完成指标且排名靠后的地市领导进行约谈，这无形中给地方政府造成很大的执行压力。

同样，面对省政府严格的考核指标、明确的任务时间节点、巨大的问责压力及激励机制，D 市政府制定了清晰的目标和执行路径。具体体现在 D 市颁布的《发展规划（2015—2020 年）》及《意见》。就政策目标而言，该市在省级考核指标基础上进一步分解细化。如机器人产值要求达到千亿元，机器人密集度提高（每万名员工配置机器人 120 台），国产机器人本地市场占有率达 50%，研发费用支出不低于该行业总产值

4%，到 2020 年建成机器人产业园 2—3 个等系列目标。① 就执行路径而言，行动路径更加清晰。D 市设立专项资金用于推动"机器换人"进度，同时还建立工业机器人装备推广运用补助机制，推动机器人装备产业化发展。

除了政府力量推动"机器换人"计划，地方行业协会发挥重要的调节功能。2016 年 8 月 17 日，为全面推进"机器换人"工作、鼓励更多企业购置先进自动化设备设施技术改造，D 市经信局组织牵头、D 市电子信息产业协会主办了 D 市 3C 行业"机器换人"及"智能制造"推广应用经验交流会。通过非正式的交流会，经信局向各镇（街）经信部门负责人、生产企业及 3C 行业企业代表等解读省级层面最新政策，并组织参观学习智能制造示范车间。

### 三 模糊性科技政策执行与就业政策的冲突呈现

D 市在解析和执行高层科技政策时，制定了清晰的政策目标和执行路径。然而，越是清晰的政策，与就业政策产生的冲突越明显。具体表现在"机器换人"政策与就业政策在目标、价值、主体及结果等维度上的冲突。

（一）政策目标冲突：减员与稳就业

D 市《行动计划（2014—2016 年）》明确提出，三年内，政府每年出资 2 亿元给符合条件的当地企业发放 10%—15% 的机器人购买补贴。同时，政策也明确了补贴的要求和基本原则。所有申请资助的企业必须符合"减员、增效、提质、保安全"基本目标。②《行动计划（2014—2016 年）》也明确提出，通过机器人智能装备改造减少企业用工总量。政策制定的初衷是帮助企业解决用工荒及产业升级的问题。但是，外来务工人员多以"半无产化"的农民为主，工作不稳定、技能体系不完善，正面临被取代和去技能化威胁。大部分外来务工人员是没有本地居

---

① 《关于大力发展机器人智能装备产业打造有全球影响力的先进制造基地的意见》，《东莞市人民政府公报》2016 年第 1 期。
② 《〈D 市推进企业"机器换人"行动计划（2014—2016 年）〉的通知》，东莞市人民政府网，http://www.dg.gov.cn/zwgk/zfgb/szfbgswj/content/post_353845.html，2023 年 7 月 14 日。

民身份的农民工，因而不难理解 D 市为何将"减员"而非"保就业"作为"机器换人"政策首要目标。D 市在 2015 年出台的《关于做好新形势下就业创业工作的实施意见》（以下简称《意见》）中明确，实施"机器换人"政策目标是逐步淘汰经济附加值低、危险性高的低端岗位，提升就业质量，并不是"机器换人"政策简单意义上的"减员"。但是在政策实践中，减员不仅仅是政府"机器换人"政策的首要目标，也是企业降低成本、提高效率和质量的关键一环，因而减员是大势所趋。正如经信局一位工作人员谈道："你说如果机器人换了半天人，一个不解雇，一个不下岗，我觉得有些工厂可以，但是大部分工厂我相信最后是做不到的，因为毕竟来讲的话，机器人用得越多，用的工人肯定是越少的，这是一个规律。"（访谈对象 B1：20210814）。

"我们换了机器人以后，效率也大幅提升了。我们做了一个测算，产量能够提升一倍，良品率能够提升 30%，像这一类工种的话，人员减少 60%。这是一个木纹和石纹的组合产品，而且石纹高低错落，原来需要把这两个不同效果的产品分开来做，再进行人工的切割组合。现在装饰界引进了 3D 喷墨打印机器以后，就能够令这种不同材质的效果组合一次性地通过机器完成。"（访谈对象 A14：20200 909）不难看出，D 市"机器换人"政策对于企业来说是一个利好消息。但是，对于劳动者尤其是外来务工人员来说，这不仅意味着要离开工作岗位，还意味着赖以生存的劳动机会丧失。D 市政府全方位支持、加速机器换人。然而，机器换下来的外来人员应该如何安置等问题却不在政策的考量范畴，这就直接导致"机器换人"政策与就业政策之间减员与稳就业的内在冲突。

（二）政策参与主体冲突：决策失语与资源配置失衡

在"机器换人"技术决策中，主要的参与主体是政府与企业。政府是决策者、引导者和助推者；企业是受益者，更是这场"机器换人"战略的话语权主导者，因为企业决定了工人的去留。工人则在这场技术决策中失语。企业"机器换人"能否真正实现现有劳动力的技能升级？很多企业在自动化后发现技能工人紧缺，尤其是在购买了机器以后，发现机器人维护工程师和调试工程师紧缺，而现有劳动力大都是低技能的"4050"（女 40 周岁以上，男 50 周岁以上）群体。再加上很多企业负责人只注重眼前利益，基本不愿意花时间和金钱把一线工人培养成掌握机器人运维技能的工程师，企业更愿意从外部招聘高职或本科毕业生。从企业利益视角考量，其将落后工人视为产业升级、降低成本、提高效率的阻碍。换言之，企业以利益为本位，首先考虑的是降低用工成本。正如一位企业家所言："原来一条组装线需要 8 个人同时开工，白班和夜班一共需要 16 个人。每人按照 4000 元实发工资计算，加上'五险一金'及吃住费用，实际支付成本在 6800 元左右。一年的人力成本是 130 万左右。2015 年，公司投资了 60 万元购买机器人，每台机器人的成本在 13 元万左右，按照 5 年折旧计算，每月折旧费在 2200 元左右，大大低于人力成本。2010 年，你让我'机器换人'我都不换，因为那个时候每 100 块钱营业收入仅需要支付 15 块钱左右的员工工资。到了 2014 年，这个数字上升到 30 块钱左右，这个时候不换就不行了。"（访谈对象 A8：20200914）

对于大部门流水线熟练工而言，自动化后一个明显的后果就是失去了对劳动组织与分工的控制，企业在机器赋能下对生产和分工有了更强大的控制权。比如，以瓷砖打磨工序为例，之前打磨工序的熟练工至少需要 5—6 个月的技能养成，使用机器打磨后，工人一周就能上岗。无论是数控机床车间还是产线上的机械臂，基本都采取计时工资制，因为现在产品生产的快慢已经不由熟练工决定而是由机台的标准化工时决定。换言之，现在是标准化的机器控制产线工人，而不是工人控制机器。这意味着工人不仅失去了"赶工游戏"的自主性，也失去了使用"弱者的武器"与工厂抵抗的机会。①

对于政府而言，经济发展是履行其他职能的前提。随着经济赖以发展的人口红利逐渐式微，经济发展不得不诉诸技术红利。仅 2020 年，D 市工业机器智能装备产业就达到 700 多亿元，可见机器人产业在该市经济总量中的重要地位与贡献。这就很容易理解为什么政府给"机器换人"企业巨额补贴，却不补贴被机器替换下来的劳动力。在对 D 市政府

---

① ［美］戴维·F. 诺布尔：《生产力：工业自动化的社会史》，李风华译，中国人民大学出版社 2007 年版，第 100—121 页。

工作人员的访谈中得到的答复是："历次工业革命进程中，工人失业后会砸机器。但是这也阻止不了企业转型升级。工人失落是正常的，不能总是抱怨社会和政府，自己也要学会适应社会，不断学习提升自己。'机器换人'已经四五年了，有工人来上访，都是因为老板跑路、公司欠薪的，但是没有工人因为'机器换人'来投诉上访的。"（访谈对象B1：20210814）以上这段访谈恰恰证实了一线劳动者在"机器换人"决策过程中的失语。当劳动者将"技术决定论"内化为思想与行动时，认为"机器换人"是趋势和规律，就很难积极行动起来去争取技术红利。

政策参与主体冲突还体现在科技政策网络中行动者之间基于资源竞争的内在张力。比如，在D市"机器换人"政策制定与执行中，牵头部门主要是市经信局、发改委、财政局，都是政府权力部门与经济部门，有较大的话语权，因而是强势部门。人社局在"机器换人"政策中作为参与者、协调者角色配合牵头部门的工作，因而是弱势部门。权力部门主要通过自上而下的压力考核实现组织目标，经济部门主要是通过控制部门预算开支、开源节流来在政策过程中占据主导地位。鉴于被机器替换下的困难群体就业补助、就业公共服务供给及平台建设等，人社局要求扩大预算投入，与财政局开源节流的目标相冲突。而上级政府的意图是加快"机器换人"的速度和实效，尽快实现"减员增效"，因而财政局优先将资源投入机器人设备的购置与研发。在访谈中，D市就业部门工作人员表示："在全市'机器换人'政策中，我们部门主要负责配合市委、经信部门工作，被机器淘汰下来的工人大部分是外地来的'4050'人员，他们留下来我们负担也很重。我们一个科室就四五个在编人员，还要想办法给企业引进机器人运维人才。上面不给钱不给人，巧妇也难为无米之啊！"（访谈对象B2：20210814）

（三）价值冲突：权利排斥与公平缺失

2021年，D市就业部门颁布的《关于就业困难人员认定管理的办法》（以下简称《办法》）明确规定，就业困难人员认定只限于D市户籍人员及常住D市的G省户籍人员。满足这一前提资格并具备下列条件方可申请就业困难补贴：大龄失业人员、残疾人员、低保人员、零就业家庭人员、连续失业一年以上人员、戒毒康复人员等。基于这一规定，被机器替代下来的低技能劳动力，尤其是外来"4050"务工人员很显然被排斥在就业困难补贴认定范畴之外。只有《办法》里规定的就业困难群体才能享受相应的就业服务、岗位补贴及社保补贴。户籍壁垒导致以上所有的公共服务与政府补贴将外来务工人员排斥在外。正如访谈中一位流水线下岗工人所言："像我们这样的流水线操作工，没文凭，没技能，年龄大，首先要被机器淘汰下来的。本想着在本地再换个厂继续干，这对我来说实在太难了。我也努力地去学机器操作，学了两年还是不行。在当地，很多像我这样没啥本事的老乡，不给交医保，不敢生病，更别说买房子留下来。实在没办法，我们几个不打算在D市浪费时间，去其他城市打工。"（访谈对象A13：20200916）

很显然，"机器换人"政策与就业政策的价值冲突已经凸显。一方面，政府高度重视"机器换人"的速度、力度、强度以及工业机器人产业带来的经济效益。在政策推进过程中，主管领导多次强调，"机器换人"工作事关D市先进制造业和实体经济的发展水平，务必把"机器换人"工作一抓到底、抓住成效。另一方面，就业政策却将"机器换人"替换下来的部分工人排斥在就业公共服务之外。同时，在围绕政策目标进行任务分解的过程中，除高端人才团队引进培育需要市人才办牵头外，市经信局、发改委、财政局等才是"机器换人"政策执行网络的核心部门。各部门强调政策推行的效率、速度和强度，忽视了政策推行对工人就业的影响。从每一年生产总值递增目标来看，"机器换人"政策契合了地方政府对经济效益及政治效益的追求。"机器换人"减员目标不仅减轻了企业用人成本，也减轻了地方政府公共服务供给负担。但是，对于被机器替换下来的劳动力而言，被排斥在劳动力市场和公共服务之外明显有失公平。

（四）政策结果冲突：人力驱赶与技能型岗位空缺

"机器换人"政策与就业政策冲突最直接的后果是低端人口被驱逐与技能型人才供给不足并存。人力驱赶群体主要针对劳动密集型岗位的低技能劳动力，主要由外来农民工构成，且部分劳动密集型岗位被机器替代转型的规模较大，岗位技能变化需求大、要求高。但是，农民工得到智能化技术的培训机会非常少。就业部门提供的培训适用性和培训标准很低，而企业岗位技能标准在不断提高。由于智能化培训高成本、长周期的特点，企业一般都会将培训资源用于年轻劳动力。根据莫荣教授团队在 G 省调研发现，企业能够接受自动化相关技能培训的员工比例并不高，六成企业每年接收自动化相关技能培训员工的比例都在 10% 以内。[①] 不管是就业部门提供的技能培训，还是企业的内训，农民工碍于年龄大、技能单一，培训再就业障碍重重，他们因为学习能力弱、人机协作技能弱、就业心态弱而成为就业困难群体。加之地方政府设置了户籍门槛，外地户籍就业困难群体难以享受就业公共服务，被迫离开城市返乡。D 市 2015 年出台的《意见》规定，将难以实现就业的"4050"失业人员纳入重点援助范围，加强实名制动态管理和分类帮扶。然而，这一群体因技能弱、年龄大、非本市户籍成为"机器换人"政策首批减员目标群体。

政策结果冲突的第二个表现是智能化人才需求旺盛与供给能力滞后。机器人智能装备虽然得到了广泛运用，但是目前相关人才供给严重不足。从需求侧来看，伴随着企业自动化、数字化及智能化升级，产业的发展缺乏与新技术产业化相匹配的大规模的技能型劳动力。随着"机器换人"政策的加速推进，产业升级面临着应用型人才供给不足障碍。第一是智能化操作技能员工缺乏。产业智能化升级实施运营成本普遍较高，对于企业而言，既要购买高价智能设备又要高价聘用技能人才无疑加重运营成本。第二是专业技术人员严重缺乏。从供给侧来看，智能化人才培养数量严重不足，供给渠道狭窄，相关政策滞后。传统教育内容与人才培养模式是迎合工业化大生产需求的，与当下数字化、智能化技术生产显然是错配的。智能化人才缺口大，高校人工智能专业设置少，导致专业性人才来源渠道非常狭窄。毕业生培养知识滞后、专业脱节、无实验操作。D 市一家企业人事主管在访谈中表示："培养的学生与我们的市场需求严重不匹配。用的教材还是改革开放初期的书，毕业后到了企业，机器都不会操作，还需要重新培训。培训完了没多久人就跑了，留不住。

---

① 莫荣、李宗泽、崔艳：《人工智能与中国就业》，中国劳动社会保障出版社 2020 年版，第 226 页。

年轻人嫌辛苦，不愿意干。还有些学校用国家补贴的钱买了器材，然而器材利用率很低，基本都封存在那儿。"（访谈对象 A15：20200912）

简言之，劳动者再就业问题和就业技能与岗位需求不匹配的结构性矛盾日益凸显。就业政策为了与科技政策形成配套，形成了人力驱赶效应。从就业困难群体帮扶政策来看，D 市将就业困难群体认定对象限定为 D 市户籍或 G 省户籍人口，对机器替代下来的外籍低技能劳动者形成隐形的驱赶效应。为了达成"机器换人"政策减员、产业升级的目标，将曾经为 D 市制造业做出贡献的外籍劳动力排斥在公共服务之外。

从政策文本的设计来看，D 市"机器换人"政策清晰度较高，主要体现为清晰的目标、明确的执行路径、具体的评估考核指标及强有力的资源支持。然而，"机器换人"政策与就业政策之间的关联度和协同度却很低，在实践中产生了不同程度的冲突。用修正后的"模糊—冲突"模型来解释这两个政策之间的关系，即当机器换人政策模糊性越低时，其与就业政策的冲突越大。具体而言，一方面，D 市大力鼓励"机器换人"，低技能劳动者不断被机器排斥，进而引发了权利排斥和空间排斥；另一方面，大量的机器需要运维，但是，人才的数量与技能不足以支撑"机器换人"对高技能人才的需求。

## 四　科技政策与就业政策执行过程冲突的实践总结

D 市"机器换人"政策案例，不仅有助于我们理解科层制组织内部在政策执行时会采取什么样的策略来推动模糊性政策的执行，而且有助于我们理解某一领域模糊性政策的执行策略会对其他领域的政策产生什么影响。通过以上案例研究，本书发现，地方科层组织在执行模糊政策时呈现以下几点行动特征。

第一，当科技政策与就业政策价值目标存在矛盾时，科技政策模糊性越低，基层执行目标和路径越清晰，那么，科技政策与就业政策的冲突程度越明显。从 D 市对模糊性政策执行的行动逻辑来看，地方政府"机器换人"政策的目标主要是减员增效、经济效益及政绩考核过关。减员与保就业内在的张力，决定科技政策与就业政策不可避免地存在冲突，也决定了政策间经济效益与社会效益内在张力失衡的必然性。尤其当"机器换人"政策设置严格的考核问责和评估指标的时候，有限理性的政府首先会将有限的资源投入并回应指标考核项目。简言之，地方政府首先会高效完成上级布置的任务，进而避免被批评"不作为"或被约谈、问责的风险。当考核指标设置明确的时间节点时，高效、快速完成考核指标决定了执行者政绩竞赛的结果。这既可以理解为地方政府的避责行为，也可以理解为地方政府的政绩竞赛行为。纵观"机器换人"系列配套政策，"机器换人"替换掉的工人数量是主管部门考核指标之一，而被替换下来的工人安置问题并不在其考虑之列。因为就业问题是人社局主管负责的，即便对就业工作考核问责，也不会牵扯到经信局、科技局。因而，"机器换人"主管部门将"减员"放在首要目标。因此，当科技政策目标越明确、执行路径越清晰的时候，其对就业的冲击效应是最明显的，而其中受冲击效应最明显的群体是外来务工的就业困难群体。质言之，科技部门"机器换人"产生的负外部性由就业部门来承担。

一般而言，中央政策统筹全局，政策模糊性较高，给地方政策执行留下较大的剩余决策权。为了避免央地冲突，中央一般不会设置严格的考核指标和问责机制，而是给地方较大的解释权和自由裁量权。中央关注更多的是政策效果和目标的实现情况。因而从中央层面来讲，部门之间的政策冲突仍然被隐藏在模糊性较高的政策文本中。当高层政策抵达地方，尤其省级层面给了目标明确、执行路径清晰的解释框架时，地方政府和主管部门为了避免被问责，将大部门资源倾注于考核指标的行政性执行。执行过程更多关注考核对自身部门利益的影响，不关注政策执行对其他业务部门的外溢效应。部门利益、考核问责及明确的职责划分等诸多因素触发了"机器换人"与就业政策的冲突，使得隐藏在模糊性政策文本中的政策冲突在政策执行中凸显。

第二，当模糊性程度较高的政策从科层组织高层传递到基层时，有能力、资源和魄力的基层执行者一方面会根据实际情况自行完成对政策的解读并采取变通性执行策略，另一方面会寻求直接上级的授权和解读。当上级明确授权、目标要求清楚、评估考核清晰的时候，基层执行者从对中央政策的变通性执行转向对上级政策的行政性执行。如中央颁布的《关于组织实施2012年智能制造装备发展专项的通知》《关于推进工业机器人产业发展的指导意见》模糊性较高，基层执行者在识别模糊程度基础上采取了选择性执行、创造性执行及象征性执行等变通性执行策略。然而，当直接上级对中央政策有了明确解释并制定明确的考核指标后，基层执行者从对中央模糊性政策的变通性执行转而变为对上级政策的行政性执行。因为，直接上级是基层执行者指标考核的评判者与对不作为的问责主体。

第三，变通性执行与行政性执行不是绝对割裂的。当上级政府组织没有政策安排的时候，地方政府会根据本地实际情况对中央模糊性政策进行变通性执行。当上级政府有了政策安排且政策目标非常清晰的时候，地方政府会从变通性执行转变为行政性执行。当上级政府政策执行路径清晰、评估考核明确的时候，地方政府会直接选择行政性执行。这是一个非常有意思的现象：虽然中央政府颁布的政策赋予地方政策合法性和最高权威，但是，地方政府却从对中央政策的变通性执行转而对上级政策的行政性执行。地方政策执行策略转变主要考虑以下因素。首先，在我国政府体系中，基层政府的考核主体是直接上级政府。我国政府内部干部实行"下管一级"原则，受这一刚性规则的约束，下级政府的政策执行首先要符合上级政府的政策意图、服从上级领导的政策安排。其次，基层政府与顶层政府距离较远，一般也很少有直接对话的机会。因此，基层政府在贯彻政策的时候很难从顶层获得相关的解释或回复，只能变通性执行或从直接上级获得解释。再次，我国科层体制内的政绩考核标准是对上级领导任务的执行情况，因而基层执行者会将注意力资源优先安排在直接领导评估考核指标非常明确的指令上。最后，基层政府寻求上级解释、贯彻上级意图、完成上级考核任务，其本质是一种理性的策略性风险转嫁。如果政策执行失败，其直接上级需要承担政策失败的连带责任。

第四，当政策任务从科层组织高层传达到基层且具有较高模糊性的时候，执行者首先会对政策任务进行剖析，筛选出要求相对清晰的部分，然后将大部门注意力资源投入政策指向相对清晰的部门并展开执行工作。在具体的政策情境中，即便是非常模糊的政策也不会全盘模糊，中间会有一部分相对清晰的政策安排。那么在地方资源有限的前提下，资源自然会向量化硬性的考核指标倾斜。在具体的政策执行中，有关部门会制定一些超乎常理的安排，比如政策明确规定企业申请"机器换人"资助时，必须符合"减员"这一首要目标。将"减员"而不是"保就业"放在目标首位，某种程度上默许甚至鼓励企业的减员裁员行动。基层执行逻辑可以从两个方面进行解读：一方面，应对考核压力的策略性执行，执行者首先筛选出模糊性政策中的清晰部分进行执行，以应对上级的考核压力；另一方面，选择清晰的政策执行同样也是基层执行者的风险规避行为，只有这样才能避免被上级领导批评"无所作为"。

## 本章小结

公共政策不仅体现为简单静态的政策文本表述，更体现为动态复杂的执行过程。政策执行是实现政策目标的关键环节。然而，执行过程一直被研究者忽视。为解构政策执行"黑箱"及政策执行过程中的主体行为逻辑，本书以政策执行为落脚点，以"机器换人"为案例，分别对科技部门与就业部门进行调研。研究发现，政策在执行过程中的张力与矛盾凸显，具体表现为政策目标上的减负与稳就业冲突、政策参与主体决策失语与资源配置失衡、权利排斥与公平缺失、人力驱赶与人才稀缺等冲突。换言之，"机器换人"政策目标的实现，给就业部门造成较大的负外部性。

进一步探究发现，执行过程中科技政策与就业政策的冲突程度与科技政策的模糊性程度密切相关。当科技政策模糊性程度较高，即政策目标不明晰、执行路径不确定、考核指标不明确及激励强度较低时，地方政府对科技政策的变通性执行对就业政策产生的负外部性较低，此时政策冲突程度较低。相反，当科技政策清晰，即政策目标明晰、执行路径明确、考核指标细化及激励强度较高时，基层政府行政压力大，自主选择的空间被压缩，往往会选择直接的行政性执行。地方政府对科技政策的行政性执行对就业政策产生的负外部性明显，此时政策冲突程度较高。尤其当面对上级指标考核压力、竞争性压力及监督问责压力时，科技部门会优先选择达成上级的考核目标，并在区域竞争中胜出以获得上级注意。此时，科技政策执行对就业政策及就业部门的负外部性最为明显。

质言之，不同模糊程度的科技政策会引发政府部门变通性执行、行政性执行等不同的执行策略，不同的执行策略导致两类政策冲突程度的不同。为深入探究地方政府在两类政策执行过程中的冲突，本书以修正后的玛特兰德"模糊—冲突"模型为分析框架，从动态微观的视角呈现两类政策冲突的具体表现。访谈与案例研究，一方面验证了前文政策文本研究的结论；另一方面，通过对地方政府政策执行过程及执行主体行动逻辑与偏好的探究，进一步弥补纯文本研究的局限，同时增强了本书研究结论的信服力。政策文本研究与政策过程研究的结论都证实了科技政策与就业政策之间的张力与矛盾。科技政策与就业政策冲突会引发哪些不良社会效应？本书将基于政策对象视角，进一步探究政策冲突的社会效应。

# 第四章 政策冲突的社会效应探究：基于政策对象视角

一般而言，学界对政策冲突的负面效应研究聚焦于政策主体，如政策冲突造成政府权威下降、政府形象受损、政策效能减损及政策资源浪费等。但是，已有的研究视角缺乏对政策对象的关照。本书将从政策对象视角探究政策冲突的社会影响。本书关注的政策对象主要有两类：其一，劳动者视角。虽然科技政策为科技发展设置了国家安全、社会发展、环境保护、人民健康等系列合乎伦理价值的政策目标，但是实践中科技发展的负外部性频现。尤其是就业领域的外溢效应不断凸显，出现了如劳动者的技术性失业及技术化生存困境、"机器换人"引发的低技能劳动者被排挤、高速流动引发的劳动者压力过载等系列问题。其二，经济社会效应视角。在国家战略支持下，科技政策的供给培育了一批以平台经济为主的新业态。平台企业迅猛扩张成"平台利维坦"，引发系列负面经济社会效应，如平台对劳动者的规训和超负荷压榨、对实体制造业的虹吸效应、对技能结构的降维效应及对现行法律政策的挑战等。以上科技进步引发的负面经济社会效应，凸显了科技政策中的多要素发展对科技政策原始价值目标的背离。

## 第一节 政策冲突对劳动者的影响

在科技政策持续、有效、强劲的推动下，人工智能等新兴科技的迅猛发展对就业产生了深远影响。"机器换人"的焦虑已经从农民、工人扩展至知识分子。从实践来看，科技政策强力驱动下的智能技术确实已经造成了就业替代与就业失重效应。伴随着以上就业效应，社会可能衍生出新贫困陷阱、权力排斥与多重社会极化效应。换言之，以人工智能为代表的新兴科技一边在高歌猛进，一边在排挤包括农民、工人甚至知识分子在内的诸多从业者。本书将结合长三角区域的调研数据与深度访谈，解构政策冲突给劳动者带来的负面效应。本书根据各行业的劳动力占比，在上海、苏州、杭州三地发放1500份问卷，其中，纸质问卷462份，问卷星版976份，现状评估问卷（针对已经采取人工智能应用的劳动者）393份，未来预测问卷（针对尚未采取人工智能应用的劳动者）1045份。回收有效问卷1438份，有效回收率为95.87%。三地各行业劳动力实际占比详见表4-1。同时，本书还邀请了受人工智能影响的相关行业中21位从业人员对其进行深度访谈，包括自动驾驶、法律服务、服装制造、制造业、城市管理等行业（详见附录6）。

表4-1　　　上海、杭州、苏州行业分布实际占比（%）

| 行业 | 上海 | 杭州 | 苏州 |
| --- | --- | --- | --- |
| 农、林、牧、渔业 | 2.65 | 0.55 | 0 |
| 制造业 | 8.49 | 23.76 | 32.61 |
| 电力、热力、燃气及水的生产供应业 | 0.80 | 0.28 | 0.00 |
| 建筑业 | 2.39 | 2.49 | 5.59 |
| 批发和零售业 | 7.69 | 6.63 | 4.04 |
| 住宿和餐饮业 | 4.77 | 5.25 | 5.90 |
| 信息传输、软件和信息技术服务业 | 11.54 | 4.14 | 3.73 |
| 金融业 | 6.90 | 5.52 | 3.73 |
| 房地产业 | 4.51 | 4.14 | 6.52 |
| 租赁和商务服务业 | 8.62 | 9.94 | 5.59 |
| 科学研究和技术服务业 | 6.50 | 2.49 | 0.62 |
| 水利、环境和公共设施管理业 | 3.05 | 0.28 | 0.00 |
| 居民服务、修理和其他服务业 | 4.51 | 3.87 | 2.48 |
| 教育 | 9.68 | 6.35 | 7.14 |
| 卫生和社会工作 | 2.79 | 1.66 | 6.21 |

续表

| 行业 | 上海 | 杭州 | 苏州 |
|---|---|---|---|
| 文化、体育和娱乐业 | 2.79 | 1.93 | 3.73 |
| 公共管理、社会保障和社会组织 | 7.69 | 9.39 | 0.93 |

注：上海市有效问卷数量为754份，杭州市有效问卷数量为362份，苏州市有效问卷数量为322份。

## 一 政策驱动下的智能技术对劳动者就业的影响特征

在国家战略推进与政策支持下，以人工智能为代表的新兴科技迅猛发展并拥有广泛的运用场景，如智能制造、智慧农业、智能物流等。与此同时，智能技术的广泛运用对就业模式、就业结构与就业总量产生了深刻影响。较之以往历次科技革命，智能技术发展对就业的影响更加具有颠覆性和全面性。

首先，政策驱动下的智能技术对就业的影响呈现颠覆性。历次科技革命都伴随科技进步与失业的矛盾。①智能革命与前三次科技革命虽存在共性，但不是等量级的，更具有颠覆性与革命性意义。其颠覆性意义不仅体现为对传统价值链、产业链与商业链的革命，还体现为对既有就业模式、就业结构及就业形态的颠覆性。

其次，政策驱动下的智能技术对就业呈现硬性排斥。智能技术迭代的速度远远超越了人工技能获得的速度，技能体系的开发与形成都需要一定的周期，劳动者技能结构调整、素质结构的提升并非一蹴而就。在这样的速度差下，智能技术的迭代与广泛运用，必然会给劳动力市场带来硬性排斥。②与此同时，人工智能风险制造的速度超越了社会制度设计和伦理建构的速度。人工智能伦理建设往往缺乏一定的前瞻性与预判性，甚至存在一定的滞后性。因此，智能技术对就业的硬性排斥也会遭遇伦理价值的挑战。

---

① 何勤、邱玥：《人工智能的就业效应研究：锦上添花抑或是釜底抽薪？》，《北京联合大学学报》（人文社会科学版）2020年第2期。

② 赵利、张红霞、王振兴：《技术进步对劳动就业影响的作用机理分析》，《山东财政学院学报》2012年第5期。

最后，智能技术对就业的影响呈现全面性。具体而言，新一轮"机器换人"已经从生产线上的蓝领扩展至办公室的白领，如机器臂取代了制造业的大量员工；电商平台导致实体店经营惨淡；初级翻译与法务人员正逐步被替代。人工智能正以多领域、多层次、多形式对就业总量及就业结构造成重大影响。在智能技术进步的同时，如何在中国这样一个人口大国实现充分就业及劳动生产率与劳动报酬的同步增长？学术界与社会各界大都从技术外部性与经济学角度关注这些热点话题，却鲜有学者从公共政策视角去关注人工智能技术运用的社会意义及可能引发的社会影响。本书从政策冲突的负外部性切入，探究政策强力驱动下的智能技术对劳动者产生的多重负面效应。

## 二 劳动者的技术性失业：就业排斥与权利排斥

科技政策的宗旨是促进科技发展与进步。然而，科技进步的周期性警示我们，自动化和新技术将消灭大量中产阶级的就业机会。质言之，科技发展可能会背离政策的初衷并带来负面效应。最典型的例子是19世纪早期的卢德运动，英国纺织工人通过破坏机器来抗议纺织生产的自动化对其工作的剥夺。现代科技进步也引发了"自动化失业"的担忧。[1]大卫·H.奥拓（David H. Autor）进一步指出，计算机、机器人及其他数字化技术正在以非凡的速度获得人类技能与能力，如果我们还是成为一名普通的技能工人，那么一定会发生技术性失业。[2]

技术性失业是劳动者的技能水平与现有岗位技能需求不匹配而引发的劳动力失业。相较于人类劳动力成本的不断上升，廉价且高效的机器人将越来越多地替代人类工作岗位。[3] 2013年，卡尔·贝内迪克特·弗雷（Carl Benedikt Frey）与迈克尔·A.奥斯本（Michael A. Osborne）探

---

[1] David H. Autor, "Why Are There Still So Many Jobs? The History and Future of Workplace Automation", *Journal of Economic Perspectives*, Vol. 29, No. 3, 2015, pp. 3–30.

[2] David H. Autor, "Why Are There Still So Many Jobs? The History and Future of Workplace Automation", *Journal of Economic Perspectives*, Vol. 29, No. 3, 2015, pp. 3–30.

[3] ［美］埃里克·布林约尔松、安德鲁·麦卡菲：《与机器赛跑》，闾佳译，电子工业出版社2014年版，第89页。

究了美国 702 种职业,估算每种职业被自动化替代的概率。研究认为,未来 20 年,美国 47% 的工作岗位处于被自动化替代的高风险中,技术进步将主要取代低技能、低工资岗位的任务。① 2016 年,弗雷和奥斯本将分析框架扩展到包括中国在内的发展中国家,预计中国将有多达 77% 的工作岗位面临被自动化的风险。② 大卫·本杰明(David Benjamin)等学者一致认为,智能技术的大规模运用将全面替代人类劳动力岗位,从而导致短期内的结构性失业到长期的全面失业。③

问卷调查与数据分析结论进一步验证了以上研究的判断。61.79% 的调查对象认为,智能技术运用于提高工作效率。12.47% 和 11.11% 的调研对象认为,智能技术的运用是满足市场需求和节约运营成本。换言之,提高劳动生产率、降低运行成本、满足客户需求是企业"机器换人"最直接的动因,也是劳动者技术性失业的直接原因。调研结论也进一步验证了上一章节 D 市政府强力推行"机器换人"政策的动机。

(一)技术性失业的表现:就业排斥与就业失重

以上研究结论表明,智能革命对就业的排斥效应较之历次科技革命更具有颠覆性。按照摩尔定律,人工智能技术不断迭代,将成为人类生产生活中极具有竞争力的新型体力劳动者与脑力劳动者。新型劳动者在多个行业、岗位的职业优势已经凸显。凡是能够被工智能取代的工作与岗位基本符合以下特征:常规性、重复性、程序性、可描述性、有固定规则及标准答案等。④ 实践中,科技进步引发的技术性失业有多重表现。

第一,智能技术对就业的影响由重复性、规律性的体力劳动扩展至智力劳动。人工智能向社会生产生活各个领域渗透,给制造、交通、建

---

① Carl Benedikt Frey and Michael A. Osborne, "The Future of Employment: How Susceptible Are Jobs to Computerisation?", *Technological Forecasting and Social Change*, Vol. 114, 2017, pp. 254 – 280.

② Carl Benedikt Frey and Michael A. Osborne, "The Future of Employment: How Susceptible Are Jobs to Computerisation?", *Technological Forecasting and Social Change*, Vol. 114, 2017, pp. 254 – 280.

③ David Benjamin, "Computer Technology and Probable Job Destruction in Japan: An Evaluation", *Journal of the Japanese and International Economies*, Vol. 43, 2017, pp. 77 – 87.

④ 张成岗:《人工智能时代:技术发展、风险挑战与秩序重构》,《南京社会科学》2018 年第 5 期。

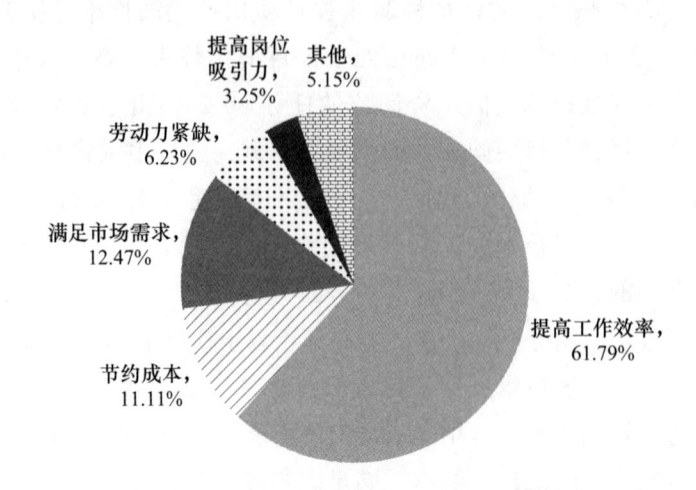

**图 4-1 智能技术运用原因的百分比统计**

图片来源：作者自制。

筑、新闻、律师及翻译等行业劳动者带来重大影响。传统建筑工人正在被砌墙机器人、粉刷机器人等智能技术替代；港口货物运转正在被智能化设备取代；人工客服被智能客服替代。人工智能已经替代了诸如文员、订票员、银行柜员等常规性知识型工作，那些需要复杂沟通与认知等非常规性智力劳动也开始受到人工智能的冲击。大卫·奥拓等在2006年就已经指出，机器能执行非常规工作，简单的翻译、金融交易等业务对于应用人工智能技术并非难事。[①] 重复性劳动替代主要体现在对于生产流水线上较为基础的、重复性的机械劳动的替代。虽然目前大多还停留在自动化而非智能化的阶段，但是对于人力的替代能够降低人力成本。从访谈记录来看，访谈对象大多谈到了被替代岗位呈现的特点是专业性较弱、上手门槛低。

  采用机器人打孔之后，原来人工打孔50秒/件，自动打孔后达到20秒/件，比人工打孔的节拍提升了2倍。人员由原来的4人降

---

① David H. Autor, Lawrence F. Katz and Melissa S. Kearney, "The Polarization of the US Labor Market", *American Economic Review*, Vol. 96, No. 2, 2006, pp. 189–194.

低到现在的 2 人。设备运行稳定，打孔均匀，不会再因为人为因素造成质量波动，产品一次合格率达到 95% 以上，未来被替代是肯定的。（访谈对象 A11：20200919）

智能技术基本上替代了手工量体师这样一个岗位，除了服装设计是我们没有办法去替代的，剩下的我认为基本上都应该可以由人工智能慢慢地去替代。（访谈对象 A3：20200923）

无论是语音识别，还是图像视觉，或者自然语言理解，对于一些服务性的岗位或者重复性劳动的岗位，人工智能对其的替代性最多，因为智能技术不仅能提升效率，还能降低残次品率。（访谈对象 A18：20200920）

人工智能对于劳动力的替代除了替代重复性的劳动外，还可能出现替代规律性劳动的情况。所谓规律性劳动，即从劳动的复杂性来说，劳动有规律可循，具有一定的方法和程序，尤其是对低端规律性劳动、基础性工作的替代。如果人工智能掌握了劳动中的一定规律，原有从业者可能面临被替代风险。例如较有代表性的翻译行业，虽然目前人工智能无法完全替代人工翻译，但是人工智能已经可以做到基本单词解释和一定的语义理解，已经可以作为高级别翻译的有力辅助工具。

我认为，对于那些水平特别高的人来说不会构成威胁，但是如果水平一般，肯定是会受到冲击的。人工智能翻译已经替代了许多基础性工作，大部分人对于翻译的需求主要停留在一个交流层面，比如出去旅游时和外国人日常交流。（访谈对象 A12：20200918）

在发明这个装置之前，需要两个工人同时将表皮拉至所需尺寸，工人工作劳动强度非常大。但是在引进设备之后，基本上实现一人一键操作，裁皮自动化，也减轻了工人劳动强度，提高工作效率。（访谈对象 A11：20200919）

我们有很多票据，还有很多财务上的核对工作，包括制表工作，现在全部是通过程序、通过机器人来实现的。最明显的效果是节省了人力，我们原来财务共享中心有 500 号人，现在只有 200 多号人，

节约了一大半的人力。（访谈对象 A19：20200909）

随着智能技术在各行业的广泛运用，被替代的劳动者面临着转岗、降职甚至被解雇的风险。问卷调查了已经在岗位中应用人工智能的 391 位从业者。从表 4-2 中可知，36.83% 的从业者被企业解雇或主动离职，24.55% 的从业者被降职，26.09% 的从业者选择内部或外部转岗。"有的员工离开了我们这个企业，有的去做客户经理，有的去搞销售，还有的转到后台去做一些数据分析、数据支撑。"（访谈对象 A5：20200909）

表 4-2　　　　　　　　智能技术运用后的劳动者去向

|  | 转岗 | 降职 | 解雇 |
| --- | --- | --- | --- |
| 是 | 102<br>（26.09%） | 96<br>（24.55%） | 144<br>（36.83%） |
| 否 | 267<br>（68.29%） | 282<br>（72.12%） | 167<br>（42.71%） |
| 不清楚 | 22<br>（5.63%） | 13<br>（3.32%） | 80<br>（20.46%） |

第二，人工智能就业排斥的后果可能使从业者陷入短暂的就业失重。被人工智能剥夺劳动权利的失业者仿佛置身于失重的环境中。失业者发现其能够驾驭的工作被智能机器替代了，原本熟悉的工作环境、工作模式被现代智能模式颠覆，因而陷入不知所措的困窘。① 伴随就业失重的是各种负面情绪，如焦虑、恐慌、仇富等。随着短期就业与自我雇佣不断增加，员工的福利与权利被搁置。尽管许多人喜欢更自主的工作模式，但是强烈的不安全感随之而来。虽然社会兴起了很多零工经济平台，能够缓解就业压力，但是仍然伴随着高度的不确定性和不稳定性。② 陷入就

---

① 高奇琦：《就业失重和社会撕裂：西方人工智能发展的超人文化及其批判》，《社会科学研究》2019 年第 2 期。
② ［美］凯文·拉古兰德、詹姆斯·J. 休斯：《未来的就业：技术性失业与解决之道》，艾辉、冯丽丽译，人民邮电出版社 2018 年版，第 142 页。

业失重的群体,可能产生自我认知偏差与消极心态。他们即使通过各种平台勉强找到工作,但是因为平台经济缺乏社会保障机制,失业者对临时性岗位仍然有高度的不安与不稳定感。两位从制造业下岗的外卖员谈道:

> 以前在汽车制造业做喷涂漆工作,现在做外卖。机器臂喷涂效率比人高多了,比以前更安全。刚下岗的时候,不知道自己能干啥,公司那点失业补助金根本不够,老人小孩要供养,那个时候也是很焦虑的,看着很多人跑外卖,我也加入了。开始的时候,赚钱不少,只要勤跑跑。现在平台精了,压榨也狠了,要比头几年更卖命才行。(访谈对象 A14:20200921)

> 我跑了两三年了,工资一万多一点吧。现在送餐过程中突发情况太多了,经常需要来回爬高楼,经常遇到不理解的客户一点小事就投诉你,一天两投诉就白干了。为了避免投诉,我们每天送餐高峰期都是火急火燎的,没有哪天是按时吃饭的,路边上随便应付一口填饱肚子就行。我都四十多了,厂子嫌我年纪大没啥本事,不好换工作,外卖能凑合一天是一天吧。(访谈对象 A17:20200920)

(二) 技术性失业的社会后果:新贫困陷阱、权利排斥与社会极化

人工智能对人类就业的冲击,不仅体现为显性的技术性失业或隐性的就业失重,还可能衍生一系列社会问题。在马克思看来,机器的使用不可避免导致工人失业,即"机器吃人"的经典问题。然而,技术进步带来的失业,并非简单地丢失工作机会与收入来源,这可能意味着劳动者丧失了参与未来竞争的机会与向上跨越的社会流动性。① 越来越多的失业者将面临生存困境与日益弱化的社会流动性。② 换言之,失业人员不仅失去了养家糊口最基本的经济能力,还失去了创造社会价值并成为社会主人的机会,进而不同程度地陷入新贫困陷阱、权力排斥与社会极

---

① 张于喆:《人工智能、机器人的就业效应及对策建议》,《科学管理研究》2019 年第 1 期。
② [美] 埃里克·布莱恩约弗森、安德鲁·麦卡菲:《第二次机器革命:数字化技术将如何改变我们的经济与社会》,蒋永军译,中信出版社 2014 年版,第 49 页。

化的旋涡。

第一，失业者将陷入短期或长期的新贫困陷阱。对于迈入贫困地带的人，其将来的收入将越来越低。缘何穷人会陷入贫困陷阱？主要是以下因素综合导致：其一，信息闭塞，相信错误信息；其二，他们肩负生活中的各种责任却很少从政府建设中受益；其三，穷人处于不利地位且为其提供服务的市场正逐渐消失；其四，贫困国家的意识形态与惯性导致的政策错误；其五，没有良好的机遇改变来影响穷人的信念与行为。[①] 智能革命下技术性失业引发的贫困陷阱是新型陷阱，此类贫困陷阱是因为智能技术加速迭代和运用导致，陷入其中的是因为技术区隔而彻底失去就业机会进而失去社会权利的人。[②] 智能革命的社会风险生成并非一蹴而就，而是经过逐步演化的过程。首先，劳动者因为智能失业陷入生活贫困；其次，生活贫困导致劳动者权利被隔离而陷入权利贫困；最后，在权利贫困的长期笼罩下，劳动者逐步过时而失去向上跨越与竞争的机会。如果在智能失业、智能失权的过程中，公共政策供给不足，就业信息闭塞，就业渠道阻塞，那么失业者将会陷入恶性循环，遭受财富分化与社会极化、人性压抑与自主性丧失、原始贫困与新贫困叠加的多重挑战。

第二，智能失业引发权利排斥。随着"机器换人"的不断上演，技术性失业逐渐从体力劳动扩展至智力劳动，人类最根本的活动——劳动权利不断被剥削。[③] 起初，人类劳动权利的丧失是发生在危险、繁重、脏乱及重复性劳动的领域，如建筑业、农业、制造业、物流业。随着智能技术的迭代，劳动权利的丧失扩展至高技能、专业性领域，如金融、翻译、法律、教育。劳动权利不断被剥削的过程是智能失权的过程，即话语权与劳动权丧失的过程。伴随着智能失权，技术素养上处于弱势地位

---

① ［印度］阿比吉特·班纳吉、［法］埃斯特·迪弗洛：《贫穷的本质：我们为什么摆脱不了贫穷》（修订版），景芳译，中信出版集团2018年版，第294—297页。
② 谢新水：《人工智能时代"新贫穷陷阱"的成因与境况——以奴隶概念的意象为视角》，《江苏大学学报》（社会科学版）2020年第4期。
③ 张成岗：《人工智能的社会治理：构建公众从"被负责任"到"负责任"的理论通道》，《中国科技论坛》2019年第9期。

的普通民众失去参与社会治理的积极性与能力。著名学者兰登·温纳（Langdon Winner）指出，当代技术具有自主性、人工性、合理性、普遍性等特征，而自主性则是技术最根本的属性。技术自主性蕴含着技术摆脱社会控制的趋势并正在逐步形成难以抑制的力量，人类社会的自由将受到前所未有的威胁。① 随着智能失权的逐步加深，各个层次劳动者的权利将进一步被隔离，自主性也将在智能技术的迭代中逐步丧失。

第三，社会卷入多重极化旋涡。以色列历史学家尤瓦尔·N.赫拉利（Yuval N. Harari）预言，在21世纪40年代至60年代，人类社会将步入超级人工智能阶段，整个社会将裂变成两大阶层，大多数人是"无用阶层"，极少数人是精英阶层。随着新贫困陷阱的逐步深化及失业者权利被隔离，将出现不同程度的社会极化现象。其一，财富极化。逐利是资本的根本逻辑，技术因具有大幅降低生产成本与人力成本的优越性而成为逐利的重要工具。为了丰厚的资本回报，企业和资本家都倾向于采用人工智能技术替代重复性劳动岗位。失去工作的人，因为没有经济来源与向上流动的机会而成为社会"无用阶层"。由于人的两极分化，可能出现财富的分化。少数精英阶层在技术的迭代过程中将积聚财富，多数"无用阶层"会失去更多乃至全部。其二，精神极化。劳动者一旦陷入"新贫困陷阱"，再加上劳动权被排斥，那么这部分人很可能被时代抛弃而成为"过时的人"。处于顶端的技术精英与权力精英积聚财富、掌握统治权；"无用阶层"因为岗位被替代、财富流失、权利被排斥而得不到疏解，陷入长期的焦虑、压抑、绝望和麻木，进而失去进取心、创造力。

### 三 劳动者的技术化生存：主体性式微与算法促逼

随着人工智能等新兴技术的日新月异，我们不得不反思这一系列悖论式的生存事实：算法促逼下的劳动者越是争分夺秒，越是感觉时间紧迫；科技进步将劳动者从繁重、枯燥、机械的困境中解放出来，劳动者

---

① ［美］兰登·温纳：《自主性技术：作为政治思想主题的失控技术》，杨海燕译，北京大学出版社2014年版，第238—252页。

却陷入就业失重与精神压抑的窘境；物质生活富足得让我们感觉拥有一切，但是我们的精神匮乏得似乎一无所有。刘同舫将这一悖反式的现象称为技术化生存困局。在这一困局中，技术扩张的本性早已突破人的底线，引发人的生存困境。① 这样的技术化生存困境对于劳动者而言尤为明显。

得益于数字化技术的不断发展，现在的大数据能够更加深刻、全面、准确地还原劳动者的劳动过程与活动轨迹。数字技术与在线平台推动灵活就业的深刻变化，一方面是平台驱动下的精准预测与灵活性，另一方面是对劳动者的巨大时间压力、标准化、算法管理及数字监控。② 社会对于流动、加速、精确性的强调已经渗透到劳动者的潜意识。资本也正是通过日益精进的技术化手段来计算并延长劳动者的劳动时间。劳动者在数字化围困下，陷入自主性式微、高速流动及数字化剥削的窘境。

（一）技术对劳动者主体性的僭越

政策驱动下的科技进步对劳动者主体性而言具有显著的外部性。首先，科技进步显然提高了劳动者的从业能力与技术能力，使得人类改造自然的能力日益提高。科技导致劳动者成为技术的奴隶，成为不合格、不标准、不精确的产品。其次，技术进步驱动人类物质能力的极大发展，但也造成了人类对技术的过度崇拜与迷恋。③ 人类发明能思考和行动的机器为之服务，但是机器最终却迫使人趋于毁灭。④ 且不论"人类毁灭"议题是否真的会发生，事实是数字化与智能化的发展确实给机器带来了自主性。

智能技术及其主体性的构建是否会威胁甚至消解劳动者的主体性？众多学者对此议题做出深入思考，并有学者提出，机器主体性的上升将

---

① 刘同舫：《科学和技术：天使抑或魔鬼？（三）技术的边界与人的底线——技术化生存的人学反思》，《自然辩证法通讯》2004 年第 3 期。
② Moritz Altenried, "On the Last Mile: Logistical Urbanism and the Transformation of Labour", *Work Organisation, Labour & Globalisation*, Vol. 13, No. 1, 2019, pp. 114 – 129.
③ 王治东、王晓蕾：《林德宏技术生存思想探究》，《南京林业大学学报》（人文社会科学版）2017 年第 3 期。
④ 林德宏：《维护人类的尊严——人工智能技术观的思考》，《哲学分析》2018 年第 5 期。

威胁到人的主体性,消解人性和人的生命意义。① 任剑涛认为,随着智能技术的全面铺开,人类似乎逐渐丧失对自主理性的管理,人的启蒙定义被结构性改写,启蒙运动奠基的"人的政治"趋于终结,"技术利维坦"即将降临。② 孙伟平认为,智能技术人虽然提高效率、促进人类闲暇、协助人类条理化,但是也引发劳动者对机器是否可控的担忧。③ 尤其当各种智能系统被源源不断开发出来时,人的主体地位和传统人际关系都面临冲击。④ 王天恩认为,智能技术制造了人类被替代的恐慌,人的劳动解放不仅意味着人类本身的生活意义将面临严峻拷问,更面临生存意义的分化及劳动意义的考量。⑤

从以上学者的观点来看,机器不断提高的主体性潜藏着人类主体性被消解的风险。机器主体性的获得一定程度上意味着劳动者主体性的消磨。人工智能可能在某方面削弱人的能力,尤其当人被机器随时随地量化以后,外界对人的监控能力增强,而人的自我控制与保护能力却被削弱。如数据与算法在提高人的认知与决策能力的同时,加剧了人对机器智能的依赖。当万物皆被"计算""算法化"的时候,随之而来的问题是人类可能陷入单一的计算思维与工具理性,进而逐渐导致人文精神与人文思维的萎缩。⑥

(二) 技术加持下劳动者的超级流动与加速主义

政策驱动下的技术迅猛发展让全世界的人都罹患了时间病。⑦ 劳动者患上时间病,陷入超级流动与加速主义的陷阱。当人类讯息传递的速度与容量越来越快、与世界交流越来越便利的时候,我们将面临新的问题。⑧

---

① 谢存旭:《大数据视域下人类生存危机哲学反思》,《人民论坛》2015 年第 35 期。
② 任剑涛:《人工智能与"人的政治"重生》,《探索》2020 年第 5 期。
③ 孙伟平:《关于人工智能的价值反思》,《哲学研究》2017 年第 10 期。
④ 孙伟平:《智能社会:共产主义社会建设的基础和条件》,《马克思主义研究》2021 年第 1 期。
⑤ 王天恩:《人工智能和关系存在论》,《江汉论坛》2020 年第 9 期。
⑥ 彭兰:《人—机文明:充满"不确定性"的新文明》,《探索与争鸣》2020 年第 6 期。
⑦ 郑作彧:《社会的时间:形成、变迁与问题》,社会科学文献出版社 2018 年版,第 152 页。
⑧ Alex Williams and Nick Srnicek, "Accelerate Manifesto for an Accelerationist Politics", In J. Johnson (Ed.), *Dark Trajectories: Politics of the Outside*, 2013.

随着智能手机的广泛运用，数字资本主义正凭借核心要件（各种应用平台 App）展开全新的剥夺，平台演变成数字时代资本主义攫取利润与权力的堡垒。① 维希留（Virilio）认为，加速完全是科技运作的现象，人类生活的改变是科技效应的必然结果。② 速度理论的集大成者哈特默特·罗萨（Hartmut Rosa）则质疑，科技的加速能力通常应该帮助人们节省更多时间、放缓过快的生活步调。然而在忙碌的当代社会，何以我们拥有多样化的节省时间的科技，反而陷入时间紧迫的悖论？罗萨解释道，由于加速、过于紧迫的生活步调，人类普遍需要使用加速科技；通过加速科技的运用，人们在更短的时间内完成了社会变迁；而加速的社会变迁迫使人们不断应付新事物的到来，便提升了生活步调的速度。③ 由此我们便释然，为什么科技不断进步，劳动者在机器取代双手的便利中没有获得解放与松弛，而是越发忙碌，陷入"时间紧迫悖论"及"唯快不破"的价值悖论。在分散的数字化世界中，传统实体空间控制已经失去了优势，数字化空间是控制劳动力的一个核心工具。当下，空间数字化生产对平台劳动过程的控制引发工人的抗拒，尤其以平台为基础的外卖行业，空间被时间摧毁。在数字化技术加持下，一方面，工作场所的管辖范围不断扩张；另一方面，劳工的工作强度不断被强化。④ 正如访谈中外卖员谈道："配送时间被一次次压缩，配送效率要求越来越快，超时罚款，被投诉罚款，不接单被处罚，平台和算法完全在支配我们的跑单状态，单凭我们自己的力量无法改变。"（访谈对象 A16：20200921）

尽管罗萨的加速社会理论并不是完全基于技术进步视域展开的对时间压缩与剥削问题的研究，但是其加速社会理论为本书探究劳动者的技术化生存处境提供了重要的视角。当代劳动者的超速流动、加速主义和

---

① ［加］尼克·斯尔尼塞克：《平台资本主义》，程水英译，广东人民出版社 2018 年版，第 134—162 页。
② 郑作彧：《社会的时间：形成、变迁与问题》，社会科学文献出版社 2018 年版，第 162 页。
③ 郑作彧：《社会的时间：形成、变迁与问题》，社会科学文献出版社 2018 年版，第 167 页。
④ Heiner Heiland, "Controlling Space, Controlling Labour? Contested Space in Food Delivery Gig Work", *New Technology, Work and Employment*, Vol. 36, No. 1, 2021, pp. 1–16.

时间紧迫的悖论与数字化、信息化、智能化等技术是密不可分的。可以说，罗萨的加速社会理论与技术驱动下劳动者加速流动的境遇产生了理论上的共鸣。我们必须承认现代劳动者工作已经被技术加速且生活在一个"高速社会"的这一事实。当下超速流动的典型案例是困在系统里的外卖骑手。在算法精准计算下，美团等外卖平台将骑手配送时间不断压缩直至生理极限。美团平台在大数据、算法、云计算等辅助下压缩骑手配送时间以加快骑手的流动速度。骑手时间被压缩正是得益于算法的不断精进。骑手的送餐时长与送餐路径不断生成大数据以投喂算法，继而骑手被困在不断加速的算法中。智能算法有能力不断吞噬骑手的时间直到骑手达到生理极限。而骑手为了免于超时罚款，上演逆向行驶、闯红灯、擅自改造机动车等"疯狂"且"要命"举动。骑手的"超级流动"[①]有效回应了罗萨加速社会的异化现象。

（三）技术对劳动者的资本嵌刻与数字化剥削

机器对劳动者主体性的威胁以及劳动者加速与时间紧迫的悖论，都与科技进步有着直接关联。正如英国社会学家朱迪·瓦克曼（Judy Wajcman）在《时间紧迫：数字资本主义时代的时间加速》（*Pressed for Time: the Acceleration of Life in Digital Capitalism*）中传递的信息一样，数字化时代的时间问题越来越应该受到重视。劳动者之所以陷入时间紧迫悖论而不得自主，表面上与数字化、信息化、智能化技术密切相关。但当我们再深入探究时发现，社会不断加速的根本原因已深深嵌刻进追逐剩余价值的资本逻辑中。而资本剥削的加深需要大量的表现自我特征的数据投喂，需要劳动者不断激发劳动热情和创造性，进而形成了与传统劳动不同的新的异化劳动。在数字经济背景下，科技进步与经济、文化、社会及意识形态等领域紧密结合，促使社会加速与高速流动。高速流动的劳动者自然成为数字剥削的重要对象。

资本对劳动者的剥削主要体现在时间剥削与情感剥削。资本在技术加持下，对劳动的计算呈现隐蔽性。再加上劳动者自主性的式微，劳动

---

① 陈龙、孙萍：《超级流动、加速循环与离"心"运动——关于互联网平台"流动为生"劳动的反思》，《中国青年研究》2021年第4期。

时间已经变成数字资本的重要剥削对象。在数字化技术的助力下，数字资本主义并不直接体现为对劳动者剩余价值的剥削以创造更多的利润，而是通过算法、大数据来改变工作时间的本来面目，修正工作时间的计算方式等隐蔽手段来促成没有冲突和摩擦的软性剥削。以外卖骑手劳动过程为例，骑手抢单、取餐、送餐、送到的过程与工厂制流水线作业并无二致，不同的是抢单过程的趣味性与刺激性赋予了枯燥的劳动过程以"游戏"意义，这与迈克尔·布诺威（Michael Burawoy）在《制造同意：垄断资本主义劳动过程的变迁》（*Manufacturing Consent: Changes in the Labor Process Undet Monopoly Capitalism*）中的"赶工游戏"形成有效呼应。你争我抢的氛围消解了骑手高强度的劳动知觉，使其主动忽视送餐过程的风险。在这样竞争激烈的抢单机制中，骑手被塑造成高效的抢单送单机器。隐匿在平台背后的资本家巧用算法与大数据等管理手段"制造同意"，并用各种激励机制、评分评价机制及透明的计酬规则让劳动者保持足够的劳动强度。不仅如此，劳动者还要承担维护平台与消费者关系的责任。在劳动过程中，骑手除付出高强度的体力劳动以外，还要付出情感劳动。例如，要尽力让消费者保持良好的消费体验，避免消费者投诉与差评。劳动过程理论（Labour Process Theory，LPT）对这种劳资关系进行了批判，尤其是对劳工的控制、抵抗与剥削问题，该理论指出，是资本主义的剥削导致劳资关系的对立。[①]

（四）技术对劳动者的系统围困与算法促逼

由农村到现代化城市的社会转型是劳动者陷入技术化生存困境的关键因素之一。社会转型主要涉及农村现代化转型、工业智能化转型及劳资矛盾转型。以外卖骑手的技术化生存困境为例，他们中的大部分出生于农村，都是青壮年劳动力，面临着社会的三重转型。首先，由于城乡二元结构与户籍身份等结构性壁垒，绝大部分骑手无法真正融入城市生活，无法享受社会保障。农村跨入城市的原子化的个体状态，在面对强大的企业组织和平台资本时，没有充足的资源与之博弈。骑手在系统围

---

① Chris Smith, "Continuity and Change in Labor Process Analysis Forty Years after Labor and Monopoly Capital", *Labor Studies Journal*, Vol. 40, No. 3, 2015, pp. 222 – 242.

困与算法促逼之下不得不接受"制造同意"并加速流动。其次，劳动者从制造业流入外卖行业，正值国家推行制造业智能化升级改造的初创期。最后，传统组织化、等级化的泰勒式工厂制度逐渐式微，劳资关系由稳定的雇佣关系转变为灵活的去劳动关系，而关于新型劳资关系的法律界定还不成熟。因此，不论是制造业的流水线，还是零工经济下的高速流动，劳动者都陷入无以逃脱的牢笼。这一牢笼既由传统户籍制度等结构性壁垒造就，也由现代数字化技术与算法系统促逼而成。劳动者数字化生存困境是社会转型时期的难点与痛点。

数字化为何对外卖骑手形成围困？平台对骑手进行管理正是依据骑手自身劳动过程中产生的数据。在骑手配送过程中，后台通过平台软件、智能手机、智能头盔等源源不断收集骑手、商家、消费者的数据。这些数据反过来用于对骑手进行配送定价、时间预估、路线规划、量化考核及全程监控管理。因此，数字化对骑手形成围困与促逼机制，加速骑手的流动与劳动强度，这与工业社会资本的计算别无二致。当数字化、技术化嵌入社会生活、文化、工作等各个领域的时候，一定会因为技术缺乏制度化规约而导致新的问题，如机器对劳动者主体性的威胁、骑手的高速流动与高风险并存、数字化劳动的资本剥削、系统围困与算法促逼等。如果这些新问题不断积累，可能加剧技术赋权的不均衡性，进而形成马太效应加剧社会破裂。

科技政策的初衷是促进科技发展与进步，服务于人类劳动力解放。然而，当前技术进步给劳动者带来的就业排斥、权利排斥及技术化生存困境，说明科技发展已经部分背离了科技政策的价值目标。从另一层面上来讲，当下迅猛发展的智能技术与科技政策的强力、持续推动密不可分。从科技进步的就业破坏效应来看，科技政策在制定时候显然缺乏一定的前瞻性、预测性及协同性。正如前文研究得出的结论，就业部门在科技政策主体网络中一直处于边缘位置，科技部门与就业部门在实践中的协同性显然不足。科技政策在就业领域引发的负外部性主要是由就业部门来化解，这无形中造成科技政策与就业政策的内在张力与矛盾。

## 第二节 政策冲突对经济社会的影响①

在科技政策的强力、持续驱动下，科技发展部分背离科技政策价值目标。这不仅造成劳动者技术性失业与技术化生存，而且培育了"平台利维坦"，并从多个维度对经济社会造成负面影响。在科技进步驱动下，人类社会已经从工业化社会迈向数字化、智能化时代，从线下实体经济走上线上虚拟经济。《中华人民共和国国民经济和社会发展第十四个五年规划和2035年远景目标纲要》明确提出，"加快推动数字产业化，推进产业数字化转型"。相应地，在数字化、智能化政策驱动下，技术资本的触角也由对生产领域的控制转向了对流通领域的控制，如一度处在舆论浪尖的外卖骑手、网约车司机等。流动领域的劳动过程也顺应数字产业化发生了根本改变。较之工业化时代劳动过程中的组织控制与等级控制，现代新业态劳工大都是青年群体。在自由灵活的用工模式下，青年劳工似乎拥有更大的自主权，能够自主决定工作时间、地点、休息休假，甚至是劳动供给与薪资水平。② 然而，互联网平台真的能够放松对劳动者的管控、兑现自由高薪的承诺吗？以数字化技术为驱动、以国家政策为支撑的新业态将对技能结构、产业结构及当下的公共政策造成哪些挑战？本节将重点对这些问题做出解答。

### 一 政策支持与新业态问题凸显

在数字化、智能化政策驱动下，以网约车、外卖、主播等为代表的平台经济成为当前与未来就业增长的重要来源，并在短短几年内吸引了很多劳动者。根据国家信息中心发布的《中国共享经济发展报告（2021）》，2020年，共享经济参与者约为8.3亿人，其中，服务提供者

---

① 金华、陈佳鹏、黄匡时：《新业态下数智化劳动：平台规训、风险生成与政策因应》，《电子政务》2022年第2期。
② 吴清军、李贞：《分享经济下的劳动控制与工作自主性——关于网约车司机工作的混合研究》，《社会学研究》2018年第4期。

约为8400万人，同比增长约7.7%；平台企业员工数约631万人，同比增长约1.3%。① 2019年，全国餐饮外卖骑手总数突破700万。2020年，新冠疫情加剧了劳动力产业转移，疫情防控期间两个月内新增骑手58万，其中40%来自制造业。据阿里研究院预测，至2036年，中国将会有大约4亿人参与零工经济。② 平台经济从业者数量迅猛增长造成用工的两极分化现象，一面是平台经济不断吸引劳动者加入，一面却是制造业面临用工荒的难题。同时，平台经济在形成就业创造效应，推动经济发展的同时，也面临劳动者权益保障等全新的问题。

面对平台经济的机遇与挑战，国家政策理念层面明确支持新业态的发展。如2017年4月《国务院关于做好当前和今后一段时期就业创业工作的意见》明确提出，支持劳动者通过新业态实现多元化就业，探索适应灵活就业人员失业、工伤保险保障方式，完善适应新业态特点的用工与社会保障等制度。③ 2018年《政府工作报告》中，李克强总理明确提出运用"互联网+"发展新业态。④ 2021年7月，包括人力资源和社会保障部在内的八部委联合印发《关于维护新就业形态劳动者劳动保障权益的指导意见》，旨在维护新业态劳动者劳动保障权益。在政策实践层面，各级政府将平台经济等新业态作为劳动力市场蓄水池。如2018年，苏州市吴江区政府成为全国首个由政府主导的灵活就业人员职业伤害险试点地区。该政策保障涵盖了外卖、快递等新业态下没有工伤保险的灵活就业人员。⑤

尽管各级政府政策明确支持平台经济发展，但是新业态下从业者权益保障、劳动安全、基本收入、劳动者与平台是否建立劳动关系等问题

---

① 国家信息中心分享经济研究中心专家团队：《中国共享经济发展报告（2021）》，2021年2月22日。

② 郑祁、杨伟国：《零工经济前沿研究述评》，《中国人力资源开发》2019年第5期。

③ 《国务院关于做好当前和今后一段时期就业创业工作的意见》，央视网，http://news.cctv.com/2017/04/19/ARTIAYE6apRrWDe1wGX7KILq170419.shtml，2023年7月16日。

④ 《2018年政府工作报告》，中华人民共和国中央人民政府官网，https://www.gov.cn/guowuyuan/2019-12/02/content_5457616.htm，2023年7月16日。

⑤ 《苏州吴江建立灵活就业人员职业伤害保障机制》，经济网，http://www.ceweekly.cn/2018/0516/225417.shtml，2023年7月15日。

依旧是新业态发展的核心议题，也是学界关注的焦点问题。学者们就新业态高强度的劳动过程表示担忧，并对劳动力市场监管达成一定的共识。首先，时空关系的不确定性、超精准的数字化监控及高风险流动性都加剧了从业者劳动过程的风险性。① 其次，现有的劳动法与劳动保障制度是基于雇佣劳动关系，平台经济是一种去雇佣关系的零工模式，因此，劳动者权益保障游离在劳动法之外。② 最后，平台经济下的零工就业既不利于稳定就业，也不利于社会保障体系的构建，因此，无论零工与平台是否存在劳动关系，劳动者的生命、健康、休息、报酬等合法权益都应该得到有效保障。③ 现有文献的共识是目前的劳动法与劳动保障基本制度在工业社会仍具有适切性与可行性，却不足以应对新业态衍生出的新问题，因此要加强对新业态从业者的劳动权益保障。

目前研究者大都忽视了新业态平台给技能结构、实体制造业及公共政策带来的挑战，更加没有从操作层面讨论如何化解数字化背景下新业态带来的社会风险。本书将从国家政策明确支持的新业态出发，着眼于从业者的数字化劳动过程，探寻新业态劳动过程的全新特征，进而阐述在政策支持下，以平台经济为代表的新业态对技能结构、产业结构及公共政策的挑战。

## 二 数字化劳动、全景监控与平台规训

在大数据、人工智能、云计算等政策与技术支撑下，新业态呈现出明显区别于传统业态的新特征，如劳动过程的自由化、灵活化、去雇主化，同时对互联网平台的依赖程度加深。④ 劳动者在灵活自由的用工模式下受到双重监控，一方面平台通过精确的算法系统与数据收集分析控

---

① 陈龙、孙萍：《超级流动、加速循环与离"心"运动——关于互联网平台"流动为生"劳动的反思》，《中国青年研究》2021年第4期。

② 张成刚：《问题与对策：我国新就业形态发展中的公共政策研究》，《中国人力资源开发》2019年第2期。

③ 董成惠：《零工劳动对传统劳动关系的解构以及应对措施》，《湖南社会科学》2020年第5期。

④ 张成刚：《共享经济平台劳动者就业及劳动关系现状——基于北京市多平台的调查研究》，《中国劳动关系学院学报》2018年第3期。

制劳动过程①；另一方面，消费者也参与到劳动过程的控制中。简言之，新业态下的用工模式不再是雇用稳定的从业者，不再是购置厂房设备和机器等不变资本，所有的从业者成为平台的依附者，呈现出全新的特征。

第一，数字化的全景监控与平台规训。新业态以其灵活的工作时间和地点使从业者产生自由的感觉。然而，数字化时代的资本真的放松对劳动者的管控了吗？数字信息技术的迅猛发展与智能化的生存方式，正逐渐改变传统的劳动过程。相应地，劳动过程的监督形式也发生了改变。数字化时代下的大数据与智能监控取代了组织等级控制，实现了劳动过程监控的自动化、数字化及智能化。各种智能化穿戴设备将劳工的实时数据向平台与消费者传送以监控劳动过程的每一个步骤。劳动者在劳动过程中任何违规行为都会被自动识别和记录并传送到后台，进而强化劳动过程监督。如微软研发的 Workplace Safety App，可以按照管理者预设的规则对劳动者进行监管，只要通过穿戴移动设备就可以将劳动者的违规行为发送给管理者。劳动者虽然摆脱了实体工厂的规训，但并不意味着摆脱了资本的监控。虽然资本的监控不再依赖物理空间，但是平台资本以技术手段实现了对劳动时间的延伸与征服。资本运用灵活的用工模式，不仅减少其劳动控制的成本，而且实现了对劳动过程每时每刻、无处不在的数字化监控。资本正是通过这种数字化技术对劳工剩余价值进行榨取。有学者对外卖骑手的劳动过程进行田野研究，发现互联网平台顺利创造出骑手所渴望的"自由"表象，以宽松的工作场域和灵活的工作时间吸引更多的劳动者加入，但是却在技术手段加持下以时间为单位，对骑手实施严密细致的监控与记录，进而加深骑手对平台的依附程度。② 因此，新业态下的劳动过程，不过是以虚假的自由掩盖了数字化全景监控与平台规训的本质。

劳动过程理论不仅对数字化剥削进行了批驳，而且揭示了资本如何利用技术、官僚、规范及计算机控制等手段寻求和控制平台经济下的劳

---

① 陈龙：《"数字控制"下的劳动秩序——外卖骑手的劳动控制研究》，《社会学研究》2020 年第 6 期。
② 李胜蓝、江立华：《新型劳动时间控制与虚假自由——外卖骑手的劳动过程研究》，《社会学研究》2020 年第 6 期。

动节奏和过程。① 其中，计算机控制是一种混合控制手段，依赖大数据的软件程序来捕获、指导、监控和评估劳动过程。② 以上控制手段并非离散发挥作用，而是在实践中改变劳工的价值观、规范劳工的情绪以引起劳工的合作③，进而使得劳动过程中的情绪商品化④。包括大数据、计算机和移动电话技术在内的新技术，帮助资本实现了对劳动过程控制的革命性变革。⑤ 其中，平台经济就是被视为一种技术驱动的工作转型⑥，平台的数字生态系统在激励劳工的创造性劳动方面发挥了关键作用⑦，尤其是利用算法来管理劳工和监控劳动过程为平台经济的显著特征。⑧ 基于深度学习的算法管理与算法控制成为平台规训劳动过程的技术支撑。⑨

第二，劳动者与消费者的冲突隐匿了深层次的劳资矛盾。数字化的全景监控与平台规训为消费者加入监控队伍提供了技术支撑。服务业始终遵循的一条金科玉律是"消费者即上帝"，互联网平台自然也是推崇顾客至上。以外卖骑手为例，平台会向客户端推送订单的实时动态，以增强消费者对订单的体验感和掌控感。骑手劳动过程的稍许延迟遭遇的

---

① George Callaghan and Paul Thompson, "Edwards Revisited: Technical Control and Call Centres", *Economic and Industrial Democracy*, Vol. 22, No. 1, 2001, pp. 13 – 37.

② Christopher Shane Elliott and Gary Long, "Manufacturing Rate Busters: Computer Control and Social Relations in the Labour Process", *Work, Employment and Society*, Vol. 30, No. 1, 2016, pp. 135 – 151.

③ Paul Thompson and Diane van den Broek, "Managerial Control and Workplace Regimes: An Introduction", *Employment and Society*, Vol. 24, No. 3, 2010, pp. 1 – 12.

④ Nicky James, "Emotional Labour: Skill and Work in the Social Regulation of Feelings", *The Sociological Review*, Vol. 37, No. 1, 1989, pp. 15 – 42.

⑤ Alessandro Gandini, "Labour Process Theory and the Gig Economy", *Human Relations*, Vol. 72, No. 6, 2019, pp. 1039 – 1056.

⑥ Alex J. Wood, Mark Graham, Vili Lehdonvirta, et al., "Good Gig, Bad Big: Autonomy and Algorithmic Control in the Global Gig Economy", *Work, Employment and Society*, Vol. 33, No. 1, 2019, pp. 56 – 75.

⑦ Debra Howcroft and Birgitta Bergvall-Kåreborn, "A Typology of Crowdwork Platforms", *Work, Employment and Society*, Vol. 33, No. 1, 2019, pp. 21 – 38.

⑧ Henri Schildt, "Big Data and Organizational Design-The Brave New World of Algorithmic Management and Computer Augmented Transparency", *Innovation*, Vol. 19, No. 1, 2017, pp. 23 – 30.

⑨ Kenney Martin and John Zysman, "The Rise of the Platform Economy", *Issues in Science and Technology*, Vol. 32, No. 3, 2016, pp. 61 – 69.

可能是消费者的投诉与差评。平台通过赋予消费者反馈与评价的权利拓展了劳动控制的范围，而消费者的差评与投诉带来的直接后果是骑手的利益损失。新业态中资本不再依赖物理空间创造价值，相反，实体工作场所的消失反而隐匿了劳资矛盾对抗的本质。与劳动者发生直接冲突的反而是消费者，甚至是小区保安、道路交警等。在这种全新的评价与监督过程中，管理与被管理、监督与被监督的劳资矛盾被劳动者与消费者的冲突所掩盖。当消费者与劳动者发生冲突的时候，平台则充当"和事佬"的角色去维护消费者权益而置劳动者权益于不顾。平台通过拉拢消费者并扩大消费群体，进而弱化平台资本与消费者之间的矛盾。由于从业者与平台从属关系不强，处于弱势地位的零工则要承担所有的投诉、罚款、道歉、道路违章等风险。

由此，传统工业社会的劳资二元结构矛盾转化为涵盖零工、平台与消费者非典型劳动关系的三角结构。因而，新业态下数字化劳动过程中劳资关系的矛盾更加隐蔽化，但是其本质并没有发生改变。随着劳资矛盾的隐蔽化，资本对劳动者的激励机制也随之变化。传统产业形态下的一般性激励机制与普遍性常规激励在新业态下有些"水土不服"，因而，平台资本探索出个性化激励机制。如美团系统为骑手设置积分等级体系，并将积分等级体系打包成升级打怪兽的游戏。

第三，技术资本驱动下的超级流动与加速主义。朱迪·瓦克曼与奈杰尔·多德（Nigel Dodd）在《速度社会学：数字化、组织化和社会暂时性》（*The Sociology of Speed: Digital, Organizational, and Social Temporalities*）中明确指出，速度与加速正成为我们这个时代非常鲜明的特征。[1] 如外卖平台不断刷新送餐速度，将骑手送餐时间从开始的38分钟压缩到28分钟。时间压缩看似算法与技术在进步，却是以骑手的血泪为代价。[2] 然而，劳动时间为何压缩以及何以压缩？有学者认为，时间压

---

[1] Wajcman Judy and Nigel Dodd, *The Sociology of Speed: Digital, Organizational, and Social Temporalities*, Oxford: Oxford University Press, 2016, p.2.
[2] 陈龙：《游戏、权力分配与技术：平台企业管理策略研究——以某外卖平台的骑手管理为例》，《中国人力资源开发》2020年第4期。

缩的本质是资本通过"时间套利"加快资本增值循环的速度。① 一方面，骑手通过高速的流动增加剩余价值创造的速度；另一方面，生产资料由实体化转向数据化为平台经济的扩张提供了重要的技术支撑，也即骑手高度流动产生的数据成为平台压缩时间、扩大盈利的原动力。② 然而，不论是骑手的高速流动还是平台加速度，其根本动因是资本通过加速主义以增加资本套利的速度。资本在流通过程中既不生产商品，也不创造剩余价值。因此，一方面，平台算法会设定指标以加强骑手流动的速度；另一方面，骑手超速流动生成的数据又继续投喂并训练算法，从而将加速主义内化为算法的自动化升级中，将超速流动内化为骑手的本能反应。饿了么和美团双平台在中国形成双寡头垄断，控制着90%以上的在线食品配送市场。两大平台不断上新项目、功能，对送餐时间核准的不断加强、对商家出餐时间预测的不断提高，最终都是为了通过骑手的超级流动以实现资本不断增值，进而提升利润获取的速度。

第四，流动的原子化压缩了集体博弈的空间。由于零工并非与平台签订劳动合同的正式员工，因此平台不会为其购买社会保险，更加不会承担劳动过程中的风险与意外，零工也无法享受员工基本权益与福利。因此，原子化的零工无法像正式员工一样组织工会，以集体博弈的方式就薪资问题、社会保障问题与平台谈判。相反，原子化的个体为了保住平台的工作机会，个体之间可能出现逐底竞争现象，即通过压低薪酬水平、增加劳动强度来保住工作。平台为了防止零工离职离线，还会大量招募零工，当出现零工供过于求的局面，平台就掌握了降低薪酬的砝码。收入的降低使得零工不得不延长工作时间或承包更多的工作。休息时间不足再加上要养家糊口，劳动者一般没有精力与平台博弈。因此，面对强大的平台，零工谈判能力与谈判空间被极度压缩。一方面，零工以流动为主，原子化的劳动过程降低了其组织化维权的可能；另一方面，零

---

① Julie Yujie Chen and Ping Sun, "Temporal Arbitrage, Fragmented Rush, and Opportunistic Behaviors: The Labor Politics of Time in the Platform Economy", *New Media & Society*, Vol. 22, No. 9, 2020, pp. 1561–1579.

② 陈龙、韩玥:《责任自治与数字泰勒主义：外卖平台资本的双重管理策略研究》，《清华社会学评论》2020年第2期。

工大都是低技能劳动者，直接导致其与平台谈判能力的不足。零工劳动力买方市场难以形成，自然其议价空间就被大大压缩。流动在不同空间的原子化个体难以形成一个团体，势单力薄的零工面对平台的规训、管理者的监控、消费者的埋怨投诉，只能加速流动提升劳动强度或增加情感劳动来化解矛盾。简言之，新业态下的零工独立应对复杂多变的劳动力市场，劳动过程没有底薪、没有假期、没有技能培训，而且还面临超速、违章、闯红灯等风险。新业态下的劳动者市场显然已经陷入了过度灵活的泥沼。盖伊·斯坦丁（Guy Standing）形象地将这类收入不稳定、低技能、缺乏社会保障、主要从事服务业的零工群体称为"不稳定无产阶级"。[①]

总之，以外卖骑手为代表的新业态劳动者不断被算法与数字化技术精准计算。一方面，劳动者赖以存在的平台看似为劳动者创造了灵活自由的工作模式，实则通过算法系统与平台规训强化了对劳工的控制，进而压缩其自由选择的空间并淡化了雇主的责任。相应地，劳资矛盾潜移默化地转为劳动者与消费者、劳动者与平台之间的矛盾。而在矛盾转移过程中，接受顾客投诉的平台则充当了"和事佬"的角色。另一方面，传统劳动过程中的雇主控制、等级控制转化为"数智化控制"。数智化控制更具隐匿性，平台凭借虚拟 App，收集、分析骑手数据并将骑手数据反馈给消费者和骑手以达到维持劳动秩序的可能。

实践来看，数智化控制是技术控制与平台组织规训的双重叠加，较之传统劳动过程的组织控制更加隐匿而深刻，并从实体控制走向虚拟规训。这主要表现在数智化控制削弱劳动者反抗意愿的同时，也僭越劳动者内在根本的自主性，并通过"制造同意"使其不知不觉在智能化的"抢单游戏"中参与到对自身的管理过程。数智化控制归根到底是资本逐利，资本将传统劳动过程的剥削与压榨升级为数智化霸权，压缩劳工讨价还价的空间。平台在技术加持下可以规避就业监管，通过在传统监管市场中的非正式运用创造利润。虽然平台经济具有较大的灵活性与自

---

① Christopher Deeming, "Guy Standing (2011), The Precariat: The New Dangerous Class", *Journal of Social Policy*, Vol. 42, No. 2, 2013, pp. 416–418.

由性，但是一种新版本的泰勒主义在传播①，即虚拟平台下的超时临时工作在计算机等科技手段下不断强化。不确定性与不安全感是实现极端灵活性的代价，大部分商业风险向劳工转移，而诸如福利或失业保险等潜在成本却被平台企业规避。② 对劳动过程的监控已经成为组织生活的固定部分，廉价的技术强化了这种监控过程。③

### 三 对技能结构的降维效应

新业态下劳动过程在数字化的全景监控与平台规训下，呈现高速流动与加速主义等新特征。尤其在疫情防控期间，新业态吸收了大量的制造业失业人员。然而，新业态在创造就业效应的同时，对技能结构、产业结构及公共政策造成不同程度的挑战。新业态一方面为劳动者创造了灵活的就业模式，另一方面也造成了劳动者去技能化的社会风险。随着新业态对技能结构的持续降维，劳动者可替代性强、收入不稳定及社会保障缺失，进而深刻影响劳动者的情感体验与心智发展。

第一，政策驱动下的新业态引发劳动者去技能化。新业态的劳动者大部分来自制造业流水线上的青壮年劳力，劳动力整体技能水平非常有限。因此，不论是制造业的就业损失效应还是新业态零工经济的就业创造效应，都面临共同的发展困局：劳动者低技能或去技能化风险。新业态零工低门槛、无技能培训，其对制造业的影响不过是加速从业者去技能化的进程。一旦遭遇经济危机，零工经济这类非常规就业人群将最先被抛离劳动力市场，其有限的技能水平将加剧其重返劳动力市场的难度。例如，欧债危机给欧洲经济带来重创的同时，导致非全日制用工、定期合同用工、季节性就业、临时性就业等非常规就业的稳定性及收入水平

---

① Miriam A. Cherry, "Beyond Misclassification: The Digital Transformation of Work", *Comparative Labor Law & Policy Journal*, Vol. 37, No. 3, 2016, pp. 577 – 602.

② Antonio Aloisi, "Commoditized Workers: Case Study Research on Labor Law Issues Arising from a Set of On Demand/Gig Economy, Platforms", *Comparative Labor Law and Policy Journal*, Vol. 37, 2015, pp. 653 – 691.

③ Michel Anteby and Curtis K. Chan, "A Self-fulfilling Cycle of Coercive Surveillance: Workers' Invisibility Practices and Managerial Justification", *Organization Science*, Vol. 29, No. 2, 2018, pp. 247 – 263.

迅速恶化。① 反观我国的实践，现实情况也不容乐观。虽然我国出台了《中国制造2025》，将智能制造作为制造业重要战略定位，然而，就在制造业转型升级、劳动者技能提升启动时期，零工经济却迅猛发展并吸引了大量的产业工人。这无疑将导致从业者技能升级路径断层，并难以重新融入转型升级后的企业。除了制造业，翻译等知识型行业也存在技能退化的趋势。

> 人工智能尤其是翻译软件的发展可能带来的影响是人自身水平的下降。对于人工智能的依赖可能使得人自身的学习欲望下降，减少个人的思考，从而使得相关水平下降。（访谈对象A12：20200918）

> 我们是智能技术与设备供应商，我们的目的很简单，就是帮客户解决生产效率和降低成本问题。我们研发的设备已经具备了生产线工人的大多数技能。我们虽然不能主导用户裁员，但是设备迭代非常快，取代低技能劳动力的趋势是明显的。（访谈对象A9：20200917）

第二，技能降维的直接后果是可替代性强、收入不稳定及社会保障缺失。中国情境下的零工经济主要是解决发展阶段中的生存需要，在马斯洛的需求层次里属于最低层次的需求。一旦发生经济危机，劳动者面临的直接困局是收入减少、贫富差距扩大及其生存困境。互联网平台为了免去雇主的责任和多余的成本，将平台劳动者视为独立承包人。因此，零工处在没有保障的灰色地带，不签订劳动合同，不享受失业保险、工伤保险、医疗保险、退休金等系列福利。由此，零工面临着多种职业安全与健康风险。即使发生劳动争议也难以获得社会保护，要么难以维权，要么维权无果。随着零工数量的迅速增加，零工内部也会出现相互竞争的现象。资本家通过不断扩大的劳动后备军使得平台零工处于内部竞争的控制之下。零工技能低且可替代性更强，为保住工作，零工只能不断逐底竞争，延长工作时间、加大劳动强度。然而，其工资却可能出现负增长。收入的不稳定导致自身及家庭再生产困难，很可能再度滑入贫困

---

① 闻效仪：《欧债危机对欧洲工会的影响》，《中国劳动关系学院学报》2013年第4期。

陷阱。

第三，贫困陷阱将深刻影响劳动者的情感体验与心智发展。平台通过灵活的用工模式减少雇佣成本，并通过零工高度的流动压榨其剩余价值。在平台零工的劳动过程中，劳动者受到的剥削程度不断加深。虽然零工的数字化劳动过程没有发生劳动者与生产资料的分离，但是零工的剩余价值却不断被剥削。资本家掌握工作规则设置和利益分配机制的权力，因而利润分配与盈利不断向资本家、平台倾斜。平台股东与高层管理人员依靠零工的血汗积聚大量社会财富，而普通零工的收入在高强度劳动下却依然呈现负增长。收入的降低、生活的拮据、保障的缺失、家庭的压力、向上流动的无望，使其面临沦为社会弱势人群的风险。[①] 这样的弱势地位将深刻影响其心智的健康发展。一方面，不断流动、离散的工作状态，使其无法积累同伴群体的友谊而处于孤独、归属感与认同感缺失的状态；另一方面，贫富差距的扩大及平台的压榨可能使其产生不公平感和仇富心理。一旦这种负面情绪在零工群体中相互传导，很有可能引发社会风险事件。总之，不稳定的个体极易形成不稳定的社会。

第四，负面的情感体验逐渐消磨劳动者的自主性与积极性。依赖于数字化信息技术，零工劳动过程中资本对劳工的管理与控制已经发生了根本改变。一方面，传统劳动过程中的人工等级监督已经被大数据、智能设备的自动化监控所替代；另一方面，新业态下的劳动控制衍生出了多形式、多主体的管控方式。以外卖骑手为例，平台通过数字化技术与消费者评价的双重控制机制，不断压缩骑手送餐时间，消灭骑手的自主性，以形成标准化的送餐模式。虽然骑手工作的物理空间在变换，不再是标准化的工厂制度。但是，在数字化设备严密细致的监控下，其劳动过程却是透明化的。当数字化技术越进步、算法越精明、消费者越严苛时，骑手的自主性空间越有限。当其按照平台的要求高速流动时，其与工厂制下的流水线标准化生产并无二致。每当送餐高峰期，骑手不仅要紧跟平台高速派单的节奏，而且要对消费者付出情感劳动以减少被投诉

---

① 熊易寒：《穷人心理学：社会不平等如何影响你的人生》，《经济观察报》2019年8月26日第3版。

的风险。简言之，骑手的劳动过程受到平台、消费者等多元主体的监控，劳动者的自主性与积极性被极大地抑制。

### 四 对产业结构的虹吸效应

以平台代表的新业态的迅猛发展不仅给从业者带来风险，而且对产业结构造成巨大的挑战。政策驱动下，新业态的迅猛崛起发生在我国人口结构调整的重大转折期。有数据表明，2012年以来我国劳动年龄人口数量与比重连续7年双降，7年间减少了2600余万人。受劳动年龄人口持续下降的影响，2018年末，全国就业人员总量首次出现下降。[①] 随着老年人口比重的上升，中国劳动力市场的人口红利逐渐式微，并已经超越了刘易斯拐点，出现了劳动力供给短缺的现象。劳动力供给短缺现象在我国的实体制造业中尤为明显。那么，这就产生了一个非常值得思考的问题：在劳动力人口持续下降的背景下，支撑零工经济繁荣的大量从业人员从哪里来？以平台为代表的零工从业门槛低、流动性大、技能需求低，主要靠劳动力谋生。显然，传统制造业的流水线产工及低技能的服务业从业者自然就成为新业态的后备军。简言之，当下平台新增大量零工可能都来自传统制造业。换言之，过去活跃在传统制造业生产线的青壮年劳动力纷纷从线下走到线上，成为外卖骑手、滴滴司机、网络主播等新业态从业者。

以平台经济为代表的新业态何以对劳动密集型的制造业形成虹吸效应？一方面，主要因为传统制造业脱胎于严苛的工厂制。在工厂制下，大规模机器生产处于核心地位。为了保障机器的稳定持续生产，产线工人需要在固定的空间和时间里照料机器的运转、服从机器的高节奏并按照机器的指令完成操作。工厂制下的劳动者主要实行计时工资制，所以不得不靠加班来提升自己的劳动收入。同时，工厂管理者为防止工人的个性化对抗工厂的标准化生产，都会通过严苛的管理以达到对工人的规训。因此，严格的工厂规训、有限的劳动报酬及超长的工作时间，是劳动者逃离制造业的重要原因。另一方面，在工厂规训的鲜明对比下，零

---

[①] 《老年人再就业释放人口红利》，《经济日报》2023年5月29日第11版。

工经济创造了"自由"的劳动体验。自由的工作时间、灵活的工作环境及月薪过万的收入体验吸引着制造业的大量从业者。零工只需在平台完成注册就可以接单，不需要再面对工厂制下管理者的训斥。不同于工厂制的计时工资，零工经济是一种全新的按需工作模式，也即工作任务才是劳动过程的中心。而工作任务本身是多样化、个性化的，时间和任务不再是连续性的。零工可以自己决定工作的时间和地点，不需要时刻保持精神紧绷的状态。较之工厂全天候、固定的工厂场所，自由的体验与自主性提升是劳动者从制造业逃离到零工经济的重要原因。

从以上分析来看，零工经济产生了较大的就业创造效应。然而，这样的就业创造效应是建立在其他实体产业就业损失的基础上的，且零工经济的创造效应并不能掩盖其低门槛、低质量就业的内在问题。① 越来越多的青壮年劳动力流向新业态，制造业将面临用工短缺及用工老龄化问题。

第一，零工经济对制造业的直接冲击是青壮年劳动力供给断层。随着劳动力老龄化趋势的加重及青壮年劳动力的流失，制造业的劳动力供给将陷入青黄不接的尴尬局面。在零工经济对制造业形成巨大虹吸效应的背景下，我们不得不忧思应该优先发展零工服务业还是制造业。新冠疫情防控期间，国家出台一系列稳就业、保就业的公共政策，大力支持零工经济、地摊经济的发展。然而，如何界定零工经济的就业效应？零工经济到底是"就业的创造者"还是"就业的蓄水池"？② 如果将其界定为"就业的创造者"，必然会面临零工经济与制造业劳动力竞争的问题，进而出现实体制造业青壮年劳动力供给断层的问题。如果将其界定为"就业的蓄水池"，那么零工经济应该作为正规就业的一种有效补充，并成为实体经济不景气时的一种兜底就业形式。从目前的形势来看，零工经济正在通过"自由的工作模式""月薪过万"等优势与制造业形成用工竞争局势。

---

① 闻效仪：《去技能化陷阱：警惕零工经济对制造业的结构性风险》，《探索与争鸣》2020年第11期。

② 诸大建：《U盘化就业：中国情境下零工经济的三大问题》，《探索与争鸣》2020年第7期。

第二，伴随着劳动力供给断层，产业可能会导致制造业跨国迁徙。当劳动力人口老龄化趋势日益严重，青壮年劳动力人口又不愿意进工厂时，制造业可能因为劳动力缺乏而难以为继。面对劳动力供给不足及劳动力成本的攀升，制造业要么向先进制造业或智能制造转型升级，要么向欠发达地区或国家迁徙以获得廉价的劳动力。一些规模较大的制造业还能承担转型升级的巨大成本及转型时的阵痛，而中小型企业却无力承担转型升级的风险与成本。因此，面对劳动力供给紧缺及劳动力成本的巨大落差，很多实体制造业可能向欠发达地区或国家迁徙。

第三，劳动力密集型产业外迁的直接后果是部分地区产业面临空心化风险。产业空心化最显著的特征是以制造业为代表的第一、第二产业在国家经济总量中的比重日渐缩减，实体制造业衰弱，转而以服务业为主要经济支撑。以发生欧债危机的欧洲国家的产业空心化为例，欧洲较早进行工业革命并领先完成工业化进程，建立了较好的工业底蕴与实体制造业。然而，欧盟一体化进程打破了欧洲产业结构的平衡。最明显的失衡是整个欧洲制造业大量向德国等北欧国家迁移，而西班牙、意大利等南欧国家实体制造业大量缩减，重点发展旅游业和服务业。这样的产业格局使得半个世纪以来南欧各国重点发展金融服务业，资金大都流向资本市场，实体制造业发展受到大环境的限制而惨淡经营。由此，欧洲的实体经济日渐式微，随之而来的是产业空心化。因此，在欧债危机爆发的时候，南欧各国受到重创，不仅丧失了传统产业的优势，而且还引发了严重的失业问题。在2012年，整个欧盟陷入失业的恐慌。失业最严重的是西班牙，高达23.6%；其次是希腊，达到21%的失业率。值得关注的是，失业人群中绝大多数是年轻人。数据显示，西班牙16—24岁年轻人的失业率高达51.4%。[①] 这一严重的失业后果与南欧国家重点发展低端服务业息息相关。青年劳动力很早就辍学进入低端服务业，导致非正规就业形态泛滥。因此面对欧债危机时，企业抗风险能力有限而不得不大量裁员。低技能的青年劳动力不得不被抛出劳动市场，游离在社会。这就很容易理解，为什么近几年意大利、西班牙等南欧国家社会治安日

---

① 闻效仪：《欧债危机对欧洲工会的影响》，《中国劳动关系学院学报》2013年第4期。

渐恶化、盗窃抢劫频频发生，犯罪率居高不下。产业结构失衡引发的失业危机是社会不稳定的重要因素。

**五 对法律与公共政策的挑战**

政策驱动下，新业态零工经济表现出全新的劳动过程与工作模式，而现行的社会保障政策与劳动法规则凸显了其适应新变化的滞后性。

第一，政策驱动下，新业态解构了传统劳动关系。传统劳动关系的认定、劳动合同的签订、社会保险的缴纳、工伤赔偿等都有相应的基准劳动法进行保障。这种基准劳动法不仅保障了劳动者的基本权益和社会福利，而且有助于缓和劳资矛盾并建立相对和谐的劳动关系。简言之，劳动者对雇主或用人单位存在组织从属与经济从属等隶属关系，因此其权益受到基准劳动法保护。然而，新业态下的零工经济打破了标准化雇佣关系。零工劳动打破传统劳动关系中时间与空间的限制，使得更多低技能失业者以灵活多样的方式获得就业机会。灵活的零工经济在传统的雇主与雇员之间介入第三人角色，将劳资二元结构矛盾转化为非典型性劳动关系的三角结构（平台资本—中介—劳动者）。① 三人角色一般由劳务派遣机构充当，劳务派遣机构并非劳动力的使用者，因此，不对劳动者进行直接管理。零工直接向消费者或顾客提供服务，而资本家却隐匿在幕后。因此，零工劳动过程的从属性被掩盖。资本家以数字化控制削弱了劳动关系的集体性、协作性和稳定性，成功规避了工人阶级奋斗了一百多年才争取到的劳动者权益。更糟糕的是，低技能的零工脱离传统劳动保护与社会保障而获得所谓的自由，却陷入竞争更加激烈的就业市场。迫于就业市场竞争压力及生活的无助，劳工不得不放弃自由与假期，被迫接受不稳定的用工模式。

第二，政策驱动下，新业态的用工模式冲击劳动法规的基本保护制度与社会保障体系。新业态下的劳工虽然拥有灵活的工作场域和弹性的

---

① 董成惠：《零工劳动对传统劳动关系的解构以及应对措施》，《湖南社会科学》2020年第5期。

工作时间，但是却牺牲了劳动法规定的只有雇员身份才享有的最低工资、失业保险、健康保险、工伤赔偿及加班费等社会保障和福利。所谓的劳动自由不过是将劳动者置于国家劳动法与社会保险的灰色地带。此类用工模式对传统劳动者权益保障的冲击是彻底的。规模不断扩张的零工经济在弱化了对劳动者权益保障的同时，却转移甚至排除了平台资本用工的法律责任。零工劳动者、平台及用工企业之间的从属关系应该如何界定，这不仅对现行的基准劳动法保障体系造成挑战，而且冲击了相应的劳动法律制度。同时因为"平台+零工"的用工模式比传统"企业+雇员"的劳动模式节约更多的用人成本，这将鼓励企业改变雇佣模式以节约社保缴费支出，从而破坏国家医疗保险和养老保险等社会保障体系的可持续性和公平性。因此，从近期来看，零工经济吸纳了低技能失业者，发挥就业创造效应。但是从长远来看，零工经济不利于稳定就业、构建和谐的劳动关系，更不利于社会保障体系的建构。一旦经济不景气或爆发金融危机，最先受到重创的就是服务业的低技能劳工。

## 本章小结

科技政策作为引领、规范与协调科技发展与进步的权威性手段，当其与就业政策发生冲突时，首先会造成一般意义上的政策资源浪费、政策效能下降、政府形象受损及政策主体权威削弱等负面影响。从更加具体层面来看，当科技发展背离科技政策设定的伦理价值并与就业发生冲突时，还可能带来就业排斥与就业失重、全景监控与平台规训及劳动者技术化生存忧虑等多重负面就业效应。

毫无疑问，科技政策为科技发展与进步设定了合乎理性的伦理价值。科技发展的目标应该是改善劳动条件，解放人类。然而，从人类每一次技术进步的历程来看，技术进步都会不同程度背离政策目标并给就业造成一定的冲击效应。科技政策的核心功能是促进科技发展与创新。然而，从调研现状来看，科技发展部分背离了科技政策设置的伦理价值目标，并给就业部门与劳动者造成不同程度的负外部性。负外部性主要体现在三个层次：第一，技术性失业的多重效应，如就业排斥与就业失重、新贫困陷阱与权利排斥等；第二，技术驱动下的"平台利维坦"，对劳动者技能、产业结构及劳动关系与公共政策的挑战；第三，技术进步下劳动者的技术化生存困境，如劳动者主体性式微、超级流动与加速主义、数字化剥削、系统围困与算法促逼等。

缘何科技发展背离科技政策预设目标并对就业产生冲击效应？为什么彼此独立的科技政策与就业政策会发生冲突？要消减政策冲突的系列负面社会效应，首先要对政策冲突的内在原因与机理做出深刻且全面的把握，才能对症下药，制定出有针对性的政策冲突消解路径。下一章将从技术、制度与伦理三个维度，重点揭示科技政策与就业政策冲突的原因。

# 第五章　政策冲突的原因探究：政策属性、科层制度与利益博弈

政策过程是一个动态且复杂的过程。不论是政策文本中凸显的结构性要素冲突还是政策执行过程中的冲突，政策冲突受诸多因素的综合影响。本书主要从三个方面把握政策冲突的症结。首先，政策冲突与政策属性及政府部门采纳偏好密切相关。相对于科技类经济政策，就业类社会政策往往被执行主体认为是不产生经济效益且消耗财政的。因而，政府部门对消耗财政类的政策采纳积极性较低，并将有限的资源优先投入能够产生增量绩效的科技领域。其次，科技政策与就业政策分属于科层组织内部不同的职能部门，科层刚性的组织结构设置、科层考核机制与激励机制都不同程度加剧了政策冲突。最后，政策过程是由诸多利益相关者勾连起来的政策网络，因而，政策冲突的本源性因素是多主体的利益博弈与责任排斥。利益本位、部门本位是政策网络中行动者的主要动机，也是政策冲突的最根本原因。

## 第一节　政策冲突的政策属性与政策采纳偏好

不同领域的政策冲突，首先与政策自身的属性密切相关。然而，这一视角往往被研究者忽视。政策属性是政策自身内在的特征与性质。本书按照政策效益的不同，将政策属性划分为社会属性和经济属性。不同的政策属性往往决定了基层执行者对政策采纳和执行的偏好。比如，相对于经济政策，社会政策往往被认为是不产生经济效益且消耗地方财政

的，因而不太容易成为地方政府绩效考评与政治晋升的关键考核指标。[①]对于能够产生经济效益的政策，地方政府政策采纳的积极性相对较高，政策执行的积极效果相对显著。换言之，地方政府对经济效益的偏好，决定了各个职能部门在政府系统中的地位，进而决定了其政策执行的注意力资源分配。然而，每个地方政府的注意力是有限的，对某一领域的过度关注，必然引发在其他领域关注的不足，即资源在不同领域的分配失衡。资源分配失衡，本身就意味着不同领域政策的内在张力和矛盾。那么，科技政策与就业政策的属性是何以影响注意力资源分配，进而引发政策冲突的？本章将重点解构这一议题。

## 一 政策冲突的原因及政策属性研究

西方学者从不同维度解构政策冲突的原因。黛博拉·斯通（Deborah A. Stone）在其著作《政策矛盾与政治情理》（*Policy Pavadox: The Art of Political Decision Making*）中重点探究了政策冲突的政策情理（政治情境）缘由。具体而言，政策衍生于一定的政治情境，政治情境本身充斥着各种政治斗争与政治冲突，在此情境中产生的公共政策不可避免也充满矛盾。[②]尤其是政策过程中的参与者，为了将政策导向有利于自己的方向，经常制造因果关系或重组因果关系来解释政策。利益的问题在政策过程中，由于不清楚作为对象的问题是与谁的利益相关，从而引发矛盾。斯通的"政治情境"为本书理解科技政策与就业政策冲突提供了重要启示意义。约翰·C. 坎贝尔（John C. Campbell）解构了日本官僚制内部政策设计与其在执行过程中发生的冲突关系。他认为，政策冲突与利益关系隔绝及组织间疏远关系处理不当有很大关联，这一方面是结构问题引发的冲突，另一方面是因为没有处理好冲突问题而扩大再生产冲突。[③]

---

① Shih-Jiunn Shi, "Social Policy Learning and Diffusion in China: The Rise of Welfare Regions?" *Policy & Politics*, Vol. 40, No. 3, 2012, pp. 367–385.

② ［韩］吴锡泓、金荣枰编著：《政策学的主要理论》，金东日译，复旦大学出版社2005年版，第48—49页。

③ John C. Campbell, "Policy Conflict and Its Resolution Within the Governmental System", In Ellis S. Krauss, Thomas P. Rohlen and Patricia G. Steinhoff, eds., *Conflict in Japan*, Honolulu: University of Hawaii Press, 1984, pp. 294–334.

刘易斯·科塞（Lewis Coser）认为，冲突的本质是对权力、价值、地位等各种资源的争夺过程。在这个过程中，需求的排他性使得对立的双方尽可能去压制、排挤甚至消灭对方。质言之，政策冲突的本质是多元利益主体相互影响、碰撞、摩擦的过程。① 国内学者从体制、机制、利益及价值等多维度剖析了政策冲突的缘由。具体而言主要包括：一是政策价值观的分歧；二是政策部门的隔断；三是政策利益的博弈；四是政策信息的阻隔。②

国内外学者对政策冲突原因的探究有一个共同特征，即大都基于客观的制度或主观的利益视角去剖析政策冲突的原因。这一研究视角为本书探究科技政策与就业政策冲突提供了重要启示意义。已有研究基本忽视了政策自身属性与政策冲突的内在关系。然而，在探究不同领域政策关系的时候，政策属性是不容忽视的变量。政策自身属性和特征揭示了不同领域政策的本质差异。③ 正是这种差异性决定了执行者的行动意愿与执行偏好。因此，在研究政策冲突时，应该将政策属性纳入影响政策过程的整体分析框架中。④

目前关于政策属性与政策冲突内在关系的研究相对缺乏。已有研究多关注政策属性与政策扩散的内在关系。如朱亚鹏等认为，棚户区改造政策是一项专项住房政策，既有助于改善家庭居住条件又能拉动国家经济增长，是具备社会经济双重属性的发展型社会政策，这一属性影响了该政策在全国的扩散。⑤ 也有学者尝试解释不同领域政策扩散的过程、动力及机制。⑥ 埃弗雷特·M. 罗杰斯（Everett M. Rogers）总结了政策的

---

① 严强、王强：《公共政策学》，南京大学出版社2002年版，第8页。
② 钱再见：《论公共政策冲突的形成机理及其消解机制建构》，《江海学刊》2010年第4期。
③ Everett M. Rogers, *Diffusion of Innovations* (3rd edition), New York: The Free Press, 1983, pp. 210 – 211.
④ Adam J. Newmark, "An Integrated Approach to Policy Transfer and Diffusion", *Review of Policy Research*, Vol. 19, No. 2, 2002, pp. 151 – 178.
⑤ 朱亚鹏、丁淑娟：《政策属性与中国社会政策创新的扩散研究》，《社会学研究》2016年第5期。
⑥ Virginia Gray, "Innovation in the States: A Diffusion Study", *The American Political Science Review*, 1973, Vol. 67, No. 4, 1973, pp. 1174 – 1185.

五种属性：复杂性、兼容性、相对优势、可观察性和实用性，以上属性对政策扩散有较大的影响力。[①] 国内外学者关于政策属性及政策扩散深入、系统、实证的研究虽然十分有限[②]，但是仍然为本章探索政策属性与政策冲突关系提供了有益的思考视角，也为本章解释政策属性与政策冲突关系留下研究空间。科技政策和就业政策分别具有哪些属性？这些政策属性对政策冲突影响的机理是什么？本部分将重点回答以上命题。

## 二 科技政策属性与政府的政策采纳偏好

科技进步与经济发展之间的正相关关系是各地大力支持科技发展的重要缘由。科技政策具备哪些重要属性？地方政府为何重点偏向科技政策执行？本部分将重点梳理政府支持科技发展的理论依据，并提出地方政府执行科技政策偏好的必要性和必然性。

### （一）科技属性与经济发展关系探究

社会进步离不开经济发展与科技推动，而经济发展的重要基础是科技发展，因此形成了"政府支持—科技发展—经济发展—社会发展"的连锁反应。正如沃尔特·罗斯托（Walt Rostow）所言，"增长是经济渐进地、有效地吸收新技术的结果"[③]。由此，经济增长和科技发展密切相关。一方面，科技进步是经济持续增长的动力；另一方面，科技发展离不开一定的经济基础支撑。作为一种知识体系存在，科技本身是一种潜在的生产力。我国早已深刻认识到科技与经济的内在关联性。1985年，我国颁布了《中共中央关于技术改革的决定》并确立了"经济建设必须依靠科技、科技工作必须面向经济建设"的基本方向。1987年，党的十三大明确指出，"要把科技与教育事业放在首要位置，使经济建设转移到依靠科技进步和提高劳动者素质的轨道上来"。1988年，邓小平同志

---

[①] Everett M. Rogers, *Diffusion of Innovations* (3rd edition), New York: The Free Press, 1983, pp. 210 – 211.

[②] Andrew Karch, "Emerging Issues and Future Directions in State Policy Diffusion Research", *State Politics and Policy Quarterly*, Vol. 7, No. 1, 2007, pp. 54 – 80.

[③] ［美］W. W. 罗斯托：《经济增长的阶段：非共产党宣言》，郭熙保、王松茂译，中国社会科学出版社2001年版，第192页。

指出,"科学技术是第一生产力"①。2015 年,习近平总书记指出,"创新是引领发展的第一动力"②。总体而言,科技政策的基本作用在于通过一定的制度化、规范化的方式促进科技与经济一体化的顺利开展。

科技是第一生产力,这一论断在实践中得到印证。许多国家将科技发展放在重要的战略地位并及时出台科技政策促进本国经济迅猛发展。例如,美国虽然独立时间不长,但是其经济实力在世界一直处于领先地位,其中关键原因是美国对科技发展与创新的高度重视和善用。再如,二战后衰败的日本及时采取"吸引性技术创新"战略,从欧美国家大量引进先进技术与设备后模仿、消化、研创。可以说,日本经济的迅速恢复和腾飞得益于其"科技立国"的战略。综上可以看到,科技政策对国家科技事业及国民经济的增长发挥关键作用。从我国科技发展的数据来看,全国整体的科技进步贡献率也在逐年递增,到 2019 年已经接近 60%(如表 5-1 所示)。

表 5-1　　　　　　　　　　科技进步贡献率

| 项目 | 2002—2007 | 2003—2008 | 2004—2009 | 2005—2010 | 2006—2011 | 2007—2012 | 2008—2013 | 2009—2014 | 2010—2015 | 2011—2016 | 2012—2017 | 2013—2018 | 2014—2019 |
|---|---|---|---|---|---|---|---|---|---|---|---|---|---|
| 科技进步贡献率 | 46.0 | 48.8 | 48.4 | 50.9 | 51.7 | 52.2 | 53.1 | 54.2 | 55.3 | 56.4 | 57.8 | 58.7 | 59.5 |

数据来源:国家统计年鉴官网。

(二)政府支持科技发展的理论依据

提升科技进步的经济贡献率不仅是实务部门的政策目标,也是经济学家们研究的热点议题。从古典经济理论开始,很多经济学家都重点关注科技进步对经济增长的贡献,这些研究也成为政府支持科技发展的重

---

① 《邓小平文选》第二卷,人民出版社 1994 年版,第 87—88 页。
② 中共中央文献研究室编:《习近平关于科技创新论述摘编》,中央文献出版社 2016 年版,第 2—5 页。

要理论基础。

作为古典经济理论的鼻祖，亚当·斯密（Adam Smith）十分重视科技发展与进步在经济增长中的地位。他在《国富论》中重点阐述了两者之间强烈的关联性。他认为，国家之所以富裕，是因为社会分工的诞生。分工能够促进经济增长的奥秘就在于分工提升了机械发明与运用的需求。机械的广泛运用不仅减少了生产中劳动力的投入，还大大提高了生产率。换言之，生产力的提高一方面取决于劳动者自身能力的提升，另一方面得益于生产中机械的改善。不管是劳动力能力的增进还是机械的发明改进，这些都与技术进步密切关联。① 概言之，斯密深刻意识到促进经济增长的要素不仅有劳动力、资本，还有技术进步这个重要的因素。作为技术创新理论的先驱，约瑟夫·熊彼特（Joseph Schumpeter）关注技术创新与经济增长的内在关联。他认为，过去50年，真正改变世界经济面貌的不是储蓄或劳动力数量，而是技术创新。② 换言之，经济增长的原动力既不是资本，也不是劳动力，而是技术创新。因而，熊彼特批判当时的主流经济观念：经济系统是静态的、均衡的。经济系统之所以能够在不同均衡状态下切换，根源于持续创新。

综上，古典经济增长理论与技术创新理论对科技进步与经济增长之间的关系有不同程度的认识，其最大的区别在于他们所处时代技术水平不同，因而技术进步的经济增长贡献率也存在差异。虽然现代社会科技迅猛发展，科技水平达到较高的水平，但是以上理论为解释政府支持科技发展的行为选择提供了充足的理论支撑，也为本书解释政府对科技政策的采纳偏好提供了有益的研究视角。

（三）科技进步的经济贡献与地方政府的政策采纳

理论上，科技进步与经济增长有较大的内在关联。实践中，科技产业确实已发展成为经济增长的重要来源。随着科技迅猛迭代，科学研究到技术发明的使用周期已经大大缩短，技术的产业化与经济效应将在更

---

① ［英］亚当·斯密：《国民财富的性质和原因研究》（下卷），郭大力、王亚南译，商务印书馆1974年版，第237—252页。

② ［美］约瑟夫·熊彼特：《经济发展理论》，何畏等译，商务印书馆1990年版，第76页。

短的时间内实现。总之,从科学发现到技术发明的时间间隔越来越短,从技术发明到科技产业化的周期也越来越短(如表5-2所示)。科技本身已经发展成为一项附加值高、增长最快的产业。早在1997年,美国信息高科技产业创造的产值已超过GDP的10%,OECD成员国GDP的50%是以科技产业为基础的。由此可见,科技产业已成为各国经济增长中的重要支撑。

表5-2　　　　　　　　科学发现与技术发明时间周期

| 科学发现 | 年份 | 技术发明 | 年份 | 孕育过程 |
| --- | --- | --- | --- | --- |
| 摄影原理 | 1782 | 照相机 | 1838 | 56年 |
| 电机原理 | 1831 | 发电机 | 1872 | 41年 |
| 内燃机原理 | 1862 | 汽油内燃机 | 1883 | 21年 |
| 电磁波通信原理 | 1895 | 第一个公众广播电台 | 1921 | 26年 |
| 涡轮喷气机原理 | 1906 | 涡轮喷气发动机 | 1935 | 29年 |
| 发现抗菌素 | 1910 | 制出抗菌素 | 1945 | 30年 |
| 雷达原理 | 1925 | 制出雷达 | 1935 | 10年 |
| 发现铀核裂变 | 1938 | 制出原子弹 | 1945 | 7年 |
| 发现半导体 | 1948 | 制出半导体收音机 | 1954 | 6年 |
| 提出集成电路设计思路 | 1952 | 制出第一个单块集成电路 | 1959 | 7年 |
| 光纤通信原理 | 1966 | 制出光纤电缆 | 1970 | 4年 |
| 提出无线移动通信设想 | 1974 | 蜂窝移动电话系统 | 1978 | 4年 |
| 多媒体设想 | 1987 | 多媒体电脑 | 1991 | 4年 |

资料来源:胡树华:《国家创新战略》,经济管理出版社2003年版,第3页。

随着科技对经济贡献的作用越来越大及其在国家战略中的地位日益凸显,各地政府重点支持高新技术产业发展。为支持科技发展,各地加大政策支持力度,运用税收、财政、金融、土地等政策组合拳支持科技进步，推动高新技术产业发展。与此同时，各地将科技发展作为重要考核任务，并设定细化的考核指标，以此作为人事晋升、奖励或惩罚的依据。

地方政府将经济发展作为最重要的任务，而科技发展具有显著的经济效益，因此各地不仅将有限的资源优先投入科技产业，而且将科技发展作为绩效评级和政治晋升的重要考核指标。在 X 市调研过程中发现，市科技局给下辖的各个县区（G 区、T 区、Q 区）科技局下达考核指标，主要包含新增高新技术企业、高新技术产业增加值占比、科技型中小企业入库登记、企业研发投入经费占 GDP 比重、产学研工作、开展农村科技服务培训人次、创新创业大赛、科研成果登记、技术合同交易登记等 16 项指标。每个县区科技局都设有高新成果科、综合计划科、农村与社会发展科等科室。调研中发现，科技发达的 G 区与欠发达的 T 区，在执行上级政策时存在明显的执行偏差。

在 G 区和 T 区科技局座谈会中，T 区工作人员谈道："市里给我们科技局的编制太少，一个科室两个工作人员。现在科技口考核任务重，市里给区里下任务，区里给我们局里下任务，局长给我们各个科室分配指标。我们每天忙着做材料、汇报，完不成任务年底局长在大会上受到点名批评，我们各个科长也会受到牵连，挨批评完了，绩效也受到影响。大家都知道，我们区基本依靠传统老工业、重工业，要转型升级谈何容易。传统产业吸附力差，没有人才愿意来。除了没有产业，工资水平还很低。"G 区工作人员表示："我们区是市里最先规划传统工业搬迁，现在也是全市新兴科技产业集中区，当然也是考核任务最重的区。每年要引进新增高新企业、规上企业、人才数量最多，产值定额也是最高的。所以，每次招商引资、高层次人才引进，商务局、人社局及发改部门都会和我们一起工会商。"（访谈对象 B13：20210729）

T 区以传统产业为主，区领导和科技部门都知道上级考核指标难以完成，但是，各个科室仍然会花很多精力把考核材料做得很厚实，使各项考核指标尽量符合上级政府和上级部门的期待。相反，G 区科技产业是经济的重要支柱，因而在完成上级考核指标时，该区倾注了大量的资源和精力。如何理解基层政府在政策采纳和执行中的行为逻辑？

首先，T区职能部门完成考核材料可以避免直接领导的批评和问责。直接领导也非常清楚考核材料与实际完成情况的差距。但是，为了避免上级领导的问责，基层政府与职能部门之间会形成合谋，共同应付上级的考核指标。当然，T区为了完成考核指标，也会通过会议、宣传、材料等行为向上级传达政策执行的信号。这种象征性执行虽然浪费人力成本和资源，但是可以避免被上级问责的风险。其次，上级政府及部门在向各个县区下达任务的时候，其下达的任务量和指标是不同的，也即市里对各个县区完成考核指标的期待是不同的，这在无形中制造了一种县区竞争氛围。各个县区对自己的排名及产业布局有了明确的定位。最后，G区为了保住自己的科技产业优势、满足上级政府的考核期待，往往会在吸引外部资本投资、引进科技人才、引育规上高企等方面投入大量人力、物力和财力。质言之，科技政策的经济属性对基层政策执行有着重要的影响。

### 三 就业政策属性与政府的政策采纳偏好

习近平总书记高度重视就业问题，多次强调就业是"民生之本"，"就业是最大的民生工程、民心工程、根基工程"。新冠疫情以来，围绕稳就业，国务院、人社部、发改委等多部门频频出台政策措施干预就业。那么，政府干预就业的理论基础与现实依据是什么？对于该问题的回答，是阐释就业政策属性与政策冲突关系的前提。

#### （一）政府干预就业的理论与现实依据

政府干预就业可以溯源于责任政府理论。责任性、回应性和代表性是责任政府的应有之义。一个对人民负责的政府不仅意味着积极的社会回应和代表性，更意味着正义的制度安排。换言之，政府在履责过程中既要关照阿玛蒂亚·森的"每个人的可行动能力"，也要注重罗尔斯强调的社会正义。总之，政府在履责过程中要促进实质的机会公平、分配公平、权利公平，并及时有效地回应民众正当的利益诉求。责任政府理论为科技进步下失业人群再就业中的政府责任履行提供了理论前提。责任政府意味着技术性失业群体的有关诉求应该得到政府的积极回应与高度重视。例如，在政府调控责任的履行上，各级政府应该制定出与"机器换人"相配套的、科学的、长效的就业政策。在政府服务责任的履行上，各地政府应该努力回应技术性失业人群的就业服务需求，建立长效的就业服务回应机制，提升优质服务供给能力。尤其是面对低技能失业群体，政府部门要更加关注就业服务供给的公平、正义与效率等价值问题。在政府监管责任的履行上，一方面要促进政府内部机制与法律制度的完善，加大对技术性失业群体的法律制度评估与监督力度；另一方面要加强外部环境的监督与评估，建立与科技进步相对应的就业评估与预警机制。

政府干预就业的关键在于保障劳动者的生存权、社会保障权及就业权等权益。① 这些权益对于劳动者，尤其是外来务工群体、下岗失业人员、残疾人等弱势群体而言具有基础性意义。就生存权而言，各地政府需要对就业困难群体承担起最低生活限度的责任，需要多渠道开发并创造就业岗位、提供一定的岗位补贴来保障其基本生活。就社会保障权而言，政府部门需要向丧失劳动能力或劳动机会而陷入生活困境的群体提供基本物质帮扶，比如，基层政府通过公益性岗位保障残疾人家庭、零就业家庭的基本生活。政府在履行以上就业保障与就业服务职能的同时，给地方政府带来较大的财政压力与治理压力。

（二）就业属性与地方财政关系

就业与失业治理涉及国泰民安的政治、经济与社会的重大问题，因而，就业政策具备政治性、社会性及经济性等多重属性。就业是民生之本，在诸多属性中，就业政策更加偏重政治属性与社会属性。尤其对于一个经济体来说，就业既关系到民生，也关乎社会的稳定，因此国家一直将就业放到首要位置，实施就业优先的战略并制定积极的就业政策——《就业促进法》。因此，积极的就业政策具备一定的法律刚性，也为失业治理提供了法律依据。

要探究就业政策属性与地方财政关系，首先要对就业政策类型进行划分。本书研究的就业政策有三类。第一是就业需求政策。通过改善就

---

① 英明、魏淑艳：《中国特色积极就业政策效果分析：一个评估框架》，《东北大学学报》（社会科学版）2016 年第 3 期。

业环境、消除制度壁垒、完善就业服务等办法改善劳动力市场环境。第二是就业供给政策。通过教育培训、创业培训、求职帮扶与再就业服务等措施开发人力资源,以达到就业总量增加、就业质量提升。第三是社会保障政策。通过实施社会救助与失业保险等政策稳定劳动力数量与质量的供给,以达到提供就业服务以及失业者社会保障的政策目标。① 然而,需求型、供给型和保障型等直接就业政策的落实执行需要消耗大量地方财政资源。从直接的就业政策目标来看,财政支出主要集中于就业总量增加、就业服务业供给、失业者社会保障及失业治理。这一系列就业目标的实现依赖于地方经济发展与财政支出。

另外,就业工作的推进需要消耗多个部门的人力、物力和财力。对于经济发展落后的地方政府部门而言,不论是需求政策、供给政策还是保证政策,就业政策的执行无疑会加重地方政府的财政负担。不仅如此,就业工作还经常与国家政治任务绑定。2016 年 7 月 20 日,习近平总书记在《在东西部扶贫协作座谈会上的讲话》谈道,"一人就业,全家脱贫,增加就业是最有效最直接的脱贫方式。长期坚持还可以有效解决贫困代际传递问题"。可以看出,就业工作与脱贫任务的直接绑定,不仅加重了就业部门的工作负担,也增大了地方财政支出。在政策实践中,就业部门确实面临多重工作压力。访谈中,N 市人社局工作人员表示:"涉及精准扶贫、贫困劳动力帮扶的时候,有农业农村局和扶贫办全权管理,会给我们下达明确的目标任务,我们就业部门需要协调配合。涉及兜底保障工作,人社部门会有明确的目标任务,也会有明确的考核办法。很多时候,就业工作是和政治任务捆绑在一起,比如精准扶贫、疫情下的复产复工等。"(访谈对象 B7:20210728)概言之,虽然推动全面就业能够刺激经济发展,但是就业政策的落实与推进极大地考验地方政府的财政实力,而就业工作与政治任务绑定无疑给就业部门带来多重执行压力。

---

① 尹音频等:《充分就业的长效机制与公共政策重构研究》,中国财政经济出版社 2018 年版,第 22—23 页。

表 5-3 直接就业政策与政策目标

| 就业政策 | | | 政策目标 | | | |
|---|---|---|---|---|---|---|
| | | | 增加就业总量 | 提供就业服务 | 失业者社会保障 | 失业治理 |
| 就业需求政策 | 直接创造就业岗位 | | √ | | | √ |
| | 改善市场环境开发新岗位 | 开发就业信息 | √ | √ | √ | |
| | | 消除制度壁垒 | √ | | √ | |
| 就业供给政策 | 求职帮助与再就业服务 | | | √ | √ | |
| | 培训、教育和创业 | | √ | √ | √ | |
| 社会保障政策 | 社会救助 | | | | √ | |
| | 失业保险 | | | | √ | √ |

资料来源：贾海彦：《转型期财政政策与就业政策：冲突抑或搭配》，《改革》2007 年第 5 期。

（三）地方政府对就业政策的执行偏好

基于责任政府理论，政府部门应该积极干预就业。政府干预就业最直接的办法就是颁布和执行"就业政策"。早在 2012 年，财政部规定以结果绩效为依据评估资金分配，以此来激励地方政府积极履行中央就业目标。[①] 这一规定引发地方政府执行偏差，各地政府往往会选择"结果最好"而不是"效果最好"群体作为政策受益目标群体。[②] 换言之，执行者偏向于自身效益最大化来决定受益目标群体。为了保障就业政策的顺利落实、防止以上执行偏差，上级政府利用目标责任考评对下级政府政策执行予以监督。通过层层压力传导机制实现就业目标的纵向贯通，确保基层政府履行就业责任。在压力传导之下，形成"权力上收，责任下放，上面权大事少，下面权小事多"的权责不对等、权责倒挂矛盾。面对上级政府的层层压力，地方政府发展不平衡，有些地方政府财政能力有限，在政策执行时候往往也会衍生出多种策略性的减压机制。

---

① 《关于开展就业专项资金绩效评价试点工作有关问题的通知》，北大法宝网，https://www-pkulaw-com-443.webvpn.jsnu.edu.cn/，2023 年 7 月 15 日。

② 李锐、张甦、袁军：《积极就业政策中的政府选择与撇脂效应》，《人口与经济》2018 年第 4 期。

就业政策能否按照中央意图和计划执行是政策达到预期效果的关键。从地方就业政策的执行效果来看，很多劳动者认为，尽管地方政府出台了很多就业优惠政策，但是真正惠及自身的非常有限，而且烦琐的申请材料和行政手续往往使其望而却步。造成这种局面的原因较多，一方面，就业工作客观上难度较大，涉及供给、需求、监管等方方面面，涵盖大学生、农民工、贫困人口等各类群体；另一方面，基层执行人员数量不足、素质不齐、能力不足等更容易形成执行偏差。换言之，基层就业部门不仅要推进就业工作，也要面对上级部门的绩效考核。从上级政府部门设定的考核指标来看，考核不仅有数量指标、质量指标，还有时间限制和成本限制。然而，基层政府在应对就业考核时表现出来的积极性并不高。正如N市人社局工作人员谈道："我们就业部门是个花钱不赚钱的部门，也是没有实权的部门，跟财税部门没法比。贫困人群帮扶、社会兜底、技能培训，每一块儿都要花钱。但是市里给的财政预算也是有限的。所以工作中有点紧巴，有时候工作也难开展。还有一点，就是给了钱如何花也很麻烦。失业贫困人口多，就业补助和失业金如何客观科学分配，是个头疼的事情。"（访谈对象B7：20210728）

就业政策的落实消耗地方财政支出，因而，关于就业工作的推进，地方政府的职能部门之间并没有主动合作的意愿和动机，就业工作几乎全依赖上级政府的推动。比如，疫情期间，就业工作单靠人社局来推进往往捉襟见肘，惯性做法是上级政府成立临时性工作领导小组来统筹推进。访谈中，工作人员表示："虽然有专门的就业工作领导小组，但是只有在非常规时期这个小组才发挥作用。平时基本各忙各的，各自权限也是独立的。就业涉及面非常广，平时需要相关职能部门的资源整合协同发力。目前来看，其他部门需要我们就业这条线配合还是比较少的。总体感觉，就业部门在政府整个布局中，相对来说是较弱的，是个没有实权的部门。平常一般的业务想要其他部门配合很困难，除非是上头在推动。"（访谈对象B9：20210728）

综上可以看出，相对于具有显著经济效益的科技政策，就业政策的实施往往被认为是不产生经济效益且消耗地方财政的，因而在相当一段时间内不是地方政府绩效评价和政治晋升的重要考核指标。[1] 在 N 市各县区年度考评中，就业仅仅占了 15 分，而科技考核则占了 30 分。从考核的比重来看，地方政府的重心在于促进科技发展和进步，相应地，基层政府及职能部门在应对上级考核任务时，将更多的注意力倾向于科技发展，就业则仅仅满足于完成执行任务。质言之，政策属性不仅决定了地方政府考核重心与指标设计，也导致政府资源在部门间分配失衡。

科技是第一生产力，是社会发展与进步的动力机制；就业是民生之本，发挥社会稳定器功能。就业工作推进需要以地方财政经济为支撑，而经济发展很大程度依赖科技进步。因此，科技发展与就业工作在地方经济增长中的地位不同，决定了地方政府在科技政策与就业政策执行中的不同偏好。在实践中，对于能产生经济效益且吸引高层注意力的政策，地方政府执行积极性相对较高。对于消耗财政不产生经济效益的社会政策，往往会形成多种执行策略与减压机制。概言之，政策是否具备经济效益属性一定程度决定了该政策的地位及其执行效果，同时决定了该部门在政策网络中是核心还是边缘位置。核心地位部门往往得到更多的领导注意力与执行资源，而处于边缘地位的部门往往很难得到其他部门的协调与配合。因此，理性的地方政府将有限资源投入能够创造经济效益的科技政策执行。在科技政策强力驱动下，科技迅猛发展并引发就业替代效应。然而，科技部门却不承担科技政策执行给就业造成的负外部性。由此，科技政策与就业政策的矛盾与冲突日益凸显。

## 第二节　政策冲突的科层体制因素

科技政策与就业政策的制定与执行都发生在科层组织内部。因而，科技政策与就业政策冲突不仅与政策自身属性密切相关，还与科层体制

---

[1] Shih-Jiunn Shi, "Social Policy Learning and Diffusion in China: The Rise of Welfare Regions?", *Policy & Politics*, Vol. 40, No. 3, 2012, pp. 367 – 385.

安排和设计息息相关。就科层体制而言,科层组织的结构设置、考核机制及激励机制都不同程度影响政策冲突。

## 一 科层刚性结构设置:条块分割与部门本位

(一) 条块分割、职权法定与管辖模糊

新公共管理强调政府管理应遵循权力下放与专业化路径。① 专门的单位、单一的组织及分散的治理被视为政府治理更有效率、响应性和负责任的方式。② 然而,这一趋势的缺陷日益凸显。新公共管理改革在专业化背景下虽然具有部门专业化且职责不重叠的优势,但是却忽视了横向协调的问题。尤其是当复杂问题治理超出单一行政单位的职责与能力范畴时,政府治理效能大打折扣。③ 总之,专业化分工与复杂事务综合治理发生了冲突。最明显的问题是专业化分工导致人为的割裂问题,而不是针对公共问题寻求可能的综合办法。④ 换言之,解决复杂公共问题的责任分散在政府不同部门与各级机构中。⑤ 专业化分工的另一个问题是政策行动的分散化,即单一维度的问题尚可通过专门的部门来干预,更复杂的公共问题则可能无法协调解决。⑥ 当公共问题没有得到充分协调时,公民与公务员都会感到痛苦,作为项目的客户,公民发现自己从政府部门获得全面服务方面存在困难。⑦ 政府项目以碎片化的方式开展,被分配到不同的机构。其结果是一系列政策与程序沿着各种关键维度开

---

① Christopher Hood and Ruth Dixon, "What We Have to Show for 30 Years of New Public Management: Higher Costs, More Complaints", *Governance*, Vol. 28, No. 3, 2015, pp. 265 – 267.

② Guillermo M. Cejudo and Cynthia L. Michel, "Addressing Fragmented Government Action: Coordination, Coherence, and Integration", *Policy Sciences*, Vol. 50, No. 4, 2017, pp. 745 – 767.

③ B. Guy Peters and Donald J. Savoie, "Managing Incoherence: the Coordination and Empowerment Conundrum", *Public Administration Review*, Vol. 56, No. 3, 1996, pp. 281 – 290.

④ B. Guy Peters, *Pursuing Horizontal Management: The Politics of Public Sector Coordination*, Lawrence: University Press of Kansas, 2015, p. 5.

⑤ Julia Koschinsky and Todd Swanstrom, "Confronting Policy Fragmentation: A Political Approach to the Role of Housing Nonprofits", *Review of Policy Research*, Vol. 18, No. 4, 2001, pp. 111 – 127.

⑥ Guillermo M. Cejudo and Cynthia L. Michel, "Addressing Fragmented Government Action: Coordination, Coherence, and Integration", *Policy Sciences*, Vol. 50, No. 4, 2017, pp. 745 – 767.

⑦ B. Guy Peters, "Managing Horizontal Government: The Politics of Coordination", *Public Administration*, Vol. 76, No. 2, 1998, pp. 295 – 311.

展,但是缺乏中央控制与集中行动。①

具体到我国的科技发展与就业问题,分别由专业化的科技部门与就业部门负责,即科技政策与就业政策分别由科技部门与就业部门的政策主体制定、执行和评估。因而,政策冲突就本质而言是部门冲突。政府部门间冲突与我国科层组织的机构设置、职权法定及组织边界密切相关。我国政府组织是典型的科层组织,其典型特征是专业化、层级节制、制度刚性及绝对理性。② 专业化的分工、正式的机构、严明的制度、法定的职权都表明了科层组织对目标确定性及规则清晰化的崇尚。对于科层组织,尤其是基层组织而言,政策内容必须明确目标任务、执行路径及人员安排。科层组织的高效运行正是依赖组织稳定、高效、专业、纪律及可预期的状态。

现实中,我国政府体系是由不同职能部门和不同利益的部门与个体组成。③公共政策一般是针对具体的问题,这一属性往往要求政府官员关注职责范围内的某一个具体公共政策而不考虑全面整体性政策。④ 那么,基于明确职能分工的组织边界一直存在,各个部门为了自身利益和价值,在各自的"地盘"上出现了公共利益部门化。而权责法定也严格规定了各个部门工作的权限,从而导致不同部门在任务执行中的地位差距。有些部门会在政策网络中占据主导地位,全程主导议题的进展;有些部门则在边缘从属位置,负责协助配合。例如,在科技创新与发展业务中,中央层面主要是由工信部、发改委、科技部和财政部负责和主导,地方上则由经信局、发改委、科技局和财政局主导,人社局在其中起到协调、配合、从属的作用。发改部门有权,财政部门有钱,人社部门相对比较

---

① Edward T. Jennings, "Building Bridges in the Intergovernmental Arena: Coordinating Employment and Training Programs in the American States", *Public Administration Review*, Vol. 54, No. 1, 1994, pp. 52–60.
② [德]马克斯·韦伯:《经济与社会》(下),林荣远译,商务印书馆1997年版,第278—324页。
③ 冯兴元:《地方政府竞争:理论范式、分析框架与实证研究》,译林出版社2010年版,第2页。
④ Guillermo M. Cejudo and Cynthia L. Michel, "Addressing Fragmented Government Action: Coordination, Coherence, and Integration", *Policy Sciences*, Vol. 50, No. 4, 2017, pp. 745–767.

弱势。

不同部门之间权责划定不同,导致各个部门在公共事务中的话语权和行动能力也存在较大的差异。政策过程中主体地位、话语权的差异一定程度上反映了其影响力和权力的差异,权力和影响力的差异会进一步影响其在政策过程中获得的利益份额和组织合作中的行为选择。① 公共政策是由相对应的部门制定,因而部门协同是政策协同的前提,部门冲突是政策冲突的直接原因。部门不合作或冲突实际是由部门间业务交叉或权责不明引发的。对于交叉事务和重叠业务,有利可图则各个部门抢着做,无利可图则各个部门都推卸责任。

具体到科技政策与就业政策的主管部门,经常会由于部门间管辖权不清,导致政策冲突现象屡禁不止。在政策主体网络关系分析中,科技事务的绝对核心部门包含科学技术部、财政部、国家发展和改革委员会、工业和信息化部等;就业政策的绝对核心部门包含人力资源和社会保障部、财政部、教育部、国家发展和改革委员会等。对科技事务与就业事务的治理涉及多个部门管辖权与法定授权的张力。法定权是以法律形式确定的政府部门的权责,"法无授权不可为"表明法定权具有较强的刚性约束力。而管辖权则是某个部门对其所在领域的控制权及行动者对该领域专业知识的掌握。管辖权非经法律授权,管辖领域存在很多不确定性,因而管辖权也是对某种不确定性的控制能力。② 为了提高管辖权的确定性,理性的组织会不断拓展专业知识以消解这种不确定性。这种既定的不确定性正是组织管辖权的来源。③

管辖权的模糊性与不确定性强化了部门冲突,部门为控制资源而产生的矛盾成为部门间利益冲突与政策冲突的重要因素。在我国的科层体系中,不同部门之间常因为组织目标差异而产生矛盾。比如,本书中科

---

① [法]埃哈尔·费埃德伯格:《权力与规则——组织行动的动力》,张月等译,格致出版社 2017 年版,译者序第 10—14 页。
② 蔡灿新、聂新军:《权力、规则与秩序:一个组织分析框架》,《宏观经济研究》2010年第 1 期。
③ [法]埃哈尔·费埃德伯格:《权力与规则——组织行动的动力》,张月等译,格致出版社 2017 年版,译者序第 16—18 页。

技部门与就业部门的政策取向存在明显的矛盾和冲突。科技部门的目标是产业结构智能化转型，用人工智能机器替代劳动者，因而我们看到，D市系列"机器换人"政策将"减员"放在产业升级的首要目标。然而，就业部门实施的是就业优先战略，目标是稳就业、全面就业，并通过技能培训提高劳动者从业水平和能力，降低失业率。显然，就业率考核并不在科技部门的责任范畴内，因而科技部门也不承担"减员"带来的负外部性。再比如教育部门与财政部门的矛盾，财政部门的目标在于平衡各个领域预算均衡投入；然对于教育部门而言，扩大受教育群体范围，提升教育质量，"双减"政策下延时服务带来的教师绩效增长等，都需要扩大财政支出。由此，两个部门因为目标不同而产生分歧，最终导致两个部门之间关系的不协调。部门间不协调最直接的体现就是政策冲突。

（二）部门本位主义、地盘政治与合作动机

部门间协调涉及权力、资源和话语权等多方面的协调，而且在实际的协调中，每个部门都只有自己的偏好，因而协调过程中的部门本位主义不可避免。正如盖伊·彼得斯所言："议题与问题形成是政策过程的基本组成部分，而协调的根本问题是来自组织理念冲突而非组织利益冲突。"[①] 部门间存在立场分歧和争议，进而引发部门间激烈的地盘竞争。国外学者对部门本位主义与地盘政治的影响因素及其引发的负面效应早有研究。

新制度经济学家大卫·莱克（David Lake）指出，至少有三个因素影响组织合作意愿的强度。第一，联合生产经济（joint production），即如果部门间合作能够产生规模经济，则部门合作的意愿更加强烈；如果不能产生规模经济，合作意愿就大大降低。第二，机会主义的预期成本多寡（expected costs of opportunity），即如果行动者预期投机成本较高，则与其他行动者建立合作意愿更强，以期实现成本分担。第三，治理成本（governance cost），治理成本涉及自主权多寡，即部门间建立合作关

---

① [美] B. 盖伊·彼得斯：《政府未来的治理模式》，吴爱明、夏宏图译，中国人民大学出版社2001年版，第91页。

系时自身能够保留的自主权的多寡，如果治理成本高，则合作中的自主权小，合作意愿降低。① 对于部门本位主义和地盘政治带来的负面影响，美国学者克里斯·赫克汉姆（Chris Huxham）和大卫·麦克唐纳（David Macdonald）指出部门本位主义的诸多危害：第一，重复投资引发的资源浪费；第二，缺乏共识引发的行动抵触；第三，形式管理造成的管理上的"三不管地带"；第四，部门间资源过度竞争与抢夺。②

正如部门本位和地盘政治带来的威胁，部门间的合作对部门自主性而言也是一种潜在的威胁。部门自主性意味着其对资源有较强的控制能力。为了占有更多资源，各个部门总是尽可能从上级获得更大的话语权和行动空间。行动空间的多寡预示着决策权的大小，进而影响其争取资金空间和预算的多寡。③ 因而对于交叉业务，尤其是无利可图的业务，部门之间没有较强的动机投入资源。具体到现实中的科技部门与就业部门，在各自的业务管辖范围内并没有合作的动机和意愿。例如，对于科技发展引发的复杂的就业问题，科技部门则认为，科技发展不仅创造就业岗位，而且提升劳动者整体的从业素质和技能水平。然而对于科技进步带来的就业替代、就业极化及产业空心化等负面影响，尤其是低技能劳动者失业引发的权利排斥和空间排斥等社会问题，科技部门并没有前瞻性的思考。在科技部门看来，就业并不是其管辖的业务范畴。

当部门之间没有合作动机的时候，共同上级的行政干预就显得至关重要。共同上级的干预是基于权威命令的压力，部门之间迫于压力不得不合作。同时，上级部门间的关系也会影响下级部门间的关系。比如，调研中发现，市科技局与人社局不合作也会导致县区科技局和人社局的合作困境。在 X 市调研中，市人社局表示，对于科技局计划引进的企业

---

① David A. Lake, "Global Ggovernance: A Relational Contracting Approach", in Aseem Prakash and Jeffrey A. Hart, eds., *Globalization and Governance*, New York: Routledge, 1999, pp. 31 – 54.

② Chris Huxham and David Macdonald, "Introducing Collaborative Advantage: Achieving Inter-Organizational Effectiveness through Meta-Strategy", *Management Decision*, Vol. 30, No. 3, 1992, pp. 50 – 56.

③ ［美］B. 盖伊·彼得斯：《比较公共行政导论：官僚政治视角》（第六版），聂露、李姿姿译，中国人民大学出版社 2015 年版，第 173—179 页。

规模、企业数量、人才引进计划等信息一无所知，导致其对高新企业的就业统计与就业服务工作难以开展。在 X 市下辖的 T 区科技局调研中，科长表示："目前区科技局和人社局几乎没有业务往来，科技局和人社局的数据还没有打通，材料数据都是交给本级政府和市科技局。"（访谈对象 B16：20210902）由此看来，上级部门间信息不连通，下级部门间也会受到影响。受到条块分割的影响，地方政府部门合作难题在于条块整合困境。

### （三）信任稀缺、互动低频与临时工作领导小组建立

政策冲突的本质是部门关系不协调。在影响部门关系的诸多因素中，信任缺失是基础性因素。"当自愿的横向关系在现代社会中的重要性越来越凸显，而我们无法通过直接的监控、等级权力或更详细的合约控制组织不确定性的时候，那么信任则成为非常关键且必要的协调机制。"[①]信任是组织合作产生的基础和前提条件，有助于组织成员对合作组织产生社群感觉。然而，目前部门间的信任难以建构且非常稀缺。各个部门都不愿意放弃自主性和对资源的控制。部门间不信任最直接的体现就是决策过程中的信息隔断。比如，科技部门不愿意将高企规模、人才引进计划等数据分享给就业部门，无形中给就业部门制造障碍。部门之间一旦信任崩塌，部门合作关系就难以为继，实践中就会出现各自为政、业务冲突、政策冲突等现象。

信任缺失导致部门之间信息壁垒高筑、互动频率较低及合作开展陷入困境。故而在业务推进中，我们经常能见到工作领导小组、科技领导小组等各种组织形态和工作机制的临时机构。例如，N 市印发《关于进一步做好新形势下就业创业工作的若干政策措施》，规定培育创业创新公共平台的责任单位是市人社局、科技局和财政局，鼓励科技人员创业的责任单位是市人社局、科技局和教育局。类似这样多部门负责且需要消耗财政的业务，部门之间既没有合作意愿，也不愿意投入资源和精力，因而常常陷入"业务真空"和业务无人负责的困境。为推进该项工作，

---

[①] Jurian Edelenbos and Erik Hans Kljn, "Trust in Complex Decision-Making Networks: A Theoretical and Empirical Exploration", *Administration & Society*, Vol. 39, No. 1, 2007, pp. 25–50.

N市成立就业工作领导小组高位推动。就业工作领导小组作为临时协调机构，其协调的基础是领导权威。由上级领导领衔的工作小组是推进部门合作有力的工具，可以缓解因部门不信任引发的矛盾和冲突。

工作领导小组等类似的临时议事协调机构发挥重要的统筹、协调功能，为交叉业务的推进与政策执行提供了重要的组织保障。比如，就业工作领导小组的重要职能是确保就业目标任务达成和就业形势稳定。然而，临时议事协调机构能否持续发挥统筹协调的功能？工作领导小组毕竟只是临时机构，小组领导大都身兼数职且精力有限。同时，频繁的多部门协调也会导致各部门负担加重。比如，仅人社局一个部门就在不同的领导小组出现多次，除了在就业工作小组，还在扶贫领导小组、科技领导小组、巡查领导小组等多个临时机构承担工作。如此形成了多机构协调下的部门困境：部门不仅需要承担本部门的常规工作，还需要承担协调机构分配的例外工作，这无疑增加了部门工作负担，降低了工作效率。故而盲目设立领导小组，非但达不到预设目标，还可能造成部门压力过载、机构臃肿过剩。

综上分析，部门间政策冲突的本质是部门关系不协调。组织结构的条块结构设置、部门职权法定与管辖权的冲突是部门关系不协调的体制性根源，也是政策冲突的体制性根源。层级节制的组织结构与明确的职权划分造成部门本位主义和地盘政治。部门合作意愿低下的另一个重要原因是部门间信任缺失、互动低频。为了推进交叉业务部门合作，各地惯用的策略是成立工作领导小组等临时议事机构。虽然议事协调机构能起到一定的协调作用，但是盲目成立协调机构不仅造成部门负担加重，还可能加剧部门之间的矛盾和冲突。

## 二 科层考核机制：压力传导与策略回应

干部考核是影响基层政策执行的重要动力机制。[①] 上级政府为了让下级政府最大程度贯彻政策意图、实现组织目标，经常会设计一系列绩

---

① 丁煌、李新阁：《干部考核作用下基层政府政策执行力的动力机制及其优化——以A省B市生态环保政策执行与考核为例》，《行政论坛》2019年第5期。

效考核与激励机制。下级政府在激励与考核的双重驱动下，争取在锦标赛中淘汰他者并取得胜利。① 上级的目标考核与科层压力体制密切相关。压力性体制通过物质化的评价体系与数量化的任务分解驱动下级完成各项指标任务，最终实现经济、科技等各个指标的赶超。② 这一体制的运行会对部门关系和政策关系产生何种影响？随着科技发展与创新在国家战略地位中的凸显及新冠疫情影响下就业形势日益严峻，中央政府向下传导的不仅仅是科技创新与全面就业的政府责任，更是超常规的压力。在超常规压力之下，下级的首要任务就是执行上级指令。具体到不同部门的考核，科技发展与就业任务两条线的目标任务不同，因而科技与就业考核遵循两条目标压力传导机制。各部门为了达成各自的考核目标，忽视政策执行对其他部门的负外部性。

具体到科技政策执行对就业部门的影响，比如，"机器换人减员"目标的考核给就业部门造成一定的冲击。科技政策执行除了给本级政府部门造成外溢性，还可能跨越地域限制给其他落后城市就业造成影响。比如，发达城市"机器换人"政策替换下的低技能劳动力基本都是外籍务工人员。从 D 市就业困难群体认定政策来看，外籍务工人员被排斥在帮扶政策之外。被机器替代的外籍务工人员不得不返乡就业，而返乡就业创业无形中增加了落后地区的就业工作压力和财政压力。发达地区对外来务工人员的隐性驱赶，本质是"发达地区甩锅、落后地区背锅"，从根源上来说是行动者利益博弈和责任排斥。故而，科技政策与就业政策的冲突与各自的考核机制密切相关。

（一）压力传导构成因素：目标任务与监督考评

科技创新与全面就业在国家治理体系中的战略地位日益凸显。科技作为第一生产力，已经成为各地经济的重要增长点。就业作为最大的民生，已经成为社会稳定器。尤其在新冠疫情挑战下，全国上下形成最广泛的合力保就业、促就业。中央层面也不断强化自上而下的政治动员。

---

① 杨其静、郑楠：《地方领导晋升竞争是标尺赛、锦标赛还是资格赛》，《世界经济》2013年第12期。

② 荣敬本等：《从压力型体制向民主合作体制的转变：县乡两级政治体制改革》，中央编译出版社1998年版，第28页。

在中央政治动员与政策指令驱动下，各省市在科技与就业推进中对中央政策指令做出了再解释、再决策和任务再分配。

科技与就业虽然是两个业务条线，但压力传导机制是相似的，都包含了目标任务完成及监督考核评估。目标任务达成情况与监督考核评估结果是压力传导的重要构成因素，也是上级政府对下级政府行政问责的基础。基于行政问责，上级的目标任务与监督考评才能发挥压力传导的实质性效果。以上两个压力因素的作用机制存在一定差别。目标任务压力传导关注下级的目标约束与任务达成情况。监督考评压力传导侧重对下级的过程监督与结果评价。监督考评也是上级对下级惩罚或奖励的重要依据。上级政府为了高质量达成政策目标，会对政策执行的过程和绩效进行监督与考评。

概言之，科技与就业条线的目标任务与监督考评是基于科层制自上而下的压力传导过程。这一过程主要分为两个阶段，第一阶段是上级政府将科技与就业目标任务压力分解并下沉到下级政府；第二阶段是上级政府对下级目标任务达成过程的监督及结果的考评。直接的目标任务下沉而没有监督考评，可能会引发下级政府的策略回应。只有通过监督考评等行政问责的方式才能将目标任务压实。当第二阶段压力传导机制触发后，上级发现的瑕疵会再次触发整改任务，督促下级优化执行策略。绩效考评结果与政治晋升挂钩进一步触发了基层政府之间的激励竞争。上级政府的政治资源是非常有限的，因而，基层晋升通道非常拥挤和激烈。故地区之间的竞争压力始终贯穿任务执行过程，激励基层政府全力推进科技创新和全面就业。

(二) 压力传导路径：行政发包、条块差异与基层偏好

目标任务与监督考评构成压力源，并通过特定的传导路径影响基层执行，典型的路径就是"行政发包制"。[①] 在实践中，除了中央与省级政府签订发包责任之外，省、市、县（区）也遵循"发包—委托"路径，将中央政府和职能部门的科技与就业任务最终下沉到基层，进而自上而下形成一套完整的科技与就业目标任务的责任体系。各个层级政府被紧

---

① 周黎安：《行政发包制》，《社会》2014年第6期。

密约束在科技目标任务和就业任务目标责任制中，上级政府的责任目标包含了下级政府的责任目标。相应地，上级政府需要承担来自下级政府责任目标考核的连带责任。

在自上而下的压力传导路径中，基层政策执行的偏好在条块上会有较大的差异。每个层级政府组织都可以划分为一级党委和政府（块）以及多个职能部门（条）。相应地，各级政府的压力传导路径依据组织条块可以分为"条条"传导路径和"块块"传导路径。改革开放后，随着中央财权、人事权及行政权向地方下放，条块关系发生实质性变化。财权、人事权划归地方政府，上级职能部门只负责业务指导。由此，地方政府取代上级职能部门在条块中占据主导地位。由于上级条块部门政治权威不同、掌握的资源不同，对专业议题和基层动员能力也会存在差异，因而对基层政府有着不同的影响机制。[1] 比如，上级块块政府可以通过干部人事任免、财政资源分成、项目审批控制等方式影响下级政府行为选择。[2] 上级条条部门则通过项目制控制财政转移支付，进而影响下级条条部门的行为选择。[3] 如果要探究不同领域政策冲突的内在机理和原因，则需要辨别政府内部压力传导的条块差异。这样才能解释为什么同样是自上而下的政策在下级政府那里会得到不同的回应和政策执行效果，以及为何同样的政策在不同区域执行产生不同程度的政策冲突。

压力传导的条块差异主要有三类。第一，权威类型的差异。就权威层级而言，上级党委与下级党委是党政领导关系，上级职能部门与下级政府部门是业务指导与被指导关系。显然，"块块"权威高于"条条"权威，即一级党委政府权威高于同级职能部门权威。[4] 故而从权威覆盖面来讲，"块块"权威更加综合，"条条"权威则更加专业。[5] 第二，激

---

[1] 周雪光、练宏：《政府内部上下级部门间谈判的一个分析模型——以环境政策实施为例》，《中国社会科学》2011年第5期。

[2] 曹正汉、薛斌锋、周杰浙：《中国地方分权的政治约束——基于地铁项目审批制度的论证》，《社会学研究》2014年第3期。

[3] 周飞舟：《财政资金的专项化及其问题兼论"项目治国"》，《社会》2012年第1期。

[4] 练宏：《注意力竞争——基于参与观察与多案例的组织分析》，《社会学研究》2016年第4期。

[5] 陈思丞：《政府条块差异与纵向创新扩散》，《社会学研究》2020年第2期。

励机制差异。由于权威类型的差异，条块对实现政策目标的激励机制也存在较大差异。"条条"的激励机制主要是项目发包带来的财政转移支付，比较单一。"块块"的激励机制特征相对综合，包含人事任免、荣誉激励、财政拨款及政治晋升等。故而，"块块"激励效应和强度远远高于"条条"激励效应和强度。第三，约束惩罚机制的差异。"块块"约束机制主要是对下级政府带来的政治风险进行行政问责甚至政治问责，具有较强的严肃性和政治性。"条条"约束机制主要是基于目标任务达成情况的考评压力，主要以项目发包、项目期限和项目经费约束下级，具有较强的专业性和技术性。

压力传导的条块差异一定程度上决定了下级对上级条块任务的敏感度和回应度差异。一般而言，"块块"主导的政策来自权威的党委政府，"块块"控制下级的政治晋升和财政分成，因而，下级会对"块块"政策保持较高的回应度和敏感度。相反，下级对于"条条"部门的政策回应度和敏感度就比较低，这在科技政策与就业政策执行中有充分的体现。就科技政策实施而言，县区科技局对市委常委的政策动向会保持密切跟踪，一旦市委常委主要领导对某项科技政策重点关注，基层科技局就会第一时间启动回应模式，例如开会学习、树典型、总结经验、争创试点，并通过宣传向上级领导传达信号，获得上级主要领导的注意力。而当市科技局向县区科技局下达任务的时候，基层职能部门的回应度和敏感度往往较低。当上级条和块的政策同时下达基层时，基层政府会面临较大的执行压力，也会做出不同的回应策略。在 X 市 G 区科技局访谈中，一位副局长谈道："市里领导关注什么，局长就让我们做什么。比如，市委领导一直在重点推进老城区传统工业企业整体搬迁，以'腾笼换鸟'实现老城产业转型升级。我们部门被分配了 12 家企业动迁任务。企业整体动迁事关重大，我们局长都要去一线亲自动员企业搬迁。市科技局每年也给我们分配任务，比如引进规模以上高新企业、引进科技型人才、产学研工作推进、科研成果登记等。但是，我们局人手有限，首先得完成市里领导分配的企业动迁任务，这是上面下达的硬性任务。"（访谈对象 B11：20210728）

### (三) 压力传导过程与地方策略回应：利益权衡与各自为政

压力传导的条块差异影响下级对上级条块任务的敏感度和回应度，进而影响地方政府对上级压力的回应策略。垂直部门与地方政府间不存在行政隶属关系，因而自上而下的政策执行容易陷入各自为政的困境。整个政府治理体系的目标是多元的，通常被划分为多个子目标，由各个部门和地方政府来实现。在这一过程中，垂直部门与地方政府对各个子目标的认可度和忠诚度是有差别的，从而引发政策目标冲突。在部门利益或地方利益本位驱动下，对科技目标或就业部门的过分关注和投入，都会影响整体目标的协调。① 阿克洛夫的"显著机制"理论认为，人们往往会对某个显著事件赋予很高的关注度和权重。科技发展与创新为各地政府创造显著的政治效益及经济效益，因而，地方政府不遗余力地在科技领域优先投入资源。对科技领域的过多关注和投入，难免会造成执行资源在政策间的竞争和冲突。

在回应上级政策压力时，下级也会不断揣摩直接上级的政策意图，然后在不同政策之间进行权衡和取舍。比如，在 X 市科技政策和就业政策执行过程中，虽然上级布置的科技考核指标和任务根本不符合地方政府的偏好，但是上级非常重视人才引进、高企引育、产业升级，那么 X 地方政府会通过及时匹配上级的要求和偏好，在考核前突击补材料以掩盖自身的工作偏好。② 上级政府对就业目标关注强度相对较低，下级政府的回应度和敏感度也相对较低。鉴于上级政府对不同政策的偏好、监督与考核存在差异，地方政府也会做出策略性回应。

在科层制的压力传导机制下，科技部门与就业部门遵循两条不同的压力传导路径。科技部门遵循的是科技条块规则，就业部门遵循的是就业条块规则。这样路径分明的传导机制促使科技部门与就业部门在条块分割体制内各自为政。尤其是科技发展与创新，对就业部门造成较大挑战，这一问题在发达地区更为明显。考核指标及其比重本身代表考核主体对考核内

---

① 孙发锋：《从条块分割走向协同治理：垂直管理部门与地方政府关系的调整取向探析》，《广西社会科学》2011 年第 4 期。

② 刘河庆：《文件治理中的政策采纳及其影响因素研究：基于国家和省级政府政策文本 (2008—2018) 数据》，《社会》2020 年第 4 期。

容的偏向和重视。因为组织边界划分和职权法定，各个部门之间考核指标不关联、考核系统独立、考核信息阻隔，遵循完全不同的考核体系和考核要求。每个部门的考核只关注自身业务的开展，不关心业务开展对其他部门的影响。但是在实践中，一个部门的考核过程却可能对其他部门产生负外部性。比如，科技部门的考核可能会增加就业部门的工作负担。当然，政策效果并非立竿见影，从制定、执行到效果评估有一定的周期性，也即科技政策与就业政策的冲突可能在实施一段时间后才凸显。

### 三 科层激励机制：强激励、弱激励与目标替代

在政策执行过程中，上级除了通过目标任务达成和监督考评来增加下级的执行压力，还会通过专项经费等经济激励调动执行积极性。从地方政府的角度来看，中央或上级政府在不同领域财政投入的差异意味着对地方政府完全不同的激励效应。对于上级政府财政支持力度较大的政策，地方在政策执行时会有较强的激励效应，其执行意愿和动力也会增强。相反，上级财政支持偏弱的政策对地方政府的激励效果则比较弱，下级政府执行任务的动机和意愿不强，表现出弱激励效应。总体来看，我国基层政府总体上处于强激励与弱激励并存的状态。上级政府在科技领域的强激励及在就业领域的弱激励，形塑了下级政府部门的行为逻辑。下级政府将更多资源优先投入强激励的科技领域，相应地，在就业领域投入的资源就非常有限。从更本质上来说，科技部门与就业部门之间的内在张力是对有限执行资源的竞争。

（一）强激励下的政绩竞争与优先执行

强激励机制是触发地方政府政绩竞赛和执行偏好的重要根源。[①] 长期以来，上级政府掌握下级政府的人事任免与财政资源，上级注意力分配使得下级政府长期处于激烈的政绩竞赛中。[②] 因此，各地政府在吸引上级注意力和资源方面，常常不遗余力以彰显自身政绩，进而在经济竞

---

① 周黎安：《中国地方官员的晋升锦标赛模式研究》，《经济研究》2007年第7期。
② Qian Yinyi and Xu Chenggang, "Why China's Economic Reforms Differ: the M-Form Hierarchy and Entry/Expansion of the Non- State Sector", *Economics of Transition*, Vol. 1, No. 2, 1993, pp. 135 – 170.

赛、政治竞赛中登顶胜出。为成功吸引中央或上级注意力资源，下级政府往往偏好能够快速达成政绩目标的项目。因此就能理解，为什么地方政府对科技政策与就业政策的任务进行选择性执行。例如，D 市在回应上级科技指标考核时优先选择"机器换人减员"任务，不仅因为上级每年两亿元财政支持带来的强激励，还因为完成考核指标能够得到上级对自身政绩的认可。至于"减员"如何实施，上级部门只关注结果。然而，科技主管部门并没有前瞻性地考虑减员、裁撤会给就业部门造成多大的负担。

在强激励竞争环境下，信息及其传播是执行者的一个策略工具，因为信息总是服务于特定的目的。[1] 下级政府的目的非常明确，就是尽快出政绩并以最快的速度将政绩传递到上级政府。因此，下级政府会向上级政府释放信号来呈现政绩，进而获得上级注意力资源分配。比如，D 市在实施"机器换人"政策时会与当地主流报纸、电视等媒体勾连，甚至会通过非正式途径邀请中央官媒帮助自己扩大影响力。当政绩被媒体大力报道宣传，受到广大市民众多好评并产生较大社会影响的时候，无疑为其政治晋升和经济奖励增加砝码。

从以上行动者的行为逻辑来看，地方政府不仅是贯彻上级意图的"代理型政权经营者"，更是"谋利型政权经营者"。[2] 较之财政支持类的经济激励，职务晋升类的政治激励对地方官员来说是最强的激励。拘囿于资源的有限性，地方官员偏好于将有限资源优先投入能够快速创造政治业绩的政策领域。换言之，作为谋利型的地方政府，经济效益类政策与社会保障及公共产品供给类政策对其政治绩效的激励效应存在明显差异。不同的激励效应决定地方政府的政策采纳偏好与执行效果。[3] 质言之，地方官员的行动逻辑存在强激励、弱激励并存的特征。比如，在经

---

[1] ［美］詹姆斯·G. 马奇、约翰·奥尔森：《重新发现制度：政治的组织基础》，张伟译，生活·读书·新知三联书店2011年版，第10页。

[2] 陈佳、高洁玉、赫郑飞：《公共政策执行中的"激励"研究——以 W 县退耕还林为例》，《中国行政管理》2015年第6期。

[3] Sebastian Heilmann, "From Local Experiments to National Policy: The Origins of China's Distinctive Policy Process", *China Journal*, Vol. 59, 2008, pp. 1 – 30.

济发展、科学技术、高铁、竞技体育等方面显出强激励特征，在社会保障、环境保护、安全生产、就业服务等方面表现出弱激励。①

具体到就业政策和科技政策，地方政府执行的内在激励动机不同，执行优先顺序也不同。相对于就业等消耗财政的社会类政策，地方政府执行科技产业等具有显著经济效益类政策的动力更强。具体到就业政策与科技政策的执行，就业政策重在促就业、稳就业，并通过多层次社会保障体系及就业服务促进重点群体就业。就业政策实施不仅不产生任何经济效益，且消耗地方财政。相反，地方政府在促进科技研发、人才引育、产业发展、应用推广方面的财政投入能够获得经济收益，也即科技对社会经济发展的贡献较大。很多地方政府将新兴科技作为产业升级和经济转型的重要引擎和动力，故而，地方政府在科技领域的财政投入比就业更多。尤其是资源有限的地方政府，在应对经济建设、科技发展、社会就业等多任务考察时，其经济建设往往是官员政绩考核的重要指标。地方政府的策略性选择本身就意味着对科技发展和就业工作资源配置的失衡，也是导致两大政策内在张力的重要原因。

（二）强激励下的目标替代、挤出效应与弱激励下的责任排斥

以政绩考核、经济激励和政治晋升为基础的强激励机制成为基层政策执行最直接的驱动力，进而使得地方官员的利益偏好与上级的政策意图保持一致。然而，这些强激励机制能否诱导基层政府按照激励设计者的预期去达成政策目标？从实证调研来看，有些强激励机制可能发生与预期目标相反的结果。首先，自上而下的多重目标和多重激励重叠导致基层政府应接不暇。尤其回应上级指标任务与监督考评时，下级政府需要花费大量的人力、物力和财力去应付考核。这个过程中难免会产生敷衍和象征性执行的现象，很难获得上级期待的政策效果。其次，激励机制设计与下级组织目标不兼容，即上级利益目标与下级利益诉求存在矛盾。下级政府为掩饰矛盾和冲突，往往会寻求合谋②，或直接以地方利

---

① 练宏：《弱排名激励的社会学分析——以环保部门为例》，《中国社会科学》2016年第1期。

② 周雪光：《基层政府间的"共谋现象"——一个政府行为的制度逻辑》，《社会学研究》2008年第6期。

益、部门利益取代上级政策目标。因此，上级政府的强激励并不一定取得理想的政策效果，反而陷入"激励强度与组织目标替代"的悖论。

因此，激励机制的设计应该保持强度适中，符合下级政府的实际情况。当激励强度过大、惩罚措施过重，比如上级组织惯用的"一票否决"，下级组织难以承受失败的风险，则应该适当减弱激励强度。[1] "一票否决"不仅意味着上级否定下级全年的工作，而且会使下级丧失晋升的机会。当上级对下级激励强度过大，下级规避风险的动机越强，寻求替代目标的可能性则越大，那么政策效果与预期越来越远。强激励的另一个危害是造成外激励对内激励的排挤，即行动者只对激励本身做出回应，进而"挤压"官员内在的职业认同感和使命感。周黎安的系列研究也表明，绩效考核作为一种强激励，会引发政府组织之间的过分竞争而非合作。[2]

与强激励相对的是弱激励。针对强激励的内在缺陷，弱激励是否可以弥补强激励的缺憾？学者练宏指出，弱排名激励能够在以下几个方面实现组织行政效益：首先，弱激励可以消解考核的敏感性，促进部门常态化合作而不是激烈的政绩竞赛。其次，弱激励可以使得政府整个体系处于一种相对松散的关联状态，相比紧密关联，松散关系可以减轻部门间竞争压力。[3] 最后，弱激励可以使得官员坚守基本的职业道德与使命感，避免外在强激励对内在激励的硬性排斥。[4] 虽然弱激励有一定的优势，然而，研究中却忽视了弱激励的内生不足。首先，弱激励不利于社会属性类政策的执行。对于经济效益不高的政策领域，如就业、社保、应急救援等社会属性类政策，本身就要消耗地方财政。如果激励强度偏弱，则无法激发行动者的积极性。其次，弱激励可能会引发部门间的责任排斥效应。地方政府既是上级组织代言人，也是自身利益代言人。对

---

[1] Stan Metcalfe, "Economics, Organization and Management: a Review of Nigrom and Roberts", *Industrial & Corporate Change*, Vol. 4, No. 2, 1995, pp. 491–497.

[2] 周黎安：《中国地方官员的晋升锦标赛模式研究》，《经济研究》2007年第7期。

[3] Karl E. Weick, "Educational Organizations as Loosely Coupled Systems", *Administrative Science Quarterly*, Vol. 21, No. 1, 1976, pp. 1–19.

[4] 练宏：《弱排名激励的社会学分析——以环保部门为例》，《中国社会科学》2016年第1期。

于无利可图的政策，部门之间则相互推诿，排斥承担责任。

综上分析，在科层压力体制和强弱激励结构下，地方政府在科技、就业、教育等各个政策领域都面临政策执行压力。当上级对政策效果期待越高、注意力分配越多时，地方政府执行的动机就越强。这种注意力主要以上级对下级的目标任务考核和强弱激励来体现。在政绩竞赛驱动下，地方政府对容易建构政绩的科技领域优先投入资源，对没有政绩效益和经济效益的就业政策仅限于象征性完成任务。科技政策任务的完成能够为地方政府在激烈的政绩竞赛中添加更多筹码。因此，尽管科技政策执行带来众多的"减员"效应和替代效应，但在地方政府来看，"晋升锦标赛"的胜利也可以抵消这些负面效应。故而，严格的目标考核和竞争激励使得科技政策与就业政策冲突更加明显。地方政府的优先选择暗含着科技与就业在公共事务中不同的权重和地位，这也为科技政策与就业政策的矛盾埋下伏笔。

## 第三节　政策冲突的利益博弈与责任排斥

政策属性是政策冲突的内在因素，组织条块设置、目标任务考核及强弱激励是政策冲突的体制因素，而政策冲突的根本因素则是利益博弈与责任排斥。政策冲突的本质是利益矛盾和冲突。对利益的追逐是行动者最主要的动机之一。公共政策的制定与执行并非由单一职能部门来完成，需要经过多个相关部门反复沟通、协调与平衡。这一过程不仅要兼顾部门的职能、责任和利益，还要根据各自的职权、能力和资源进行合理化的价值分配。① 当利益分配失衡时，政策网络中的主体协调便发生失衡，进而产生政策之间的冲突。那么，利益在政策过程中如何发挥作用？利益冲突为什么能够引发政策冲突？本书将从公共人、经济人、利益博弈和责任排斥等视角揭示政策冲突的利益症结。

---

① 韩志明：《政策执行的模糊性及其治理效应》，《湘潭大学学报》（哲学社会科学版）2018年第4期。

## 一 政策过程中政府双重角色与行为逻辑

本书认为，地方政府在公共政策执行过程中是具备公共人与经济人双重属性的行动者。就公共属性而言，地方政府在政策过程中面临双重压力。一是作为上级代理人，需要贯彻上级政策意图；二是作为地方代理人，需要处理地方经济社会发展中的矛盾问题。就经济人属性而言，地方政府官员既追求地方经济增长，也有自身的利益诉求。故政策过程中的政策冲突与经济人属性和利益分配密切相关。

### （一）政策过程中利益分配

随着政策情境日益复杂化，政策制定与执行过程涉及的利益相关者日益多元化、复杂化，在政策过程中不可避免发生利益冲突。从政策制定到执行，某种程度上是利益相关者利益输入输出政策系统的过程。在这个过程中，执行者依据自身利益诉求调整行动，进而在利益分配过程中获益。因而，利益分配过程的本质是对执行资源的竞争。占据关键性资源的部门在政策过程中占据主导地位，不仅能够获得更大的行动空间和支配力量[1]，而且具备较大的政策影响力及利益表达机会[2]。因此，行动者在政策过程中拓展资源和行动空间的本质是对自身利益的维护。每个组织的行动者在政策系统中表现为多重角色：首先，党和国家利益的代言人，这是由其行政职务决定的；其次，地方或部门利益的代言人，其要维护地方利益或部门利益最大化；最后，代表自身利益的个体角色。当以上角色发生冲突时，行动者极力维护自身或部门利益。故而，政策系统中的政策结构、政策过程等多维度的冲突与利益竞争和利益博弈密切相关。对利益的竞争与博弈进一步表现为行动者对公共责任的策略性规避。因此，政策过程不过是多主体为实现政治利益或经济利益最大化而相互竞争的结果。[3]

---

[1] Jeffrey Pfeffer and Gerald R. Salancik, "The External Control of Organizations: A Resource Dependence Perspective", *Social Science Electronic Publishing*, Vol. 23, No. 2, 2003, pp. 123–133.

[2] 丁煌、杨代福：《政策网络、博弈与政策执行：以我国房价宏观调控政策为例》，《学海》2008年第6期。

[3] 薛澜、林泽梁：《公共政策过程的三种视角及其对中国政策研究的启示》，《中国行政管理》2013年第5期。

### (二) 政策过程中政府双重角色

在公共选择理论看来，行政人员与追求个人效用最大化的经济人无异，个体利益最大化是其行动的基本动机，即行政人员很大程度上受到个人利益驱动，具有较强的自利性倾向。行政组织与行政人员一样，具有"经济人"特征，其典型的表现是地方政府部门对政绩的追求，即政治活动与经济活动本质趋同，都是出于自利动机而进行的交易活动。对于大多数基层组织而言，如何在激烈的政治竞赛中获得上级领导的正面注意力并脱颖而出，是其获得政治晋升的重要渠道。从已有的政绩考评体系来看，政绩指标非常多元，既有经济指标，也有政治、文化和科技指标，还有就业、环保、安全等社会指标。本书研究对象科技发展与创新及就业工作推进都属于"硬性指标"。考核机制、激励机制和约束机制相对较强，对政绩的考察也很严格，甚至对就业实行"一票否决"考评制度。从第三章的D市案例中可以看出，对科技考核指标上存在重经济发展、轻民生发展的倾向。GDP增长率、财税增长率等经济权重偏高，而民生和公共服务指标权重偏低。比如，D市"机器换人"政策将"减员"放在首位，忽视减员带来的就业冲击。出现以上问题的重要原因是地方政府经济人角色与公共人角色的失衡。

因此，政策制定与执行是一个理性选择的过程，理性的行动者大都出于自身利益的考量。[①] 而如何权衡与协调各行动者之间的矛盾，并兼顾各行动者利益诉求的共性与差异性，是公共政策过程亟待解决的问题。

## 二 利益驱动下的利益博弈与资源竞争

### (一) 利益驱动下的自利性膨胀

公共人与经济人角色冲突的本质是利益矛盾和冲突。地方政府扮演着地区代言人角色，在回应上级政府的目标任务和监督考评压力的同时，也要考虑地方政府部门的利益和自身利益。关于科技任务考核，高层建立任务落实情况督促检查和第三方评价机制及配套的统计监测、绩效评

---

① Anthony Downs, "An Economic Theory of Political Action in a Democracy", *Journal of Political Economy*, Vol. 65, No. 2, 1957, pp. 135 – 150.

估、动态调整和监督考核机制。关于就业任务考核，各地将就业与扶贫、乡村振兴等政治任务绑定，并对就业率和就业质量重点考核。比如，《N市人力资源和社会保障局2021年度综合考核实施办法》明确规定，对由本部门承担的指标和计划实行"一票否决"。因此，不论是科技部门还是就业部门，都要回应上级的考核压力。在贯彻上级意图的时候，各部门首先考虑是否达到上级的目标。对于政策执行结果的过分关注而忽视政策执行过程中的问题，以至于科技部门与就业部门之间发生利益冲突。例如，D市对于"机器减员"指标过分关注而忽视减员给从业者及就业部门造成的负面影响。

在回应上级考核任务的同时，地方政府还要考量地区利益和自身利益。因此，地方政府权力不断扩张并拥有超越自身规定的范畴。随着权力的扩张，行动者的行动空间也不断拓展，成功争取上级资源并获利的概率也越来越大。比如在"机器换人"专项资金预算方面，D市不断与省政府博弈以增加专项资金补助金额。然而，关于专项资金安排、应用项目的申请审批、资助对象、资助金额及政策效果评估，D市政府及主管部门具有完全的自主权和决策权。权力空间的扩张更有助于其自利性目的的实现。自利性既包括政治考核压力体制下规避风险保全自己的政治利益，也包括财政支持等经济利益。

（二）利益博弈与资源竞争

在回应上级目标考核的同时，下级政府往往要兼顾部门利益或自身利益最大化。利益最大化主要表现为各部门对执行资源的争取。在地方政府资源有限的情况下，为了获得对资源的优先使用权和占有权，部门领导会在各种场合凸显部门业务的重要性，进而扩大部门预算并获得更多的项目及政策倾斜。项目支持意味着财政支持，政策倾斜意味着非常可观的稀缺性资源。然而，并非所有部门都能在利益博弈和资源竞争中获胜。各个部门在政策网络中的地位及资源汲取能力存在较大差异。例如，在科技政策网络中，科技部门是作为政策制定最核心和资源受益者的身份来参与；发改、财政、工信等部门掌握资源，对科技发展与创新具有较大的控制权。以上这些部门是作为资源匹配部门参与政策过程并在其中起主导作用。而人力资源和社会保障部、商务部等部门所担负的职责与科技事业有交叉合作关系，或者其发展利益与科技事业发展紧密相连，属于竞合部门或利益相关部门。在科技政策执行中，科技部门可能与利益相关部门或资源匹配部门发生不同程度的摩擦或冲突。所有的冲突都有其内在的动因，最根本的动因是对利益与资源的竞争。

### 三　压力体制下的责任排斥与策略性规避

权责配置作为规范政府有序运行的制度安排，其理想的状态是权责一致，即通过明确的标准授予权力并匹配相应的责任。然而，由于政策情境的复杂性，科技政策与就业政策执行过程中公益与私利、公平与效率、稳定与变革之间存在客观张力和矛盾。究其根源，政府职能部门权责分离，即权力与责任之间的失衡，客观上导致部门矛盾和政策冲突。权责分离进一步重塑或放大了政策过程冲突，并直接影响政策主体"成本—收益"计算，进而诱发部门责任排斥与责任规避行为。

责任排斥与责任规避主要是指基层政府部门采用多种策略规避或转嫁由其职能部门带来的直接责任或间接责任，从而避免自身利益受损，其本质是政策主体在"成本—收益"权衡基础上降低风险并减少利益损失。由于政策过程中行动者利益诉求、价值观念和行为偏好多元且复杂，要解释其责任排斥行为首先要对其行为动机进行深入探究。

#### （一）责任排斥

对责任排斥的研究可以帮助我们解构政策执行过程中行动者的行为动机。一般而言，20世纪80年代，制度学派学者韦弗·R. 肯特（Weaver R. Kent）开启了对责任排斥行为的研究。[1] 后继学者保罗·皮尔森（Paul Pierson）[2]、凯瑟琳·M. 麦格劳（Kathleen M. McGraw）[3]、克里斯多夫·胡德（Christopher Hood）[4] 等分别从福利政策、心理期待及政党

---

[1] Weaver R. Kent, "The Politics of Blame Avoidance", *Journal of Public Policy*, Vol. 6, No. 4, 1986, pp. 371–398.

[2] Paul Pierson, *Dismantling the Welfare State? Reagan, Thatcher and the Politics of Retrenchment*, Cambridge: Cambridge University Press, 1994.

[3] Kathleen M. McGraw, "Avoiding Blame: An Experimental Investigation of Political Excuses and Justifications", *British Journal of Political Science*, Vol. 20, No. 1, 1990, pp. 119–131.

[4] Christopher Hood, "What Happens When Transparency Meets Blame-Avoidance", *Public Management Review*, Vol. 9, No. 2, 2007, pp. 191–210.

政治等研究视角拓展和深化了对责任排斥行为的研究，并对责任排斥行为形成一定的研究共识：第一，责任排斥行为在政府行为过程中普遍存在，与官僚人格①及科层制反功能②有很大的关联。第二，在政治选举过程中，官员为了连任或赢得选票，在推行不受公众偏好的政策时，更倾向于规避责任，进而减少民众的指责。第三，责任排斥过程也是一个心理博弈过程，官员会按照民众舆论态势与施压大小灵活地采取行为策略。③ 第四，随着社会风险的加剧以及不确定性，全球责任排斥行为盛行，在风险不对称情况下甚至出现风险转嫁行为，因而风险治理成为避责的核心议题。④

作为普遍存在于个体、组织和社会的不良现象，责任排斥行为主要与以下因素密切相关：首先，就微观层面而言，动机与目标、心理与选择、偏见与局限等因素是影响行动者行为选择的重要因素。正如公共选择理论对理性"经济人"的批判，强调有限理性、自私自利对行动者行为的塑造。该理论认为，负面事件对个体心理影响比正面事件的影响更加强烈，心理对风险的承受度导致个体从追求效用最大化转变为追求风险最小化。⑤ 其次，就中观层面而言，行动者的行为动机与组织的委托—激励机制密切相关。当委托处于完全契约情境下，那么组织对行动者的激励在于消除任务完成中的信息不对称，进而减少缔约双方博弈的不确定性。⑥ 然而，当行动者处于多任务委托⑦的非竞争性情境时，非完

---

① Barry Bozeman and Hal G. Rainey, "Organizational Rules and the Bureaucratic Personality", *American Journal of Political Science*, Vol. 42, No. 1, 1998, pp. 163 – 189.

② [美] 罗伯特·K. 默顿：《社会理论和社会结构》，唐少杰、齐心等译，译林出版社 2006 年版，第 352—356 页。

③ Christopher Hood, Will Jennings and Paul Copeland, "Blame Avoidance in Comparative Perspective: Reactivity, Staged Retreat and Efficacy", *Public Administration*, Vol. 94, No. 2, 2016, pp. 542 – 562.

④ Daniel Kahneman and Amos Tversky, "Prospect Theory: An Analysis of Decision Under Risk", *Econometrica*, Vol. 47, No. 2, 1979, pp. 263 – 292.

⑤ Michael A. Diamond, "Psychological Dimensions of Personal Responsibility for Public Management: An Object Relations Approach", *Journal of Management Studies*, Vol. 22, No. 6, 1985, pp. 649 – 667.

⑥ Sanford J. Grossman and Oliver D. Hart, "The Costs and Benefits of Ownership: A Theory of Vertical and Lateral Integration", *Journal of Political Economy*, Vol. 94, No. 4, 1986, pp. 691 – 719.

⑦ Avinash K. Dixit, *The Making of Economic Policy: A Transaction Cost Politics Perspective*, Cambridge: The MIT Press, 1998, pp. 116 – 120.

全契约及信息不对称则极有可能造成行动者责任排斥行为。最后，就宏观层面而言，制度设计、社会系统环境及各种既定的社会习惯对组织及其行动者的行为有较大形塑作用。

例如，D市的"机器换人"政策设计，将"减员增效"作为政策执行首要目标，却排斥承担被机器替代的下岗员工公共就业服务责任。该市的就业困难认定办法明确将外籍人员排斥在就业服务对象范围之外，将责任推卸给落后地区，从而减轻本市对下岗劳动力的公共服务负担及财政负担。这种责任排斥行为对落后地区具有较大的负外部性。从地方政府内部的制度设计来看，当上级考核问责压力加大时，地方官员将"成本—收益"作为首要考量因素，并将责任排斥作为最佳策略选择。[1]至于自身的行为选择对其他部门或其他地区造成何种程度影响，则不在其考量范畴。从更深意义上来看，这是一种责任转嫁行为。

(二) 责任规避

责任排斥的进一步深化是责任规避。责任排斥是政府部门出于"成本—收益"权衡后，主观上选择排斥承担自身行为造成的负外部性。责任规避则是行动者在对风险承受能力权衡后，调整执行策略以减少考核带来的利益损失。当上级政府考核具有较大的问责风险和政治风险的时候，行动者会从追求收益最大化转而变成追求风险最小化。尤其是在压力型体制下，当政策执行、考核与问责的压力"层层加码"传递到基层时，基层干部往往会倾向于维护部门利益。通过与上级博弈减轻部门任务数量与考核压力，从而减少政策执行带来的考核压力。同时，基层干部权责严重不匹配，承担的责任远远超出自身的权力范畴，而当自上而下的任务越多时，执行风险则越大。因此，当政策执行中的风险扩散、不确定性增加时，基层行动者不仅选择规避直接责任，还会规避潜在责任。[2]

当然，责任排斥与责任规避依然与各部门掌握的资源密切相关。在

---

[1] 倪星、王锐：《权责分立与基层避责：一种理论解释》，《中国社会科学》2018年第5期。

[2] 倪星、王锐：《权责分立与基层避责：一种理论解释》，《中国社会科学》2018年第5期。

政府部门资源有限的情况下，晋升锦标赛与压力考核塑造了各部门之间紧张的竞争关系，使得各部门处于相互竞争与博弈的状态。尤其是任务执行涉及部门资源供给时，部门负责人则会权衡投入与产出比例。同样地，各部门的行政人员也难以摆脱压力考核的约束和藩篱。因此，在对上级任务执行过程中，基层不仅仅关注自身政治经济利益的实现，更加关注任务是否完成带来的问责风险。问责的核心不仅在于对部门自身行为选择负责，更是对上级领导负责。

具体到科技政策与就业政策网络中的部门关系与责任划分，可以根据各部门掌握的权力与资源多寡，将行动者划分为强势部门与弱势部门。强势部门是权力部门或掌握经济实权的部门，如主管科技的发改委、经信局、科技局和财政局。相反，弱势部门既非权力部门也非经济部门，如主管就业的人社局。在政策执行过程中，以上部门之间存在明显的权力势差，因而具有完全不同的话语权：强势部门拥有更多的话语权，其自上而下的政策能够得到基层的认可与贯彻。比如D市经信局下达的"机器换人"政策，其权力势能对基层政府具有较大的影响力，因而在政策目标清晰、执行路径明确的情况下，"减员增效"得到较好的贯彻。然而如果是弱势部门，则通常表现为被动的附和。在资源与财力有限的情况下，基层政府部门则尽量不给本部门"节外生枝"，极力减少自身的工作量。比如"机器换人"政策网络中的人社局，既不是权力部门也不是财力部门，本身也不是该政策的牵头部门。其话语权很难体现在政策层面，大多时候是以辅助者角色协调配合权力部门工作。再比如"机器换人"政策网络中的财政局与人社局关系，财政局往往考虑开源节流，尽量减少预算经费，或者将经费优先投向领导重视的机器人设备购置与研发。而人社局则需要考虑争取更多经费来支持失业人员技能培训、就业困难人员救助及公共服务平台建设等。这无形中在部门之间形成内在张力和矛盾，导致机器减员带来的失业问题主要由人社局来承担。人社局在资源与财力有限的情况下，将资源优先用于解决本市户籍劳动力就业，因而就能理解其在就业困难人群中将外地户籍就业困难群体排斥在外。

## 本章小结

政策冲突的触发因素是复杂多元的。首先，政策冲突与政策自身的属性密切相关。地方政府往往比较偏好能够产生经济效益且具有较强经济激励的政策。具体到科技政策与就业政策，就业保障工作的开展不仅成本高、难以创造增量绩效，而且消耗当地财政资源，不产生经济效益。这就容易理解，就业推进工作在相当长时间内不是地方政府官员绩效评价的最重要指标，而是依靠国家行政力量推动，仅仅满足于政绩需求。相反，科技政策的制定与执行，往往会活跃产业经济并带动地方就业。因此，地方政府对科技政策的敏感度和回应度会强于对就业政策的回应度和敏感度。在地方资源稀缺的情况下，科技政策与就业政策执行便会出现资源的竞争和矛盾。地方政府会将有限的资源优先投入能够产生经济效益和政绩效益的科技领域。

其次，政策冲突发生在中国科层制度框架内，因而政策冲突还与科层组织条块设置、考核机制、激励机制等因素密切相关。其一，地方政府对来自"块块"政策的敏感度要高于对"条条"政策的敏感度，因为"块块"政府掌握基层政府的政治晋升和财政资源。其二，严格的考核机制也会影响地方政府的政策执行偏好。考核机制主要是构建一种自上而下的压力传导路径，将组织的目标任务和监督考评内嵌进压力传导路径。相对于条条考核任务，"块块"考核的权威性能获得更好的政策执行效果，尤其是当考核中内嵌了"一票否决"机制时。比如《N市人力资源和社会保障局2021年度综合考核实施办法》明确规定，对由本部门承担的指标和计划实行"一票否决"，基层政府及就业部门为了避免"一票否决"的政治风险，往往会不遗余力地达成就业目标任务。其三，就激励机制而言，强激励政策比弱激励政策的执行效果更好，强激励往往是通过专项资金支持、政治晋升等许诺激励地方政府高效高质量达成上级政策目标。但是激励过强，也会引发"目标替代"风险。而弱激励则可能导致部门本位和责任排斥。

最后，政策冲突本源性因素是政策主体间的利益博弈与责任排斥。

政策过程中的行动者兼具"公共人"与"经济人"角色。在利益驱动下，行动者首先会基于"成本—收益"考虑政策的落实能否带来利益的实质性增长，因而在科技政策与就业政策主体网络和行动过程中出现"公益"与"私利"的冲突。在利益冲突情境下，基层政府不仅仅会关注自身经济利益与政治利益能否实现，更加会关注任务是否完成带来的问责风险。在问责压力下，地方官员往往会选择性排斥一些难以执行的社会政策或本该由自身承担的公共责任。比如D市科技部门"机器换人"政策淘汰下来的失业人员再就业问题，本该由科技局与人社局共同承担，而科技局却将问题甩给人社局，D市人社局再将就业困难群体甩给落后地区。自上而下压力层层加码，不仅加剧部门之间的矛盾，还加剧地区之间内在张力。因此，利益驱动及由此诱发的责任排斥、责任规避是解释政策冲突及基层政府行为逻辑的根本因素。对政策冲突触发因素的精准识别有助于政策冲突的消解。本书在下一章将针对以上因素提出针对性的破解之道。

# 第六章 政策冲突的消解：技术赋能、机制优化与伦理重塑

政策设计的承诺是制定有效的政策。[①] 那么，应该如何既制定有效的政策，又确保政策之间的冲突程度最低？针对科技政策与就业政策冲突的触发因素，本章立足于人本向度这一根本原则，构思科技政策与就业政策的分布式协同，以期消解科技政策与就业政策冲突。基本思路如下：首先，底层技术赋能。基于区块链可追溯、自信任、防篡改、共识、共监管等安全机制与技术优势，驱动政策过程从强控制到强聚合、信息阻隔到信息协同、人格信任到区块链信任。其次，作为工具理性，区块链技术赋能还需要制度理性来保障，即政策冲突的消解须诉诸复合理性。因此本章第二节主要从分布式组织架构建设、科技部门与就业部门沟通协商与利益协同机制优化、科技政策与就业政策的过程控制机制优化、科技进步的就业预警与过程监控机制优化等维度进一步保障政策的分布式协同。最后，本章落脚于人本向度，从善智与善治融合的政策协同、体面劳动与劳动者主体性回归、建立与科技正义关联的社会制度等维度，进一步对科技政策与就业政策的协同做出扩展性思考。

## 第一节 技术赋能：区块链驱动政策分布式协同

从科技政策与就业政策的冲突实践来看，错综复杂的利益矛盾与冲

---

[①] Gapano Giliberto and Michael Howlett, "Causal Logics and Mechanisms in Policy Design: How and Why Adopting a Mechanistic Perspective Can Improve Policy Design", *Public Policy and Administration*, Vol. 36, No. 2, 2021, pp. 1–22.

突、固化的科层结构设置、自上而下严格的考核机制及匹配失衡的激励机制等多种因素诱发科技政策与就业政策在结构、过程等多维度冲突。公共政策是政府部门为处理社会事务制定的行为准则，对社会行动者起到重要的导向、引领和规范功能。然而，如果政策自身或政策之间存在分歧与矛盾，又将如何维持社会秩序系统？冲突的政策不仅导致公共事务治理失序，还将导致政策主体公信力下降与政策功能异化。科技政策功能异化给就业带来诸多问题，如就业替代、劳动者权力排斥与技术化生存困境、产业虹吸效应及新贫困陷阱等。那么，应该如何消解政策冲突？本书的一个前瞻性思路是诉诸更加科学化和技术化的手段。已有研究表明，人工智能、区块链等技术的嵌入有助于优化政策过程。① 因而，新兴技术的嵌入具备化解政策冲突的潜质与可能。

当下，区块链作为新兴技术的代表，凭借其共识、强信任、防篡改、共监管、可追溯等安全机制及非对称加密、智能合约、数字时间戳等关键技术，在公共治理领域大放异彩，重塑治理的规则与秩序。那么，作为社会治理的关键底层技术，区块链能否嵌入政策场域并驱动政策协同？如果能，区块链在政策冲突消解过程中应该如何入场？本节将针对传统技术情境下政策冲突的梗阻因素，梳理区块链在公共治理领域的具体应用及技术优势，进而对区块链嵌入政策过程做适用性分析，并前瞻性地提出分布式协同构想以消解政策冲突。简言之，本节将重点回答以下几个命题：区块链技术优势与政策协同之间存在哪些契合点？经由区块链构建的分布式协同在政策冲突中何以可能、何以可为？

**一 区块链的作用机制与应用现状**

区块链是基于块链式数据结构存储和验证数据，用时间戳与数字密码技术将交易记录记载在按照时间序列组成的数据区块中，然后将数据存储到分布式数据库内，进而保证数据不可篡改、不可伪造、永久保存、不依赖中心机构的分布式账本。

---

① 向玉琼：《论政策过程中的人机合作》，《探索》2020 年第 2 期。

（一）区块链的作用机制

区块链的广泛运用得益于其可追溯、自信任、防篡改、共识及共监管等机制。第一，可追溯机制。区块链安全机制的核心，是运用不可篡改的数字时间戳技术，实现数据追踪、信息防伪、安全溯源。[①] 第二，自信任机制。信任不再需要传统中心式的第三方权威机构提供。区块链以开放、透明、自治、不可篡改等特征构建了强算法信任，任意节点之间的信任依赖于网络中所有参与节点形成的共识。区块链去信任的本质是再造信任新范式。第三，防篡改机制。防篡改是保护数据完整性的重要手段，其目标在于防止被非法篡改、增加、删除或使用，保障数据完整性、免受攻击。身份认证、安全加密等技术用手段确保全过程操作不可逆、动态可追溯。第四，共识机制。所有节点共同认可、一致理解，达到参与主体利益的"最大公约数"。共识机制有助于避免单节点"霸权"，创造了相对民主的网络体系。第五，共监管机制。基于区块链分布式网络与开放透明的共识机制，达到无人监管、无人管理的自主运营，即不再依赖实体机构的监管。通过全网透明化监管构建一种网络安全秩序，实现每个节点都是参与者、贡献者，同时又是运营者、管理者。这样的自治系统保障所有参与节点在自信任的环境中安全、高效、无摩擦地交换共享数据。

（二）基于区块链的公共治理应用与研究现状

区块链作为变革社会的重要技术力量，凭借其可追溯、自信任、防篡改、共识及共监管等机制优势，在供应链金融、征信、保险、能源、医疗、版权维护及农产品溯源等领域形成了极具影响力的"区块链+"模式，[②] 区块链的价值得到广泛的认可。基于此，世界各国政府意识到区块链巨大的潜在价值，将区块链广泛运用于公共治理场景实践中，一方面为公共事务治理提供新理念和新模式，另一方面将公共事务治理向区块链等网络空间延伸。如2019年杭州互联网法院首创"5G+区块

---

[①] 刘圣中：《可追溯机制的逻辑与运用——公共治理中的信息、风险与信任要素分析》，《公共管理学报》2008年第2期。

[②] 申丹：《区块链+智能社会进阶与应用场景》，清华大学出版社2019年版，第1—2页。

链"涉网执行新模式，一方面保证上链数据真实可靠，另一方面实现执行全流程可视化，保障了当事人对执行的监督权，推动了执行规范化建设。① 区块链在公共治理领域中的价值彰显，为本书探索政策冲突消解及政策协同带来重要启发意义。

作为推动政府治理创新、构建智慧城市发展框架的重要支撑，区块链在公共管理实践中的价值日益彰显。围绕智慧治理，学界开始积极探索和总结区块链在公共治理中的应用场景与优势。国内学者如韩志明基于信息视角指出，区块链具备精准的数字认证、不可篡改的数字信任及智能合约的自执行等技术优势，在信息共享与安全、信任构建等方面有广阔的应用前景。② 面对智能社会的安全、隐私及公平难题，高奇琦认为，区块链分布式技术、多中心技术及加密技术可以为智能社会中的秩序系统、赋权系统及创新系统提供可靠的支撑。③ 蒋余浩、贾开指出，传统科层制下决策的不确定性风险、碎片化风险、控制风险及非民主化风险须诉诸区块链技术，建构多头互联、多层协同的公共政策机制。④ 张毅、朱艺立足于智慧社会背景，构建了基于区块链技术的系统信任模式，旨在推进行动者信任与合作，最终增进全社会的福利。⑤ 朱婉菁预判区块链嵌入应急管理系统，将强化预防预警机制功效，增强突发事件中行动者的协调性。⑥ 国外学者提出 Block-VN 模型，认为将区块链嵌入智慧城市车辆管理系统的优化，可以提升交通管理的安全性与透明度。⑦

---

① 《杭州互联网法院首创"5G + 区块链"执行模式》，中国新闻网，https://www.chinanews.com.cn/sh/2019/08-05/8917306.shtml，2023 年 7 月 15 日。
② 韩志明：《从"互联网 +"到"区块链 +"：技术驱动社会治理的信息逻辑》，《行政论坛》2020 年第 4 期。
③ 高奇琦：《智能革命与国家治理现代化初探》，《中国社会科学》2020 年第 7 期。
④ 蒋余浩、贾开：《区块链技术路径下基于大数据的公共决策责任机制变革研究》，《电子政务》2018 年第 2 期。
⑤ 张毅、朱艺：《基于区块链技术的系统信任：一种信任决策分析框架》，《电子政务》2019 年第 8 期。
⑥ 朱婉菁：《区块链技术如何影响国家应急管理：一项预判性分析》，《电子政务》2021 年第 11 期。
⑦ Pradip Kumar Sharma, Seo Yeon Moon and Jong Hyuk Rark, Block-VN, "A Distributed Blockchain Based Vehicular Network Architecture in Smart City", *Journal of Information Processing Systems*, Vol. 13, No. 1, 2017, pp. 184 – 195.

基于区块链构建分布式双向能源系统，促进电力等资源从集中式管控向多中心民主化管理转变。① 此外，区块链智能合约自动触发执行应用于电子投票②、政府治理③，不仅可以降低交易成本，还能解决委托代理与道德困境引发的腐败、官僚作风，提升政府工作透明度、公信力及治理水平。④

## 二 区块链技术优势与政策过程适用性分析

科技政策与就业政策作为社会治理的重要工具，其制定与执行过程必然是一个政治过程。但是，政策过程中的主体理性是触发政策冲突的重要因素。因此，政策过程需诉诸科学化和技术化途径。区块链等技术入场政策过程以推动政策优化具备一定的可行性。⑤ 就政策过程的技术化而言，首先，随着科学技术的迅猛发展，政策过程日益受到技术化与科学化的浸染，不断强调技术理性与工具理性，这为区块链入场政策过程、消解政策冲突提供了前提条件。其次，随着社会事务日益复杂化、利益主体多元化，很多公共事务和社会问题被归结为技术治理的范畴。技术升温成为解决一切社会问题的锁钥。相应地，政策研究也由逐渐撇弃价值因素转向理性化、科技化及事实化。最后，随着实证主义逻辑与分析方法在复杂决策环境中的应用与推广，政策分析过程纷纷寻求实证主义与技术应用的融合，并从技术进步中获得理性支撑，⑥ 这为区块链入场并消解政策冲突提供了机会。

公共政策过程中科层权力结构困境、利益协调失衡、资源分配不均、

---

① Beth Kewell and Peter Michael Ward, "Blockchain Futures: With or Without Bitcoin", *Strategic Change*, Vol. 26, No. 5, 2017, pp. 491-498.
② William J. Sutherland, Phoebe Barnard, Steven Broad, et al., "A 2017 Horizon Scan of Emerging Issues for Global Conservation and Biological Diversity", *Trends in Ecology & Evolution*, Vol. 32, No. 1, 2017, pp. 31-40.
③ Primavera De Filippi and Benjamin Loveluck, "The Invisible Politics of Bitcoin: Governance Crisis of a Decentralized Infrastructure", *Internet Policy Review*, Vol. 5, No. 3, 2016, pp. 1-28.
④ Voshmgir Shermin, "Disrupting Governance with Blockchains and Smart Contracts", *Strategic Change*, Vol. 26, No. 5, 2017, pp. 499-509.
⑤ 向玉琼：《论政策过程中的人机合作》，《探索》2020年第2期。
⑥ 向玉琼：《论政策过程中的人机合作》，《探索》2020年第2期。

部门矛盾凸显、部门间信任缺失、信息共享壁垒等因素，成为政策协同的主要梗阻。区块链强信任、多中心、防篡改、智能合约、共识等机制的技术优势恰好与公共政策分布式协同的构想契合，能够消解诱发政策冲突的诸多梗阻。区块链作为一种全新的分布式底层架构，是对数据信息存储、管理、更新和应用技术的全面革新。借助区块链重塑公共政策流程与规则，将对政策协同、部门信任关系建构及政策效能产生重要的影响。因此，区块链具有消解政策冲突的巨大潜能和优势。

第一，区块链有利于政策过程的公开透明，为构建政策主体间信任提供安全可靠的技术支撑。公共政策作为社会治理的权威性工具，政策过程是否公开透明不仅影响部门协作的效能，也会影响政策预期效果的实现。一方面，区块链的嵌入将提高信息共享的程度，提高政策过程的公开度与透明度。作为分布式记账本，区块链可以使得政策网络中的每个部门都能读取和存储数据，且每个部门政策信息的更新都将同步到整个政策网络，实现信息在政策网络内部的交流与共享。另一方面，区块链非对称加密、可追溯、不可篡改等内生优势，有助于保护各部门政策信息的安全性。首先，区块链共识机制可以防止政策信息被伪造或篡改。共识算法从技术层面保障了政策信息一旦上链便无法篡改和伪造，除非攻击者能够控制政策网络51%以上的节点，这需要大量的时间和资金成本。其次，区块链非对称加密技术提高政策信息共享的安全性，提高政策网络被攻击及信息泄露的技术难度。最后，区块链分布式优势能够在各个节点对政策信息进行多次备份，有效增强政策过程的安全性。因此，区块链内生技术优势不仅促进政策过程的公开透明，而且为政策协同构建一条牢固的"安全链"和"信任链"。

第二，区块链有利于部门之间的良性互动，从根本消解部门信任缺失的障碍。部门互动的本质是围绕资源交换与利益再分配。为避免部门矛盾和政策冲突，政策过程要充分考虑并平衡各部门的利益诉求。区块链的嵌入可以促进政策网络多中心参与、多主体共治、节点平等、信息对称，从根上再造政策网络主体间平等互动关系，消解强势部门与弱势部门之间权力不对称、资源分配不对等、话语权失衡诸多困境。首先，区块链分布式架构与多中心设计能够保证政策网络中各个部门处于平等地位，改变以往强势部门占据绝对中心进而控制政策资源的状态。其次，区块链点对点（P2P）传输能够实现政策过程中各部门直接联通，无须依赖直接上级或中介等第三方信用背书，任何部门之间可以建立点对点信用通道。各部门依据业务需求在政策网络上发布、接收、查询、交换、存储信息，形成多部门平等参与的自组织网络。最后，共识机制敦促网络上的所有部门节点共同遵守协议，共同管理整个政策网络体系。换言之，所有部门都是政策网络的参与者和协调者，有维护政策网络数据安全的责任与义务。故而，建立在区块链基础上的政策网络有助于政策主体在良性互动、平等协作及相互信任基础上建立有效沟通与深度对话，从根本上建立信任网络。

第三，区块链有利于化解科层权力结构困境，促进部门间高效、平等沟通。与政府权力中心化的金字塔结构相适应，传统政策执行链呈现自上而下等级节制与强控制特征。在强压力与强激励下，基层政府出现象征性执行、替代性执行等扭曲现象。依据戈登·塔洛克（Gordon Tullock）等级歪曲原理，科层组织最低层级公职人员远离科层权力中心，政策执行从基层到高层难免会出现信息缩减或信息过滤等歪曲现象。[①] 简言之，政策自上而下出现了信息不对称及信息失真。区块链运用于政策网络的最大优势是可以促进部门结构的扁平化，利于在较短时间内快速传播或识别政策执行信息。上级的政策意图可以直接、快速传递到下级政府部门，下级执行效果与关键信息可以快速传递到政策始发部门。此外，区块链要求政策网络上的多部门参与，且各个参与部门具备预先设置的写入权和读取权，大大缩减了传统政策网络中核心部门的自由裁量权与权力垄断现象。

### 三 分布式协同：基于信息链+信任链的协同

政策冲突及其负面社会影响从各个方面提出了政策协同的迫切要求。自党的十九大以来，国家不断强化和创新治理体系，探索形成了社会治

---

① ［美］戈登·塔洛克：《官僚体制的政治》，柏克、郑景胜译，商务印书馆2012年版，第192—194页。

理体系的顶层设计，包括明确将"技术支撑"纳入社会治理体制框架。相应地，社会治理大力引进先进技术，构建社会治理的底层技术，利用先进技术改进和优化治理，极大地提升了治理的敏捷性和精准性。那么在复杂的政策领域，区块链这一新兴科技应该如何入场与现有的政策过程适配，进而消除政策协同的"中梗阻"，实现政策冲突向政策协调转变？基于区块链分布式架构及其在政策网络中的优越性，本章提出政策分布式协同的构想。

（一）分布式协同的组织架构：强控制到强聚合

公共政策作为社会治理的权威性工具，是实现社会有序治理的一种制度安排与结构设计。因此，政策协同对社会秩序系统尤为关键。协同系统包含三要素：协同意愿、协同目标及信息沟通。分布式协同系统首先要包含以上三个基本要素，也即分布式协同要将各个相关部门编入政策网络，同时要整合不同部门的利益诉求与意愿。政策网络中的各个部门围绕共同的目标形成一定的联结机制并展开政策行动。有了政策协同网络，如何在网络中的不同部门之间缔结可信承诺并促成集体行动，以及如何克服科层制权威带来的政策认同困境，这些都需要诉诸明晰且系统的制度设计与安排。

传统政策过程沟通依附于理性的科层设计与制度安排。然而，传统公共政策过程本身存在诸多局限性。在实践中，政策制定与执行是内嵌于金字塔形的等级制度。因而，政策过程最大的特征是不同政策主体之间地位不对等，并且在政策网络中存在一个绝对核心。就科技政策网络结构而言，自上而下的政策传递链中包含国务院、科技部、省级科技厅、市级科技局、县区科技局五个层级。主管科技业务的除了科技部，还有工信部与发改委。这就导致基层政府在科技政策执行的时候，不仅要面临自上而下的"层层加码"，还要面临横向不同职能部门的"业务打架"。在纵向等级考核与横向职能部门竞争过程中，还有一个权威性的"中心"，即地方政府党委。由于部门之间掌握权力、资源、信息不对等，不论是科技政策网络还是就业政策网络，都存在强势部门与弱势部门。比如发改委作为权力部门、财税部门作为经济部门，在政策网络中处于绝对核心地位，能够牵制其他部门业务的开展。

与现实政策过程中等级制度、中心化、封闭式结构不同,区块链技术呈现明显的扁平化、多中心和交互性特征,这有利于打破政策主体间地位不等、力量不均的状态。作为改进治理的底层技术,区块链能够促进政策主体形成交互合作的态势,形成信息共享、高度关联的共生网络关系,进而各个节点之间的关系由强控制向强聚合转变。实现这一功能的关键是区块链智能合约技术,即对资产的提前锁定与智能触发机制。对于产生正外部效益或负外部效益的政策,智能合约将自动触发,自动进账或扣款。这样的智能化触发机制能够较好地防止政策主体各自为政、相互推诿。因而,区块链技术有助于推动政策过程从科层等级制、中心化、封闭式向网络化、多中心和交互式转变,驱动政策主体从强控制向强聚合转变。

(二)分布式协同的信息链构建:无序到有序

政策冲突消解的本质是理顺和调控政策网络中主体间关系的过程,更是协调和解决部门矛盾与过度竞争的过程。政策过程中的具体冲突无处不在,需要精准识别和判断,并采取适当的干预措施防止政策冲突外溢效应扩散。只有各部门之间信息联动、数据共享,才能准确协同不同政策主体之间关系,提高政策协同效率。因此,政策协同过程首先是信息持续流动、持续协同的过程。

与我国政府组织条块结构划分相对应,政府部门的大数据也划分为"条条"数据与"块块"数据。因此,要实现政策过程信息协同,首先要打破条块分割的信息壁垒,实现条块数据协同共享,尤其是"块块"数据之间的联动。由此,本书拟构建分布式协同的信息链。首先将各部门政策信息嵌入区块链进行点对点连接。在智能合约与共识机制下,实现政策信息的存储、备份、更新及验证。区块链上各个参与节点主要是政府横向业务部门的政策信息中心与各个节点之间的联盟节点。以科技政策网络为例,联盟链节点主要是由科技局、发改委、经信局、人社局等部门业务信息中心组成。政策网络中各个联盟节点都具有信息传输与加工的功能,节点能够直接实现信息对接、共享与交流。各部门决策与执行的信息都会通过密码学算法实现加密进而不可篡改,保证政策信息的真实性与一致性。同时,各节点还负有共同监督和维护信息的责任,对上链信息的真实性进行对比验证，进而保证政策执行的预期效果。

故而，基于区块链的政策信息协同模式具有诸多优势，既可以实现政策信息在多个部门之间点对点传输共享，又可以实现政策网络的多中心与强信任，兼具安全、信用好及透明性高的优势。首先，该模式安全系数高，政策信息协同模型建立在分布式网络基础上。分布式网络最大的优势在于保障整体网络不受个别节点失灵或被攻击的影响。此外，非对称加密与数字签名等技术加剧了黑客攻击的难度，因而安全性较高。其次，该模式信用较强。信用稀缺一直是跨部门政策信息共享的梗阻。传统消解部门信任危机的方式是借助于共同上级或第三方，但是协同效率较低。区块链的嵌入保障了每个部门节点度对链上政策信息的可读取性。这不仅消除了政策主体之间信息不对称，还提高了节点对整体网络数据的信任度。同时，区块链多中心优势大大降低了政策网络的信任风险，任何部门节点的失灵或遭遇攻击都不会造成整体网络的瘫痪。最后，该模式透明度较高。基于区块链的政策网络信息共享、全网透明公开，利于监督、审计和追溯。所有与政策制定、执行、评估相关的数据都记录在公开的账本上，有效解决信息不对称、部门地位不对等问题。

基于区块链的政策网络安全性高、透明度强、信用好等优势离不开智能合约的构建。智能合约构建的第一步是多节点（各个职能部门）共同参与制定合约，共同承诺彼此的权利与义务，并以电子化形式将编程转变为机器语言。然后，合约信息经网络扩散并存证至区块链。上链的每个部门都掌握一套公钥与私钥。公钥保障其对链上数据信息的读取权和监督权，私钥用以签名保障合约的有效性和可信度。公钥与私钥有效保障敏感机密信息在不同部门之间传递的安全性，同时授予不同部门在政策网络中的信息获取权与处理权。各部门依据政策执行等业务需求签订智能合约，智能合约最大程度确定不同部门的权利与义务，各部门之间无须中介或第三方许可即可实现政策过程的信息交换、资源共享。简言之，区块链有助于实现政策网络主体点对点、点对多点的信息传递。[①]

---

[①] 高国伟、龚掌立、李永先：《基于区块链的政府基础信息协同共享模式研究》，《电子政务》2018年第2期。

由此，基于区块链的政策网络可以大大缩减政策主体沟通交流的中间环节，避免政策信息被反复采集、加工甚至过滤、歪曲，同时也可以压缩执行资源及时间成本，进而提升政策执行效率与助力预期政策目标的实现。[①]

以科技政策执行过程为例，当科技部门在执行政策时，需要对政策信息进行输入、增加或删除。那么，区块链上其他节点首先要对其进行身份证明、信用核实、信息验证。然后，科技部门根据手中私钥进行数字签名，生成政策过程信息共享表单并记账。最后，科技部门再向链上其他的部门节点发起征求意见并通过 P2P 网络将信息传播至所有节点，待其他节点收到请求后，进行验证。当科技部门的政策信息共享表单扩散至全网，相关的部门节点都将接收到表单并缓存在本部门的区块中。以上步骤不仅打破部门信息壁垒，而且推进信息共享过程的安全、高效、透明与可信（如图 6-1 所示）。

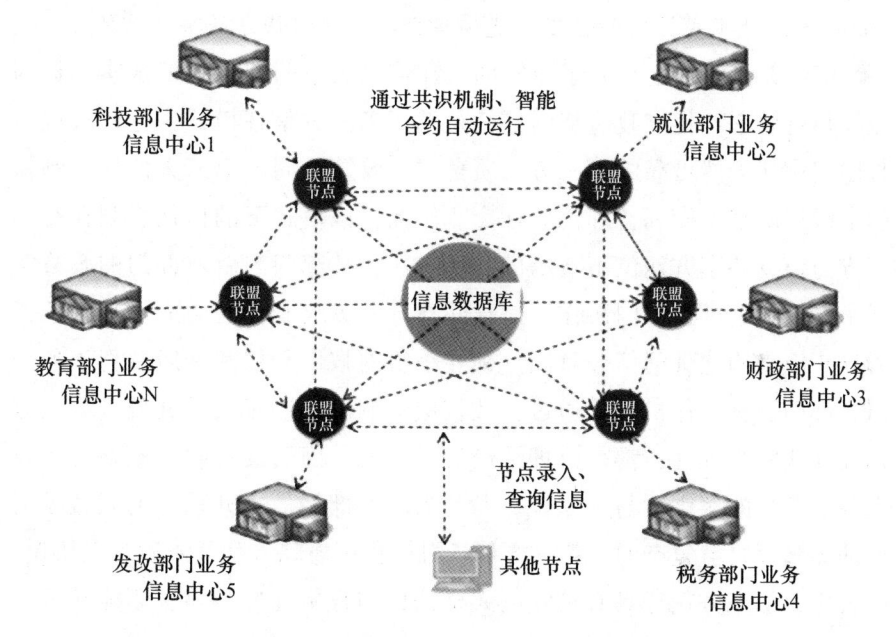

**图 6-1　基于区块链的政策网络信息链**

图片来源：作者自制。

---

[①] 张成岗：《区块链时代：技术发展、社会变革及风险挑战》，《人民论坛·学术前沿》2018 年第 12 期。

区块链助力政策过程协同并非局限在信息安全的共享、传递与整合，而是构建起一套包含生产、加工、传播、共享等信息协同规则，[①] 进而在政策网络中形成可追溯、不可篡改、安全保密的信息协同机制。这样的信息协同机制不仅可以消除部门信息泄露的疑虑，还能激励政策网络中多主体信息充分共享，进而增进政策主体的共享性和平等性，有助于构建部门之间的信任机制。因此，政策信息公开与共享是区块链应用于政策过程的重要禀赋，有利于打通部门间信息孤岛、削弱部门垄断信息地位。区块链通过P2P技术实时发送接收信息，进而保持政策网络中各个节点数据信息的一致性。安全可靠的信息通道不仅能有效解决部门之间信息共享难题、提高信息资源利用效率，还能保证顶层政策意图不被地方政府变相执行。概言之，区块链利于化解政策传递过程中科层体制层过多、信息传递失真及部门信息孤岛等难题。

（三）分布式协同的信任链建构路径：人格信任到区块链信任

信任关系的构建有助于降低部门在信息共享与协作中的成本，提高政策执行效率。传统政府部门信任是基于第三方信任模式，行政权威是部门间信任天然可靠的第三方。质言之，政策协同的第三方信任机制依赖上级权威来平衡利益和消解冲突。然而，该模式下的信任机制存在第三方与信息共享方地位不对等的问题。从科技部门与就业部门的政策实践来看，为了推进部门协作、信息共享，上级政府往往会成立临时工作领导小组来构建部门信任氛围。领导小组的权力和权威一般凌驾于各个组成部门，其工作机制是通过行政权威强制各部门配合。此外，第三方信任并非完全理性，都是由理性经济人组成，因而其行政权威缺乏决策上与事务上的客观性与独立性。尤其当政府部门信息共享中的利益矛盾与冲突管理日益复杂时，第三方信任机构也可能陷入利益矛盾难以协调。概言之，第三方信任具有较强的人格信任与权威强制特点，不能从根本上实现政策的可持续协同。

区块链一直以来被西方国家誉为"制造信任的机器"。区块链与信

---

[①] 韩志明：《从"互联网"到"区块链"：技术驱动社会治理的信息逻辑》，《行政论坛》2020年第4期。

任勾连,创造了全新的信任机制。如美国经历严重的次贷危机后,区块链重塑了美国人对金融信用体系的信心,①重塑个体信用体系并促进更大规模的社会信任与合作,②帮助共享平台解决陌生人信任稀缺的问题。③总之,区块链在解决信任问题的实践中拥有丰富的应用场景,主要集中消解金融、教育、版权等诸多行业信任问题。④

针对政策冲突的信任不足问题,本书拟构建政策网络信任链。基本思路是将科技部门与就业部门政策过程数据上链保存,构建一个信任决策基本模型。信任决策模型由内部环境与外部环境共同塑造。而区块链非对称加密、共识机制、时间戳等技术能够实现公开透明的政策信息传播、信息追溯及信息防篡改,能够为政策网络主体带来有利的内部环境与外部环境,激发部门节点间的信任。因此,区块链技术在政策网络中的运用将驱动政策主体从第三方人格信任向区块链信任转变。

从区块链信任系统模型的内部环境来看,共同知识是政策网络主体对区块链技术形成的认同与共识,是政策网络链内部环境的重要构成。区块链作为政策网络的底层技术,能够保障数据的安全可靠、可追溯、不可篡改。所有政策主体对这种基于非对称加密技术保持一致的信任,进而产生信任、共享与合作的预期。所有政策主体一致相信区块链技术系统能够保障政策过程的数据安全与可靠,任何节点都无法在政策网络链上篡改政策信息。故而,各个部门在政策制定与执行过程中愿意遵守政策网络链的预设规则并按照规则来行事。

从区块链信任系统模型的外部环境来看,区块链技术能够最大限度地在帮助政策主体降低信息共享成本的同时,实现多主体共监管。区块

---

① Michael J. Casey and Paul Vigna, *The Truth Machine*: *The Blockchain and The Future of Everything*, Macmillian USA, 2019, p. 34.

② Brett Scott, "How Can Cryptocurrency and Blockchain Technology Play a Role in Building Social and Solidarity Finance?" Unrisd Working Papers, United Nations Research Institute for Social Development, 2016.

③ William Mougayar, *The Business Blockchain*: *Promise, Practice, and Application of the Next Internet Technology*, New Jersey: John Wiley and Sons Ltd, 2016, p. 12.

④ Mike Sharples and John Domingue, "The Blockchain and Kudos: A Distributed System for Educational Record, Reputation and Reward", *European Conference on Technology Enhanced Learning*, Springer International Publishing, 2016, pp. 490–496.

链能够将所有政策制定、执行信息记录保存在区块中且不可篡改，实现了所有政策主体的政策活动过程可查询、可追溯。由此，政策网络的信用系统建设水到渠成。基于区块链的强信任机制，各部门具有较强的意愿和动机去共享政策信息，进而可以提前预防政策执行带来的冲突。比如，当科技部门的制度设计与政策规划上链后，就业部门通过私钥获取科技部门的政策安排，就可以针对科技发展可能诱发的就业问题提前与科技部门沟通，制定应对之策，进而可以减少信息壁垒与信任壁垒导致的政策冲突与部门矛盾。同时，区块链对于上链信息的真实性和可靠性有一定的保障和制约机制，即如果部门上链的信息失真，不仅其他节点可以验证，区块链也可以对其进行分级制裁。

分级制裁是对上链信息真实性的一种重要保障机制，只有在部门节点违约违规时才触发。这一机制主要是依据部门节点违约严重程度采取不同的制裁手段。

分级制裁主要依靠智能合约触发机制。当前期设定的条件被触发，智能合约将自动触发并执行相应的条款内容。一旦确立了某项智能合约，节点失信，便按照合约自动扣除相应的金额，从源头上确保了上链信息的真实性和安全性。智能合约之所以能发挥效应是因为智能合约的应用与现实世界的资产联动交互，从而保障了节点行为自律而不相互欺骗。分级制裁的另一个优势是可以有效避免霸权节点的存在。在政策过程中，总会存在强势部门与弱势部门，而区块链上所有部门节点都是平等的行动者。一旦存在霸权节点，智能合约会触发相应的条款内容，与现实世界资产进行交互。总言之，区块链不仅为政策协作打通了信息链，也为部门协同创造了可信生态。

综上，本章第一节主要从区块链视角为政策冲突化解提供技术支撑，即主要从技术理性或工具理性维度为科技政策与就业政策冲突化解提供可行路径。已有研究表明，在特定领域，计算机做出的决策通常比人类更高效和精准[①]。基于大数据及超级算法的决策模式已经赋予政策过程

---

[①] [美] 托马斯·达文波特、茱莉娅·柯尔比：《人机共生：智能时代人类胜出的5大策略》，李盼译，浙江人民出版社2018年版，第36—40页。

更强的科学性。① 换言之，如果将政策过程视为技术决策的过程，那么，区块链、人工智能就可以替代人类主导政策过程。然而，政策过程能完全简化为技术过程吗？政策冲突的化解能完全诉诸区块链技术吗？显然，政策过程本身并非完全价值中立，也不能完全撤弃价值因素。由此看来，政策过程并不能完全剥离人类智能成为独立的存在系统。相应地，科技政策与就业政策冲突的消解不能仅仅诉诸技术理性。尤其当政策过程涉及经验与感知性问题，便无法诉诸可计算的符号或区块链技术来处理。② 由此，政策冲突的消解依然要诉诸制度设计。

## 第二节　机制优化：构建政策精准联动机制

从科技政策的作用对象及社会效应来看，科技带来的就业替代、权力排斥、技术生存困境及产业虹吸等负面效应，与当前的制度设计及政策安排滞后密切相关。政策冲突的消解不仅要诉诸更高文明形态的区块链技术，更亟须改革现有的政策体制改革，构建适应复杂政策情境的政策协同机制。如何构建政策协同？国外学者提出一系列思路，如政策协同③、政策整合④、联合政府⑤、政策一致性⑥。虽然这些概念术语不同，但其本质都是寻求不同政策领域之间的兼容性与协调性。⑦ 这些研究思

---

① 张耀铭：《人工智能驱动的人文社会科学研究转型》，《济南大学学报》（社会科学版）2019年第4期。

② 向玉琼：《论政策过程中的人机合作》，《探索》2020年第2期。

③ Tom Christensen and Per Lægreid, "The Challenge of Coordination in Central Government Organizations: The Norwegian Case", *Public Organization Review*, Vol. 8, No. 2, 2008, pp. 97–116.

④ Perri 6, "Joined-Up Government in the Western World in Comparative Perspective: A Preliminary Literature Review and Exploration", *Journal of Public Administration Research and Theory*, Vol. 14, No. 1, 2004, pp. 103–138.

⑤ B. Guy Peters and Donald J. Savoie, "Managing Incoherence: the Coordination and Empowerment Conundrum", *Public Administration Review*, Vol. 56, No. 3, 1997, pp. 281–290.

⑥ Peter J. May, Joshua Sapotichne and Samuel Workman, "Policy Coherence and Policy Domains", *Policy Studies Journal*, Vol. 34, No. 3, 2006, pp. 381–403.

⑦ Camilla Adelle and Andrew Jordan, "Policy Coherence for Development in the European Union: Do New Procedures Unblock or Simply Reproduce Old Disagreements?" *Journal of European Integration*, Vol. 36, No. 4, 2014, pp. 375–391.

路对研究科技政策与就业政策协同具有重要启发意义。针对政策协同中的信息壁垒、资源壁垒及权力结构壁垒等阻梗因素，本节将在区块链分布式技术基础上，构建信息流、资源流及业务流"三流合一"的分布式组织架构及精准联动机制，其中主要包含部门资源整合与信息沟通机制、部门沟通协商与利益协调机制以及科技进步的就业评估预警与过程监控机制。

### 一　构建多部门分布式协同组织架构

政策冲突与政府部门条块分割、信息壁垒及信任隔阂密切相关。相互隔离的部门壁垒不仅增加了部门间政策沟通与协同的困难，也增加了政策运作过程的沟通与协同成本，还可能导致部门本位主义，即每个部门都可能因自身的利益追求与目标而忽视上层政策的整体使命与目标。因此，要推进科技政策与就业政策协同、构建政策精准联动机制，首先要从组织架构上破除部门条块分割、各自为政的困境。

分布式协同组织架构既不同于传统决策过程下金字塔组织结构，也不同于现代政策网状结构下"边缘—核心"结构特征。从其组织结构特征来看，分布式协同是一种新型的组织设计或组织重组。该组织结构不仅强调打破部门壁垒，打破决策与执行的信息壁垒与功能分割困境，进而强调构建以流程（资源流、业务流、信息流）为中心的多节点扁平网状结构。同时，该组织结构打破网络结构"绝对核心—边缘"下地位不对等、信息不对称、资源不均衡的种种局限，促进各个部门节点围绕公共议题展开信息共享与业务协同。分布式组织架构旨在将相互独立的科技部门与就业部门的各种要素与流程进行整合以回应公共议题。不论是科技发展还是稳就业，政策目标的实现不能仅仅依赖单一部门，也不能总是依靠临时成立的工作领导小组等"超级部门"。可行的思路是围绕公共议题和政策目标，在保留部门本身业务属性的前提下实现跨部门分布式协同。分布式协同是在区块链分布式技术基础上实现多部门资源流、信息流及业务流相互打通与整合的过程。这一组织架构旨在打破传统部门界限（boundary government），驱动政府部门成为分布式结构上的节点，进而在跨区域、跨领域、跨层级公共政策执行中破除部门壁垒，形成政策执行合力。质言之，在科层制组织结构内部建立一个包容性的政策网络①，至少在政府组织内部网络中实现各个部门互联互通，通过网络管理促进政府内部各个部门之间互动、相互依存与协作。

分布式组织架构的本质是通过区块链等技术手段将各部门集中决策、分割执行转变为以扁平化、流程化、网络化为主的新型政策系统，以适应政策过程情境复杂、利益多元、资源有限等现实状况。要实现多部门分布式协同，关键是面向政策目标，构建基于信息流、资源流及业务流"三流合一"的流动性网状组织结构。在传统决策系统中，政策过程处在条块分割的碎片化状态。纵向上，政策信息随着权力运行方向自上而下流动，此时权力大小是自上而下减弱。信息经过每个层级的过滤，政策信息的完整性在到达科层组织底层时将大打折扣。②横向上，各个职能部门权力相当，但是因职权法定、条块分割鲜明，各部门相互隔离、自成一体。跨部门间的政策沟通、资源共享、信息交流及业务协同存在较大困难。因此，构建分布式协同组织架构首先要破除金字塔组织结构下的条块分割壁垒，向扁平化、流程化及网状化分布式架构转变。

在分布式组织架构中，信息流、资源流及业务流整合将破除条块分割的权力壁垒与部门壁垒，实现政策信息的部际流动、整合与共享，进而形成适应复杂政策情境的业务流与部门协作的环境（如图6-2所示）。以地方科技部门与就业部门分布式组织架构为例，科技局、经信局、发改委与人社局既具备各自部门的独立性，又围绕科技发展或失业治理成为分布式架构流程上的协作团队或节点。通过信息流、业务流及资源流整合促成全过程的互联互通与精准联动，进而形成动态的分布式网状协同架构。如此，建立在分布式组织架构基础上的科技部门与就业部门之间不再是各自为政、部门本位的碎片化关系，而是一个互联互通的有机整体。在这个政策有机体中，科技部门与就业部门注重政策目标及政策价值的冲突，尽量消解科技进步带来的就业排斥效应，尽力做到

---

① 朱亚鹏、岳经纶、李文敏：《政策参与者、政策制定与流动人口医疗卫生状况的改善：政策网络的路径》，《公共行政评论》2014年第4期。
② ［美］戈登·塔洛克：《官僚体制的政治》，柏克、郑景胜译，商务印书馆2012年版，第193页。

政策目标的协同。同时，科技部门与就业部门在分布式协同架构下，注重资源共享与政策互动进而达到政策目标与政策价值的求同存异。

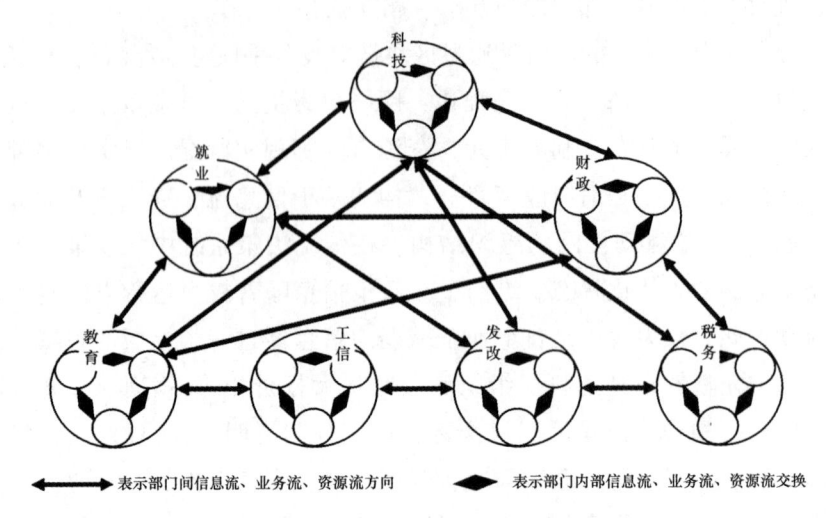

**图 6-2　分布式协同架构三流整合**

图片来源：作者自制。

分布式协同架构不仅旨在构建跨部门、多层级、跨领域的信任互动机制，而且有助于构建多部门对话协商机制，从源头上防止科技部门与就业部门政策冲突的发生。首先，分布式协同着眼于民主关系的构建。各部门围绕资源依赖构成了分布式协同关系，因而政策行动者能够围绕某个特定政策问题或项目形成稳定的合作与协商关系。① 民主是分布式协同构建的前提条件和根本特征。换言之，分布式协同架构的每个节点都是平等协商、平等对话的行动者，进而有效破解传统政策网络因权力、资源分配不平衡而形成的"权威—边缘"权力结构困境。那么，就业部门在解决失业人员再就业、困难群体保障问题时，能够有较大的话语权和决定权，而不是被权力部门和财政部门排斥在边缘位置。其次，分布式协同架构有着节点共识，即每个节点的政策执行和行政人员有着共同

---

① 蒋硕亮：《政策网络路径：西方公共政策分析的新范式》，《政治学研究》2010 年第 6 期。

价值观念，即公共利益最大化。那么，在面对"机器换人"等类似案例的时候，科技部门与就业部门都能本着公共利益最大化，在机器替代人员的同时做好失业人员再就业服务，而不是如何设计政策推卸责任、驱赶人力。最后，分布式协同在多节点验证中降低政策模糊性。在政策信息上链时，分布式协同具有多部门相互验证的环节，确保政策主体、目标、价值的清晰度及求同存异。

## 二 优化政策冲突的多部门利益协调机制

区块链分布式技术在一定程度上解决了政策冲突的掣肘，但是，要实现较高程度的政策协同则需要探索适应复杂政策情境的利益协调优化机制。科技政策与就业政策冲突寻根究底大多来自利益冲突。[①] 同时，拘囿于资源禀赋、话语能力及议程开放程度等局限，各部门在政策过程中经常面临利益博弈的局面。除象征性、分配性等不产生利益受损的政策之外，其他新政的出台会导致部分群体利益受损，进而产生相对剥夺感。比如，"机器换人"淘汰下来的低技能劳动力再就业问题增加就业部门的额外责任与负担。分布式协同认为，各个节点的利益分配应该是均等的，就业部门要承担科技部门带来的负外部效应，就需要在两个部门之间重新进行利益优化与再分配，建立一套完备的沟通协商和利益协调机制。

第一，建立健全政策主体间的利益分配机制。政策执行过程本身就是对资源和利益的一种直接分配和规划过程，如 D 市"机器换人"政策推行每年投入 2 亿元资金帮助企业设备改造升级。各地区主体为了在资源竞争中胜出，会通过各种手段来实现自身的利益。每个政策执行者都在寻求自身利益最大化。因此，在资源有限情境下，各个政策主体都会基于收益最大化—损失最小化原则考量，这不可避免产生竞争与冲突。当科技部门"机器换人"政策对就业冲击效应较为明显时，就会引发其与就业部门之间的矛盾与冲突。因此，要协调政策冲突，首先要调节政

---

[①] 曲纵翔、祁继婷：《政策终结：基于正反联盟的利益冲突及其协调策略》，《中国行政管理》2016 年第 12 期。

策过程中的主体利益冲突，以利益平衡为标准，促进政策资源在各个部门之间的合理配置。然而，只有高度制度化的统治机构才能更好地阐明并实现其公共利益。① 因此，我们不仅要在科技政策与就业政策主体层面推进利益平衡和资源整合，还需要建立制度化的利益分配机制，实现政策主体间利益协调与平衡的制度化和规范化。

第二，加强政策主体人格层面的利益优化与整合，构建行动者的行政责任与行政伦理。从科技政策与就业政策主体冲突实践来看，政策主体兼具"公共人"与"经济人"双重身份。政策过程中的角色冲突是科技政策与就业政策冲突的重要因素。角色冲突的重要原因是行政责任缺失与行政伦理失范。从行政伦理角度来说，没有相关的道德、巨大的努力及高度的责任心，并且不愿将个人利益融入并支持公共利益的人不适宜担任公职。② 公职人员应该将政策过程视为一种道德的努力，自我强化行政伦理建设。质言之，公共行政的精神应该建立在对所有公民的乐善好施的道德基础上，不断强化回应性与责任性。③ 当然，政策过程不仅要强化行政伦理与行政责任的主体地位，还要将制度本身的道德导向放在政策过程中的突出位置。如科技政策的设计不仅要关注科技发展与进步的经济贡献，也要关注如何消减科技进步的就业替代等社会效应。

第三，利益优化应以公共利益为旨归，坚持以人为本和共同发展。从政策过程实践来看，强势部门与弱势部门在政策网络中的地位和话语权相差悬殊，造成政策矛盾与冲突。不论是科技部门还是就业部门，在整个政策推进中起到特定的作用。科技部门政策的执行不应加重就业部门负担，而应该在互联互通、平等尊重的基础上回应公共议题。不论是利益优化原则还是责任伦理构建，科技进步与就业工作都应该坚持公共利益最大化，坚持以人为本、共同发展。科技与就业部门尤其应该充分

---

① ［美］塞缪尔·P. 亨廷顿：《变化社会中的政治新秩序》，王冠华、刘为等译，生活·读书·新知三联书店1989年版，第220—223页。
② ［美］理查德·J. 斯蒂尔曼二世编著：《公共行政学：概念与案例》（第七版），竺乾威、扶松茂等译，中国人民大学出版社2004年版，第749—751页。
③ ［美］H. 乔治·弗雷德里克森：《公共行政的精神》（中文修订版），张成福等译，中国人民大学出版社2013年版，第157页。

认识到，科技创新发展与就业工作推进，两者并非非此即彼的关系，而是相互促进、相互支撑的关系。没有就业，科技发展将失去劳动力支撑而无法长足进步。失去了科技发展的就业将成为无本之木、无源之水。在这一共识基础上，科技部门与就业部门业务应该相互补台，积极化解政策过程中的矛盾与冲突。总之，无论政府部门之间如何进行沟通协商或利益分配，公共利益是一切科技政策与就业政策协同的出发点与最终目的。从这个意义上来讲，科技政策与就业政策的冲突消解可以内化为对公共利益的增进及对社会利益的公平分配。

### 三　建立科技政策与就业政策冲突的过程控制机制

分布式组织架构为科技政策与就业政策协同提供组织与技术支撑，利益优化与协同机制为消解政策冲突奠定制度基础。然而，这些并不足以促进政府部门在政策过程中形成自觉协同。政策执行过程中依旧会存在各自为政、部门本位与利益博弈现象。要提高政策协同的成效，政府部门需要对科技政策与就业政策关系进行过程控制与审查，进而提前预防政策冲突发生。基于过程控制的政策冲突消解主要有三个步骤：政策制定过程的冲突控制、政策执行过程的冲突控制及政策实施效果的冲突控制（如图6-3所示）。基于过程控制的政策冲突消解，不仅关注结构、过程及功能宏观层面的协同，更加关注政策主体、政策目标、政策价值、政策工具等构成要素的协同。建立科技政策与就业政策的过程控制机制，可以在政策制定环节保证政策的合法性，在政策执行环节减少政策冲突，进而增强政策协同的效率。在政策实践中，地方政府"机器换人"政策制定的宗旨是化解招工难问题并提高生产效率，然而，政策执行却对就业部门产生了外溢效应。这从本质上来说是部门利益本位、各自为政导致的政策执行过程偏差。要预防或消除政策执行偏差带来的外溢性，需要建立公共政策过程监控机制。

首先，科技政策与就业政策制定过程的冲突控制。政策制定过程的冲突控制是成本最小的控制。制定过程的政策冲突控制主要考量政策的科学性、民主性及回应性，前瞻性地预判科技政策执行会给就业政策或就业部门带来哪些外部效应。就科学性而言，决策过程既要采用科学成

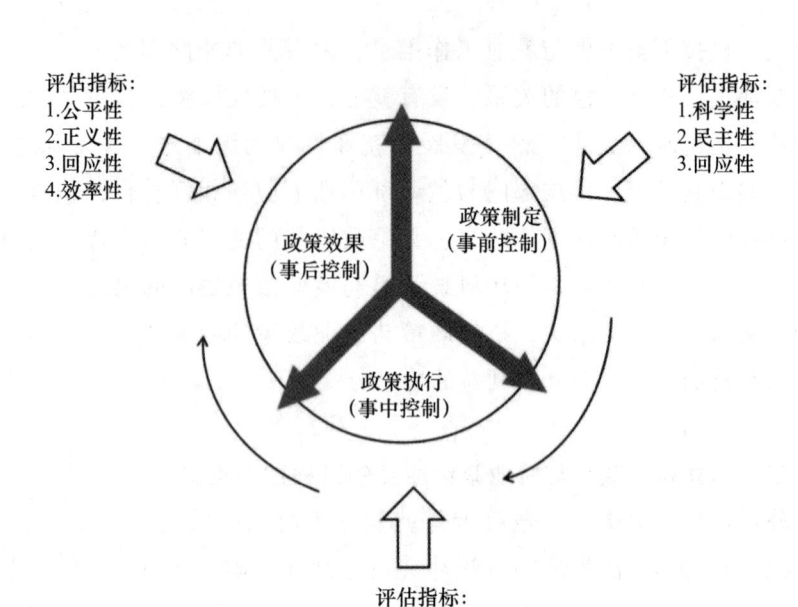

评估指标：
1. 公平性
2. 正义性
3. 回应性
4. 效率性

评估指标：
1. 科学性
2. 民主性
3. 回应性

政策效果
（事后控制）

政策制定
（事前控制）

政策执行
（事中控制）

评估指标：
1. 协调性　2. 互动性　3. 回应性

图 6-3　政策过程控制评估标准

图片来源：作者自制。

熟的决策技术和方法，也要采用科学化的决策流程。就政策民主性而言，政策制定不局限于政府组织内部，还要鼓励专家学者建言献策，要保障广大公众、社会团体及政策研究组织充分参与决策过程。在决策系统及其运行过程中充分关照技术性失业群体、"4050"等就业困难群体的利益与诉求，保障民主决策的可控性与透明性。就政策回应性而言，各部门要增强不同领域政策之间的沟通与互动。科技部门不能只关心科技政策制定而不顾其对就业部门的负外部性。政策执行过程中要加强与就业部门的信息沟通与交流，从源头上减少政策冲突的发生。对政策制定的科学性与民主性进行监督与控制，可以避免政策制定中的方向性错误。

其次，科技政策与就业政策执行过程的冲突控制。政策执行过程的冲突控制主要关注政策之间的协调性、互动性与回应性。政策执行的情境具有较强的复杂性与动态性。前期制定的政策在执行时可能因为利益主体多元、信息沟通壁垒等因素产生冲突。因此，科技政策与就业政策要在执行中动态调整优化。科技进步引发的就业效应较为复杂，就业替代与就业创造效应并非同时发生。因此，科技政策的实施过程需要多部门协同努力，对科技引发的就业替代效应要有前瞻性预判与评估，对政策执行的潜在社会效应进行监测与控制。

最后，科技政策与就业政策实施效果的冲突控制。政策制定与执行过程的冲突预防与控制不足以彻底消解政策冲突，还需要对政策实施效果进行评估与审计。政策实施效果评估主体要多元化，除政府部门以外，还要为包含劳动者、企业在内的政策客体开通参与政策评估通道。公众参与政策效果评估与监督，既能保证政策过程的透明度，又能有效化解政策冲突对客体造成的利益损害。政策实施效果的评估标准主要关注公平、正义、效率、回应等价值因素。

同时，为了有效化解科技部门与就业部门的政策冲突，应建立统一的政策审查与监管机制。审查制度是建立一个由专家主导的专门的权威机构，对科技决策与就业决策进行统一审议和统一审查。审查主要是对政策主体、政策内容、政策客体的影响及政策潜在影响等提出专业性报告及修改意见。统一的审议审查与及时的修正意见能够提前避免政策实践过程中的诸多矛盾与冲突，进而保持科技部门与就业部门制定的政策之间的相互衔接与统一，有效化解科技进步对就业引致的负外部效应。从D市"机器换人"政策实施过程来看，其中涉及对政策主体、政策客体的政策资源再分配及利益重新整合的过程。各部门为了维护自身利益，会通过各种策略性手段影响政策。因此，要保证政策顺利成功落实，须对政策过程进行必要的监督、控制与问责。

为了矫正科技政策执行引发的就业外溢性，需要构建政策冲突治理的多主体绩效评价体系，健全上级机关、同级人大及政策客体联动评价机制，尤其是受科技政策执行影响较大的技术性失业群体在政策冲突治理绩效评估中应该享有充分的话语权，比如可以增加"机器换人"案例中被替代下的员工对再就业体系与服务的评价。以体制内外的绩效评价为导向，将专家、从业者、公众、媒体等多元群体纳入政策绩效考评体系，促进科技部门与就业部门在冲突治理中积极倾听技术性失业群体的权益诉求、意见和建议，提升科技部门与就业部门政策冲突消解对策的针对性。

### 四　优化科技进步的就业预警与监测机制

科技进步的就业效应并非立竿见影，且就业替代与就业促进效应不可能完全同步，因而需要公共政策加以平衡与协调。尤其是在疫情、经济下行压力较大时期，更需要处理好科技与就业的发展与稳定、效率与公平等内在价值张力，不断优化科技进步的就业预警与监控机制。

（一）制定科技创新与稳就业"双轮驱动"的产业发展战略

在第四次工业革命快速发展、竞争加剧的关键期，我国产业发展面临高新技术产业迅猛发展与传统产业智能化升级的双重艰巨任务。因此，我们应该转向"双轮驱动"发展战略以应对科技的就业替代效应。一方面，继续发挥传统产业优势，在传统产业技术改造与转型升级中不断引进新兴技术，实现传统制造向智能制造、高端制造转型，快速培育制造业新的竞争优势，进而为劳动者提供更多就业渠道和岗位。另一方面，抓住机遇加大对人工智能、区块链等新兴技术的创新投入力度，加大培育和发展适应当下国情的高新技术产业，如生命健康产业、大数据产业、人工智能产业等，为经济增长注入新的活力和动力，继而创造更多就业机会和岗位。概言之，"双轮驱动"产业发展战略既是一条传统产业改造发展之路，也是若干新兴技术领域并行发展和跨越式发展之路。这一战略的制定与实施，对促就业、稳就业具有重要的驱动作用。

（二）建立科技部门与就业部门精准联动机制

已有研究表明，智能革命不仅会大量减少低端就业岗位，也会导致中层白领失业，比如本书的调研对象翻译、法务、量体师等。科技进步将导致劳动力市场需求与就业格局不断出现新情况、新变化。为此，科技部门、就业部门及其他相关部门亟须建立高效的精准联动机制。传统科技产业的智能化升级依赖更高质量的人力资源支撑。科技进步是多因素协同的过程，是技术、产业、就业融合发展的过程。技术、产业、就业结构向更高文明形态转型，并呈现越来越密切的关联性与互动性。因此，要强化技能要素和人力资源市场对科技发展创新的直接支撑作用，鼓励科技进步开发更多新兴就业岗位，形成全社会科技、就业、产业的良性循环。这些要素的良性互动则依赖政府部门制度设计与政策安排来驱动。因此,科技主管部门与就业主管部门在政策上要形成合力,建立信息、资源、业务精准联动机制。

(三) 建立科技进步的就业预测、预警及评估机制

调研发现,一方面,智能技术不仅会造成低技能劳动者失业,也会引发知识型劳动者失业,如会计事务所使用人工智能设备逐步淘汰记账人员,大型银行采用智能设备替代柜员。另一方面,科技进步对人才需求提出更高的要求,要根据人才需求结构变化趋势及时调整好就业政策,解决好技能型人才缺口与低技能劳动者群体性失业风险两大问题,确保就业形势稳定。化解科技进步的就业风险,关键要做好就业评估、预测及失业预警工作。

构建科技进步的失业预警机制需要从多方面努力。第一,根据我国的《就业促进法》《人力资源和社会保障事业发展"十三五"规划纲要》及当下科技进步的替代效应,不断优化失业预警机制,根据就业形势确立失业指标体系、就业替代指标体系、动态监测制度与失业警戒线等。第二,完善失业应急预案,各地根据失业警戒线动态调整预案,快速消解失业造成的社会不稳定因素。第三,健全科技进步的失业救济与保险制度,为技术性失业困难群体提供适当的救济,多渠道丰富失业保险金来源,保障技术性失业人员基本生活。失业预警就是通过监测实时的就业数据,前瞻性地预判未来就业形势、定位潜在的失业人群,从而有效控制失业,稳定社会就业。

建立科技进步的就业评估机制,就是将就业数量与就业质量作为科技政策过程的要件。不论是科技战略和规划,还是宏观调控政策,都有其特定的政策目标。这些目标可能与稳就业、扩就业目标不一致,甚至可能会产生政策冲突。因此,科技进步的就业评估机制不是简单地将扩大就业渠道、增加就业岗位作为决策评估指标,而是确立就业增长的优先权、民生为本的优先权。以科技投资项目为例,可以将科技项目的就业评估目标分为两个方面。

一方面,预警性评估。科技创新、"机器换人"、产业升级、智能化改造等以提高劳动生产率为目标的科技项目,可能会造成一定程度的失业。此时,政府部门应该进行预警性评估,发挥评估的提前预警与补救

功能，即对可能出现的失业问题做出预判，比如失业规模、失业人员、失业人员流向、失业人员转岗、人员培训、就业困难群体等问题，进而提出针对就业问题的预案。另一方面，引导性评估。科技项目如果可以在资本、技术和劳动力等要素之间进行替代性选择，那么政府则需要通过税收优惠、就业补贴等优惠政策鼓励引导企业优先雇用劳动力。当然，不论是科技进步的就业预测机制还是评估机制，落脚点都是关注劳动者本身，提高劳动者的就业择业能力。首先，重塑教育体系，及时调整人才培养结构，优化专业与学科设置，以适应市场与产业发展需求。其次，完善信息跟踪与反馈机制。尤其关注大学生、农民工等重点群体就业，对这类重点群体的就业创业及职业发展状况进行跟踪调查与反馈。同时，特别关注受产业结构调整影响较大的传统行业就业人群，比如制造业中被机器替代的低技能劳动者，对这类群体建立就业质量跟踪及季度报告制度。

（四）加强对科技相关的就业市场监测与社会危机干预

大数据时代使得技术性失业的相关数据监测与分析成为可能。全国就业信息中心及其分支机构要协同对技术性失业人群、就业困难人群、低技能等群体的就业信息进行监测与分析。就业部门广泛在人才市场、企业用人单位等机构设立与科技进步相关的就业信息监测站，健全监测站信息统计职能，及时收集因科技进步新增或新减的岗位信息。同时，规范数据信息的采集与报送程序，保障就业数据信息的安全性与真实性。全国就业信息中心在汇总就业数据时向社会定向发布技术性劳动力市场供求报告，为低技能劳动者和用人单位提供有益参考。此外，就业信息中心可以与企业、高校、就业服务机构、社会研究机构等合作，进一步加强对科技进步的就业替代或就业创造进行调查分析，加强对科技型就业情况的趋势预测与政策研究，从而减少科技进步引发的规模性失业或大量技能型人才紧缺两个极端情况。为技术性失业、低技能群体提供配套的服务措施及多元化、个性化的就业咨询服务，关键在于完善技术性失业群体就业公平失衡的社会危机预警机制与危机应急预案，并将此类社会危机纳入社会安全治理范畴。

(五) 加强政策群精准联动及社会补偿机制建设

当然，科技政策与就业政策的冲突仅仅依靠单独的科技部门与就业部门的协同难以完全消解。公共政策往往关注的是国家宏观的发展战略，如科技发展战略。当科技发展战略与就业政策产生矛盾时，仍需要通过补偿机制来消弭政策冲突。首先，面对科技政策执行引发的就业替代问题，往往需要借助社会保障、教育培训、财政补贴等政策来化解矛盾。其次，科技政策与就业政策冲突的消解过程还可能触发其他政策的冲突。由此，作为决策者，更要站在宏观战略角度，加强政策群精准联动机制建设，对政策制定与执行的潜在影响要有前瞻性思考。除加强政策群的精准联动外，还需优化社会补偿机制。针对新科技发展引发的就业替代效应，政府部门除了给予企业补贴激励其科技创新，还需充分考虑被机器替代的劳动者的生存权与劳动权。一方面，政府与企业给予技术性失业劳动者适当的经济补偿；另一方面，给予劳动者职业技能培训，强化其再就业能力。

## 第三节　伦理重塑：政策协同的扩展性思考

智能革命对就业的冲击是全方位的、宽领域的，带来"就业失重"与失业者的愤怒。[①] 智能革命对就业最大的冲击在于，它不仅威胁传统意义上的体力劳动，而且对脑力劳动的替代效应也是非常明显的。[②] 作为驱动、规范和引领科技发展的权威性、制度化手段，科技政策本身也无法摆脱被苛责的命运。比如，政策制定过程中的科学性与理性不足、政策执行过程中的部门本位与资源争夺等失范现象引发的政策矛盾与冲突。再比如，科技政策与就业政策的多维度冲突引发的科技与就业内在张力失衡。在人工智能时代下，科技与就业张力失衡的影响是深远的。如果说前三次科技革命中的失业者都能够高效、成功地找到体力劳动进行职业置换并解决失业危机的话，那么在此次智能革命中，失业人群只

---

[①] 高奇琦：《人工智能Ⅱ：走向赛托邦》，电子工业出版社2019年版，第52—53页。
[②] 高奇琦：《人工智能治理与区块链革命》，上海人民出版社2020年版，第117页。

有在获得更多技能培训与专业知识后才能获得维持生存的工作。智能革命需要更多非物质性劳动或脑力劳动，这对于社会底层或低技能劳动者来说不仅是暂时性失业，也可能是永久性失业。面对科技发展带来的潜在失业风险，科技主管部门与就业主管部门不仅要在公共政策上建立精准联动机制以消除政策冲突，更要在思想、伦理与价值层面上达成共识。首先，坚持人机协同，在善治与善智融合基础上推进政策协同；其次，坚持人本向度，构建以人为本与体面劳动；最后，构建科技发展伦理观，建立驱动科技政策的社会约束制度。概言之，科技政策与就业政策协同不仅仅是为了消解政策冲突、理顺部门业务工作，归根到底是实现科技发展与人类社会的平衡与和谐。

## 一 人机协同：基于善治与善智融合的政策协同

数字化、智能化赋能百业的同时伴随着各种挑战。对于科技引发的就业排斥效应，我们既不能过于乐观而忽视该问题的社会负面性，也不能盲目放大科技进步的就业风险而裹足不前，阻碍或停滞技术发展。[①] 要更好应对技术进步可能导致的失业风险，还须通过"善治"与"善智"的深度融合与良性互动，重构技术进步与就业秩序。推进"善治"的可行思路是需要相关部门完善失业人员基本收入制度、构建失业预警安全阀、健全并规范劳动力市场信息机制、完善税收计划并缩小收入分配。推动"善智"的关键是基于底层技术构建负责人的人工智能、树立人机协同等全新的人工智能伦理观。因此，科技部门与就业部门应在善治与善智融合的基础上驱动科技政策与就业政策协同，并推动科技进步与就业的良性互动。

（一）善治：加强政策供给与制度完善

智能技术发展的终极意义不是造成大面积失业、社会极化效应或社会撕裂等不稳定因素，而是作为基础设施，解放人类劳动力，真正实现心灵自由。不管人工智能技术有多先进、多高效，只要它不符合公平正

---

[①] 张成岗：《人工智能时代：技术发展、风险挑战与秩序重构》，《南京社会科学》2018年第5期。

义原则，不考量、不解决社会最不利者的境况①，就必须加以改造。改造的最佳途径之一就是完善社会保障与支撑体系。

首先，完善失业人员基本收入制度。推行全民基本收入制度的核心是政府无差别地向公民进行转移支付。② 当然，推行失业人员基本收入制度，并不是无条件地向所有失业者实行转移支付。考虑到政府的财政支付压力以及转移支付可能助长懒惰之风，政府要对接受救济的失业人员资格、救济标准、救济期限进行严格筛查。该政策有利于缓解失业带来的阵痛，使得人工智能创造的财富被社会成员共享，关键是失业人员通过政府的转移支付可以在再学习、再培训期间减缓经济压力，间接提升再学习的能力。失业人员基本收入制度可以促进社会公平，增加居民消费，改善经济中的不平等。③ 同时，此类政策还可以减少社会中的不稳定因素，减轻就业失重者的精神压力和社会压力，促进身心健康与社会和谐。但是，在实施此类政策的时候，要平衡好政策的财政压力、实施成本、资源浪费等问题。

其次，发挥税收杠杆功能，缩小收入分配差距。从人工智能技术发展的长远眼光来看，征收智能税不可避免。通过向企业征收智能税，不仅是对失业者进行转移支付，更具备一种社会补偿功能。比如国家发挥税收的杠杆功能，通过提高个人所得税起征点来增加低收入者的相对货币收入，通过向富人征收累进税以缩小收入分配差距。同样地，国家可以发挥人工智能税收的杠杆功能，来调节科技与就业的矛盾。一方面，通过向企业征收智能税，增加企业运行的成本来缓解人工智能的运用深度，从而赢得矛盾调节的时间；另一方面，通过智能税收可以扩充技术性失业人员失业保障金来源，缓解政府的财政压力。

再次，推进产业转型升级并促进服务业多模式多业态发展。面对零

---

① ［美］约翰·罗尔斯：《正义论》，何怀宏等译，中国社会科学出版社1988年版，第56—61页。
② 董志强、黄旭：《人工智能技术发展背景下的失业及政策：理论分析》，《社会科学战线》2019年第12期。
③ Maria Enrica Virgillito, "Rise of the Robots: Technology and the Treat of a Jobless Future", *Labor History*, Vol. 58, No. 2, 2017, pp. 240–242.

工经济对制造业的结构性冲击及产业空心化的潜在风险，一方面要增强数智化技术在服务业的就业增强效应；另一方面也要缓解数智化技术对实体制造业及总就业的冲击效应。在新冠疫情防控期间，零工经济作为总体就业的蓄水池，在经济不景气的时候发挥了稳就业、保就业的重要功能，并得到各层级政府的政策支持。但是随着复工复产的进行，零工经济与实体经济的劳动力争夺应该逐渐和解，毕竟以外卖、网约车为主的零工经济仍然属于低端服务业。低端服务业大都是低技能从业者，低技能便意味着岗位被替代的风险越高。我们目前要解决的不应该是优先发展服务业还是优先发展先进制造业问题，而是关注如何实现服务业的转型升级以带动劳动者技能升级，并鼓励服务业多模式多业态就业。随着数字经济的迅猛发展，高端服务业的从业要求不断高涨，低端服务业的技能要求不断降低，不同技能水平的从业者之间的技能溢价不断扩大。因此，为了避免收入差距持续扩大可能引发的阶层分化和社会不稳定风险，政府可以从教育培训与财税政策等方面鼓励服务业多模式多业态发展。在教育方面，增加对新业态从业者相关技术培训，让更多的低技能劳动者转变为高技能从业者，而不是简单重复机械的劳动。在财税支持方面，政府可以充分发挥税收杠杆来对收入进行二次分配，缓解因技能溢价导致的收入差距持续扩大。

最后，从从业者的权益保障视角出发，尽快修订《劳动合同法》并完善社会保障体系。政府要积极探索将活跃在新业态的零工就业纳入保障范畴，明确灵活就业者的身份和地位。从美国公民对 Uber 平台的诉讼案件来看，数字化劳动过程的核心矛盾在于平台与从业者雇佣关系的确定问题。虽然数字化平台劳动者拥有业务选择和工作时间选择的自主性，但是从实践来看，平台依据大数据、GPS 定位等技术对从业者的劳动过程及劳动质量的监控无时无刻不在。平台对从业者的不佳表现具有处罚权、派单限制权，平台从业者的劳动过程本质上与流水线上正式的雇员有很大的相似之处。那么，在法律层面对零工的有效工作时间进行规定便具有可行性，只要工作时间和工作质量达到相应的标准都可以纳入相关劳动法的保障范畴。只不过在数字化劳动过程中，从业者与平台的关系越来越短期化和市场化，这就可能导致从业者处于弱势地位。因此，要修订相关的法律法规，规范新业态下的雇佣关系和收入分配关系，完善社会保障体系，探索平台从业者的工资保险制度。当然，平台从业者作为新业态发展还不成熟，对其权益保障及基本权责事项的变更要保持审慎的态度。同时，公共政策要充分考虑平台从业者的安全与健康问题，着力解决社会保险覆盖率低、工伤认定与伤残待遇纠纷难题，尤其关注劳动者因不可抗力（新冠疫情、自然灾害等）、因病、因残而永久退出劳动力市场的社会保障问题。

（二）善智：负责任的人工智能与人机协同

"善智"的关键是构建负责人的人工智能、树立人机协同等全新的人工智能伦理观。质言之，"善智"以延展人类智能、解放人类劳动力为根本宗旨，也即人工智能在劳动力市场的广泛运用并非以排挤劳动力为目的，而是通过"人机合智"，拓展人类智能，赋予人类更多闲暇时间去思考更有创造性和价值性的事情。

第一，协同构建负责人的人工智能。人工智能本身并不具备任何意识形态，也不具备主动向人类攻击、夺取岗位及排斥权利的特性。要消解人工智能的就业排挤效应，须重构智能革命秩序，推动人工智能向善。秩序重构最根本的还是从源头上发展负责人的人工智能。首先，政策制定者是人工智能发展战略的指导者，须秉持前瞻性、中立性及责任性。① 负责任的人工智能，须兼顾技术进步与伦理风险的平衡。其次，人工智能产业界与企业家要建构负责的生产管理体系。产业界在实施战略、降低生产成本、追逐利润的同时，更加关注如何改善管理方式、提升员工的学习能力与工作适应性，在算法设计、数据获取、程序开发及平台建设中努力消除歧视与偏见。最后，技术研发人员坚守伦理责任，不断提升人工智能与算法系统的透明性、可靠性、可控性及可解释性，逐步实现数据信息可审核、可监督、可追溯、可信赖。

第二，人机协同：构建全新的人工智能伦理观。大规模失业往往伴随着潜在社会风险，人机协同发展是消除社会不稳定因素的关键举措。

---

① 张成岗：《人工智能的社会治理：构建公众从"被负责"到"负责任"的理论通道》，《中国科技论坛》2019年第9期。

如果失业规模超过人工智能创造的岗位规模，有远见的政府可能会以某种形式的资本分配来提前防止政治动荡，如通过健全社会福利制度保障最低收入。因此，人工智能就业效应不仅是技术问题，更是社会、政治问题。如何调和人工智能与人类智能是必须回答的命题。本书结合罗尔斯的正义论观点，对此问题做出一些前瞻性的思考和预判。基于罗尔斯正义论的逻辑，未来人工智能发展的终极意义不是以消灭劳动力人口、淘汰低素质人口为主，而是通过人机合智、人机协同，消除劳动力人口失业带来的不稳定因素，实现人智能化素质的全面发展与长足进步。人类具备人工智能不具有的先天优势，如创新力、批判性思维、说服谈判能力、应急应变能力、复杂情景处置能力，因此与人工智能形成良性的互补关系。不论是现在的弱人工智能时代还是未来的强人工智能时代，智能技术会减少劳动密集型行业的就业人数，但是不能将就业人数或某个职业完全消灭。人工智能只有遵循人类公平正义等基本价值体系，才能与人类和谐共处。

概言之，"善治"是通过制度刚性与政策设计达到稳就业、扩就业及劳动者权益保障等系列就业目标。"善智"则强调人工智能对人类智能的扩展性功能，坚持社会公平正义基本原则。善智是善治的底层技术，善治是善智的制度基础。在两者融合基础上，科技政策与就业政策冲突的消解也需要坚持基本的公平正义基本原则，保障社会最不利者的权益。

## 二 人本向度：体面劳动与劳动者的主体性回归

在智能技术加持社会，劳动者如何摆脱以技术为核心的加之于人的虚无感、无力感和宿命感，探究一条通往世界的自由之路，是当下所有劳动者都要面对的普遍性的问题。[①] 人工智能从本质上来说是人类迈向更高文明形态的科技手段，归根结底应该是服务于人的全面发展与进步，也即人工智能与以往任何一次科技革命进步一样，只具备工具价值。面对科技进步，我们无法逆转，也不可能唱衰科技发展的步伐，但是有必要立足于马克思主义"人的自由全面发展"的视角，立足于人本向度，

---

① 刘力永：《社会的可计算性与人的自由》，《河南社会科学》2015年第10期。

积极构建体面劳动。体面劳动不仅仅是就业数量的增加，更是就业环境的改善、就业质量的提高。就业质量是一个综合性范畴，意蕴丰富，包含工作环境、就业能力、就业结构、劳动关系、工作稳定性、人岗匹配、工作时间等要素。①"人民性"是衡量国家制度与政策现代性的重要原则与标志，"以人民为中心"是坚持"人民性"的本质要求。②

（一）明确劳动者在科技发展中的历史与功能定位

在复杂公共问题治理中，当更多行动者受到政策工具与决策过程影响时，这些行动者更加愿意参与到政策的决策过程中。③ 在科技政策与就业政策实践中，受到决策影响最深的群体是劳动者。因此，要将劳动者的意愿纳入决策过程考量范畴，促进决策过程民主化。从劳动过程理论的历史沿革来看，科技进步具有双面性。科技既是解放人类的工具，又是剥削劳动者的手段；科技既节约人力、提升效率，又消磨人的主体性；科技既推动人的自由全面的发展，又导致人的单向度、片面化及异化。数字化作为更高文明形态的技术，其终极目标是解放人类、消灭工作及普遍休闲，进而实现人的自由全面的发展。反思当下人类为什么选择进入数字世界，劳动者为什么逃离生产线并进入零工经济，根源是人类对劳动自由与实践自由的向往。然而，自由在数字化、智能化技术捆绑下的加速社会是极度稀缺的。因此，要突破劳动者技术化生存困境，首先要明确科技发展在人类历史中的功能定位。

第一，劳动者才是技术的主宰，而非被技术宰制。虽然科技进步为人类追求自由全面发展提供了技术支撑，但是人类是科技进步的推动者，是机器体系的创造者。劳动者使用的生产工具不过是人类自身机能的延伸，人工智能等技术进步是人类脑力与智力的延伸，这些数智化技术脱离人本身便失去独立存在的价值。由此，智能技术在劳动过程中的发展

---

① 王军、詹韵秋：《技术进步带来了就业质量的提升吗？——基于中国 2000—2016 年省级动态面板数据分析》，《云南财经大学学报》2018 年第 8 期。

② 燕继荣、何瑾：《"以人民为中心"的制度原则及现实体现——国家制度的"人民性"解析》，《公共管理与政策评论》2021 年第 6 期。

③ Michael Howlett and Pablo Del Rio, "The Parameters of Policy Portfolios: Verticality and Horizontality in Design Spaces and Their Consequences for Policy Mix Formulation", *Environment and Planningc: Government and Policy*, Vol. 33, No. 5, 2015, pp. 1233 – 1245.

与运用须以促进人的自由全面发展为旨归，以增强劳动者的体力、脑力与智力为目标。简言之，智能技术仍然只具备工具理性而非价值理性。第二，创造体面且有尊严的劳动过程。智能技术的运用不是围困劳动者、加速劳动过程，而是要支持劳动者自我价值与社会价值的实现。借助智能技术，劳动者可以收获精密丰富的知识，可以顺畅地交流、传递工作信息，可以有更多闲暇时间创造更有价值的劳动。因此，在数智化技术推进过程中，要改善高压的劳动过程，鼓励劳动者积极发明与创造，建立一个高效化、个性化与人性化的劳动生产模式，帮助劳动者在劳动过程中获得更多的尊重与认可。第三，创建富有情怀的劳动过程。资本家一味机械地使用智能化技术监控劳动者，必然削弱劳动者对企业的认同感与归属感。严苛的数字化规训只会束缚劳动者的价值创造能力。劳动者潜藏着巨大的创造性和积极性，应该考虑如何善用数字化技术激发劳动者的创造性。

（二）多主体协同创建体面且有尊严的劳动环境

早在1999年，国际劳工组织在第87届劳工大会上首次提出了"体面的劳动"这一概念。国际劳工组织作为联合国专门机构之一，旨在推进社会正义，促进体面劳动。这一理念明确强调为各行各业的从业者提供足够的劳动收入、稳定的权利保护及充分的岗位等。[①] 对于个体而言，劳动不仅仅意味着稳定的生活收入来源，更意味着劳动者社会价值及内在本质的体现。反观此次新冠疫情暴露出的全球性就业问题，卑微的从业者正经历着廉价的劳动与严苛的劳动过程管控。现阶段，零工经济从业者不仅没有实现体面的劳动，相反，平台的压榨、消费者的无理投诉及不确定的时空环境正不断消磨零工的积极性和自主性。因此，各方主体非常有必要创造有利的政策环境和工作机会以推动劳动者体面的工作。体面的工作包括有保障的收入、稳定的权益保障、广泛的社会尊重及合适的技能升级机会。

体面的劳动也是社会正义的应有之义，社会各界应该努力促进体面

---

① 李磊：《联合国2015年后发展新议题：全球公民的体面劳动和社会保障目标》，《工会博览》2013年第5期。

劳动与社会正义。首先，公共部门在制定政策的时候，要充分考虑就业制度的公平与正义。约翰·罗尔斯（John Rawls）强调，每个人在最广泛的自由体系内拥有平等的权利，对社会问题的考察与解决应该从最不利者的角度出发。虽然财富与收入的分配无法做到完全平等，但是须符合每个人的利益。①罗尔斯的正义论与差别原则为构建体面的劳动提供了重要启示。其次，企业在追求效率与发展的同时，越来越有必要将对从业者的责任纳入企业可持续发展的范畴。企业内部建立申诉渠道与集体谈判机制，消解劳动者的疑虑与不满。劳动者只有在自身权益得到保障的基础上，才会对企业产生认同与归属感。最后，劳动者自身可以成立互助联盟会。劳工去技能化与自主性丧失的关键是其与企业权力结构不对等。通过互助联盟，劳动者一方面可以与企业建立制度化、常态化的沟通机制，另一方面可以增强其与平台集体谈判和集体博弈的能力。关于互助联盟，德国"工业4.0"的经验值得借鉴。德国制造业强盛的根基在于其拥有高技能的产业工人。为了维持稳定的劳动关系，德国建立了"共决制"，工会在这一制度中发挥重要作用并有效保障了稳定的劳动关系。

当然，要实现体面劳动，关键还是加强劳动者自身能力建设，不断提升技能水平以适应智能革命的需求。当下，不论是学界还是产业界都形成一个共识，即科技进步对劳动者的知识与技能都提出更高的要求，程式化、低技能的就业岗位将不断被科技所取代，劳动者将面临新一轮结构性就业挑战，低技能或者技能陈旧的劳工再度进入劳动力市场时将受到排斥。随着科技迭代速度加快，即便是曾经在劳动力市场占据优势的劳动者，也可能因为技能更新滞后被排斥。正如世界银行在《2019年世界发展报告》中指出，技术正在重塑工作所需要的劳动技能。不论是发达国家还是发展中国家都有一个共同的趋势，即劳动力市场对能够被技术取代的低技能的劳动力的需求不断减少，而对较强适应能力、社会

---

① ［美］约翰·罗尔斯：《正义论》，何怀宏等译，中国社会科学出版社1988年版，第56页。

认知、社会行为相关的高技能组合的需求量与日俱增。① 以外卖为例，企业研发的无人送餐车一旦技术成熟，将取代大量外卖骑手。由此看来，看似工作自由的外卖骑手，其就业前景并不乐观。因此，提升劳动者数字化技能是适应产业转型升级的根本出路。劳动者只有以"知识及技术不断更新"的不变应"业态转型升级"的万变，才能避免被劳动力市场排斥的可能。从业者只有不断提升劳动技能和适应能力，才能有更多、更强的谈判空间并找到体面的工作。

（三）反加速与善用技术规训：对异化的劳动进行导正

加速与流动是智能革命时代劳动的主要特征，但是，当代社会并非一切都是加速与流动的，至少以下范畴是稳定的、少变化的，甚至是趋向减速的。首先，加速终究有自然的限制。比如，在物理学方面，物质输送的速度再快，也不可能让一个包裹瞬间实时地从德国运送到中国；在生物学方面，人类可以加速农作物生长的速度，但是不可能让种子一夜之间开花结果。同样，劳动者也是自然人，受到自然属性的制约，配餐时的高速流动不可能突破人的身体极限瞬间送达。其次，追求加速主义而产生的副作用可能形成反加速现象。如机动车道与人行横道的分离本是为车辆顺畅驾驶，但是外卖骑手在拥堵的路面逆行闯红灯可能导致交通事故，反倒降低了配送的速度。再次，在现代化进程加速之外，总有些地区或文化的根基始终坚持原生态，没有随之加速与变动。如从古至今，中华文化中的餐饮工具始终以筷子为主。最后，在高科技加持下，当代很多人倡导减速，比如慢生活的倡导者企图以减速对抗社会的加速。秉持这样的理念，休息是为了走得更长远，也即减速有时候反成为加速的策略。由此，加速与减速并非天然对立，而是辩证的一体两面。② 加速与风险并存，骑手的超速流动伴随的是交通事故率和伤亡率的攀升。只有反加速，降低骑手的流动速度，才有可能降低劳动过程中的不确定风险。反加速的过程，需要平台资本、

---

① 世界银行：《2019 年世界发展报告：工作性质的变革》，2018 年 10 月 18 日。
② 郑作彧：《社会的时间：形成、变迁与问题》，社会科学文献出版社 2018 年版，第 155—156 页。

消费者及劳动者的共同努力。

要改善劳动者技术化生存窘境，首先，要反加速或按下暂停键。科技进步是解放劳动者而不是给劳动者层层加码。反加速降低劳动生产的节奏或按下暂停键，劳动者便有更多闲暇时间思考更有价值的问题。①深刻的思考让劳动者的思维从抽象和单向度变得越来越全面与综合。闲暇时的思索也使其重新定位对待工作的观念、态度和方式，进而为人的自由而全面的发展铺就更坚实、更广阔的基础。其次，要打破弱者的武器。弱者的武器只能被算法促逼、系统围困。我们须建立算法友好与数智友好的劳动过程，坚守人的本体性与主体性，对数字化技术进行适当的规制。善用数字化技术，对异化的工具与异化的劳动进行导正。最后，坚持科学发展观，把作为手段的科学技术与作为目的的人与社会全面和谐发展统一起来，使技术进步的节奏与劳动者的能力相契合。在确保劳动者主体性地位前提下，促使数字化技术与人类劳动者的生产合作与和谐共存。

### 三 伦理重塑：建立与科技正义关联的社会制度

如何通过政策协同避免未来可能出现的技术性失业危机？回答这一问题，不仅要关注"机器换人"数量与替代率，还需要建立与科技正义相关联的社会制度，反思并重塑人类与科技的关系。从 D 市"机器换人"案例可知，劳动者作为一种生产要素是可以被机器这类更高文明形态的生产要素所取代的。而"机器换人"的决策无非是政府与企业基于劳动力供给、生产效率、生产质量、投入与收益比等因素而制定的。那么，政府部门在政策制定与执行过程中，如何驱动企业将工人视为生产过程中的补充与助力加以培训，而不仅仅为了提高生产效率、压缩用人成本而将工人替代。因此，作为社会治理的工具，公共政策不仅要规范科学进步与技术变迁的路径，而且要建立与科技正义相关联的社会制度，加强对科技发展的伦理观的构建与审查。

---

① ［美］迈克尔·沃尔泽：《正义诸领域：为多元主义与平等一辩》，褚松燕译，译林出版社 2009 年版，第 214—218 页。

在论及机器领域的伦理建设时，著名的美国科幻小说作家艾萨克·阿西莫夫（Isaac Asimov）在其《环圈》（The Grcular Reasoning）中对机器人伦理规则做了设定，并确立了"机器人三定律"。① 很显然，"机器人三定律"的价值判断与价值选择是基于人本向度，以维护人民的主体地位为前提的。"机器人三定律"激发我们对科技发展伦理观的重新思考。技术解放人类的前提是技术可控性，即人工智能的发展必须牢牢掌握在人类自己手里，而不是失控引发大面积失业与社会焦虑。"以人为中心"的伦理规范是目前科技发展最为基本的道德要求，不论是"机器换人"还是更高形态的智能技术，都必须服从人类设定的友好、和谐与安全指令。这些指令是在科技步入社会之前就必须植入软件系统之中。

机器人并不能自发形成自我伦理价值判断。同时，运用机器人的企业具备内生逐利本性，不可避免会形成以节约成本、削减人工、提高效率为导向的产业升级与"机器换人"变迁路径，因而也不会自发形成伦理价值规范。要转变效率优先、利益本位及经济优先的"机器换人"策略，需要国家层面的制度设计与政策安排。尽管目前人工智能发展对劳动力的替代尚未造成大面积失业，但是作为科技发展与失业治理的主体，科技部门与就业部门应未雨绸缪做好政策安排，首先要承担起主体责任，做好制度设计与政策安排。尤其是科技政策的制定，须以规避科技发展风险为重点，建立与科技正义相关联的配套社会制度。

首先，在全社会建立激励与保障制度。比如，各地政府对实施"机器换人"企业实行不同程度的补贴，但是对"机器换人"替代的工人却没有补贴。如果全社会对"机器换人"这一行动达成理念共识，那么政府部门政策激励导向要及时做出相应的调整。激励制度应以保障就业、提升劳动者技能水平、鼓励劳动者参与培训与技能提升为激励准则。再比如社会保障制度的调整。科技政策的核心功能是促进科技发展与创新，但是，科技进步在短期内不可避免会造成技术性失业，因此需要健全相

---

① "机器人三定律"：第一，机器人不得伤害人类，或者袖手旁观让人类受到伤害；第二，在不违反第一定律的情况下，机器人必须服从人类的任何命令；第三，在不违反第一及第二定律的情况下，机器人必须尽力保护自己。参见胡郁《人工智能的迷思——关于人工智能科幻电影的梳理与研究》，《当代电影》2016年第2期。

应的社会保障制度保障失业人员基本生活。社会保障制度的推行不可避免牵涉财税等其他财富资源再分配的调整，这必然会引发部门矛盾与冲突。因此，科技正义有赖于政府善治而非抽象的思辨。我们要构建彰显公平正义的社会制度与负责人的技术伦理，进而在扬弃劳动异化的过程中尽可能降低技术性失业风险。构建与科技正义相配套的社会制度，促进科技发展为人类社会服务，为人民创造美好生活与实现人类共同进步服务。

其次，要营造充分尊重各类劳动的环境。目前社会中普遍存在轻视蓝领工人的心态，蓝领工人也很难得到社会的尊重。就连职业技术学校毕业的学生自身也抱有这样的心态，认为学技术不是为了做工人，因为工人没有社会地位，得不到社会认可。"机器换人"归根到底是对重复性劳动的否定，因为可以替换低技能劳动者并将生产流程自动化。如果我们将"机器换人"转化为"机器助人"，基于这样的理念进行技术改造与产业升级，那么企业生产流程应该以人为本，所有的智能技术成为工人的助手。换言之，智能技术在本质上非但没有站在劳动者的对立面，而是最大限度地延展劳动者的能力、解放人类、促进人类发展。当劳动者掌握了全面且不可替代的技能时，相应的社会地位与认可度也会提升。正如德国"工业4.0"计划给我们的启示，只有当社会对蓝领工人表示充分的尊重与认可时，实体制造业的根基才会稳固。

最后，对技术性失业人员建立补偿与救济制度。建立补偿与救济就是保障技术性失业群体在遭遇就业不公平时能够得到及时的补偿，以保障其基本生活与再就业需求，进而降低由此产生的社会不稳定风险。对受到"机器换人"政策影响的失业人群，政府可以考虑以经济补助及政策倾斜等方式制定合理的经济补偿政策，对主动接受技能培训并获得再就业资质的从业者给予竞争性的经济补偿与政策倾斜，如对于残障人群、零就业家庭等弱势群体提供基本的补助。同时，政府进一步加大财政投入，通过直接购买公共服务、大力支持企业创造更多就业岗位，促进社会各类群体公平就业。

## 本章小结

针对政策的文本结构要素冲突、执行过程冲突及其政策冲突的负面社会效应，本章立足于以人为本的基本原则，基于技术理性与制度理性这一复合理性构建政策的分布式协同。首先，针对政策协同的信息壁垒、权力结构壁垒及信任壁垒等问题，本章阐释了区块链技术嵌入政策协同的可行性与可能性。区块链作为新兴技术的代表，凭借其共识、强信任、防篡改、共监管、可追溯等安全机制及非对称加密、智能合约、数字时间戳等关键技术，在公共治理领域大放异彩，重塑治理的规则与秩序。区块链的入场，有利于消解政策过程的"梗阻"，实现政策过程透明性及部门之间的良性互动。因此，本章构建了分布式协同组织架构，并在此基础上建立了部门间的"信息链"与"信任链"。其次，作为工具理性，区块链自身也有风险，因此还需要制度理性来保障。质言之，政策冲突的消解须诉诸技术与制度复合理性。因此本章第二节主要从分布式组织架构建设、科技部门与就业部门沟通协商与利益协同机制优化、科技政策与就业政策的过程控制机制优化、科技进步的就业预警与过程监控机制优化等维度进一步保障政策的分布式协同。最后，本章落脚于人本向度，从善智与善治融合的人机协同、体面劳动与主体性回归及与科技正义关联的社会制度与伦理观重塑，进一步对科技政策与就业政策的协同做出扩展性思考。

# 结　　论

本书探究的政策冲突特指科技部门与就业部门所制定的公共政策之间的张力、矛盾与抵触现象。公共政策是规范、协调与引导社会行为的权威性工具，追求社会稳定、和谐与秩序是政策重要的价值目标。但是，政策冲突却引发这样常态化的悖论：政策制定与执行的终极目标是消解社会冲突、维护社会秩序，而政策之间的冲突则加剧社会的矛盾。政策目标设置的合理性与手段的变异性之间的冲突将引发严重的社会后果。尤其在我国社会转型期，政策冲突的普遍存在，将给政府权威、政策绩效、政府形象造成潜在的消极影响。因此，研究政策冲突无疑是一个兼具学理意义与实践价值的课题。

作为国家发展科技事业、推动就业工作的意志表现形式之一，科技政策和就业政策都有自己相对独立的完整体系。其中，政策主体、目标、价值与工具都是政策的重要构成要素。不论是科技政策还是就业政策，政策过程总是内含着以上要素鲜明的目标和价值取向。本书在政策文本内容探究中发现，政策在主体、价值、工具及目标等结构性要素之间存在不同程度的张力与冲突。通过对政策执行过程的探究，本书发现，"机器换人"政策执行与就业政策发生了政策目标、主体、价值及结果等多重冲突。政策执行过程研究不仅弥补了文本研究的不足，并进一步印证了文本研究结论的可信度。科技进步在不同时期对就业确实造成了不同程度的负面效应。因此，作为规范、引领科技进步的公共政策，不仅要解决实然层面的问题，制定出的科技性政策要遵循真理层面价值，而且要制定出规范性政策，遵循人文伦理价值。就业政策价值目标非常鲜明，最低限度是稳就业、促就业、保民生。科技政策目标价值多元，最低限度是促进科技进步与社会发展、规制科技发展的负面效应。两者的最高限度都是促进人类社会的发展与共同进步。从这个意义上来讲，科技政策与就业政策的伦理价值应该是一致的。

然而，引发科技政策与就业政策冲突的原因较为复杂，导致实践中的政策执行难免背离政策目标。本书认为，政策属性及政府采纳偏好、科层制的压力传导与激励机制、政策主体之间的利益博弈与责任排斥等因素无疑是政策冲突最主要的原因。以上原因综合导致科技政策与就业政策出现了目标分化、价值冲突等问题。这些问题最直接的体现就是科技在就业领域外溢效应的凸显，进而出现了"机器换人"的社会焦虑、制造业虹吸效应、传统产业空心化、高技能劳动者压力过载、低技能劳动者被排挤等系列问题。这些问题从本质上来说是科技政策与就业政策之间效率与公平、变革与稳定、公益与私利等内在价值冲突。

针对政策的文本结构冲突、执行过程冲突及冲突的负面社会效应，本书在技术理性与制度理性这一复合理性基础上提出分布式协同之途。分布式协同的组织结构与构建过程如下：

首先，从分布式协同的组织结构特征来看，分布式协同是一种新型的组织设计或组织重组。分布式协同组织架构既不同于传统决策过程下金字塔组织结构，也不同于现代政策网状结构下"边缘—核心"结构特征。该组织结构强调打破部门壁垒，打破决策与执行的信息壁垒与功能分割困境，进而构建以资源流、信息流及业务流为中心的多部门节点组成的扁平化网状结构。同时，该组织结构打破网络结构绝对"核心—边缘"下地位不对等、信息不对称、资源不均衡的种种局限，驱动相关的部门节点围绕公共议题展开信息共享与业务协同。在科技政策与就业政策网络中，分布式协同旨在将原本相互独立的科技部门与就业部门的结构性要素进行整合以实现资源流、信息流及业务流的协同。

不论是从科技发展角度还是失业治理角度，政策目标实现不能仅靠相互隔离的单个政府部门，也不能总是依靠临时成立的工作领导小组等"超级部门"。唯一可行的路径是围绕特定的政策目标，在保留部门职能前提下实现跨部门分布式协同。分布式协同是在区块链分布式技术基础上实现多部门资源流、信息流及业务流相互打通与整合的过程。这一组织架构旨在打破传统部门界限（boundary government），驱动政府部门成为分布式结构上的节点，进而在跨区域、跨领域、跨层级公共政策执行中破除部门壁垒，形成政策执行合力。

其次，基于信息链与信任链的分布式协同具有诸多优势。第一，作为改进治理的底层技术，区块链能够促进政策主体形成交互合作的态势，进而形成信息共享、高度关联的共生网络关系。各个政策主体在政策过程中应承担相应的责任与义务。实现这一功能的关键是区块链智能合约技术，即对资产的提前锁定与智能触发机制。对于产生正外部效益或负外部效益的政策，智能合约将自动触发，自动进账或扣款。这样的智能化触发机制能够较好地避免政策主体各自为政、相互推诿。第二，基于区块链的网络信息链，不仅可以推动政策信息在全网节点的安全传输共享，而且能够强化政策网络的多中心信任。换言之，该信息链兼具安全性、信用好及透明性高的优势。第三，区块链技术能够在最大限度地帮助政策主体降低信息共享成本的同时，实现多主体共监管。区块链能够将所有政策制定、执行信息记录在区块中且不可篡改，实现所有政策主体的政策活动过程可查询、可追溯。第四，区块链技术在政策网络中的运用将驱动政策主体从第三方人格信任向区块链信任转变。作为政策网络的底层技术，区块链能够保障网络数据的安全可靠、可追溯、不可篡改。所有政策主体对这种基于非对称加密技术保持一致的信任，进而产生信任、共享与合作的预期。

最后，技术理性具有消解政策冲突的潜在价值，却不能成为解决一切社会问题的锁钥。质言之，分布式协同仍须诉诸制度理性的保障。而且从历次科技进步的就业效应来看，解决技术性失业不是单纯地创造就业岗位，而是涉及社会稳定、民生福祉与国家安全等复杂的系统工程，需要一整套适应科技进步的政策设计与制度安排。消解政策冲突亦是如此，不仅要诉诸更高文明形态的区块链技术，更要构建适应复杂政策情境的政策协同机制。因此，在分布式架构组织基础上，本书提出建构政策精准联动机制，包含多部门沟通协商与利益协调机制、政策冲突的过程控制机制、科技进步的就业预警与监控机制等。

纵观政策的文本结构要素冲突、执行过程冲突及政策冲突的社会效应，最本源的问题还是科技与人的关系问题。因此，本书最后对政策冲突的消解做出拓展性思考。要化解科技政策与就业政策的冲突，不仅要技术赋能和机制优化，更要善智与善治融合，回到"以人为本"的理念，推动劳动者体面劳动及主体性回归。在人本向度基础上，建立与科技政策相关联的社会制度。

# 参考文献

## 一 中文著作

陈庆云主编：《公共政策分析》，北京大学出版社2006年版。

陈水生：《中国公共政策过程中利益集团的行动逻辑》，复旦大学出版社2012年版。

陈振明主编：《政策科学——公共政策分析导论》（第二版），中国人民大学出版社2003年版。

丁建定：《科学技术进步与就业问题》，中国劳动社会保障出版社2007年版。

冯狄：《质性研究数据分析工具NVivo 12实用教程》，人民邮电出版社2020年版。

冯兴元：《地方政府竞争：理论范式、分析框架与实证研究》，译林出版社2010年版。

高奇琦：《人工智能治理与区块链革命》，上海人民出版社2020年版。

胡鞍钢、程永宏、杨韵新等：《扩大就业与挑战失业——中国就业政策评估（1949—2001年）》，中国劳动社会保障出版社2002年版。

胡宁生：《现代公共政策学——公共政策的整体透视》，中央编译出版社2007年版。

胡象明：《行政决策分析》，武汉大学出版社1991年版。

金太军等：《公共政策执行梗阻与消解》，广东人民出版社2005年版。

李允杰、丘昌泰：《政策执行与评估》，北京大学出版社2008年版。

林尚立：《国内政府间关系》，浙江人民出版社1998年版。

刘军编著：《整体网分析讲义：UCINET软件实用指南》，格致出版社

2009 年版。

刘立：《科技政策学研究》，北京大学出版社 2011 年版。

马骏、张成福、何艳玲主编：《反思中国公共行政学：危机与重建》，中央编译出版社 2009 年版。

莫荣、鲍春雷等：《失业预警模型构建与应用》，中国劳动社会保障出版社 2016 年版。

莫荣、李宗泽、崔艳：《人工智能与中国就业》，中国劳动社会保障出版社 2020 年版。

宁骚主编：《公共政策学》，高等教育出版社 2003 年版。

彭勃：《路径依赖与治理选择：当代中国城市社区变革》，中国社会出版社 2007 年版。

钱再见：《现代公共政策学》，南京师范大学出版社 2007 年版。

荣敬本等：《从压力型体制向民主合作体制的转变：县乡两级政治体制改革》，中央编译出版社 1998 年版。

桑玉成、刘百鸣：《公共政策学导论》，复旦大学出版社 1991 年版。

苏竣：《公共科技政策导论》，科学出版社 2014 年版。

孙晓峰：《支持科技进步的政府行为研究》，中国财政经济出版社 2006 年版。

汪伟全：《地方政府竞争秩序的治理：基于消极竞争行为的研究》，上海人民出版社 2009 年版。

王满船：《公共政策制定：择优过程与机制》，中国经济出版社 2004 年版。

王绍光、樊鹏：《中国式共识型决策："开门"与"磨合"》，中国人民大学出版社 2013 年版。

薛澜、曾光等：《防控"甲流"：中国内地甲型 H1N1 流感应对评估》，社会科学文献出版社 2014 年版。

严强主编：《公共政策学》，社会科学文献出版社 2008 年版。

袁明旭：《官僚制视野下当代中国公共政策冲突研究》，中国社会科学出版社 2009 年版。

张成福、党秀云：《公共管理学》（修订版），中国人民大学出版社 2007

年版。

张国庆主编：《公共政策分析》，复旦大学出版社2004年版。

张骏生主编：《公共政策的有效执行》，清华大学出版社2006年版。

赵德余：《公共政策：共同体、工具与过程》，上海人民出版社2011年版。

郑作彧：《社会的时间：形成、变迁与问题》，社会科学文献出版社2018年版。

周国雄：《博弈：公共政策执行力与利益主体》，华东师范大学出版社2008年版。

周黎安：《转型中的地方政府：官员激励与治理》（第二版），格致出版社2017年版。

朱春奎等：《政策网络与政策工具：理论基础与中国实践》，复旦大学出版社2011年版。

朱旭峰：《政策变迁中的专家参与》，中国人民大学出版社2012年版。

## 二　中译著作

[法] 埃哈尔·费埃德伯格：《权力与规则——组织行动的动力》，张月等译，格致出版社2017年版。

[澳] 欧文·E·休斯：《公共管理导论》（第二版），彭和平等译，中国人民大学出版社2001年版。

[德] 马克斯·韦伯：《经济与社会》（上），林荣远译，商务印书馆1997年版。

[德] 马克斯·韦伯：《经济与社会》（下），林荣远译，商务印书馆1997年版。

[法] 普里马韦拉·德·菲利皮、[美] 亚伦·赖特：《监管区块链：代码之治》，卫东亮译，中信出版集团2019年版。

[韩] 吴锡泓、金荣枰编著：《政策学的主要理论》，金东日译，复旦大学出版社2005年版。

[加] 迈克尔·豪利特、M.拉米什：《公共政策研究：政策循环与子系统》，庞诗等译，生活·读书·新知三联书店2006年版。

［加］尼克·斯尔尼塞克：《平台资本主义》，程水英译，广东人民出版社 2018 年版。

［美］保罗·A. 萨巴蒂尔编：《政策过程理论》，彭宗超、钟开斌等译，生活·读书·新知三联书店 2004 年版。

［美］戴维·伊斯顿：《政治生活的系统分析》，王浦劬译，华夏出版社 1999 年版。

［美］B. 盖伊·彼得斯：《比较公共行政导论：官僚政治视角》（第六版），聂露、李姿姿译，中国人民大学出版社 2015 年版。

［美］盖依·彼得斯：《美国的公共政策——承诺与执行》（第六版），顾丽梅、姚建华等译，复旦大学出版社 2008 年版。

［美］戈登·塔洛克：《官僚体制的政治》，柏克、郑景胜译，商务印书馆 2012 年版。

［美］加布里埃尔·A. 阿尔蒙德、小 G. 宾厄姆·鲍威尔：《比较政治学：体系、过程和政策》，曹沛霖等译，上海译文出版社 1987 年版。

［美］L. 科塞：《社会冲突的功能》，孙立平等译，华夏出版社 1989 年版。

［美］拉雷·N·格斯顿：《公共政策的制定——程序和原理》，朱子文译，重庆出版社 2001 年版。

［美］罗伯特·K. 默顿：《社会理论和社会结构》，唐少杰、齐心等译，译林出版社 2015 年版。

［美］塞缪尔·P. 亨廷顿：《变化社会中的政治秩序》，王冠华、刘为等译，生活·读书·新知三联书店 1989 年版。

［美］H. 乔治·弗雷德里克森：《公共行政的精神》（中文修订版），张成福等译，中国人民大学出版社 2013 年版。

［美］史蒂文·凯尔曼：《制定公共政策》，商正译，商务印书馆 1990 年版。

［美］特里·L. 库珀：《行政伦理学：实现行政责任的途径》（第四版），张秀琴译，中国人民大学出版社 2001 年版。

［美］塔尔科特·帕森斯：《社会行动的结构》，张明德等译，译林出版社 2012 年版。

［美］威廉·N. 邓恩：《公共政策分析导论》（第四版），谢明等译，中国人民大学出版社 2011 年版。

［美］约翰·罗尔斯：《正义论》，何怀宏等译，中国社会科学出版社 1988 年版。

［美］詹姆斯·E. 安德森：《公共决策》，唐亮译，华夏出版社 1990 年版。

［美］詹姆斯·E. 安德森：《公共政策制定》（第五版），谢明等译，中国人民大学出版社 2009 年版。

［美］詹姆斯·G. 马奇：《决策是如何产生的》，王元歌、章爱民译，机械工业出版社 2007 年版。

［美］詹姆斯·G. 马奇、约翰·奥尔森：《重新发现制度：政治的组织基础》，张伟译，生活·读书·新知三联书店 2011 年版。

［日］大岳秀夫：《政策过程》，傅禄永译，经济日报出版社 1992 年版。

［以］叶海卡·德罗尔：《逆境中的政策制定》，王满传、尹宝虎、张萍译，国家行政学院出版社 2009 年版。

［英］弗里德利希·冯·哈耶克：《法律、立法与自由》（第二、三卷），邓正来、张守东、李静冰译，中国大百科全书出版社 2000 年版。

［英］R. A. W. 罗兹：《理解治理：政策网络、治理、反思与问责》，丁煌、丁方达译，中国人民大学出版社 2020 年版。

［英］丹尼斯·C. 缪勒：《公共选择理论》，韩旭、杨春学等译，中国社会科学出版社 2010 年版。

［英］迈克·希尔、［荷］彼特·休普：《执行公共政策》，黄健荣等译，商务印书馆 2011 年版。

［英］米切尔·黑尧：《现代国家的政策过程》，赵成根译，中国青年出版社 2004 年版。

### 三 中文论文

白桂花、朱旭峰：《政策模糊性、内外部监督与试点初期执行：基于"新农合"的比较研究》，《学海》2020 年第 2 期。

陈静、黄萃、苏竣：《政策执行网络研究：一个文献综述》，《公共管理评论》2020 年第 2 期。

陈振明：《非市场缺陷的政治经济学分析——公共选择和政策分析学者的政府失败论》，《中国社会科学》1998 年第 6 期。

陈振明、张敏：《国内政策工具研究新进展：1998—2016》，《江苏行政学院学报》2017 年第 6 期。

丁煌、李晓飞：《公共政策执行过程中道德风险的成因及规避机制研究——基于利益博弈的视角》，《北京行政学院学报》2010 年第 4 期。

丁煌、杨代福：《政策网络、博弈与政策执行：以我国房价宏观调控政策为例》，《学海》2008 年第 6 期。

丁煌、周丽婷：《地方政府公共政策执行力的提升——基于多中心治理视角的思考》，《江苏行政学院学报》2013 年第 3 期。

范梓腾、谭海波：《地方政府大数据发展政策的文献量化研究——基于政策"目标—工具"匹配的视角》，《中国行政管理》2017 年第 12 期。

冯庆、许健、邹仰松：《政策冲突及其成因与应对策略》，《科技进步与对策》2003 年第 1 期。

高奇琦：《就业失重和社会撕裂：西方人工智能发展的超人文化及其批判》，《社会科学研究》2019 年第 2 期。

高奇琦：《智能革命与国家治理现代化初探》，《中国社会科学》2020 年第 7 期。

顾建光：《公共政策工具研究的意义、基础与层面》，《公共管理学报》2006 年第 4 期。

韩志明：《从"互联网＋"到"区块链＋"：技术驱动社会治理的信息逻辑》，《行政论坛》2020 年第 4 期。

韩志明：《在模糊与清晰之间——国家治理的信息逻辑》，《中国行政管理》2017 年第 3 期。

韩志明：《政策过程的模糊性及其策略模式——理解国家治理的复杂性》，《学海》2017 年第 6 期。

何艳玲、李妮：《为创新而竞争：一种新的地方政府竞争机制》，《武汉大学学报》（哲学社会科学版）2017 年第 1 期。

贺东航、孔繁斌：《公共政策执行的中国经验》，《中国社会科学》2011

年第 5 期。

贺雪峰、刘岳：《基层治理中的"不出事逻辑"》，《学术研究》2010 年第 6 期。

胡伟、石凯：《理解公共政策："政策网络"的途径》，《上海交通大学学报》（哲学社会科学版）2006 年第 4 期。

胡象明：《"文件打架"的原因及对策》，《中国行政管理》1995 年第 9 期。

胡业飞、崔杨杨：《模糊政策的政策执行研究——以中国社会化养老政策为例》，《公共管理学报》2015 年第 2 期。

黄萃、任弢、张剑：《政策文献量化研究：公共政策研究的新方向》，《公共管理学报》2015 年第 2 期。

黄萃、赵培强、李江：《基于共词分析的中国科技创新政策变迁量化分析》，《中国行政管理》2015 年第 9 期。

黄萃等：《责任与利益：基于政策文献量化分析的中国科技创新政策府际合作关系演进研究》，《管理世界》2015 年第 12 期。

金太军、张劲松：《政府的自利性及其控制》，《江海学刊》2002 年第 2 期。

敬乂嘉：《政府扁平化：通向后科层制的改革与挑战》，《中国行政管理》2010 年第 10 期。

李瑞昌：《关系、结构与利益表达——政策制定和治理过程中的网络范式》，《复旦学报》（社会科学版）2004 年第 6 期。

李胜蓝、江立华：《新型劳动时间控制与虚假自由——外卖骑手的劳动过程研究》，《社会学研究》2020 年第 6 期。

李雪松：《公共政策价值中和：一项溯源性的政策议题——兼论新时代社会主要矛盾的政策意蕴》，《宁夏社会科学》2019 年第 6 期。

李雪松：《政策工具何以反映政策价值：一项溯源性分析——基于 H 省 W 市综合行政执法模式的经验证据》，《求实》2019 年第 6 期。

李燕、高慧、尚虎平：《整合性视角下公共政策冲突研究：基于多案例的比较分析》，《中国行政管理》2020 年第 2 期。

李燕、母睿、朱春奎：《政策沟通如何促进政策理解？——基于政策周期全过程视角的探索性研究》,《探索》2019 年第 3 期。

李燕、朱春奎:《"政策之窗"的关闭与重启——基于劳教制度终结的经验研究》,《武汉大学学报》(哲学社会科学版)2017 年第 5 期。

练宏:《弱排名激励的社会学分析——以环保部门为例》,《中国社会科学》2016 年第 1 期。

练宏:《注意力竞争——基于参与观察与多案例的组织学分析》,《社会学研究》2016 年第 4 期。

刘河庆:《文件治理中的政策采纳及其影响因素研究:基于国家和省级政府政策文本(2008—2018)数据》,《社会》2020 年第 4 期。

刘鹏、刘志鹏:《街头官僚政策变通执行的类型及其解释——基于对 H 县食品安全监管执法的案例研究》,《中国行政管理》2014 年第 5 期。

刘伟:《内容分析法在公共管理学研究中的应用》,《中国行政管理》2014 年第 6 期。

刘祖云:《政府间关系:合作博弈与府际治理》,《学海》2007 年第 1 期。

孟溦、李杨:《科技政策群实施效果评估方法研究——以上海市"科技创新中心"政策为例》,《科学学与科学技术管理》2021 年第 6 期。

孟溦、张群:《公共政策变迁的间断均衡与范式转换——基于 1978—2018 年上海科技创新政策的实证研究》,《公共管理学报》2020 年第 3 期。

倪星、王锐:《权责分立与基层避责:一种理论解释》,《中国社会科学》2018 年第 5 期。

庞明礼、薛金刚:《政策模糊与治理绩效:基于对政府间分权化改革的观察》,《中国行政管理》2017 年第 10 期。

彭勃、邵春霞:《服务型公共政策中的合作机制:以城市安全政策为例》,《上海交通大学学报》(哲学社会科学版)2007 年第 1 期。

彭勃、张振洋:《公共政策失败问题研究——基于利益平衡和政策支持度的分析》,《国家行政学院学报》2015 年第 1 期。

钱再见:《论公共政策冲突的形成机理及其消解机制建构》,《江海学刊》2010 年第 4 期。

钱再见、金太军：《公共政策执行主体与公共政策执行"中梗阻"现象》，《中国行政管理》2002年第2期。

任鹏：《政策冲突中地方政府的选择策略及其效应》，《公共管理学报》2015年第1期。

任弢、黄萃、苏竣：《公共政策文本研究的路径与发展趋势》，《中国行政管理》2017年第5期。

任勇：《实现基层治理现代化亟需打通"政务信息烟囱"》，《国家治理》2020年第42期。

荣敬本：《"压力型体制"研究的回顾》，《经济社会体制比较》2013年第6期。

尚虎平：《"政策打架"因何而生》，《人民论坛》2019年第6期。

石凯、胡伟：《政策网络理论：政策过程的新范式》，《国外社会科学》2006年第3期。

孙柏瑛、李卓青：《政策网络治理：公共治理的新途径》，《中国行政管理》2008年第5期。

孙伟平：《关于人工智能的价值反思》，《哲学研究》2017年第10期。

谭羚雁、娄成武：《保障性住房政策过程的中央与地方政府关系——政策网络理论的分析与应用》，《公共管理学报》2012年第1期。

王满船：《公共政策手段的类型及其比较分析》，《国家行政学院学报》2004年第5期。

王绍光：《学习机制与适应能力：中国农村合作医疗体制变迁的启示》，《中国社会科学》2008年第6期。

王仰文：《公共政策冲突治理路径问题研究》，《兰州学刊》2011年第8期。

魏娜、范梓腾、孟庆国：《中国互联网信息服务治理机构网络关系演化与变迁——基于政策文献的量化考察》，《公共管理学报》2019年第2期。

闻效仪：《去技能化陷阱：警惕零工经济对制造业的结构性风险》，《探索与争鸣》2020年第11期。

吴清军、李贞：《分享经济下的劳动控制与工作自主性——关于网约车司机工作的混合研究》，《社会学研究》2018 年第 4 期。

席恒：《公共政策制定中的利益均衡——基于合作收益的分析》，《上海行政学院学报》2009 年第 6 期。

席恒：《经济政策与社会保障政策协同机理研究》，《社会保障评论》2018 年第 1 期。

向玉琼：《论政策过程中的人机合作》，《探索》2020 年第 2 期。

谢存旭：《大数据视域下人类生存危机哲学反思》，《人民论坛》2015 年第 35 期。

谢庆奎：《中国政府的府际关系研究》，《北京大学学报》（哲学社会科学版）2000 年第 1 期。

谢新水：《人工智能时代"新贫穷陷阱"的成因与境况——以奴隶概念的意象为视角》，《江苏大学学报》（社会科学版）2020 年第 4 期。

徐艳晴、周志忍：《我国政府环境信息质量注意力研究——基于政策文本分析》，《内蒙古社会科学》2020 年第 4 期。

薛澜、林泽梁：《公共政策过程的三种视角及其对中国政策研究的启示》，《中国行政管理》2013 年第 5 期。

严强：《论公共政策的价值》，《南京政治学院学报》2007 年第 2 期。

燕继荣、何瑾：《"以人民为中心"的制度原则及现实体现——国家制度的"人民性"解析》，《公共管理与政策评论》2021 年第 6 期。

杨代福、丁煌：《中国政策工具创新的实践、理论与促进对策——基于十个案例的分析》，《社会主义研究》2011 年第 2 期。

杨宏山：《政策执行的路径——激励分析框架：以住房保障政策为例》，《政治学研究》2014 年第 1 期。

杨宏山、李沁：《政策试验的注意力调控与适应性治理》，《行政论坛》2021 年第 3 期。

杨伟国、邱子童、吴清军：《人工智能应用的就业效应研究综述》，《中国人口科学》2018 年第 5 期。

姚尚建：《城市减贫的权利再现》，《理论与改革》2020 年第 3 期。

英明、魏淑艳：《中国特色积极就业政策效果分析：一个评估框架》，《东北大学学报》（社会科学版）2016 年第 3 期。

袁明旭：《公共政策冲突：内涵、表现及其效应分析》，《云南行政学院学报》2009 年第 11 期。

张成刚：《共享经济平台劳动者就业及劳动关系现状——基于北京市多平台的调查研究》，《中国劳动关系学院学报》2018 年第 3 期。

张成岗：《区块链时代：技术发展、社会变革及风险挑战》，《人民论坛·学术前沿》2018 年第 12 期。

张成岗：《人工智能的社会治理：构建公众从"被负责任"到"负责任"的理论通道》，《中国科技论坛》2019 年第 9 期。

张凤阳：《技术理论与现代人的经验方式》，《南京大学学报》（哲学社会科学版）1995 年第 2 期。

张康之、向玉琼：《网络空间中的政策问题建构》，《中国社会科学》2015 年第 2 期。

赵德余：《政策共同体、政策响应与政策工具的选择性使用——中国校园公共安全事件的经验》，《公共行政评论》2012 年第 3 期。

赵德余、沈磊：《政策网络结构的系统动力学机制：居民健康自我管理的个案研究》，《学海》2018 年第 5 期。

赵静、薛澜：《探究政策机制的类型匹配与运用》，《中国社会科学》2021 年第 10 期。

折晓叶、陈婴婴：《项目制的分级运作机制和治理逻辑——对"项目进村"案例的社会学分析》，《中国社会科学》2011 年第 4 期。

周飞舟：《从汲取型政权到"悬浮型"政权——税费改革对国家与农民关系之影响》，《社会学研究》2006 年第 3 期。

周黎安：《晋升博弈中政府官员的激励与合作——兼论我国地方保护主义和重复建设问题长期存在的原因》，《经济研究》2004 年第 6 期。

周黎安：《行政发包制》，《社会》2014 年第 6 期。

周雪光：《基层政府间的"共谋现象"——一个政府行为的制度逻辑》，《社会学研究》2008 年第 6 期。

周雪光、练宏：《政府内部上下级部门间谈判的一个分析模型——以环境政策实施为例》，《中国社会科学》2011 年第 5 期。

周志忍、蒋敏娟：《整体政府下的政策协同：理论与发达国家的当代实践》,《国家行政学院学报》2010 年第 6 期。

朱春奎、刘梦远、徐菁媛:《气候政策态度研究进阶与拓展》,《南京社会科学》2021 年第 5 期。

朱德米:《公共政策扩散、政策转移与政策网络——整合性分析框架的构建》,《国外社会科学》2007 年第 5 期。

朱德米、李兵华:《行为科学与公共政策:对政策有效性的追求》,《中国行政管理》2018 年第 8 期。

朱旭峰、张超:《央地间官员流动、信息优势与政策试点——以国家可持续发展议程创新示范区为例》,《公共行政评论》2020 年第 4 期。

朱旭峰、赵慧:《政府间关系视角下的社会政策扩散——以城市低保制度为例(1993—1999)》,《中国社会科学》2016 年第 8 期。

朱亚鹏、丁淑娟:《政策属性与中国社会政策创新的扩散研究》,《社会学研究》2016 年第 5 期。

诸大建:《U 盘化就业:中国情境下零工经济的三大问题》,《探索与争鸣》2020 年第 7 期。

竺乾威:《地方政府的政策执行行为分析:以"拉闸限电"为例》,《西安交通大学学报》(社会科学版)2012 年第 2 期。

## 四 外文著作

Austin Ranney, *The Study of Policy Content: A Framework for Choice in Political Science and Public Policy*, Chicago: Markham Publishing Company, 1968.

Bryan D. Jones and Frank R. Baumgartner, *The Politics of Attention: How Government Prioritizes Problems*, Chicago: University of Chicago Press, 2005.

B. Guy Peters, *Pursuing Horizontal Management: The Politics of Public Sector Coordination*, Lawrence: University Press of Kansas, 2015.

Charles L. Mulford and David L. Rogers, *Interorganizational Coordination: Theory, Research, and Implementation*, Ames: Iowa State University Press, 1982.

David Easton, *The Political System: An Inquiry into the State of Political Sci-*

ence, New York: Knopf, 1953.

David Marsh and R. A. W. Rhodes, *Policy Networks in British Government: A Critique of Existing Approaches*, Oxford: Clarendon Press, 1992.

Denise Scheberle, *Federalism and Environmental Policy: Trust and Politics of Implementation*, Washington, D. C.: Georgetown University Press, 1997.

Dennis C. Mueller, *Public Choice*, Cambridge University Press, 1979.

Harold Lasswell, *A Preview of Policy Science*, New York: Elsevier Inc, 1971.

Jeffrey L. Pressman and Aaron B. Wildavsky, *Implementation: How Great Expectations in Washington Are Dashed in Oakland*, University of California Press, 1973.

Jenkins W. I. , *Policy Analysis: A Political and Organizational Perspective*, London: Martin Robertson, 1978.

John W. Kington, *Agenda, Alternatives, and Public Policies*, Boston: Little, Brown, 1984.

Michael Hill, *The Policy Process: A Reader*, New York: Harvester Wheatsheaf, 1993.

Michael Howlett and Ramesh M. , *Studying Public Policy: Policy Cycles and Policy Subsystems*, Oxford University Press, 1995.

Randall B. Ripley and Grace A. Franklin, *Bureaucracy and Policy Implementation*, Chicago: The Dorsey Press, 1982.

Robert Eyestone, *The Threads of Public Policy: A Study in Policy Leadership*, Indianpolis: Bobbs-Merril, 1971.

R. A. W. Rhodes, *Control and Power in Central-Local Government Relations*, Gower and Brookfield VT: Ashgate, 1981.

Thomas R. Dye, *Understanding Public Policy*, Englewood Cliffs, N. J. Prentice-Hall Inc, 1987.

## 五 外文论文

Adam J. Newmark, "An Integrated Approach to Policy Transfer and Diffusion", *Review of Policy Research*, Vol. 19, No. 2, 2002.

Alex Williams and Nick Srnicek, "Accelerate Manifesto for an Accelerationist Politics", In J. Johnson (Ed.), *Dark Trajectories: Politics of the Outside*, 2013.

Angela Hull, "Policy Integration: What Will it Take to Achieve More Sustainable Transport Solutions in Cities?" *Transport Policy*, Vol. 15, No. 2, 2008.

Arild Underdal, "Integrated Marine Policy: What? Why? How?" *Marine Policy*, Vol. 4, No. 3, 1980.

Barry Bozeman and Hal G. Rainey, "Organizational Rules and the Bureaucratic Personality", *American Journal of Political Science*, Vol. 42, No. 1, 1998.

B. Guy Peters and Donald J. Savoie, "Managing Incoherence: the Coordination and Empowerment Conundrum", *Public Administration Review*, Vol. 56, No. 3, 1996.

Camilla Adelle and Andrew Jordan, "Policy Coherence for Development in the European Union: Do New Procedures Unblock or Simply Reproduce Old Disagreements?" *Journal of European Integration*, Vol. 36, No. 4, 2014.

Camilla Adelle and Duncan Russel, "Climate Policy Integration: A case of Déjà Vu?" *Environmental Policy and Governance*, Vol. 23, No. 1, 2013.

Carl Benedikt Frey and Michael A. Osborne, "The Future of Employment: How Susceptible Are Jobs to Computerisation?" *Technological Forecasting and Social Change*, Vol. 114, 2017.

Chandler Stolp, "Interorganizational Coordination: Theory, Research, and Implementation by David L. Rogers and David A. Whetten", *Journal of Policy Analysis and Management*, Vol. 3, No. 2, 2010.

Charles R. Shipan and Craig Volden, "Policy Diffusion: Seven Lessons for Scholars and Practitioners", *Public Administration Review*, Vol. 72, No. 6, 2012.

Christopher Deeming, "Guy Standing 2011, The Precariat: The New Dangerous Class", *Journal of Social Policy*, Vol. 42, No. 2, 2013.

Christopher Hood, Will Jennings and Paul Copeland, "Blame Avoidance in Comparative Perspective: Reactivity, Staged Retreat and Efficacy", *Public Administration*, Vol. 94, No. 2, 2016.

Christopher M. Weible and Tanya Heikkila, "Policy Confict Framework", *Policy Sciences*, Vol. 5, No. 1, 2017.

Christopher Pollit, "Joined-up Government: a Survey", *Political Studies Review*, Vol. 1, No. 1, 2003.

Clyde F. Snyder, "County Government Office", *American Political Science Review*, No. 11, 1937.

Craig Volden, "States as Policy Laboratories: Emulating Success in the Children's Health Insurance Program", *American Journal of Political Science*, Vol. 50, No. 2, 2006.

Daron Acemoglu and David Autor, "Skills, Tasks and Technologies: Implications for Employment and Earnings", *Handbook of Labor Economics*, Vol. 4, No. 1, 2011.

David Benjamin, "Computer Technology and Probable Job Destruction in Japan: An evaluation", *Journal of the Japanese and International Economies*, Vol. 43, 2017.

David H. Autor and David Dorn, "The Growth of Low-Skill Service Jobs and the Polarization of the US Labor Market", *American Economic Review*, Vol. 103, No. 5, 2013.

David H. Autor, Lawrence F. Katz and Melissa S. Kearney, "The Polarization of the US Labor Market", *American Economic Review*, Vol. 96, No. 2, 2006.

David H. Autor, "Why Are There Still So Many Jobs? The History and Future of Workplace Automation", *Journal of Economic Perspectives*, Vol. 29, No. 3, 2015.

David Landsbergen and George Wolken, "Realizing the Promise: Government Information Systems and the Fourth Generation of Information Technology", *Public Administration Review*, Vol. 61, No. 2, 2001.

DeLeon Peter and DeLeon Linda, "What Ever Happened to Policy Implementation? An Alternative Approach", *Journal of Public Administration Research and Theory*, Vol. 12, No. 4, 2002.

Donald P. Moynihan, "Ambiguity in Policy Lessons: The Agencification Experience", *Public Administration*, Vol. 84, No. 4, 2006.

Edward T. Jennings, "Building Bridges in the Intergovernmental Arena: Coordinating Employment and Training Programs in the American States", *Public Administration Review*, Vol. 54, No. 1, 1994.

Frances Stoke Berry and William D. Berry, "State Lottery Adoptions as Policy Innovations: An Event History Analysis", *American Political Science Review*, Vol. 84, No. 2, 1990.

Gapano Giliberto and Michael Howlett, "Causal Logics and Mechanisms in Policy Design: How and Why Adopting a Mechanistic Perspective Can Improve Policy Design", *Public Policy and Administration*, Vol. 36, No. 2, 2021.

George Callaghan and Paul Thompson, "Edwards Revisited: Technical Control and Call Centres", *Economic and Industrial Democracy*, Vol. 22, No. 1, 2001.

Guillermo M. Cejudo and Cynthia L. Michel, "Addressing Fragmented Government Action: Coordination, Coherence, and Integration", *Policy Sciences*, Vol. 50, No. 4, 2017.

Harald Saetren, "Facts and Myths about Research on Public Policy Implementation: Out-of-Fashion, Allegedly Dead, But Still Very Much Alive and Relevant", *Policy Studies Journal*, Vol. 33, No. 4, 2005.

Harrison B. W. Hogwood and B. Guy Peters, "The Pathology of Public Policy", *Journal of Social Policy*, Vol. 15, No. 3, 1986.

John C. Campbell, "Policy Conflict and Its Resolution Within the Governmental System", In Ellis S. Krauss, Thomas P. Rohlen and Patricia G. Steinhoff, eds., *Conflict in Japan*, Honolulu: University of Hawaii Press, 1984.

John Gieve and Colin Provost, "Ideas and Coordination in Policy Making: The Financial Crisis of 2007–2009", *Governance*, Vol. 25, No. 1, 2012.

Kaifeng Yang and Jun Yi Hsief, "Managerial Effectiveness of Government Performance Measurement: Testing a Middle-Range Model", *Public Administration Review*, Vol. 67, No. 5, 2007.

Kenneth C. Olson, "The States, Governors, and Policy Management: Changing the Equilibrium of the Federal System", *Public Administration Review*, Vol. 35, No. 1, 1975.

Maria Brockhaus and Monica Di Gregorio, "National REDD + Policy Networks: From Cooperation to Conflict", *Ecology and Society*, Vol. 19, No. 4, 2014.

Paul A. Sabatier and Daniel A. Mazmanian, "The Conditions of Effective Implementation: A Guide to Accomplish Policy Objectives", *Policy Analysis*, Vol. 5, No. 4, 1979.

Paul A. Sabatier, "An Advocacy Coalition Framework of Policy Change and the Role of Policy-Oriented Learning Therein", *Policy Sciences*, Vol. 21, No. 2, 1988.

Paul A. Sabatier, "Top-down and Bottom-up Approaches to Implementation Research", *Journal of Public Policy*, Vol. 6, No. 1, 1986.

Paul Berman, "The Study of Macro-and Micro-Implementation", *Public Policy*, Vol. 26, No. 2, 1978.

Paul J. Quirk, "The Cooperative Resolution of Policy Conflict", *American Political Science Review*, Vol. 83, No. 3, 1989.

Perri 6, "Joined-Up Government in the Western World in Comparative Perspective: A Preliminary Literature Review and Exploration", *Journal of Public Administration Research and Theory*, Vol. 14, No. 1, 2004.

Ramiro Berardo and John T. Scholz, "Self-organizing Policy Networks: Risk, Partner Selection, and Cooperation in Estuaries", *American Journal of Political Science*, Vol. 54, No. 3, 2010.

Richard F. Elmore, "Backward Mapping: Implementation Research and Policy Decisions", *Political Science Quarterly*, Vol. 94, No. 4, 1979.

Richard E. Matland, "Synthesizing the Implementation Literature: The Ambiguity-Conflict Model of Policy Implementation", *Journal of Public Adminis-*

*tration Research and Theory*, Vol. 5, No. 2, 1995.

Shih-Jiunn Shi, "Social Policy Learning and Diffusion in China: The Rise of Welfare Regions?" *Policy & Politics*, Vol. 40, No. 3, 2012.

Stephen H. Linder and B. Guy Peters, "A Design Perspective on Policy Implementation: The Fallacies of Misplaced Prescription", *Review of Policy Research*, Vol. 6, No. 3, 1987.

Stephen H. Linder and B. Guy Peters, "Instruments of Government: Perceptions and Contexts", *Journal of Public Policy*, Vol. 9, No. 1, 1989.

Thomas B. Smith, "The Policy Implementation Process", *Policy Sciences*, Vol. 4, No. 2, 1973.

Tom Ling, "Delivering Joined-up Government in the UK Dimensions, Issues and Problems", *Public Administration*, Vol. 80, No. 4, 2002.

Volker Schneider, "The Structure of Policy Networks: A Comparison of the 'Chemicals Control' and 'Telecommunications' Policy Domains in Germany", *European Journal of Political Research*, Vol. 21, No. 2, 1992.

Richard Weatherley and Michael Lipsky, "Street-Level Bureaucrats and Institutional Innovation: Implementing Special-Education Reform", *Harvard Educational Review*, Vol. 47, No. 2, 1977.

# 后 记

岁月如梭。2019年9月我来到美丽的华政园，开始了我的博士生涯。在博士学位论文即将完成之际，心中五味杂陈。回想过往的日日夜夜，一边畅游在浩瀚无边的文献里，一边在苦思冥想、奋笔疾书。论文在导师指导下，几易其稿，终得完成。此刻，心中既有如释重负之感，又充满不舍之情。

岁月如歌。读博之前，很多前辈告诫我，想要博士顺利毕业，要脱几层皮。经身体力行、折腾一番下来，确实体会到其中的困苦。然正是求学过程中的困苦才显得博士生涯的弥足珍贵和与众不同。正是这番痛苦的历练才成就我现在的坚韧、坚毅与执着。尤其是博士学位论文写作过程，犹如一首跌宕起伏的歌，时常伴随着思维短路便陷入低谷，甚至茶饭不思。但是，每一次问题的解决、每一次进度的向前，都会伴随着一种幸福和成就感。弹指三年间，感觉读博士更像是一次修行，这次修行是对我体力、精力和知识体系的一次整体性检验。修行虽离不开自身的刻苦努力与不断调适，但更离不开身边的良师、益友及亲人给予我的支持、理解与关怀。

岁月情深。论文的完成离不开诸多良师、益友与亲人的帮助与支持。最要感谢的是我的博士生导师高奇琦教授。三年中，我在老师这里接受了严格而系统的学术训练。每一次的交流、讨论，都能启发我对学术问题的进一步思考。老师对学术论文的悉心指导和对细节之处的严格要求，在我心中埋下一颗治学严谨的种子。尤其对我博士学位论文的写作，老师投入了大量的精力。论文从选题、调研、写作到初稿雏形，无不渗透着老师的悉心指导、点播迷津和劳心费神。在老师的严厉要求和悉心指导下，论文框架数易其稿，终得雏形。从认识高老师到现在，弹指三年，老师不仅在小论文和大论文上给予我悉心指导，其严谨的治学态度、谦和的为人处世风格、敏锐的洞察力及睿智开明的育人方式也让我终身受益。尤其是老师对学问孜孜以求的态度深深地感染了我。老师的博学、严谨、善良、勤勉和谦和永远是我前进路上的动力。

在这里，我还要衷心地感谢华东政法大学政府管理学院各位优秀的老师和同学。我学业的进步，得益于老师们的授业传道解惑，也得益于同学间的相互学习与思想碰撞。在此，我真心感谢张明军老师、任勇老师、姚尚建老师、汪伟全老师、吴新叶老师和汪士凯老师。老师们渊博的知识、开阔的视野及对知识的探索与争鸣，给我留下深刻的印象。尤其感谢姚尚建老师，在论文写作和工作选择上给予我很多宝贵的建议。感谢同班同学王倩博士、蔡聪裕博士、陶东博士、吕培进博士、张娟博士、陈奕男博士、陈正芹博士和丁知平博士在共同探讨人生和学问时带来的无尽快乐。感谢周荣超博士、蔡聪裕博士、张鹏博士、陈志豪博士、杨宇霄博士、李阳博士在同一师门下建立的深厚友谊。在此谨向以上各位老师和同学们致以诚挚的谢意！同时，感谢调研过程中各个城市科技部门与就业部门工作人员给予大力支持与配合，感谢研究生师门的师兄师姐为我提供了大量的调研资源。你们的支持为本书写作提供了丰富的实践经验与精彩的案例素材！

岁月如诗。博士学位论文的完成离不开家人的默默支持。在攻读博士学位的几年里，我的家庭是我学习与进步最大的动力。在此，感谢父母的养育之恩，尤其是父亲对我的殷切希望与诸多理解。感谢我的爱人丁先生对我的理解与支持。在我科研最繁忙的阶段，他默默承担家庭重担和教育女儿的重任。每一次在我最失落和困苦的时候，都会帮我重拾信心，排除各种障碍让我全身心投入博士学位论文的写作。万分感谢我的婆婆，她是一位善解人意、勤劳聪慧的母亲。风雨无阻帮我接送女儿上学、上各种培训班，还操持着家务，承担着我本该承担的责任。感谢我活泼可爱、懂事乖巧的女儿。三岁便与我经常分离，却总是能理解我这个不称职的妈妈。很多个夜晚，女儿稚气地跟我说，妈妈，你去写论文吧。每一次离开家，女儿都会帮我开电梯并亲吻脸颊跟我说，妈妈开车小心,周末回家我给你准备小惊喜哦。在困苦的博士生涯里,家人的理解和支持给我创造了诗意般的港湾,读博士的压力在这里释然。

概言之,博士生阶段所获颇丰,从学业、科研到个人素质,都得到了充分的锻炼和培养,是充实且有意义的三年。相信这些积累与经验将成为我人生道路上最宝贵的财富,那些挑灯夜读、思想碰撞的经历将成为我人生最难忘的回忆。在以后的科研工作与学习中,我将继续保持并发扬严谨治学的作风,争取在科研道路上有更大的突破和成绩。